"十四五"职业教育国家规划教材

高等职业教育新形态一体化教材

高职体育与健康（第二版）

主　编　甘正永　叶江平　高灼荣

副主编　张小田　刘西晓　王　欣

　　　　胡　标　王务崇　邹轶敏

中国教育出版传媒集团
高等教育出版社·北京

内容简介

本书为“十四五”职业教育国家规划教材，高等职业教育体育类新形态一体化教材。本书融体育理论和实践为一体，以培养应用型、复合型人才为目的，引导大学生主动接受体育教育，吸引大学生走向操场、走进大自然、走到阳光下，积极参加体育锻炼。全书共分三篇（包括体育基础理论、体育运动技能、职业实用体育）十七章（包括体育概述，体育健康与运动保健，运动损伤的防治和应急处理，田径运动，球类运动，游泳运动，武术运动，时尚运动，跆拳道运动，瑜伽运动，健美操运动，棋牌运动，健身气功运动，职业体能训练，职业拓展训练，休闲体育，安全教育）。

本书既可作为高职学生进行体育学习和终身体育锻炼的指导用书，也可作为体育健身爱好者的参考用书。

图书在版编目（C I P）数据

高职体育与健康 / 甘正永，叶江平，高灼荣主编. --2 版. -- 北京 ： 高等教育出版社，2018.9（2023.9 重印）
ISBN 978-7-04-050379-1

Ⅰ. ①高… Ⅱ. ①甘… ②叶… ③高… Ⅲ. ①体育－高等职业教育－教材②健康教育－高等职业教育－教材 Ⅳ. ①G807.4②G717.9

中国版本图书馆CIP数据核字(2018)第178007号

高职体育与健康
Gaozhi Tiyu yu Jiankang

策划编辑 郭润明　责任编辑 王 博 郭润明　封面设计 赵 阳　版式设计 徐艳妮
插图绘制 于 博　责任校对 刘丽娴　责任印制 高 峰

出版发行 高等教育出版社
社　　址 北京市西城区德外大街4号
邮政编码 100120
印　　刷 廊坊十环印刷有限公司
开　　本 787 mm×1092 mm 1/16
印　　张 23.25
字　　数 560 千字
购书热线 010-58581118
咨询电话 400-810-0598
网　　址 http://www.hep.edu.cn
　　　　 http://www.hep.com.cn
网上订购 http://www.hepmall.com.cn
　　　　 http://www.hepmall.com
　　　　 http://www.hepmall.cn
版　　次 2015 年 9 月第 1 版
　　　　 2018 年 9 月第 2 版
印　　次 2023 年 9 月第 10 次印刷
定　　价 39.80 元

物 料 号 50379-C0

前言

（第二版）

2018年9月10日，习近平总书记在全国教育大会上强调坚持中国特色社会主义教育发展道路，培养德智体美劳全面发展的社会主义建设者和接班人，要树立“健康第一”的教育理念，开齐开足体育课，帮助学生在体育锻炼中享受乐趣、增强体质、健全人格、锤炼意志。习近平总书记关于体育工作的一系列的重要论述，是习近平新时代中国特色社会主义思想的重要组成部分，把全社会对体育工作的认识提升到了新的高度，也赋予了学校体育工作新的历史使命。党的二十大报告指出，教育是国之大计、党之大计。培养什么人、怎样培养人、为谁培养人是教育的根本问题。育人的根本在于立德。全面贯彻党的教育方针，落实立德树人根本任务，培养德智体美劳全面发展的社会主义建设者和接班人。学校体育是学生健康的重要保障，是实现立德树人根本任务的基本保证。

为落实立德树人根本任务，加强高等学校体育工作，切实提高学生体质健康水平，促进学生全面发展，根据《高等学校体育工作基本标准》〔教体艺〔2014〕4号〕指出的“全面贯彻党的教育方针，服务立德树人根本任务，将学校体育纳入学校全面实施素质教育的各项工作，认真执行国家教育发展规划、规章制度及各项要求”“严格执行《全国普通高等学校体育课程教学指导纲要》，必须为一、二年级本科学生开设不少于144 学时（专科生不少于108学时）的体育必修课，每周安排体育课不少于2 学时”等具体要求，本教材作者团队针对当前高等学校体育教学的实际情况，牢牢把握“以人为本、健康第一、和谐发展”的宗旨，认真总结了目前高等学校体育教学的现状，在遵循体育课程建设的客观规律、广泛参阅众多优秀教材的基础上，结合学生的实际需求完成了本教材的修订工作。本教材融体育理论和实践为一体，以培养应用型、复合型人才为目的，引导大学生主动接受体育教育，吸引大学生走向操场、走进大自然、走到阳光下，积极参加体育锻炼，将“我运动、我健康、我快乐”的理念融入大学生的学习生活中，形成大学生热爱体育、崇尚运动、健康向上的良好风气。全书突出理论性、科学性、实用性和针对性，有利于指导大学生掌握体育基本知识和基本技能。

本书第一版由安徽水利水电职业技术学院甘正永和铜陵职业技术学院叶江平担任主编；桐城师范高等专科学校王欣、张倩，淮南职业技术学院卫民、余初孺，合肥信息技术职业学院史曙光、周勤伟，铜陵职业技术学院任远金、杨杰，安徽水利水电职业技术学院张小田、刘伟，万博科技职业学院向玲艳、张博丞、刘圣蕾、王干参与了教材的编写。本书第二版修订由安徽医学高等专科学校高灼荣修订第九、十三章、安徽桐城师范高等专科学校王欣修订第一、二、三、四、五、十二章、安徽水利水电职业技术学院刘西晓修订第十、十一章、胡标修订第七、八章、王务崇修订第六章、第三篇职业实用体育，甘正永编写第十三章。

在编写本书的过程中参考了许多学者的研究成果和书籍资料，并得到了许多专家、学者的支持与帮助，在此深表感谢。由于编写人员水平所限，不妥之处恳请同行和读者批评、指正。

编者

2023 年 7 月

目 录

第一篇 体育基础理论

第一章 体育概述 ……………………………1
第一节 体育的概念与功能 ……………………1
第二节 体育与社会发展 ……………………5
第三节 体育与人的发展 ……………………7
第四节 高校体育的目标与任务 ……………9
复习与思考 ……………………………… 11
第二章 体育健康与运动保健 ………… 12
第一节 树立正确的健康观念 ……………… 12
第二节 体育锻炼对大学生身心健康的影响 …………………………… 13
第三节 科学的体育锻炼 ………………… 17
第四节 大学生体育锻炼与卫生保健 …… 20
第五节 培养大学生健康的生活习惯 …… 26
第六节 关爱生命、远离危险 …………… 28
复习与思考 ……………………………… 31
第三章 运动损伤的防治和应急处理 …… 32
第一节 常见运动损伤的预防 …………… 32
第二节 常见运动损伤的原因及应急处理 ………………………………… 33
第三节 常见的运动意外伤害与运动性疾病的防治 ……………………………… 38
复习与思考 ……………………………… 45

第二篇 体育运动技能

第四章 田径运动 ……………………… 47
第一节 田径运动概述 ………………… 47
第二节 田径运动的基本技术与练习方法 ………………………… 47
第三节 田径运动竞赛规则简介 ………… 60
复习与思考 ……………………………… 61
第五章 球类运动 ……………………… 62
第一节 篮球运动 ……………………… 62
第二节 足球运动 ……………………… 79
第三节 排球运动 ……………………… 100
第四节 乒乓球运动 …………………… 117
第五节 羽毛球运动 …………………… 137
第六节 网球运动 ……………………… 151
复习与思考 ……………………………… 167
第六章 游泳运动 ……………………… 168
第一节 认识游泳运动 ………………… 168
第二节 游泳运动基本动作解析 ………… 171
第三节 游泳安全与救护 ……………… 184
复习与思考 ……………………………… 187
第七章 武术运动 ……………………… 188
第一节 认识武术运动 ………………… 188
第二节 长拳 …………………………… 194
第三节 太极拳 ………………………… 200
第四节 散打 …………………………… 214
复习与思考 ……………………………… 221
第八章 时尚运动 ……………………… 222
第一节 台球运动 ……………………… 222
第二节 滑板与轮滑运动 ……………… 224

第三节　健美运动 ……229
第四节　自行车与小轮车运动 ……232
第五节　有氧运动 ……235
第六节　体育舞蹈 ……238
复习与思考 ……241
第九章　跆拳道运动 ……242
第一节　认识跆拳道运动 ……242
第二节　跆拳道基本动作 ……245
第三节　跆拳道基本战术 ……254
第四节　跆拳道基本规则简介 ……256
复习与思考 ……258
第十章　瑜伽运动 ……259
第一节　瑜伽主要练习方法 ……259
第二节　瑜伽体位及练习方法 ……260
第三节　瑜伽比赛规则 ……263
第四节　瑜伽的锻炼价值及项目欣赏 ……265
复习与思考 ……266
第十一章　健美操运动 ……267
第一节　认识健美操运动 ……267
第二节　健美操基本动作 ……270
第三节　健美操的创编 ……278
第四节　健美操运动竞赛规则与裁判 ……281
复习与思考 ……284
第十二章　棋牌运动 ……285
第一节　中国象棋 ……285
第二节　围棋 ……293
复习与思考 ……304
第十三章　健身气功 ……305
第一节　健身气功理论概述 ……305
第二节　八段锦 ……308
第三节　易筋经 ……313
第四节　五禽戏 ……319
复习与思考 ……326

第三篇　职业实用体育

第十四章　职业体能训练 ……327
第一节　职业体能概述 ……327
第二节　职业体能课程实践 ……329
第三节　不同岗位群的体能训练 ……333
复习与思考 ……336
第十五章　职业拓展训练 ……337
第一节　职业拓展训练的目标与任务 ……337
第二节　职业拓展训练课程实践 ……338
第三节　不同岗位群的拓展训练 ……341
复习与思考 ……342
第十六章　休闲体育 ……343
第一节　认识休闲体育 ……343
第二节　现代时尚休闲体育 ……344
第三节　中国传统休闲体育 ……350
复习与思考 ……354
第十七章　安全教育 ……355
第一节　安全教育的目标与任务 ……355
第二节　安全教育课程实践 ……357
第三节　日常生活中安全防范常见案例 ……360
复习与思考 ……362

参考文献 ……363

第一篇
体育基础理论

第一章 体育概述

知识导航

党的二十大报告指出，广泛开展全民健身活动，加强青少年体育工作，促进群众体育和竞技体育全面发展，加快建设体育强国。体育（Physical Education，缩写 PE 或 P.E.）是一种复杂的社会文化现象，它是以身体与智力活动为基本手段，根据人体生长发育、技能形成和机能提高等规律，达到促进人体全面发育，提高身体素质与全面教育水平，增强体质与提高运动能力，改善生活方式与提高生活质量的一种有意识、有目的、有组织的社会活动。随着国际交往领域的扩大，体育事业发展的规模和水平已是衡量一个国家、社会发展程度的一项重要标志，也成为国家间外交及文化交流的重要手段。体育可分为大众体育、竞技体育、学校体育等种类。

第一节 体育的概念与功能

虽然体育的历史十分悠久，但是“体育”这个词的出现比较晚。在古希腊，体育活动包括当时进行的所有身体操练，那时往往用“体操”这个词来表示。在我国古代则用导引术、养生术、武术等名词标记有明确锻炼、防御目的的身体活动。

一、体育的概念

（一）“体育”一词的来源

据相关体育资料记载，法国人于 1760 年在法国的报刊上论述儿童身体教育问题时，首次启用“体育”一词。现在国际上普遍用“Physical Education”泛指“体育”。它的本意是指以身体活动为手段的教育，直译为身体的教育。而“运动”的英文“Sport”一词一般认为源于拉丁语“Disport”，它的本意是指离开工作去游戏、玩耍，进行娱乐活动等，后来逐渐形成具有新含义的一个概念，即竞技运动，或称为竞技体育。

19 世纪中叶，德国和瑞典的体操传入我国，随后清政府在当时兴办的“洋学堂”中设置了“体操科”。1902 年前后，一些在日本留学的学生从日本传来了“体育”这一术语。随着西方文化不断涌入我国，学校体育的内容也从单一的体操向多元化发展，课堂上出现了篮球、田径、足球等运动项目。1923年，在《中小学课程纲要草案》中，“体操科”正式改为“体育课”。从此，“体育”一词成了标记学校中身体教育的专门术语。

（二）体育的定义

“体育”一词刚传入我国时，指的是身体的教育，是作为教育的一部分出现的，是与维持和发展身体的各种活动有关联的一种教育过程，与国际上通行的体育概念是一致的。随着社会的进步和体育事业的不断发展，体育的内涵和外延得到了极大拓展。

广义的体育是指在人类社会发展中，根据生产和生活需要，遵循人体生长发育规律，以身体练习为基本手段，为增强体质、提高运动技术水平、丰富社会文化生活而进行的一种有目的、有意识的社会活动。为经济和社会服务的身体运动，通常也称为体育运动。

狭义的体育是指促进人体全面发展，增强体质，学习体育知识，提高体育技术和技能，培养道德品质的一个有目的、有组织的教育过程。

无论是广义的还是狭义的体育，都强调以各种运动为基本手段，锻炼身体，增强体质，增进健康，挖掘人体的内在潜力，陶冶情操，从而促进人的全面发展。

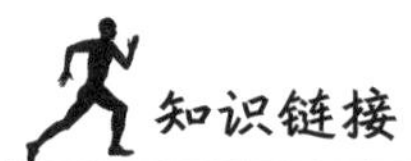

皮埃尔·德·顾拜旦

皮埃尔·德·顾拜旦，1863年生，1896—1925年任国际奥委会主席，他终生倡导奥林匹克精神，被誉为“现代奥林匹克之父”。皮埃尔·德·顾拜旦在1912年斯德哥尔摩奥运会期间发表了《体育颂》，他因此获得该届奥运会文学艺术比赛的金质奖章。

二、体育的功能

体育是一个有机的整体，一个多功能、多目标的系统。从性质上看，体育是社会文化的组成部分。体育的功能主要包括健身功能、教育功能、娱乐功能、经济功能、政治功能和社会化功能。

（一）体育的健身功能

健身是体育最主要的本质功能。体育以身体运动为基本表现形式，由它构成的体育锻炼过程，给予各器官、系统以一定强度和量的刺激，使身体在形态结构、生理机能和生物化学等方面发生一系列适应性反应，具体表现在以下几个方面：

（1）改善大脑和中枢神经系统的功能。

（2）促进人体的生长发育，塑造健美的体形，提高人体的运动能力。

（3）促进人体内脏器官构造的改善和机能的提高。

（4）提高人体对自然环境的适应能力。

（5）提高人体的应激能力和对疾病的抵抗力。

（二）体育的教育功能

教育功能是体育最基本的社会功能，就其作用的广泛性而言，它对人类社会产生的影响，是体育功能中最重要的一项。所以，人们都高度重视体育在教育中的作用。

学校通过完整的体育教育过程，对受教育者进行政治思想、意志品质、道德情操和身体发展的教育，使受教育者完善人格，获得基本的体育理论知识，掌握必要的运动技能，学会科学锻炼身体的方法，提高运动实践能力，并养成锻炼身体的习惯。

就社会教育意义而言，体育作为一种传播价值观的理想载体，在激发爱国热情、振奋民族精神、培养社会公德、教育人们要与社会保持一致性等方面都具有极大的社会教育功效。

（三）体育的娱乐功能

"娱乐身心"是被挖掘和利用较早的体育社会功能。在体育初具雏形的原始社会，体育是原始人在狩猎之余用以宣泄情感而进行的嬉戏活动，虽缺乏明确的目标和稳定的运动方式，却已通过这种潜意识行为，反映出原始人对精神生活的需求。

现代社会解放了劳动生产力，随着物质产品不断丰富，余暇增多，人们为享受生活，使体育的娱乐功能有了更广泛的发挥。例如，现代都市生活使人与大自然几乎隔绝，但参加户外体育活动，可以调节生活，使人享受大自然；随着工作和生活节奏的加快，体育锻炼有利于密切人际间的交往和享受集体聚会的乐趣；通过参与体育竞赛活动或从事一些惊险性体育项目，可以在向自然的挑战中，体验创造人生价值的乐趣；经常欣赏体育比赛和表演，可以从运动员的高超技艺中得到美的艺术享受。国家通过实施《全民健身计划纲要》来寻求适合我国国情的最健康的、理想的体育娱乐方式，最终达到净化心灵和充分享受生活乐趣的目的。

（四）体育的经济功能

体育的经济功能是近现代被认识和开发的社会功能，是由体育与经济的相互促进作用所决定的。在市场经济迅速发展的新时期，体育运动对国家的经济发展有重要的促进作用。

1. 提高劳动者身体素质

身体素质作为诸素质的基础，对生产力的提高起着至关重要的作用。体育的经济功能最初是由体育本身的发展，间接通过提高国民的身体素质，再转化为劳动生产力所体现的。

2. 职工体育对企业文化的建设作用

在现代企业中，企业文化建设越来越为人们所重视。企业文化的优劣，关系到企业的形象、职工的素质、工作的效率和企业的利润。在企业文化中，职工体育是重要的组成部分，它不仅有利于职工的健康，而且有利于增强企业的凝聚力、向心力，发扬团队精神，提高企业的整体实力。体育是企业无形资产的重要组成部分。

3. 体育产业的形成与发展对国民经济的促进作用

体育产业是指为满足人们日益增长的体育需要而使体育产品（劳务）进入生产交换、消费和服务的产业门类。广义的体育产业涵盖所有与体育有关的经济活动。例如，体育物质产品（体育服装、体育器械、体育建筑、体育商品、运动饮料等）、体育信息产品（电视、广播、网络、报刊等媒介传递的体育信息等）以及体育劳务（体育竞赛、健身娱乐、场地出租、体育旅游等）。随着人们生活水平的提高，"花钱买健康"已成为趋势，一个规模很大的大众体育消费市场正在迅速形成。各种体育场馆已逐渐成为人们经常光顾的消费场所，也带来了巨大的经济效益。从竞技体育看，其本身具有巨大的经济价值，已经成为各国国民经济中颇有前途的产业。全世界各个国家、地区都在争办各类大型运动会和单项体育比赛，其主要目的在于通过体育这一载体，提高自己的形象，产生"广告效应"，以扩大各种经济交流，开创新的贸易出口市场，并带动旅游、餐饮、服装、信息传播、城市建设、环境卫生、交通等各项事业的发展。此外，门票收入、广告费、赞助费、电视转播费、体育商品出售等又为竞技体育产业化、市场化提供了物质保证。开发体育的经济功能,把体育与经济结合起来,通过一系列的经济行为,刺激体育产品的市场需求,拓展体育市场,加快体育的产业化进程,可以为国民经济的可持续发展注入新的活力。

(五)体育的政治功能

在国际舆论中,经常宣传体育超脱政治的观点,但体育和政治的相互联系却客观存在且日益密切,出现了体育运动进一步为政治服务、向政治靠拢的现象。其积极作用主要表现在以下几个方面:

1. 振奋民族精神

政治与竞技体育最直接的联结方式就是宣扬民族精神。运动员是以国家或地区为单位参加国际竞赛活动的,因此他们的胜负就有着特殊的政治含义。

2. 提高国家或地区的政治地位

当一种新的社会制度出现,或者两种社会制度尖锐对立时,体育的制度强化作用是十分明显的。有些国外学者在论证体育的政治功能时指出,"体育是随着人类社会的进步而发展起来的一种特殊的、礼仪的战争""利用国际竞赛显示本国政治制度的优越性是东西方国家的共同现象"。

3. 促进各民族的团结

体育运动可以创造安定的社会环境,有利于社会的良性运行。在多民族国家或地区,各民族之间的体育交流有助于保持民族之间的和睦、团结。我国多次举行全国少数民族运动会,对民族文化交流以及边疆地区经济繁荣与社会发展,起到了重要的作用。

4. 服务于国家的外交政策

国家间的体育竞赛活动是国际文化交流的重要内容。在一些特殊情况下,体育交流可以提供特殊的外交场合和手段,先于国家间的外交活动,为建立、恢复外交关系创造条件。

(六)体育的社会化功能

在现代社会,体育的社会化功能越来越引起广泛重视。人们的需求是多种多样的,而这些需求不能无止境地得到满足。文化对社会最重要的功能就是对人们的需求提供同样的模式,使人们能够共同生活。因此,体育这种文化对社会所具有的第一个重要功能便是促进人的社会化。特别是对于青少年来说,体育还可以使他们学会互相尊重,养成良好的社会态度,可以发展自主性并提升对道德问题的判断力,促进个性的形成与发展。

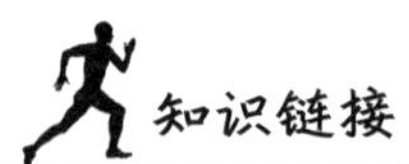

世界卫生组织

世界卫生组织(World Health Organization,简称 WHO)是联合国下属的一个专门机构,是国际上最大的政府间卫生组织,截至 2015 年共有 194 个成员国。

世界卫生组织的宗旨是使全世界人民获得尽可能高的健康水平。世界卫生组织的主要职能包括:促进流行病和地方病的防治,提供和改进公共卫生、疾病医疗和有关事项的教学与训练,推动建立生物制品的国际标准。

第二节　体育与社会发展

南非前总统纳尔逊·罗利赫拉赫拉·曼德拉曾说:体育拥有改变世界的力量。这一富有哲理的概括十分准确地将体育的功能阐释了出来。体育作为一种以相互了解、交流、沟通为目的,运用肢体运动来表达的特殊语言,在人类社会中发挥着巨大的作用。它不仅能把不同国家、民族、宗教、信仰的人们大规模聚在一起,而且还可以在一定阶段内弱化国与国的相互敌对和抚平处于战争状态中人们心灵的创伤。纳尔逊·罗利赫拉赫拉·曼德拉的至理名言清晰地表明了体育承载着政治、经济、文化等诸多方面的社会现实。

一、体育与政治的互动

古人云:不积跬步,无以至千里。不积小流,无以成江海。政治的需要使得体育事业打破了以往由小到大、由量变到质变的金字塔式传统发展模式,许多国家采用了以国家利益为最高目标的举国体制,充分动员和调配全国相关力量,目的只为夺取比赛(尤其是奥运会)胜利。尽管这种发展模式在一定程度上达到了政治需要,竞技体育所取得的光环也很耀眼夺目,但体育发展之根基——群众体育,却显得薄弱而不实。体育在政治的影响之下,并没有经历群众体育大力发展的基础阶段,而是在短时间内直接进入世界竞技体育的洪潮之中。

政治制度决定着体育体制的类型。在不同的政治制度下会形成不同类型的体育体制。政治意识形态还决定体育的价值观念。当今世界存在两种政治观念,一种是在自给自足的自然经济基础上形成,以儒家思想为基调的,注重内敛、修身的保守静态观;另一种是在商品经济基础上形成,以古希腊、古罗马文化为基调的,崇尚自我、冒险的开放动态观。这两种不同的观念构成了东西方体育价值观念的主体,由此形成的具有代表性的体育项目也各不相同。例如,东方的太极,西方的户外登山。

政治对体育产生一定的影响的同时,体育对政治也有反作用。体育对于维持政治统一,提高国家地位,提升国家形象与知名度,增强民族自豪感,增进政治互信,振奋民族精神,促进社会稳定都有着积极的意义。由此可见,体育在现代意义上不仅仅是简单的肢体运动,它已经超越原有的含义,具备了前所未有的睿智和机敏,成为社会政治生活中的“弄潮儿”。

二、体育与经济的互动

体育除了与政治有着千丝万缕的联系之外,它与经济更是互为关联。北京奥运会、广州亚运会的成功举办以及竞技体育所取得的骄人战绩,不仅展现了在强大的经济实力下体育获得的成功,而且还印证了在社会主义市场经济条件下,体育与经济相互作用的结果。

体育不再被认为是入不敷出的事业,它超乎寻常的经济潜力和巨大的商业价值在 20 世纪 80 年代已被挖掘出来。被前国际奥委会主席萨马兰奇先生称为奥林匹克救星的美国人尤伯罗斯将商业运作成功引入洛杉矶奥运会,盈利 2.23 亿美元。至此竞技体育给主办国带来了良好的经济效益。例如,汉城奥运会盈利约 4.97 亿美元,亚特兰大奥运会盈利约 3 亿多美元,法国世界杯盈利约 80 亿法郎,韩日世界杯盈利约 88.8 亿美元……竞技体育被世人定义为一棵经济常青树。

随着体育市场的不断规范和完善,即使是在世界经济处于低迷期,体育所迸发出的强劲活力依然不减。日本体育产业产值在本国10大产业中排名第6,美国体育产业总值超过了实力雄厚的石油工业、汽车制造业和航空业;英国体育产业的就业人数超过了农业、煤炭工业,每年创产值达70亿英镑,而政府获得财政税收多达30亿英镑,相当于政府用于体育事业开支的5倍。体育产业显然已经成为名副其实的后起之秀,在世界经济中扮演着重要的角色。现如今,在体育影响力逐步扩大的现实背景下,全球企业纷纷将目光转向体育,在原本属于体育的领地上演着一幕幕品牌、产品营销的经济大战,这其中不乏国内外知名企业,如阿迪达斯、耐克、李宁等。

三、体育与社会文化的互动

文化是一个大的集合体,它是人类所创造的物质财富和精神财富的总和。从世界整体范围而言,文化是展示国家和民族特色的载体,更是存在于世界上并有异于其他国家和民族的特征符号之一。

体育是人类文明的产物,与人类的文明和文化相伴而生,同步而行。从古代东西方的文物当中我们可以发现,早在人类文明与文化的初始阶段,体育就已经作为一种文化形态融入社会生产生活中,并伴随着人类文明的不断进步与文化的日渐丰富,成为社会文化中一股不可低估的力量。

如今体育已经成为重要的文化载体和文化传播窗口。例如,慕尼黑奥运会的瓦尔迪、蒙特利尔奥运会的阿尔米、汉城奥运会的虎多力、巴塞罗那奥运会的科比、雅典奥运会的雅典娜和费沃斯、北京奥运会的福娃、伦敦奥运会的文洛克。这些奥运会吉祥物都充分体现了举办国的文化特征。正是基于不同文化背景下生长和发展起来的体育观念的相互碰撞,体育与文化在人类生存和发展的历史长河中形成了你中有我、我中有你、相互借鉴、共同发展的多元景象。

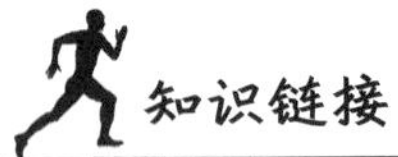

俱乐部文化起源

俱乐部文化起源于英国。在17世纪的欧洲大陆和英国,当时的绅士俱乐部源于英国上层社会的一种民间社交场所,它们往往都有数百年的历史。俱乐部除了定期组织社交活动外,还向会员提供餐饮、银行保险、联系和接洽等各项服务。可以说,在英国社会,一个人拥有多少知名俱乐部的会员资格是此人社会地位高低的体现。

四、体育与人们生活方式的互动

现代生活方式是在现代社会条件下,人们的生产、生活活动本质特征的总和。它包括人们的劳动生产方式、日常生活方式、精神生活方式、物质生活方式等多个方面。

体育已经成为社会大众生活方式中的一项重要内容,体育丰富了人们的业余文化生活,锻炼了人们的意志品质,完善了人们的心智,增强了人们的体质,陶冶了人们的性情,维护了社会的安定，促进了人们的身心健康和全面发展。体育已成为现代生活方式中一项巨大的社会运动，被人们广泛接受和传习。

全民健身日

为了满足广大人民群众日益增长的体育需求，为了纪念北京奥运会成功举办，经国务院批准，从 2009 年起，每年 8 月 8 日为“全民健身日”。

第三节　体育与人的发展

体育作为人类社会的一种文化现象，其独特的功能与作用不断被开发和利用。社会生产力的高度发展，为人们从事体育实践活动提供了极其有利的物质基础和充裕的时间保障，是体育形成的社会条件；求生存、求健康的健身意识是体育发展的基础；体育的多功能与社会需求的多样化相吻合是体育的主要社会特征。体育对人的可持续发展发挥着不可替代的作用。

一、体育与人的社会化

人是自然的，同时也是社会的。人从降生起就必须不断地学习各种社会传统与文化，依从社会要求遵循的道德、价值标准和言行规范，这就是人的社会化过程。

体育被认为是对人的社会化过程最有效的载体。如果想要了解人在社会交往间相互影响的行为，只需去考察一个球队，就可以得到全面的答案。因为考察一个球队可以了解社会化过程中的一些基本问题，如价值观念、规范、认可、结构、角色、地位和个性等。体育运动对促进人的社会化具有载体的作用。它使人在体育活动的情境中去学习，而不只是在教室里讨论。

国内外一些研究认为，在社会高速发展、竞争十分激烈的现代社会，各个领域获得巨大成功的精英们，必须具备以下社会品质与心理条件：

(1) 积极、进取的人生态度和强健的体魄。

(2) 敢于冒险、不怕失败的大无畏精神。

(3) 对未来的成就充满信心，又有坚强的心理承受能力。

(4) 胸襟宽广，有良好的人际关系和与人和睦相处的能力，共同合作、共享成功。

(5) 有旺盛的精力与热情，有良好的自控能力和自律性。

(6) 有把握情境、抓住机遇的聪慧头脑。

体育恰恰可以培养与塑造以上品质，而且是最自然、最合理、最直接、最见成效的方法和途径。上述品质也是体育运动中决定运动员能否获得成功的关键因素，因此体育在人的社会化过程中起着不可替代的特殊社会功能。

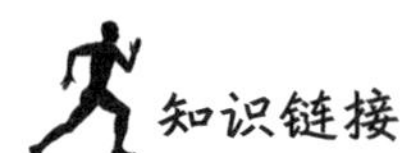
知识链接

世界无烟日

世界卫生组织将每年的5月31日定为“世界无烟日”，促使全世界行动起来，减少烟草对人类健康的危害。2018年5月31日是第31个“世界无烟日”。

二、体育与人类文明

人类文明孕育了体育，体育促进了人类文明的发展。当今的体育已成为反映一个国家政治、经济发展水平的窗口，也是衡量一个民族的精神风貌和文明程度的标志，它引起了各国政府和广大群众的关注。有学者认为，从事体育活动和进行战争是表现民族意志的两条途径。体育竞赛有时具有政治性和国际性的重大影响，参赛团队或个人是国家与民族的代表和化身。所以有些体育竞赛成为显示国家实力和民族精神的舞台，被称为现代文明国家间所进行的礼仪化的、没有硝烟的战争。运动员的言行举止、气质风度、技能水平和比赛成绩，直接被转播观赏、描述评论，成为媒体和大众关注、谈论的热点，同时也把这个国家的民族形象与民族精神展示在世人面前。因此，有的运动员被称为“礼仪大使”。同时，运动员取得的成绩也是一笔精神财富，对人类和社会产生重要影响。

柏拉图认为，体育运动的道德价值比身体价值更大。亚里士多德也认为，精神健康需要依靠身体健全，通过体育可以培养青年良好的道德品质。毛泽东1917年在《体育之研究》中就阐明，体育具有“强筋骨、增知识、调感情、强意志”的功能，深刻而精辟地论证了体魄的锻炼对人精神状态的影响。我国著名的体育家、清华大学马约翰先生在1926年撰写的《运动迁移价值》一文中认为，运动场是培养学生品格的极好场所，可以批评错误、鼓励高尚、陶冶情操、激励品质。刻苦的锻炼可以“培养青年们勇敢的精神、坚强的意志、自信心、进取心和争取胜利的决心”。这种运动场上表现出来的道德品质能够迁移到各种社会环境中。

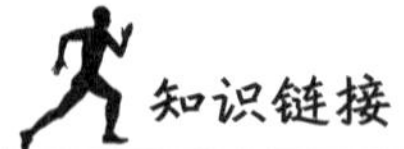
知识链接

心理健康标准

美国心理学家马斯洛和米特尔曼提出的心理健康的十条标准被公认为是最经典的标准：

(1) 充分的安全感。

(2) 充分了解自己，并对自己的能力做出适当的估价。

(3) 生活的目标切合实际。

(4) 与现实的环境保持接触。

(5) 能保持人格的完整与和谐。

(6) 具有从经验中学习的能力。

(7) 能保持良好的人际关系。

(8) 适度的情绪表达与控制。

(9) 在不违背社会规范的条件下，对个人的基本需要作恰当的满足。

(10) 在集体要求的前提下，较好地发挥自己的个性。

三、体育与人的可持续发展

体育有一个明确的基本目标，就是通过人类自身的体育活动，实现人的身心健康，达到人的可持续发展。没有中国体育的大发展，就没有中国人民的大健康。正如习近平总书记在 2016 年 8 月召开的全国卫生与健康大会上所指出："没有全民健康，就没有全面小康。"《教育部办公厅关于贯彻全国学校体育工作座谈会精神进一步强化学校体育工作的通知》（教体艺厅〔2017〕5 号）指出：党的十八大以来，以习近平同志为核心的党中央高度重视体育和学校体育工作，强调体育强国梦与中国梦息息相关，把健康中国建设作为中国梦的重要支撑，把体育和学校体育工作融入实现"两个一百年"奋斗目标大格局中去谋划，将全民健身上升为国家战略。可见我国已把体育的全方位发展作为社会可持续发展的组成部分。

可持续发展作为一种得到当今国际社会广泛认同的全新的发展观，必然会涉及人类社会生活的各个方面。体育产生和发展的根本追求和终极目标，是达到人的可持续发展，进而推动社会的可持续发展。人的需要是体育寻求自身可持续发展的原动力，现代体育也必然随着全球可持续发展战略的实施走可持续发展的道路。

第四节　高校体育的目标与任务

现代体育的教育过程主要是通过学校教育完成的。大学时光是走向社会的最后一站，所以，在大学教育中，体育同其他学科一样，极其重要。随着形势的发展、社会的需要，高校体育的改革也随之不断深入。新时期、新形势又赋予了高校体育新的任务，促使高校体育的目的与任务更为具体、完善。

一、高校体育的总体目标

从总体上来讲，高校体育既属于教育范畴，又属于体育范畴。所以，高校体育担负着双重的任务，即担负着教与育的任务。在教育的范畴里，要求增进学生健康，增强学生体质，发展学生个性，培养学生从事体育活动的意识、兴趣、习惯和能力，掌握体育与健康的基本知识、技术和技能，提高体育文化素养和生活质量，造就一代体质强健、身心协调发展的社会主义建设者。在体育教育的范畴里，还担负着培养体育优秀人才、为国家争得荣誉的重任。随着我国经济的繁荣与发展，大学体育已经逐步走入社会，走向世界，许多精彩的体育表演及比赛，多来自大学体育培养出的优秀人才。大学体育为社会的发展、人类文明的进步，做出了新的贡献。从这个角度来说，大学体育又属于精神文明的范畴。所以，大学体育的总体目标应该是促进学生身心全面发展，有效地增强体质，促进学生德智体美劳全面发展，使其成为有理想、有道德、有文化、守纪律的专业建设人才。为此，应使学生掌握体育健身原理及几种终身受益的健身方法，提高运动技术水平，为社会服务。

二、高校体育的任务

为了有效地增强学生的体质，达到学校体育的教育目的，学校体育要完成以下主要任务：

（一）增强学生体质，促进学生身心健康

增强学生体质，促进学生身心健康，是高校体育的根本任务。大学生在校学习的几年是身心发展的关键时期，通过体育锻炼可以促进各器官、系统良好发育，促使身体功能正常，体质强壮，精力充沛，对疾病有抵抗能力，对自然环境有适应能力。体质的增强，除了人体骨骼、肌肉、内脏各器官和系统的增强之外，更主要的是大脑机能的改善。它反映了中枢神经系统对机体发展、发育和人体运动的控制力，神经系统对各器官机能的支配力，大脑皮层对各器官间活动的协调能力等。

增进健康、增强体质要根据不同对象采取有针对性的体育内容、手段和方法，进行科学、系统和持久的锻炼，使学生精力充沛、免疫力增强、生命力旺盛。

（二）促使学生掌握体育基本知识、基本技术和基本技能

知识是人们经过多次实践，对事物本质和规律理解以后的产物。技术是人们充分发挥机体能力并合理、有效地完成动作的方法。技能是指技术的实际运用能力。通过“三基（基本知识、技术、技能）”的学习，教会学生科学的身体锻炼方法，培养学生终身参加体育锻炼的兴趣、能力和习惯，提高学生的体育、卫生、文化素养及体育保健、独立锻炼和自我评价的能力，为终身体育奠定良好的基础。

（三）进行思想品德教育，促进学生全面发展

学校体育要结合体育的特点，寓思想品德教育于体育活动之中。教育学生为将来从事社会主义现代化建设锻炼身体，提高社会责任感，树立群体意识，培养学生热爱集体、遵纪守法、团结合作、朝气蓬勃、勇敢顽强、拼搏进取、创造开拓等思想品德。在此过程中，要特别注意培养学生的毅力。由于学生的行为是受其理想、信念和情操所影响的，因此在高校体育教育过程中，应注重培养学生高尚的情操，通过培养学生的思想品德来更有效地完成学校体育教育的任务。

（四）培养学生审美和创造美的能力

体育运动中的美是一种综合性的美，它包括形式美、形体美、形态美、和谐美、精神美等方面。体育运动是力量和智慧的结合，身体练习是意念和形体的统一。在体育运动中，练习者可以运用自身的动作来表现对客观世界的认识，并通过各种动作来达到增强身体功能的效果。美的心灵、美的情操都是通过美的举止、美的动作造型来表现的。因此，高校体育应注重培养学生高尚的情操，培养他们审美和创造美的能力，使其“外在美”与“内在美”达到和谐统一。

（五）发展大学生的体育才能，培养高水平的运动员

充分利用高校的有利条件和大学生体能和智能上的优势，重视大学生的生理、心理特点，对部分体育基础好、有一定专项运动才能的大学生进行科学、系统的训练，不断提高其运动技术水平。这样，既能通过各种竞赛活动，丰富校园文化生活，又可培养高水平的运动员。国际上许多奥运会金牌获得者和世界冠军都是在校大学生。我国高校要想达到这样的目标，就必须采取切实可行的措施，全面推进素质教育，认真解决好大、中、小学生在体育教育方面的衔接问题，在普及的基础上提高大学生的体育才能，为国家培养更多的优秀的体育人才。

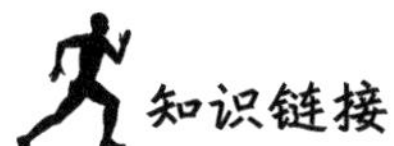

知识链接

体育锻炼的卫生指导

1. 正确的锻炼时机：早晨进行适量的锻炼可以舒展筋骨；下午 15—17 点进行负荷较大的锻炼，可以提高体力储备；晚上 21—22 点进行轻微锻炼可以提高睡眠质量。

2. 优良的锻炼环境：空气新鲜，避免噪声干扰。

3. 适宜的锻炼内容：应着重选择增强心肺功能的锻炼内容，处于青春后期的大学生还要选择增强肌肉力量的锻炼内容。

4. 中等的运动负荷：平均心率 120~150 次 /min，锻炼时间达到 20~60 min，每周运动 3~5 次。

复习与思考

1. 体育有哪些功能？
2. 简述体育与人的全面、和谐发展的关系。
3. 为实现高校体育教育目标，高校体育需要完成哪些任务？

第二章　体育健康与运动保健

知识导航

党的二十大报告强调推进健康中国建设。强调“人民健康是民族昌盛和国家强盛的重要标志”，要“把保障人民健康放在优先发展的战略位置，完善人民健康促进政策”。健康是人类的最基本要求，也是一项最重要的社会目标。对于人的一生来说，健康无疑是人们关注的头等大事，没有什么比这更重要的了。“健康并不代表一切，但丧失了健康就丧失了一切！”作为当代的大学生应该树立正确的健康观念！

第一节　树立正确的健康观念

一、健康的定义

健康与生存

世界卫生组织关于健康的定义：“健康乃是一种在身体上、精神上的完满状态，以及良好的适应力，而不仅仅是没有疾病和衰弱的状态。”这就是人们所指的身心健康，也就是说，一个人在躯体健康、心理健康、社会适应良好和道德健康四方面都健全，才是完全健康的人。

二、健康的标准

根据世界卫生组织所制定的健康标准，可以用“五快、三良、三要、四有”来分别归纳身体健康、心理健康、社会适应良好和道德健康的评价标准。

（一）身体健康的标准——“五快”

快食：所谓快食，就是吃得痛快。三餐的饮食吃起来感觉津津有味，能快速吃完一餐而不挑食，食欲与进餐时间基本相同。

快眠：快眠就是睡得舒畅，一觉睡到天亮。醒后头脑清醒，精神饱满，工作状态佳。

快便：便意来时，能快速排泄大小便，有规律，且感觉轻松、自如。

快语：说话流利，语言表达准确、有中心，头脑清楚，思维敏捷，中气充足。

快行：行动自如、协调，迈步轻松、有力，转体敏捷，反应迅速，动作流畅。证明躯体和四肢状况良好，精力充沛、旺盛。

（二）心理健康的标准——“三良”

良好的个性：与人相处时性格温和、胸怀坦荡；遇到困难时意志坚强，坚忍不拔；遇到烦恼时乐观豁达，心境平和。

良好的处事能力：待人接物时具有敏锐的洞察力和良好的自控力，遇事沉着、冷静、不慌乱，做事细心、周到、有条理，对复杂的社会环境和多变的周边事物具有良好的适应力。

良好的人际关系：拥有稳定的朋友圈，与人交往时助人为乐，不损人利己。

（三）社会适应的标准——“三要”

要为社会所接受：将社会规范作为行为准则，在复杂的社会环境中约束自己的一言一行。

要为他人所理解：做好与周边其他人的沟通和交流，使自己被集体所接受，适应集体生活并在集体中发挥个人才华。

要符合社会身份：明确自己在社会中所扮演的角色，勇于承担社会责任。

（四）道德健康的标准——“四有”

有健康向上的信仰：在生活中树立正确的世界观、人生观和价值观，并以此为指导开展社会活动。在良好信仰的引导下，形成为社会所接受的道德品质，进而促进个体精神世界的健康发展。

有高尚的品德情操：在生活中表里如一，言必信、行必果，爱岗敬业，诚实守信，不存在精神上的空虚和道德上的危机。

有完美的人格：为人处事要讲究原则，不损人利己、自私自利，不唯利是图、违反道德，以正直、诚信的态度面对生活和事业。

有社会责任感：具有公民意识，以社会需求为己任，先天下之忧而忧，后天下之乐而乐，不做危害他人健康的不文明行为。

三、什么是亚健康

亚健康是指身体介于健康与疾病之间的边缘状态，又叫作“慢性疲劳综合征”，或称“第三状态”。世界卫生组织认为，健康是一种身体、精神和交往上的完美状态，而不只是身体无病。根据这一界定，经过严格的统计学统计，人群中真正的健康者“第一状态”和患病者“第二状态”所占比例不足1/3，有2/3以上的人群处在健康和患病之间的过渡状态，世界卫生组织称其为“第三状态”，国内常常称之为亚健康状态。

亚健康临床表现多种多样，躯体方面可表现为疲乏无力、肌肉及关节酸痛、头昏头痛、心悸胸闷、睡眠紊乱、食欲不振、脘腹不适、便溏便秘、性功能减退、怕冷怕热、易于感冒、眼部干涩等；心理方面可表现有情绪低落、心烦意乱、焦躁不安、急躁易怒、恐惧胆怯、记忆力下降、注意力不能集中、精力不足、反应迟钝等；社会交往方面可表现有不能较好地承担相应的社会角色，工作、学习困难，不能正常地处理好人际关系、家庭关系，难以进行正常的社会交往等。

亚健康状态越来越引起人们的重视，当代大学生也应该积极预防和改善亚健康状态，养成健康的生活习惯和积极的生活态度。

第二节　体育锻炼对大学生身心健康的影响

一、大学生心理问题的表现形式

（一）生活适应问题

这一问题在新生当中较为常见。新生来自全国各地，以往的家庭环境、受教育环境、成长经历和学习基础相差很大，来到大学之后，在自我认知能力、同学交往、自然环境等方面都面临着全面的调整和适应。由于目前大学生的自理能力、适应能力和调整能力普遍较弱，所以，在大学生中，生活适应问题广泛存在。例如，一名女生刚入校不到一个星期时间就申请退学，原因是不能适应集体生活，晚上睡不着，白天在学校食堂也没有胃口，时常感到精神紧张，心情烦躁，不能再坚持下去。

（二）学习问题

大学生主要任务是学习，学习上的困难与挫折对大学生的影响是最为显著的。大量事实表明，学习成绩差是引起大学生过度焦虑的主要原因之一。虽然大学生在学业方面是同龄人中的优秀者，但是由于大学学习与中学学习存在巨大差别，所以，很多学生存在学习问题，包括学习方法、学习态度、学习兴趣、考试焦虑等。例如，有一位学生因对专业不满意而提不起学习兴趣，经常想着转专业或者退学回家重考，就这样在矛盾中度过了大学生活中的第一个学期，期末考试出现两科不及格。

（三）人际关系问题

受应试教育影响，多数学生在人际关系方面较为封闭，交往能力相对较弱。进入大学之后，如何与周围同学友好相处，建立和谐人际关系是大学生面临的一个重要问题。由于每个人待人接物的态度不同、个性特征不同，再加上青年期心理固有的闭锁、羞怯、敏感和冲动，都使大学生在人际交往过程中不可避免地出现各种困难，从而产生困惑、焦虑等心理问题，这些问题甚至会严重影响他们的健康成长。例如，有一位大三的女同学，由于与同宿舍的另一位同学发生口角，心里很不平衡，总想找机会报复，于是故意将那个同学的东西偷走，被发现后受到校纪处分。

（四）恋爱与性心理问题

大学生处于青年期，性发育成熟是重要特征，恋爱与性问题是不可回避的。总的来说，大学生接受青春期教育不够，对性发育成熟缺乏心理准备，对异性的神秘感、恐惧感和渴望交织在一起，由此产生了各种心理问题，严重的还导致了心理障碍，如不敢与异性说话、恋物癖、窥阴癖等。

（五）性格与情绪问题

性格障碍是比较严重的心理障碍，其形成与成长经历和环境有关，原因也较为复杂，主要表现为自卑、怯懦、依赖、猜忌、神经质、偏激、敌对、孤僻、抑郁等。例如，有的同学或者嫌自己长相不佳，或者认为自己能力太低、知识面过窄，用有色眼镜看待自己及周围环境，影响了正确的自我认识，使得事事处处都认为自己赶不上别人，总觉得低人一等。

另外，还有性格孤僻、自我封闭；狭隘自私，多疑嫉妒；狂妄自大，经不起挫折；自卑、心理压抑；心里茫然，无所事事；心理焦虑导致神经衰弱；情感困惑，性压抑导致心理变态；精神颓废，消极对待人生等表现。

二、心理健康的促进方法

（一）给自己定一个奋斗目标

有一个明确的理想和切实可行的奋斗目标，是保持良好心态的重要前提。有抑郁或焦虑心理的学生，往往缺乏理想和目标，看不到生活的前景；或是理想和目标过高，难以达到自己的期望值，从而产生不良心理。要根据个人的实际情况，结合个人的兴趣爱好，制定出明确的，分阶段的，可操作的，看得见、摸得着的奋斗目标，使自己在做出努力后，经常有达到目标后的成就感和欣慰感，从而感受到生活的乐趣，培养起良好的心态。

（二）建立良好的人际关系

在社会生活中，良好的人际关系可以消除孤独感，获得安全感。由于大学生中有相当比例的独生子女，在高中阶段"孤军奋战"式的学习方法，使很多学生不善于和他人相处。有关调查发现，学生抑郁和焦虑心理产生的原因，有相当大的比例是因为没有处理好与同学的关系。因此，要善意地和他人相处，多一些真诚的赞美和鼓励，不要轻易怀疑他人，甚至轻视、厌恶他人；要尊重他人、信任他人，注意倾听对方的谈话，不把自己的意志和见解强加于人，既乐于助人，也坦然接受别人的情感和帮助。实践证明，有好的人际关系就会有好的心情。

（三）培养多种兴趣爱好

学校要做好培养和发展大学生兴趣爱好的工作。经常组织和鼓励学生举办、参加各种校内活动，开展形式多样的文艺和体育活动，丰富他们的课外生活，加强大学生的沟通和交往能力。激发他们热爱生活、自强、自信的热情。这样可以更好地为大学生减小学习、生活中的压力，为他们的心理健康发展营造一个良好的校内环境。

保持良好的心理健康状态，还要在面对一些压力和挫折的时候学会自我调节，正确处理好大学生活中的各种矛盾和冲突等。

三、体育锻炼对大学生生理健康的影响

（一）体育锻炼对运动系统的影响

首先，经常参加体育锻炼，能够促进人体新陈代谢，改善血液循环，使骨骼变得粗壮、坚固，同时增强骨骼的抗折、抗病变、抗压缩和抗扭曲等方面的性能，有利于促进骨骼的生长。

其次，经常参加体育锻炼，可增强关节的稳定性。体育运动是靠关节的活动来完成各项运动技术的，经常从事体育运动，可使关节囊、韧带和肌腱增厚，使关节的稳固性、伸展性增强，使关节的弹性、灵活性、柔韧性得到提高。同时，对运动损伤和关节疾病也能起到良好的预防作用。

再次，经常参加体育活动，可以提高肌肉的性能，增大肌肉的横截面，使之粗壮、结实和发达，从而对疾病也能起到良好的预防作用。

另外，有意识地在严寒、酷暑、高温、高空等环境下活动，可以提高人体对自然环境的适应能力。

（二）体育锻炼对神经系统的影响

首先，经常参加体育锻炼，可以促进大脑的发育。体育锻炼能使血液循环加快，血流量增多，使脑细胞得到充足的氧气和养料，从而促进脑细胞的生长，使树状突起的分支增多。

其次，经常参加体育锻炼，能完善大脑的传导功能，提高反应速度。

再次，经常参加体育活动，能改善大脑皮层的兴奋和抑制过程，建立运动条件反射，掌握运动技能，使思维敏捷，运动准确、协调。

另外，经常参加体育锻炼还可以改善神经系统的机能。神经系统是人体机能的调节系统。人体的各种活动都需要在神经系统的控制、调节下进行。而人体的各种活动又使神经

系统得到锻炼。经常参加体育锻炼的人，神经系统对外界刺激的反应更准确、更快速，综合分析及协调反应能力增强，神经细胞抗疲劳的能力得以提升，有助于神经系统及全身组织、器官功能的提高。

四、体育锻炼对大学生心理健康的影响

（一）培养合作意识

经常参加体育活动，可以提高人对集体和社会的适应能力，使人更具有合作精神、豁达合群的性格、愉快乐观的情绪，富有同情心，自觉遵守社会准则。

（二）改善情绪状态

大学生常因名目繁多的考试、相互间的竞争以及对未来工作的担忧而产生持续的焦虑反应，经常参加体育锻炼可以给人带来愉悦的感觉，降低自己的焦虑反应，从而调节人的情绪，改善心理健康水平。

（三）提高智力功能

体育锻炼可以促进大脑的发育，增强心肺功能，消除疲劳，加强记忆力，从而提高大脑的工作效率。

（四）确立良好的自我概念

坚持体育锻炼可使体格强健、精力充沛，因而体育锻炼对于改善人的身体表象和增强自信至关重要。

（五）培养坚强的意志品质

参加体育运动有助于培养人勇敢顽强、坚持不懈的作风，团结友爱的集体主义精神和积极向上的心态。

（六）消除疲劳

大学生持续紧张的学习压力极易造成身心疲劳和神经衰弱，保持良好的情绪状态和参加中等强度的体育锻炼则可以使他们身心得到放松。

（七）治疗心理疾病

由于体育运动的集体性和公开性，在体育运动中的人际交往，能促进良好人际关系的发展，使关系融洽，促进团结协作。不难看出，体育锻炼不仅能强健身体、增强体质，还具有完善身体、健康心灵、健全人格、提高适应能力等功能，不仅从身体上，也从精神上、社会适应上使人达到健全、健康状态。

五、体育锻炼对大学生社会适应的影响

（一）体育锻炼可以培养适应社会需要的价值观

参加体育活动有助于提高人的社会适应性，满足人的交往需要，并使人的性格得到改善。体育活动具有娱乐性，有助于建立人的友谊、满足人的交往需要、消除人的孤独感、改善人的性格，在促进人的社会性发展过程中有娱心、健心等方面的功能。

（二）体育锻炼促进协作意识和角色意识的形成

体育活动的角色扮演和对规则的遵守与现实社会生活中的角色、法规具有一定的相似性，而这种相似性有利于提高人的社会适应性。遵守体育道德规范，有利于提高自己的社会适应性。

第三节　科学的体育锻炼

一、体育锻炼的内容

体育锻炼的内容丰富多彩,主要包括以下几个方面:

(一) 竞技活动

篮球、乒乓球、羽毛球、田径、足球、排球、游泳、自行车、体操等竞技活动在高校广泛开展,深受大学生的喜爱。

(二) 身体娱乐活动

游艺场活动、划船、电子游艺活动、模型活动、棋牌等。舞蹈也是现代人喜欢的活动,如集体舞、广场舞、交谊舞、现代舞、民间舞等。另外,旅行、野炊、郊游等也是愉悦身心的活动。

(三) 民族传统体育活动

武术、太极拳、气功,如八段锦、五禽戏、易筋经,登山、踏青、划龙舟、荡秋千、踢毽子、踏跷板等民族传统体育活动也有非常好的健身愉情作用。

二、体育锻炼的基本原则

(一) 全面性原则

全面性原则是指通过体育锻炼使身体形态、机能、素质和心理品质等都得到全面、和谐的发展,这也是体育锻炼的目的。要达到这一目的,一方面应尽可能选择对身体有全面影响的运动项目,如跑步,游泳等;另一方面,也可以某一项为主,辅以其他锻炼项目。值得注意的是,不要过分单一性锻炼。

(二) 经常性原则

经常性原则是指应坚持长期地、不间断地、持之以恒地进行体育锻炼。众所周知,生命在于运动,运动宜贵有恒。人的体质,只有在经常的体育锻炼中方能得到增强。根据用进废退的法则,如果长期停止锻炼,各器官、系统的机能就会慢慢减退,体质就会逐渐下降。因此,参加体育锻炼必须持之以恒,不能三天打鱼、两天晒网。

(三) 渐进性原则

渐进性原则是指体育锻炼的要求、内容、方法和运动负荷等都要根据每个人的实际情况,由易到繁,运动负荷由小到大,逐步提高。科学研究表明,人体各器官的机能,不是一下子可以提高的,它是一个逐步发展、提高的过程,即锻炼效果是一个缓慢的由量变到质变的逐渐积累的复杂过程。如果违反循序渐进的原则,急于求成,不但不能有效地增强体质,而且还会损害健康。所以,进行身体锻炼应有目的、有计划、有步骤地实施,在安排运动负荷时应注意由小到大逐步提高,其过程是提高—适应—再提高—再适应。

(四) 个别性原则

个别性原则是指每个参加体育锻炼的人,应根据自己的实际情况,选定锻炼内容和方法,安排运动负荷。客观来讲,每个参加体育锻炼的人,情况都不尽相同,如年龄、性别、健康状况、锻炼基础、营养条件、生活及作息习惯等。因此,锻炼者应根据自身状况进行正确评估,从实际出发,使锻炼的负荷量适合自己的身体条件,以期达到良好的锻炼效果。

（五）自觉性原则

自觉性原则是指进行身体锻炼，出自锻炼者内在的需要和自觉的行动。锻炼在于自觉，锻炼者应把锻炼的目的与动机和树立正确的人生观联系起来，这样才有助于形成或保持对身体锻炼的兴趣，调动和发挥更大的主动性和积极性，使体育锻炼建立在自觉的基础上，以期达到更好的锻炼效果。

三、体育锻炼的方法

（一）发展速度素质

1. 速度素质的定义

速度素质是指人体进行快速运动的能力，表现形式有反应速度、动作速度和位移速度。反应速度是指人体对情况的突变或对预定信号产生反应的快慢，如短跑的起跑，守门员的扑球等。动作速度是指人体完成单个动作或成套动作所用时间的长短，如起跳速度、出手速度等。位移速度是指人体在单位时间内移动的距离，如每分钟走、跑、游泳的距离。发展速度素质的方法很多，可选择一些动作频率高和反应速度快的运动项目，如短跑、球类运动等。

2. 发展速度素质的方法

发展速度素质主要通过“30~60 m 跑”“4~7 s 冲刺跑”“立定跳远”等方法。

（二）发展力量素质

1. 力量素质的定义

力量素质是肌肉在工作时克服内外阻力的能力，它是以人体所受的负荷量来衡量的。人体承受的负荷量越大，说明力量越好，反之则差。体育锻炼可以使肌纤维增粗，并且增加肌肉中蛋白质的含量，改善神经系统的调节能力，从而达到发展力量素质的效果。

力量素质又可分为最大力量、爆发力量、力量耐力。发展力量素质的锻炼项目有举重、体操和各种抗阻器械练习等。

2. 力量素质的测试方法

(1) 背肌力测量。

(2) 立定跳远。

(3) 推实心球。

（三）发展耐力素质

1. 耐力素质的定义

耐力素质是指人体长时间进行肌肉活动的能力。从运动生理学的角度来划分，耐力素质又包括一般耐力、速度耐力、力量耐力和静力耐力四类。一般耐力是指人体进行一般工作的抗疲劳能力，如 1 500 m 跑等。速度耐力是指人体在较短时间内肌肉的快速运动能力，如 400 m 跑等。力量耐力是指肌肉长时间进行收缩活动的能力，如俯卧撑等。静力耐力是指肌肉长时间进行静力性收缩的能力，如蹲马步等。

2. 耐力素质的测试方法

(1) 12 min 跑。

(2) 俯卧撑。

(3) 坐蹲跳。

(4) 1 500 m 跑。

(四)发展灵敏素质

1. 灵敏素质的定义

灵敏素质是指人体在各种复杂的条件下快速、准确、协调地改变身体姿势、运动方向和随机应变的能力。它与速度、力量、柔韧、协调等素质有着密切关系,它是有关器官、系统、运动素质以及运动技能协同配合的综合体现。发展灵敏素质的锻炼项目有体操、武术和各种球类运动。

2. 灵敏素质的测试方法

(1) 象限跳。

(2) 侧跨步。

(3) 听信号起跑。

(4) 单、双杠和垫上翻滚运动。

(5) 各种球类运动。

(五)发展柔韧素质

1. 柔韧素质的定义

柔韧素质是指人体各关节的活动幅度,即关节的肌肉、肌腱和韧带等软组织的伸展能力。人体各关节活动幅度的大小,不仅与关节本身的结构有关,而且受到关节肌肉、肌腱和韧带等软组织的伸展性和弹性的影响。柔韧性对人体在运动时的速度、力量等其他身体素质的发挥、提高动作质量以及对运动损伤的预防都有着重要影响。

通常情况下,将柔韧性分为相对柔韧性和绝对柔韧性两类。相对柔韧性是受试者某一部位的柔韧性与另一部位的柔韧性之比的一种相对值,它是排除了身体形态差异的一种测量方法。绝对柔韧性是反映受试者本身或某部位所具有的柔韧性。发展柔韧素质的练习有摆腿、踢腿、压腿、甩腰、涮腰、劈纵、横叉等。

2. 柔韧素质的测试方法

(1) 立位体前屈。

(2) 俯卧抬臂。

(3) 转肩。

(4) 坐位体前屈。

四、体育锻炼计划的制订

制订体育锻炼计划是为了保证锻炼更有科学性和规划性,克服锻炼的盲目性和随意性,做到有步骤、有系统地锻炼。此外,按计划锻炼也是一种约束,可以督促自己坚持锻炼,不断提高锻炼的质量和水平,达到预期的目的。制订锻炼计划应以个人的身体情况、能力强弱、年龄、性别、运动强度、场地、器械以及锻炼的目的等为依据,充分做好各项准备工作。

(一)锻炼计划要有目的性

在准备参加锻炼之前,要有一个大致的规划和设想,明确锻炼的目标和基本要求。例如,有人把锻炼作为闲暇娱乐的一种方式,活动一下筋骨,调整一下心理状态;有人是为了达到塑形的目的;有人是为了减肥;有人是为了提高运动技术水平参加比赛,等等。目的不同,锻炼计划也各不相同。

（二）锻炼计划要符合自身情况

在制订锻炼计划时要充分考虑自身的情况。主要包括身体健康状况、身体素质水平、体形、身高、骨骼的粗细、体重与胖瘦、个性特点与毅力、工作性质和空余时间、生活水平与兴趣爱好等。要注意全面分析自己参加锻炼的可行性，使制订的计划更符合个人的实际情况。例如，对于那些身材高大又喜欢对抗性运动的人可以选择篮球、足球等对抗性强的运动项目进行锻炼；对于那些不喜欢激烈身体对抗的人则可以选择健美操、太极拳、瑜伽等项目进行锻炼。

（三）制订每次锻炼计划

制订每次锻炼计划是实施锻炼最基本、最重要的一个环节。建议制订锻炼计划的内容如下。

（1）每次锻炼的任务及要求。

（2）每次锻炼的身体部位及采用的方法、器械及动作。

（3）每次单一部位锻炼的时间和运动负荷的安排。

（4）每个单个动作或组合动作的重量、次数、组数、强度和密度。

第四节 大学生体育锻炼与卫生保健

一、大学生体育锻炼

（一）准备活动和整理活动

1. 准备活动的意义

准备活动可以使体温升高，骨骼肌代谢、血流量和氧的运输增加，使骨骼肌的收缩反应及反应速度增强，有利于防止肌肉痉挛。冬季锻炼和夏季游泳锻炼之前应进行充分的准备活动。

充分的准备活动可使机体达到运动锻炼前的最佳状态，如在进行力量锻炼前，心率达到110 次 /min 左右为宜。否则不能充分调动肌肉力量，发挥其应有的水平，对机体十分不利。

准备活动可使韧带、关节得到充分伸展，润滑关节。在运动中受伤的人中，有相当一部分是由于没有做充分的准备活动而造成的。准备活动中的伸展可明显提高韧带的弹性，增加关节体液，有助于防止运动损伤。

2. 整理活动的意义

整理活动有利于消除因运动锻炼而增加的乳酸，更快地消除运动性疲劳；同时，也有利于血液重新合理地分布。运动锻炼期间，大量的血液流向参与运动锻炼的肌肉群，如在跑步时大部分血液流向下肢，更多的氧气保障大肌肉群的供给。在运动锻炼后进行整理活动，血液能较快地恢复到安静时的分布状态。在肌肉锻炼后要及时地进行抻拉，以便加快乳酸的消除，减少肌肉酸痛。

（二）科学饮食与健康锻炼

1. 饮食六宜

吃饭，可以说人人都会。民以食为天，每个人都不能不吃饭。但是，如何吃饭，也是大有学问的。养成正确的吃饭习惯，将对健康大有好处。

（1）宜早：人体经一夜睡眠，肠胃空虚，清晨进些饮食，精神才能振作，故早餐宜早。

（2）宜缓：吃饭细嚼慢咽有利于消化，而狼吞虎咽会增加胃的负担。

（3）宜少：人体需要的营养虽然来自饮食，但饮食过量也会损伤胃肠等消化器官。

（4）宜淡：饮食五味不可偏亢，多吃淡味，于健康大有好处。

（5）宜暖：胃喜暖而恶寒。饮食宜温，生冷宜少，这有利于胃对食物的消化与吸收。

（6）宜软：坚硬之物最难消化，而半熟之肉更易伤胃，尤其是胃弱年高之人，极易因此患病。所以煮饮烹食须熟烂方食。

2. 饮食与锻炼

体育锻炼伴随着能量的消耗。如果缺乏合理的营养供给，消耗得不到补充，机体始终处于一种“亏损”状态，长此以往对人体的健康是不利的，会使锻炼者生理机能及运动能力下降，出现乏力、疲劳甚至疾病状态。因此，应根据不同类型的运动，有针对性地补充营养物质，从而获得更好的锻炼效果，使身体更加健康。

（1）力量训练对营养的要求。由于力量素质与肌肉的发育密切相关，故应增加肌肉合成的必需原料——蛋白质的摄入量。饮食中可选择蛋白质含量高的食品，如鸡蛋、牛肉、鱼、豆制品等。另外，明显提高肌肉力量的物质是肌酸，要在锻炼前后补充含有此类物质较多的食物，增加肌肉的爆发力。

（2）速度训练对营养的要求。速度的快慢除了与肌纤维的兴奋性和其中快肌纤维的组成相关外，肌肉力量的大小也是一个重要的影响因素。因此，速度素质的提高在营养上也需要增加蛋白质的摄入量，并且补充肌酸，增加高能磷酸原的能量储备。

（3）耐力训练对营养的要求。影响有氧耐力水平的一个重要因素是血液中血红蛋白的携氧能力。青少年从事大运动量训练时，应在饮食中增加瘦肉、鸡蛋、猪肝、绿叶菜等含铁量高的食物，并可补充一些含铁制剂，有利于血红蛋白的合成，维持血红蛋白水平，预防缺铁性贫血，保证血液的输氧能力，提高耐力素质

（4）灵敏训练对营养的要求。灵敏素质是一种综合素质，对大脑的要求比较高。脑细胞的能源物质完全依赖血糖提供。当血糖降低时，脑耗氧量下降，工作能力下降，随之会产生一系列不适症状。所以灵敏训练项目对糖类有着特殊的需求，也可在训练的过程中随时补充。此外，还可以在膳食中增加蛋白质和维生素 B_1、维生素 C、维生素 E、维生素 A 的供给，提高卵磷脂、钙、磷、铁的含量。

（三）体育锻炼中运动负荷的评价

1. 用运动主观感觉来评价运动负荷

人体运动时的主观感觉与工作负荷、心脏功能、耗氧量、代谢产物堆积等多种因素密切相关，因此运动时的自我感觉是判断运动性疲劳的重要标志。如果有以下几种情况，要综合考虑是否出现运动性疲劳：感到精神不振，厌烦运动；面色发红或苍白；下肢肌肉有酸沉感，动作迟缓；食欲不佳，食量减少，睡眠差；在相同的运动负荷中，排汗量较以前增加。

如果以主观感觉来判断运动性疲劳的程度，可以参照以下疲劳程度的简易判断标准，如表 2-4-1 所示。

表 2-4-1 运动疲劳程度的简易判断标准

项目	轻度疲劳	中度疲劳	极度疲劳
自我感觉	无任何不舒服	疲劳、腿痛、心悸	除疲乏、腿痛、心悸外尚有头痛、胸痛、恶心，且这些症状持续相当一段时间
面色	稍红	相当红	十分红或苍白，有时呈紫红色
排汗量	正常	较多	非常多，尤其是躯干部分
呼吸	中度加快	显著加快	显著加快，并且呼吸表浅
步态	步态轻稳	步态摇摆不稳	出现不协调动作，会出现走路摇摆现象
动作	能正确地执行口令	执行口令不准确	执行口令缓慢、技术动作变形或出现错误

以上只是对运动性疲劳的粗略分析。瑞典生理学家冈奈乐·伯格制定了判断疲劳的主观感觉等级表，使原来粗略的疲劳分析变为较精确的半定量分析。具体做法为：令受试者做递增性功率自行车或固定跑台运动，并对照主观感觉等级表，受试者在运动过程中每增大一次强度，或间隔一定时间，便指出自我感觉等级。表中的等级乘以 10，即为受试者完成该负荷的心率。同时还可以推算出运动时所做的功及最大吸氧量，可以分别在疲劳前后测定同样负荷的运动，如果机体出现疲劳，疲劳主观感觉等级也会相应增加。此外，利用该方法还可测定受试者的有氧耐力及抗疲劳能力，主观感觉等级表如表 2-4-2 所示。

表 2-4-2 主观感觉等级表

自我感觉	等级	自我感觉	等级
非常轻松	6~7	累	14~15
很轻松	8~9	很累	16~17
尚轻松	10~11	筋疲力尽	18~20
稍累	12~13		

2. 用运动客观指标来评价运动负荷

客观检查指标主要包括脉搏、血压、呼吸频率、体重、运动成绩。

(1) 脉搏。运动前首先要测量并记录每分钟的脉搏数。小强度运动后，脉搏数以每分钟 130 次以下，运动后 5~10 min 可恢复到运动前的脉搏数为适宜；中强度运动后，脉搏数以每分钟 160 次以下、130 次以上，运动后 5~10 min 可比运动前的脉搏稍快 10~30 次为适宜；大强度运动后，脉搏数以每分钟 200 次以下、160 次以上，运动后 5~10 min 可比运动前的脉搏数多 30~50 次为适宜。

(2) 血压。正常成年人收缩压为 12~17.3 kPa(90~130 mmHg)，舒张压为 8~12 kPa(60~90 mmHg)。小强度运动后，收缩压以 14.7~20 kPa(110~150 mmHg)，舒张压以 6.7~10.7 kPa(50~80 mmHg)，运动后 3~5 min 便可自行恢复为适宜；中强度运动后，收缩压以 17.3~22.7 kPa(130~170 mmHg)，舒张压以 5.3~9.3 kPa(40~70 mmHg)，运动后 20~30 min 便可自行恢复为适宜；大强度运动后，收缩压以 20~25.3 kPa(150~190 mmHg)，舒张压以 4~8 kPa(30~60 mmHg)，运动后 24 h 之内便可自行恢复为适宜。

(3) 呼吸频率。一般健康成年人呼吸频率为每分钟 12~18 次，以运动后 10 min 内呼吸频率恢复到此值为适宜。

(4) 体重。正常成年人体重较为稳定。儿童少年随着生长发育,体重逐渐增加。健康人在大量负荷运动后,由于体液的丧失,会有一时性体重下降,但 1~2 天后就能恢复正常。如果体重持续下降,是营养不良或健康状况不佳的表现,应查明原因,改善措施,防止发育不良。在进行自我监督时,应每周测体重 1~2 次,记录具体数据。

(5) 运动成绩。在合理的训练中,运动成绩应逐步提高。如果成绩没有提高甚至下降,动作的协调性被破坏,可能是身体机能状况不良的反映,也可能是过度训练的早期表现。自我监督时,根据运动成绩稳步提高、运动成绩保持原有水平、运动成绩下降或动作协调性被破坏等情况,可分别记录为良好、一般、不良。

在客观指标检查中,除上述指标外,还可根据设备条件和专项特点,定期测量背力、握力、肺活量、呼吸频率等生理指标,并加以记录。如有伤病情况应如实记录。

(四) 运动服装的选择

运动服一般是出现在运动场合时穿着的服装,它的设计应轻巧、合体且适合运动。运动服的选择可以根据环境、自身情况等方面来决定

首先,运动服要适合周围温度的变化。运动时,人体本身要消耗很多热量,假如周围环境的温度较高,那么穿一套宽松、轻盈的运动服就可以帮助散热。假如周围环境温度较低,那么就最好选择一些可以有效保存身体热量的衣物,使肌肉感觉柔软舒适,避免在运动中身体机能受到伤害。

其次,运动服的选择也应兼顾环境情况。在健身房中锻炼时,就要选择较为修身的运动服。因健身房内的器械较多,太过宽松的衣服容易挂到器械上,从而造成安全隐患;并且,合体的运动服可以直接感受到运动时身体的变化。例如,在做倒立这类姿势时,穿宽松的衣服很容易走光,而且动作不易到位,影响练习的效果。因此,选择一些结合项目特点设计的服装,穿着舒适,透气性能好,对于运动效果会有一定的提升作用。所以,从事不同的运动项目要选择不同的运动服,不要以为只要是运动服就可以做任何运动。

再次,合理选择运动服的款式能有效掩饰体形上的弱点。一般身材较胖的人运动时会大量出汗,水分流失较多,这类人选择运动服时应针对个人情况,选择吸水性强、款式较为宽松的运动服。简单、实用的款式可以避免造成视觉上的累赘感。

其实,选择运动服要考虑很多因素,但最大的原则就是舒适、方便,可以最大化地保护我们的身体。

二、大学生卫生保健

(一) 大学生常见的性心理问题

1. 性认知的偏差

很多大学生对性问题没有一个正确的认识,有的过于保守,有的过于开放。有些大学生受传统观念影响较大,认为“性”是下流的、见不得人的,这种认知往往会导致性情感、性态度的过度敏感,导致一些人过于追求柏拉图式的精神恋爱。也有一部分大学生过于追求个性解放,信奉性自由、性解放,抱着游戏的态度,以不恰当的手段获取性的满足。以上这些性观念都是片面且不客观的。大学生应掌握科学的性知识,理智对待性行为。

亲密关系

2. 性冲动的困扰

性冲动是男女大学生生理成熟、性成熟的正常表现。大学生一方面追求美好的爱情,一方面否定自己的正常性冲动,这必然引起心理上的矛盾。性冲动主要的表现形式有:性幻想、性梦和手淫。

3. 性压抑和不合理的性宣泄

传统的价值观和道德体系对大学生的性观念具有很强的约束性,但是大学生在青春期又有强烈的性冲动,容易出现了性压抑和不合理的性宣泄现象。

(二) 建立正确的性认知

1. 性幻想不是病态

生理功能健全的年轻人,几乎都会有性幻想的情况,这是一种正常的现象,不是病态的心理,大学生应该对此有正确的认识。但如果对正常生活产生影响,就需要及时进行心理干预。

2. 性梦是性生理健康的标志

心理学家认为,性梦是生理健康和性心理健康的标志。夜间的性兴奋不仅是性压抑的释放,也是人体对性器官功能进行自我检查和维护的一种方式。

3. 自慰与性功能障碍没有关系

现代医学表明,适度的自慰对人体性功能不会带来伤害,但是过度自慰会产生心理负担和身体负担。大学生应该正视自慰现象的存在,将注意力转移至与他人的正常社会交往上,坚持户外运动,养成健康的生活习惯。

4. 约束两性行为

发生性关系应是爱与性、精神与肉体达到和谐统一的过程。性行为应建立在双方自愿平等的基础上,而不是随随便便的行为。约束性行为能够很大程度上保护双方的健康,减少人工流产风险以及紧急避孕药对身体带来的危害等。采取保护措施的性行为,如正确使用避孕套,可以有效控制性疾病的传播,保护自身的健康。

(三) 女子运动与卫生

1. 女子的运动

(1) 少年期锻炼可推迟月经初潮、防止肥胖

有科学研究显示,女子肥胖的成因除了与家族遗传、营养过剩、运动不足等因素有关外,还与性成熟的早晚密切相关。研究资料显示:不到 11 岁即来月经的女子比起 14 岁以上才来月经的女子,体重平均多 5 kg,而且增幅随年龄增长而升高,并可从青春期持续到老年,甚至影响下一代。肥胖不仅影响体形的健美,而且还是高血压、冠心病、糖尿病等多种疾病的祸根。积极参加体育锻炼是少女推迟月经初潮的重要且安全的手段。

(2) 青春期锻炼可促进优生

经常参加体育锻炼的女子婚后容易保持健康,对育龄女子来说,运动还有利于优生。运动生理学研究认为,人体心肺功能的强弱,在很大程度上要受遗传因素的影响,女子经常参加运动能使心脏容量增大、射血量多、心肌收缩有力,可使下一代的心肺功能获得良好的遗传因素。

(3) 中年期锻炼可减少雌激素,防止癌症

运动医学研究表明,经常参加运动的女子体内雌激素较不运动者低。这是因为锻炼时

肌肉的运动可促使雄性激素分泌而抑制雌性激素分泌。经常运动可减少体内脂肪的堆积，而脂肪是制造雌激素的原料。

(4) 老年期锻炼可增加骨钙量，防止骨质疏松

运动医学专家认为，老年妇女参加体育锻炼能改善消化吸收功能，增强食欲。增加钙的摄入量和吸收量。经常在阳光下运动，阳光中的紫外线可使皮肤合成维生素 D 的能力增强，促进体内钙、磷的吸收。同时还能提高肌肉的新陈代谢能力，推迟骨骼老化。

2. 经期的运动卫生

(1) 注意卫生，防止感染，应注意外生殖器的清洁，经期不宜盆浴，可以淋浴，防止感染。所使用的卫生巾要柔软、清洁且要勤换。

(2) 注意保暖、避免寒冷刺激，如游泳、冷水浴、蹚水等。月经期间如果受到突然和过强的冷刺激，可引起经血过少或痛经。

(3) 保持精神愉快，避免精神刺激和情绪波动。

(4) 避免过劳，不宜吃生冷、酸辣等刺激性食物，不要饮酒，多饮温开水，保持大便通畅，减少盆腔充血，注意适当休息和保持充足的睡眠。

(四) 正确认识生命体征

生命四大体征包括呼吸、体温、脉搏、血压。它们是维持机体正常活动的支柱，不论哪项异常都会导致严重或致命的疾病，同时某些疾病也可导致这四大体征的变化。

1. 体温

人正常体温是相对稳定的，但因种种因素它会有变化，但变化有一定规律。体温的测试常有三种方式：口腔温度测试、腋窝温度测试和肛门温度测试。我们最常见的是腋窝温度测试方法。此法不易发生交叉感染，是测量体温最常用的方法。测试时擦干腋窝汗液，将体温表的水银端放于腋窝顶部，用上臂夹紧体温表，测试过程中不能乱动，5 分钟后读数，正常值为 36℃ ~37℃。

2. 呼吸

呼吸是呼吸道和肺的活动。人体通过呼吸，吸进氧气，呼出二氧化碳。呼吸是重要的生命活动之一，一刻也不能停止。呼吸是人体内外环境之间进行气体交换的必要过程。正常人的呼吸节律均匀，深浅适宜。人正常呼吸有两种方式，即胸式呼吸和腹式呼吸。以胸廓起伏运动为主的呼吸为胸式呼吸，多见于正常女性和年轻人，也可见于腹膜炎患者和一些急腹症患者；以腹部运动为主的呼吸为腹式呼吸，多见于正常男性和儿童，也可见于胸膜炎患者。平静呼吸时，成人 16~20 次 /min，儿童 30~40 次 /min 为呼吸正常值。

3. 脉搏

心脏舒张、收缩时，动脉管壁有节奏的、周期性的起伏叫脉搏。检查脉搏通常用两侧桡动脉。正常脉搏次数与心跳次数相一致，节律均匀，间隔相等。白天由于进行各种活动，血液循环加快，因此脉搏快些；夜间活动少，脉搏慢些。婴幼儿 130~150 次 /min，儿童 110~120 次 /min，正常成人 60~100 次 /min，老年人可慢至 55~75 次 /min，新生儿可快至 120~140 次 /min。

4. 血压

人的血液输送到全身各部位需要一定的压力，这个压力就是血压。血管内血液对于单位面积血管壁的侧压力，即压强。由于血管分动脉、毛细血管和静脉，所以，也就有动脉血压、毛细血管血压和静脉血压。通常所说的血压是指动脉血压。当心室收缩时，主动脉血压急剧

升高，在收缩中期达到峰值，这时动脉血压值称为收缩压；心室舒张时，主动脉血压下降，在心舒末期动脉血压的最低值称为舒张压。正常的收缩压和舒张压数值约为120/80 mmHg。血压低于90/60 mmHg时称低血压。血压值达到或超过收缩压140 mmHg和(或)舒张压90 mmHg，即可认为有高血压。

第五节 培养大学生健康的生活习惯

一、养成有益健康的生活方式

（一）吃好早餐

民间一直就有"早餐吃好、午餐吃饱、晚餐吃少"的说法。但由于早上时间最为紧张，有的学生又赖床，就来不及吃早餐。这样，对大脑的损害非常大，因为不吃早餐会造成人体血糖低下，大脑的营养供应不足，而上午又是功课最多的时候，大脑需要的能量得不到供应。长期下去，会影响学习成绩和大脑的功能。早餐喝一些鲜牛奶最为适宜，它不仅含有优质的蛋白质，而且还含有大脑发育所必需的卵磷脂。

（二）保证充足的睡眠

睡眠是大脑休息和调整的阶段，睡眠不仅能保持大脑皮层细胞免于衰竭，使消耗的能量得到补充，还能使大脑皮层的兴奋和抑制过程达到新的平衡。良好的睡眠有增进记忆力的作用。青少年每天应保证8小时的睡眠时间，切忌熬夜或者通宵上网。同时要注意睡觉时不要蒙头，因为蒙头睡觉时，随着棉被内二氧化碳浓度的不断升高，氧气浓度不断下降，会使大脑供氧不足。长时间吸进污浊的空气，对大脑损伤极大。

（三）饮水充足

水是人体的最主要的组成部分，研究发现，饮水不足是身体衰老加快的一个重要原因。青少年要重视科学饮水，以保证身体的需要。

（四）不要带病用脑

在身体欠佳或患各种急性疾病的时候，就应该休息。这时如果仍坚持学习用脑，不仅效率低下，而且容易造成大脑的损伤。

（五）坚持有规律的运动

运动是保证健康的最有效方式，长期坚持有规律的运动可以提高人体免疫力。大学生应该养成运动的好习惯，了解运动知识，在运动过程中做到预防运动损伤、不做过量运动，提高自己的身体素质。有研究表明，运动还可以改善人的心理健康状况，培养良好的性格，提高社会交往能力。

二、改掉不健康的生活方式

（一）改掉抽烟的不良习惯

吸烟的是一种非常有害的行为。首先，吸烟损害自己的身体健康，可增加癌症的发病率，而肺癌患者大多数有吸烟史。有研究表明，吸烟者比不吸烟者的平均寿命要短5~8年。

其次，吸烟浪费金钱，很多学生并不富裕，吸烟的开支会增加父母的经济负担，也影响了自己在其他方面的合理消费。

第三，吸烟是缺乏修养的表现。社会在不断进步，吸烟有害和吸烟失礼的认识在不断加强。新时代呼唤健康自律、洁身自好的青年人，而以吸烟者的面貌公开出现，便已是自损形象和自贬身价了。

第四，吸烟污染环境。室内吸烟，烟气四散，污染空气，不但损害自己的身体健康，还会让同处室内的其他人吸二手烟。室外吸烟，烟头遍地，破坏了环境的清洁和卫生。所以，无论是在哪里吸烟都会污染环境，损害他人权益。

很多大学生由于思想不够成熟，容易受他人影响等原因而养成了吸烟的坏习惯。吸烟的大学生应该趁自己受烟草毒害还不深的时候，积极地去戒除吸烟的坏习惯。

（二）改掉不良上网习惯

如今上网已经成为大学生活的一个重要组成部分。但有些大学生缺乏自我约束能力，沉迷网络游戏而不能自拔，对学习和正常生活起居影响巨大。网络，已经成了很多人的精神家园。但上网时间太长，不仅会对眼睛造成伤害，电脑射线长年累月地在身体里蓄积，对血液系统也会造成伤害，目前，医学界已经发现了电视性癫痫，尤其是打游戏机的人群占到癫痫病发病人数的5%。看电视引起的头痛和癫痫占到2%。网上过多的资讯不光容易引起人的视觉疲劳，也容易引起神经系统疾患。

熬夜往往是和上网相关联的，大学生必须改掉不良的上网习惯和熬夜习惯，才能回归到健康的生活学习道路上来。这一方面要靠学生自己增强健康意识，增强自律能力，另一方面也需要学校方面的积极监督、管理和引导。

（三）改掉酗酒的不良习惯

酒是一种能够刺激和麻痹神经系统的物质。酒精过量，会不同程度地造成心率加快，神经麻木，神志不清，自控能力减弱，动作不协调，或出现疲劳、恶心、呕吐，严重者还会出现酒精中毒症状。

饮酒和酗酒是两个概念，中国有几千年的酒文化，饮酒是中华民族的传统习俗之一，适量饮酒对身体有益。但是部分大学生酗酒现象十分严重，以能喝酒为光荣。大学生酗酒的原因是多方面的，有家庭环境的影响、有不能承受学习和生活的压力、有与同学交往时攀比酒量等。

大学生应该改变对饮酒的认识，改掉相互攀比酗酒的恶习。学校也应该出台相关的规章制度，对学生酗酒问题进行管理。提倡适当饮酒或者不饮酒，坚决反对酗酒。

三、合理预防疾病

（一）肺结核

肺结核是由结核分枝杆菌引发的肺部感染性疾病，严重威胁人类健康。肺结核主要通过病人咳嗽、打喷嚏或大声说话时喷出的飞沫传播给他人。发现肺结核要尽早治疗。大学生要养成良好的个人卫生习惯，不随地吐痰，不要对着他人打喷嚏或大声说话，室内房间要经常通风换气，加强身体锻炼，增强抵抗力。

（二）流感

流感是由流感病毒引起的急性发热性呼吸道传染病，经飞沫传播，临床典型表现为突起畏寒、高热、头痛、全身酸痛、乏力等全身性中毒症状，而呼吸道症状较轻。本病常呈自限性，病程为3~4天。婴幼儿、老年人、有心肺疾病及其他慢性疾病患者或免疫功能低下者易并发肺炎。对于流感的防治,应该做到:经常洗手、大量喝水、进行适量运动、多吃含维生素的食物、保证充足的睡眠。

(三) 艾滋病

艾滋病病毒主要存在于感染者的血液、精液、阴道分泌物、乳汁等体液中,所以通过性接触、血液和母婴三种途径传播。艾滋病全称获得性免疫缺陷综合征,潜伏期长,发病至死率高。大学生应该正确认识艾滋病,洁身自爱,切断艾滋病的传播途径,积极预防艾滋病。还应该用关心和帮助的态度对待艾滋病人,做到不歧视艾滋病人。

四、加强心理健康教育

首先,要对大学生进行心理健康知识普及。大学生应该全面地认识自己,学会正确地评价自己,学习培养自信,塑造健康人格。其次,大学生要主动加强挫折体验,了解挫折及其情绪反应,培养对挫折的承受能力,增强自我控制与调节能力,增进心理健康。再次,学校应将心理健康教育与学生的学习、生活、活动相结合,营造一个适合当代大学生心理素质健康发展的校园环境,开展心理社团活动,建立大学生心理档案,开通心理咨询热线,建立心理教育与咨询网站,促进大学生心理素质健康发展。

五、科学的饮食与营养教育

进行科学的饮食与营养教育,是健康生活方式养成教育的主要内容。营养平衡是指膳食中所含营养素种类齐全、数量充足、比例合理,与人体需要相一致。荤素搭配在一起,能够使营养素种类齐全。荤素平衡的科学内涵有二:其一是配餐要荤素搭配。其二是荤素的平衡不是平均,指的是素多荤少。从人体生理特征角度来说,人类的生理特点决定必须荤素兼有,并要素多荤少。总之,荤素搭配,素多荤少,是饮食养生的理想膳食模式。

六、养成体育锻炼习惯

体育锻炼是现代健康生活方式中不可缺少的重要内容,它调节并改善着人们的生活。体育锻炼和消遣娱乐不仅是改变亚健康状态的一种最积极、最有效的手段,而且是最方便、最廉价的手段。美国把有规律地参加体育锻炼,不仅当成是一种消遣娱乐的手段,而且也当成一种戒除生活恶习的有力措施。人们为了根治各种由于生活方式不当造成的社会疾病,不得不把体育运动纳入医学的范畴。因此,养成一个良好的体育锻炼习惯,是养成健康生活方式的重要基石。大学阶段是人生的一个重要阶段,运用科学的方法学会一到两种运动项目技能并始终坚持参与,会让大学生终身受益。

第六节 关爱生命、远离危险

一、运动时意外损伤的防范

运动过程中可能会发生的各种意外损伤。大学生在积极参与运动的同时,也应该学会预防运动损伤的基本知识和一些简单、有效的处理办法,减少运动损伤给自己带来的伤害。正确预防运动损伤应该从以下几个方面着手:

(1) 掌握预防运动损伤的相关知识,克服麻痹大意、冒进等思想。

(2) 遵守纪律和竞赛规则,穿宽松的运动服装,衣兜里不带任何刀、钥匙等硬物,不随意搬动器材。

(3) 在激烈运动和比赛前要做好充分的准备活动,运动后要放松,不能马上进食或大量饮水。

(4) 量体裁衣,尽量选择适合自己的活动内容,适当控制运动负荷。

(5) 掌握运动要领,提高技术水平,加强自我保护,相互之间多多协助。

二、远离物质滥用

物质滥用是指违反社会常规或与公认的医疗实践不相关或不一致地间断或持续过度使用精神活性物质的现象。这种滥用远非尝试性使用、社会娱乐或随处境需要的使用,而是逐渐转入强化性的使用状态,从而导致依赖的形成。这种物质滥用在大学校园主要包括吸烟、吸毒等行为。大学生应该充分认识到物质滥用的危害,对待烟草、毒品要做到坚持原则,不轻易去尝试。染上这些恶习要尽早戒除。

三、精神障碍的早期识别

如果大学生出现以下几个方面的问题,即可考虑是否有精神方面的障碍:

(1) 性格变得与平时不一样了,如一向沉稳、内向的人,忽然变得外向,兴奋、话多,蛮不讲理,为一点微不足道的小事就发脾气。或一贯活泼、外向的人变得内向,沉默、少语,不与人交往,或疑心重重,认为四周的人都跟他过不去。

(2) 精神病人的情绪改变往往是毫无原因的,即使是小"刺激",也会引起大"反应"。如狂躁症病人常表现出终日喜气洋洋,过分热情;抑郁症病人则表现为情绪低落,抑郁寡欢;还有一些病人会出现情感倒错,如听到不幸的消息反而哈哈大笑,得知高兴的事却唉声叹气。

(3) 学习效率无原因地急剧下降,学习兴趣消失,不能按时完成作业,千方百计躲避上学和考试。

(4) 出现神经衰弱,如头痛、失眠、多梦、易醒、做事丢三落四、注意力不集中,有时还会出现遗精、月经紊乱、倦怠、乏力等症状。

(5) 出现短时、片断地说错话或做出别人都认为是不应该做的事情。

四、防止溺水

游泳是青少年喜爱的运动项目。但每年都有青少年在野外水域游泳而发生溺水事件。溺水是人全身淹没在水中,水充满呼吸道和肺泡引起窒息。溺水后呼吸、心跳已停止者称为溺死;呼吸已停心跳未停者称为近乎溺死。

(一) 常见溺水原因

一般常见溺水原因有以下几种:游泳者不熟悉水性,心情比较紧张,又未掌握游泳技术,在水中站立不稳,倒于水中,在慌乱时往往用鼻子吸气,因呛水而淹溺;游泳者会游泳,但在水中由于抽筋或体力不能支持,或因不了解水情而进入深水区;游泳时患病(潜在性心脏病、高血压等)或头部受伤。

（二）症状与体征

溺水者常出现昏迷，皮肤黏膜苍白、发绀，四肢厥冷，口腔、鼻充满分泌物或异物，腹部隆起，胃部扩张、呼吸困难或停止，心跳微弱或停止的症状，在复苏过程中出现心力衰竭、肺水肿、脑水肿、溶血性贫血和急性肾衰竭的症状。恢复期常并发肺部感染的症状。

（三）处理

溺水者从意识丧失到发生死亡的时间不超过2.5 min，因此对溺水者应迅速进行抢救。如果有救生圈、木板等，应赶快抛给溺水者或携带入水，以便营救。如果溺水者仍在水中，抢救者应迅速游向溺水者，最好从其背后接近，接近后一手迅速托其腋下，使溺水者头部露出水面，用反蛙泳或侧泳托带溺水者上岸。把溺水者从水中救出后，立即清除口、鼻中的污泥、杂草等，以保持呼吸道畅通。将溺水者腹部横置于急救者屈膝半跪的大腿部，使胃内和呼吸道的水倒出。吸入淡水者，水很快被吸收进入血液，3 min后水就不能倒出。所以，一般残留水分不多，因此倒水时间不宜过长，以免延误复苏时间。倒水后，接着再度清除口腔和鼻内的异物。对呼吸、心跳停止者立即进行口对口人工呼吸和胸外心脏按压，并立即通知医生。

在抢救过程中，要注意判断真死（指呼吸停止、心跳停止、瞳孔散大、对光反射和角膜反射消失，四个征象同时存在且头部向下）和假死（四个征象不同时存在），在真死征象尚未出现前，必须耐心地、不间断地坚持抢救，直到患者恢复自主呼吸和心跳恢复或出现真死征象时才能停止抢救。

（四）预防

游泳前，必须进行健康检查，患癫痫、心脏病、高血压、肺结核等疾病者，都不允许下水游泳；疲劳、饥饿、酒后不宜游泳；中老年游泳时要适当控制游泳时间（尤其在寒冷天气）；游泳应选择安全的场所，在江河、湖泊和海边游泳时，要查明水底的情况（如有无礁石、漩涡等）；组织群众性游泳活动时要加强安全教育和组织纪律性，如下水前和上岸后必须清点人数，游泳时不得嬉戏等；注意浅水区和深水区的标志，以防误入深水区；在游泳场内应配备有经验的救生员和足够的救生用具。

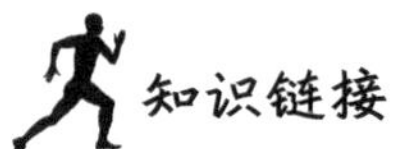

心肺复苏术

心肺复苏是针对呼吸、心跳停止所采用的抢救措施，即以人工呼吸代替病员的自主呼吸，以心脏按压形成暂时的人工循环，并诱发心脏的自主搏动，因此，临床上将二者合称为心肺复苏术。体育运动中一些严重意外事故，如溺水、外伤性休克等可能会出现呼吸或心搏骤停的情况，如未能在现场得到及时、正确的抢救，病员将因全身严重缺氧而很快死亡。人工呼吸和胸外心脏按压是心脏复苏初期最主要的急救措施。

在常温情况下，心脏停搏3 s时病人就感到头晕；10 s即出现晕厥；30~40 s后瞳孔散大；60 s后呼吸停止、大小便失禁；4~6 min后大脑发生不可逆的损伤。因此，对心脏停搏、呼吸骤停的病人应当在4 min内进行心肺复苏，开始复苏时间越早，成活率越高。

复习与思考

1. 健康的含义及其标准是什么？
2. 体育锻炼对人体健康有哪些作用？
3. 制订一个适合自己的体育锻炼计划。

第三章　运动损伤的防治和应急处理

知识导航

现代生活中体育运动已经变得越来越重要,无论是专业运动员,还是为了身体健康而进行体育运动的业余爱好者,在体育运动中有一个问题是我们不能回避的,即运动损伤。运动损伤带来的负面影响也是严重的,它不仅影响个人的身体健康、学习,不能参加体育锻炼,严重的还可以使人致残,甚至死亡,使体育运动产生不良的社会影响并对人造成不良的心理影响。下面将着重介绍运动损伤的预防、运动损伤的原因及其应急处理和常见运动性疾病的防治。学完本章后,你应该能够:重点掌握运动损伤的类型、产生原因,及运动性疾病的防治,掌握常见运动损伤的简单处理方法,结合自身未来的职业规划,把运动损伤知识延伸拓展。

第一节　常见运动损伤的预防

运动损伤是在运动过程中或之后发生的各种伤害及并发症。了解运动损伤的特点可以及早做预防与准备,了解急救方法和正确地诊断治疗,对减轻症状与恢复有很大的帮助。

在体育锻炼中常常出现一些运动损伤,如肢体骨折或皮肤出血。对于这些现象,缺乏运动常识的人,有的恐惧和害怕,有的帮助方法不当,好心做了坏事,引起了不良的后果。因此,在体育锻炼或日常生活中,如何做好运动损伤的预防,是大学生在体育锻炼中必须注意的问题。一般来说,在体育锻炼中造成运动损伤的原因是多方面的,预防措施也必须是综合性的。具体措施如下:

第一,加强运动安全教育,克服麻痹思想,提高预防损伤意识。要提高对预防运动损伤工作的思想认识,同时要加强身体的全面锻炼,提高机体对运动的适应能力。

第二,认真做好准备活动,对可能发生运动损伤的关节和易伤部位,要及时做好预防措施。准备活动的目的是提高中枢神经系统的兴奋性,使它达到适宜的水平,并加强各器官系统活动,克服各种功能惰性(特别是植物性神经功能的惰性)。通过全身各关节肌肉的活动加速血液循环,使肌肉得到充足的血液,为大强度运动做好充分的准备。准备活动的运动量,应根据个人状况、气象条件等情况而定。准备活动的内容也应根据锻炼项目的性质而有所选择。

第三,科学安排锻炼内容,合理安排运动负荷,防止局部运动器官负担过重。锻炼中要做好自我保健监督。身体若有不良反应,要及时分析原因,并做相应处理。

第四,加强保护意识,特别要提高自我保护能力。如摔倒时,立即屈肘低头,团身滚动,切不可直臂或以肘部撑地;由高处跳下时,要用前脚掌着地,注意屈膝、弯腰,两臂自然张开,以利于缓冲和保持身体平衡;加强易伤部位的训练,提高易伤部位和较弱部位的能力,也是预防运动损伤的一种积极手段。加强保护与自我保护是预防运动损伤的重要手段。

第五，加强医务监督。体育运动中的医务监督是指对参加锻炼者应用医学检查方法，对其健康状况和身体反应进行观察，以便掌握运动量，科学地安排体育锻炼。这对预防伤病、提高运动成绩和健康水平有重要意义。

第二节　常见运动损伤的原因及应急处理

一、运动损伤的原因

造成运动损伤的原因是多方面的。运动损伤的发生与运动项目、训练安排、运动环境、运动者的运动基础、体质水平以及运动项目的特点、技术难度有密切关系。运动损伤对体育活动参与者来说，不仅会影响其生活、学习和工作，而且还会造成不良的心理影响，妨碍体育活动的正常开展。其主要原因有：

突发事件及应对

(1) 对预防运动损伤的意义认识不足，表现为大学生在体育教育或训练中违反教学规律和动作技术形成规律，不积极做预防损伤工作，甚至发生伤害事故后仍未认真总结。学生通常认为“运动损伤难免”“不伤出不了成绩”“预防损伤是医务人员的事，与己无关”等。因此麻痹大意是导致学生运动损伤的主要原因，具体表现为运动前不检查器械、没有预防措施。

(2) 运动前准备活动不充分，特别是缺乏针对性准备活动，运动器官、内脏器官机能没有达到运动状态，致使造成损伤。

(3) 运动情绪低下，或在畏难、恐惧、害羞、犹豫以及过分紧张时发生伤害事故。有时也因缺乏运动经验、缺乏自我保护能力致伤。

(4) 锻炼内容组合不科学，练习方法不当，纪律松散以及存在技术错误等，都可能造成损伤。

(5) 运动环境较差。练习者锻炼时由于运动服装不符合要求，场地设备简陋，器械安置不当或不坚固，跑道过硬或过滑，草坪不平整，锻炼者拥挤或多种项目在一起活动，都易导致运动损伤。

(6) 空气污浊、噪音、光线暗淡、气温过高或过低都可直接或间接造成运动伤害事故。

(7) 练习者身体处于疲劳状态，或出于好胜好奇进行超出自身能力的活动，也容易造成运动损伤。

二、运动损伤的应急处理

软组织损伤可分为开放性损伤和闭合性损伤两类。前者有擦伤、撕裂伤、切伤、刺伤等；后者有挫伤、肌肉拉伤、肌腱腱鞘炎等。软组织开放性损伤时，其伤口与外界相通，较易引起出血和感染，因此要特别注意伤口的卫生。小面积的损伤，只需稀碘涂伤即可；大面积的损伤，必须严格消毒，用生理盐水清洗伤口，再用消毒纱布覆盖伤口，最后用纱布包扎。若无医疗条件，可取干净的替代品覆盖伤口，以防感染，然后送医院治疗。伤及深层肌肉组织或裂口较大则需清创止血，甚至进行缝合手术，同时口服抗生素，必要时应注射破伤风抗毒素。

现场急救的原则和方法

(一) 开放性损伤

1. 擦伤

(1) 原因和症状：因运动时皮肤受挫致伤，如跑步时摔倒，体操运动时身体摩擦器械受伤。症状为疼痛、肿胀和功能障碍。

(2) 处置方法：擦伤后皮肤出血或有组织液渗出。如是小面积擦伤，先用过氧化氢清洗伤口，再用稀碘涂抹伤口即可；大面积擦伤，先用生理盐水洗净，清除异物及坏死的组织，然后再消毒杀菌包扎伤口，最后用纱布包扎；在关节部位发生面积较大的擦伤时，注意不要用收敛性药物，避免关节活动时其结痂断裂剥脱，不利于伤口的愈合。

2. 撕裂伤和切伤

(1) 撕裂伤原因和症状：在剧烈、紧张运动时，或受到突然强烈撞击时，易造成肌肉撕裂。其中包括开放伤和闭合伤两种，常见的有眉际撕裂、跟腱撕裂等。开放伤会即刻出血，周围肿胀。闭合伤触及时有凹陷感和剧烈疼痛。切伤属于开放伤。

(2) 处置方法：轻度开放伤，清洗伤口后用稀碘涂抹即可；裂口大时，则需止血并缝合伤口；小的裂伤和切伤可用创可贴做简易固定，固定时，让有消炎药棉的部位对着伤口，先粘住创可贴的上边，再将伤口下方皮肤向上推，使伤口闭合，然后再粘紧创可贴下端。必要时注射破伤风抗毒血清，以防破伤风症。如肌腱断裂，则需手术缝合。

3. 刺伤

(1) 原因和症状：常因不慎使用损坏器械及运动环境恶劣所致。症状为皮肤破裂、流血。

(2) 处置方法：刺伤的伤口如果小而深，创伤面又较脏时，除了对伤口进行止血、消炎、包扎外，还要记住去医院打破伤风抗毒素，预防破伤风。

(二) 闭合性损伤

在体育锻炼中，尤其应注意闭合性软组织损伤。急性闭合性软组织损伤的特点是皮肤、黏膜完整，由于一次暴力而引起局部组织撕裂、血管损伤，引发出血、渗出、肿胀等症状。在急性闭合性软组织损伤发生后，首先应注意检查有无合并伤，如腹部挫伤后是否合并有内脏破裂；肌肉挫伤后有无断裂，有无明显血肿；头部挫伤有无脑震荡等。若有合并伤应先处理合并伤，然后处理软组织损伤。在急性闭合性软组织损伤后的 24~48 h 内，要对患处进行冷敷、加压包扎和制动；如伤在四肢上，则要抬高患肢。此后，可以开始局部热敷、理疗和按摩，以改善血液循环，促进局部代谢，加速损伤的恢复。

(三) 常见运动损伤之后的处理方法

发生运动损伤之后应该进行“冷”处理。对于急性运动损伤的处理有四大原则，即休息、冰敷、压迫和抬高。

1. 挫伤

(1) 原因和症状：因撞击器械或练习者之间相互碰撞而造成挫伤。单纯挫伤在损伤处出现红肿，皮下出血并有疼痛。内脏器官损伤时，则出现头晕、脸色苍白、心慌气短、出虚汗、四肢发凉、烦躁不安，甚至休克的症状。

(2) 处置方法：挫伤须在 24 h 内冷敷或加压包扎，抬高患肢或外敷药剂。24 h 后，可按摩或理疗，进入恢复期可进行一些功能性锻炼。如果怀疑内脏损伤，则需临时性处理后，送医院检查和治疗。

2. 肌肉拉伤

(1) 原因和症状：通常在外力直接或间接作用下，使肌肉过度主动收缩或被动拉长时引起肌肉拉伤。特别是由于准备活动不充分、动作不协调以及运动者肌肉弹性、伸展性和肌力差等原因导致拉伤。损伤后伤处肿胀、压痛、肌肉痉挛，触诊时可摸到硬块。肌肉严重拉伤时，可能会导致是肌肉撕裂。

(2) 处置方法：轻者可即刻冷敷，局部加压包扎，抬高患肢。受伤肌肉应置于放松位置。24 h 后可施行按摩或理疗，同时可点压伤部周围的穴位。严重损伤可局部加压包扎，固定伤肢，立即送医院手术治疗。

3. 肩关节及其韧带扭伤

(1) 原因和症状：由于肩关节用力过猛以及反复劳损所致，也有因技术错误、违反解剖学原理而造成损伤。其症状有疼痛，急性期有肿胀，慢性期三角肌可能出现萎缩，肩关节活动受限。

(2) 处置方法：单纯韧带扭伤可采取冷敷、加压包扎方法，24 h 后可采用理疗、按摩和针灸治疗；出现韧带断裂时，应立即送医院缝合和固定处理；当肩关节肿胀和疼痛减轻后，可适当进行功能锻炼，但不宜过早活动，以防转成慢性损伤。

4. 踝关节扭伤

(1) 原因和症状：常因运动中跳起落地时失去平衡，使踝关节过度内翻或外翻致伤。在准备活动不充分、场地不平坦的情况下，更易造成这类损伤。其症状是伤处疼痛、肿胀，韧带损伤处有明显压痛、皮下瘀血。

(2) 处置方法：受伤后，应立即冷敷，用绷带固定包扎，并抬高伤肢；24 h 后，根据伤情采取综合治疗，如外敷药物、理疗、按摩等，必要时做封闭疗法；待病情好转后，施行功能锻炼。对严重受伤者，可用石膏固定，待伤情好转后，施行功能性练习。

5. 髌骨劳损

(1) 原因和症状：髌骨具有保护股骨关节面、维护关节外形、传递股四头肌力量的作用，是维护膝关节正常功能的主要结构。髌骨劳损是膝关节长期负担过重或反复损伤累积而形成的。也可一次直接外力撞击致伤，如篮球滑步急停，跳高和跳远时踏跳不合理或摔倒受击，都可导致这种损伤。

(2) 处置方法：髌骨劳损可采用中药外敷、针灸、按摩等方法治疗。平时加强膝关节肌群力量练习，如采用高位静力半蹲，每次保持 3~5 min 即可。病情好转时，可逐渐增加时间，每日进行 1~2 次。

6. 急性腰伤

(1) 原因和症状：运动时，身体重心不稳定或肌肉收缩不协调容易引起腰部扭伤。多数因腰部受力过重，或脊柱运动时超过了正常生理范围。例如，挺身式跳远中，展体过大；举重上挺时，过分挺胸塌腰；跳水时，下肢后摆过大，都有可能造成腰部扭伤。扭伤后，当场疼痛，有时可听到“格格”响声，有时会出现腰部肌肉痉挛和运动受限。

(2) 处置方法：腰部急性扭伤后，让受伤者平卧，一般不应立即扶起；如果疼痛剧烈，则用担架抬送医院诊治。处理后，应卧硬板床或腰后垫一枕头，使肌肉韧带处于放松状态，也可采用针灸、外敷伤药或按摩的方法治疗。

7. 腰肌劳损

(1) 原因和症状：由于反复的机械力作用导致，属于慢性损伤，主要表现为腰部不适。

(2) 处置方法：主要采用按摩和体疗。按摩可用推摩、擦摩、叩打、按压、扳和弹筋等手法；体疗方法有仰卧举腿、俯腿“飞燕”、转体运动等。可视情况采用外贴活血膏进行辅助治疗。

8. 疲劳性骨膜炎

(1) 原因和症状：此种损伤主要是由于长期在硬地上运动和运动后不注意放松导致的。其主要症状是腓骨内中部（小腿内侧中间）疼痛或触摸痛。

(2) 处置方法：参照急性闭合性软组织损伤几个时期的方法。

9. 颈部软组织损伤

(1) 原因和症状：颈部软组织损伤是指颈部肌肉、韧带、关节囊的急性损伤或伴有颈椎小关节错位。在体育运动中，主要由于头颈两侧用力或受力不一致，使颈部突然扭转所致。如摔倒时头颈部着地；做翻滚动作时头颈位置不正，滚翻歪斜、团身不好。总之，技术动作上的缺点、保护措施不佳、头颈准备活动不够等是常见的致伤原因。其症状为颈项僵直、疼痛，头向一侧歪斜，颈肌痉挛，有压痛，头的活动受限；重者脊突偏歪，压痛明显。若有肩臂麻木或四肢瘫痪等脊髓神经症状，沿脊柱纵轴叩击头顶有颈部疼痛时，则有骨折脱位可能。

(2) 处置方法：用按摩、揉、揉捏等手法按摩颈部，以手指揉或针刺风池、悬钟、落枕等穴位，使痉挛的肌肉松弛后，做头颈部的运拉手法；然后，令受伤者主动活动颈部，如头向左右旋转、前屈、后伸、左右侧屈等。对颈部软组织损伤患者，不宜采用旋转头颈部的暴力手法，否则会加重症状。此外，还可采用热敷、红外线照射局部或封闭疗法等。

10. 关节脱位

(1) 原因和症状：由于受到外力的作用，使关节面失去正常的连接关系叫关节脱位，又称为脱臼。关节脱位可分为完全脱位和半脱位两种。严重的关节脱位，伴有关节囊撕裂，甚至损伤神经。运动中发生的关节脱位，大都是间接外力撞击所致。如摔倒时，用手撑地，引起肘关节或肩关节脱位。关节脱位后，常出现畸形，与健肢对比不对称，因软组织损伤而出现炎症，局部疼痛、压痛和关节肿胀，并失去正常活动功能，甚至出现肌肉痉挛等现象。

(2) 处置方法：出现关节脱位，用长度和宽度相称的夹板固定伤肢。如果没有夹板，也可将伤肢固定在自己的躯干或健肢上，防止震动，随后及时送医院治疗。

11. 脑震荡

(1) 原因和症状：脑震荡是指头部受到外力打击后，大脑管理平衡的膜半规管、椭圆囊、球囊等感受器机能失调，直至引起意识和机能的一时性障碍。在体育锻炼时，两人头部相撞，或撞击硬物，或从高处跌下时头部撞地，都可能造成脑震荡。致伤时，神志昏迷，脉搏徐缓，肌肉松弛，瞳孔稍大但能对称，神经反射减弱或消失；清醒后，患者常有头痛、头晕、恶心呕吐感；平时情绪烦躁，注意力不易集中，耳鸣、心悸、多汗、失眠、记忆力减退等。

(2) 处置方法：应立即让患者平卧，头部冷敷；若有昏迷，即指压人中、内关、合谷穴；若呼吸发生障碍，立即进行人工呼吸。上述处理后，出现反复昏迷或耳鼻口出血，两瞳孔放大，又不对称时，表明病情严重，应立即护送医院治疗。在运送途中，要让患者平卧，头部固定，避免颠簸。脑震荡一般都可自愈，无须住院治疗，但要注意休息和必要的药物治疗，保持情绪安定，减少脑力劳动。在恢复过程中，可定期做脑震荡痊愈平衡试验以检查病况进展。其方法是，闭目、单腿站立、两臂平举，如果能保持平衡，表明脑震荡已基本治愈。这时，可适当参加体育锻炼，但要避免滚翻和旋转性动作。

12. 骨折

(1) 原因和症状：骨折常由运动中身体某部位受到直接或间接的暴力撞击而造成。例如，在踢足球时，小腿被踢造成胫骨骨折；摔倒时，手臂直接撑地引起尺骨或桡骨骨折；跪倒时，可造成髌骨骨折等。骨折是比较严重的损伤，但发病率很低。骨折分不完全性骨折和完全性骨折两种。常见的骨折有肱骨骨折、前臂骨骨折、手骨骨折、大腿骨折、小腿骨折、肋骨骨折、脊柱骨折和头部骨折等。骨折发生后，患处立即出现肿胀，皮下瘀血，有剧烈疼痛（活动时加剧），肢体失去正常功能，肌肉产生痉挛，有时骨折部位发生变形，移动时可听到骨摩擦声。严重骨折时，伴有出血和神经损伤、发烧、口渴甚至休克等全身性症状。

(2) 处置方法：出现休克时，应即刻进行人中穴位点按，同时进行人工呼吸、心外按压；若有出血应同时进行止血和包扎，切勿随意移动伤肢；用夹板、树枝或木棍固定伤肢。辅助物的长度和宽度要与骨折的肢体相称，其长度必须超过骨折部位的上、下两个关节。固定的松紧要适度。对伤肢进行固定后，及时送医院。

13. 局部出血

健康成人平均每千克体重约有血液 75 mL，总血量可达 4 000~5 000 mL。若急性大出血达到全身总血量的 20%，即会出现面色苍白、头晕、乏力、口渴等急性贫血的症状；出血量超过全身总血量的 30% 时，将危及生命。因此，对有外出血的伤员，尤其是大动脉的出血，必须及时处理。

(1) 处理原则：立即止血，尽快送医院。

(2) 处理方法：抬高伤肢，用于四肢出血。①将肢体抬高，使出血部位高于心脏，从而使出血部位的血压降低，减少出血。这种方法对小静脉和毛细血管出血很有效。②绷带加压包扎。用数层无菌辅料覆盖创口，再用绷带加压包扎，以压住出血的血管而达到止血效果，同时抬高伤肢。它适用于小动脉、上静脉和毛细血管出血的止血。③加垫屈肢，用于前臂、手、小腿和足出血。其方法是将棉垫放在肘窝或腋窝，把肘关节或膝关节尽量屈起来，再用绷带做“8”字形缠绕。④指压动脉最容易被压住的部位称为压迫点。在出血部位的上方，相应的压迫点上用拇指或其余四指把该动脉管压迫在邻近的骨面上，以阻断血液的来源而达到止血的效果。

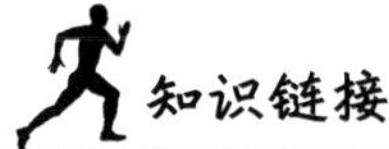

常用的止血方法

颞浅动脉压迫止血：一手扶伤员的头并将其固定，用另一手拇指在耳屏上方一指宽处摸到搏动后，将该动脉压迫在颞骨上。它适用于同侧前额部或颞部出血的止血。

颌外动脉压迫止血：在下颌角前约 1.5 cm 处摸到搏动后，用拇指把该动脉压迫在下颌骨上。它适用于同侧面部出血的止血。

锁骨下动脉压迫止血：在锁骨上窝内 1/3 处摸到搏动后，用拇指把该血管压迫在第一肋骨上。它适用于肩部及上臂出血的止血。

肱动脉压迫止血：将伤臂稍外展、外旋，在肱二头肌内缘中点处摸到搏动后，用拇指或食指、中指、无名指将该动脉压迫在肱骨上。它适用于前臂及手部出血的止血。

尺、桡动脉压迫止血：在前臂掌侧的远端，用双手拇指摸到搏动后，把尺、桡动脉压迫在尺、桡骨上。它适用于手部出血的止血。

指动脉压迫止血：手指出血时，用健侧手的拇、食两指压迫患指两侧指根部，并抬高患肢。

股动脉压迫止血：伤员仰卧，患腿稍外展、外旋，在腹股沟中点稍下方摸到搏动后，用双手拇指重叠把该动脉压迫在耻骨上。它适用于大腿和小腿出血的止血。

第三节 常见的运动意外伤害与运动性疾病的防治

运动不仅可能导致创伤，还可能引起疾病。运动性疾病是身体对运动不适应造成的功能紊乱而出现的一系列综合征，主要见于运动员，也可发生于刚参加体育锻炼的青少年。对其发病原因、处理方法和预防措施的了解，同样是我们享受阳光体育运动的基础。

一、过度紧张

过度紧张是指运动员在训练或比赛时，体力负荷超过了机体的潜力而发生的生理紊乱或病理现象。它常在一次剧烈训练、比赛后即刻或在运动后短时间内发生。过度紧张多发生在中长距离跑、马拉松、长距离滑冰、自行车、足球和篮球等项目中。

（一）病因与发病机理

过度紧张多见于锻炼较少、训练水平低、比赛经验不足的运动新手；也可发生于长时间中断训练后突然进行剧烈运动或比赛者。此外，高水平运动员受到强烈精神刺激，或饭后不久投入激烈运动等都可能引发过度紧张。

（二）症状与体征

1. 昏厥型

表现为一时性意识丧失。昏倒前，常伴有头晕、耳鸣、眼前发黑、乏力、面色苍白、出冷汗等；昏倒后，意识丧失、手足发凉、脉搏增快或正常、血压下降或正常、呼吸减慢或加快。清醒后，全身无力、精神不佳，常伴有头痛、头晕、恶心、呕吐等。

2. 脑血管痉挛型

表现为运动员在运动中或运动后即刻出现一侧肢体麻木、动作不灵活的现象，常伴有剧烈的头痛、恶心、呕吐。

3. 急性胃肠道综合征

表现为剧烈运动后即刻或不久出现面色苍白、恶心、呕吐、上腹痛、头痛、头晕的现象，较重者可呕吐咖啡样物，大便化验潜血阳性。

4. 急性心功能不全和心肌损伤

表现为运动中或运动后不久，出现头晕、眼花、步态不稳、面色苍白、发绀、呼吸困难、极度衰弱、恶心、呕吐、咳嗽、咯血、胸痛、右季肋部痛，甚至意识丧失。检查时心律不齐、脉搏快而弱、血压下降等。

（三）处理

出现过度紧张均应中止运动，病情较轻者，让其平卧，注意保暖，进食易消化的食物。发生急性胃肠道综合征者，尤其发生胃出血后应休息观察，进流食、半流饮食或软饮食，必要时可用止血药。出现急性心功能不全者，应立即采取半卧位，现场给予吸氧，伴昏迷者，针刺或点掐人中、百会、涌泉等穴。伴呼吸、心跳停止者，立即进行人工呼吸和心脏叩击或胸外心脏按压，并同时呼救、转送医院进一步抢救。

(四) 预防

预防的关键是：

(1) 做好身体检查。在运动员集训或参加激烈比赛前，应做全面的体格检查，以排除某些潜在性疾病(如心血管系统、消化系统等疾病)。

(2) 遵守科学训练和比赛的原则。

(3) 加强训练或比赛时的医学观察。

二、晕厥

晕厥是由于脑血流暂时降低或血中化学物质变化所致的意识短暂紊乱和意识丧失。

人脑重占体重的 2%，脑血液供应占心输出量的 1/6，脑耗氧量占全身耗氧量的 20%，维持意识所需的脑血流的临界值为 30 mL/100 g，当脑血流骤减至临界值以下就可能发生晕厥。由于血压急剧下降和心输出量突然减少，脑血流量骤减均可能引起晕厥，因此凡能引起血压急剧下降和心输出量突然减少的因素均可能引起晕厥。

(一) 病因与发病机理

1. 精神和心理状态不佳

如运动员过分紧张和激动，见到别人受伤、出血而受惊、恐惧等。这是由于神经反射使血管紧张性降低，引起急性外周组织血管扩张，血压下降，回心血量减少，心输出量较少，导致脑部缺血缺氧引起晕厥。

2. 重力性休克

疾跑后突然停止而引起的晕厥称为重力性休克。多见于竞赛运动员，尤以短跑、中跑为多见，有时在自行车竞赛运动员和竞走运动员中也可见到。运动员在进行运动时，外周组织内的血管大量扩张，血流量比安静时增加多倍，这时依靠肌肉有节奏的收缩和舒张以及胸腔负压的吸引作用，血液得以返回心脏；当运动者突然停止运动时，肌肉的收缩作用骤然停止，使大量血液聚集在下肢，造成循环血量明显减少，血压下降、心跳加快而心搏出量减少，脑供血急剧减少而造成晕厥。

3. 胸内和肺内压增加

举重者做大重量挺举时，由于胸腔及肺内压剧增，回心血量减少，致使心脏输出量急剧减少，引起短暂的脑供血不足，可导致持续 20~30 s 的晕厥状态。

4. 直立性血压过低

长时间站立不动或久蹲后突然起立，以及长期卧床后突然站立等都可引起晕厥。这是由于体位的突然变化，自主神经功能失调，体内血液重新分布的反应能力下降，致使回心血量骤减和动脉血压下降，引起脑部供血不足而产生晕厥。直立性血压过低引起的晕厥可发生在完成游泳比赛的站立位。

5. 血液中化学成分的改变(低血糖等)

不论何种原因引起的血糖水平下降都可导致由于自主神经系统兴奋性增加引起的肾上

腺素释放增加的症状。当血糖降至低水平时，脑组织对葡萄糖摄取减少，对氧的利用能力下降。长时间剧烈运动后，体内血糖消耗产生的低血糖反应也可能导致晕厥，如参加长跑、马拉松、长距离游泳、滑雪和公路自行车等运动项目。有低血糖病史的人进行运动时易诱发低血糖。

低碳酸血症也可以引起意识丧失。疾病发作或其他原因引起的持续深快呼吸，发生过度通气，二氧化碳排出过多，均可引起低碳酸血症。

6. 心源性晕厥

心源性晕厥可发生在足球、篮球、自行车、网球、冰球、马拉松和慢跑等运动项目中，青年和中老年均有发生，以中老年为多见。激烈运动时心肌需氧量增加，原已狭窄的冠状动脉不能满足心肌供血需要。运动可刺激儿茶酚胺分泌增加或动脉壁的敏感性增加，引起冠状动脉痉挛产生心肌供血不足，尤其在剧烈运动后，心肌处于特殊易损期，心肌血流灌注不稳定，此时立刻洗澡会因心肌缺血、心输出量减少和脑供血不足而发生晕厥。运动可激发没有器质性心脏病的人发生心律失常，如阵发性心动过速期间发生短暂的晕厥。

7. 运动员中暑晕厥

在炎热夏天进行长时间训练和比赛易发生晕厥，尤其在夏天无风或湿度较高的情况下，运动时体内产生的热量通过蒸发、对流、传导和辐射等方式不能有效地散发，使体温明显升高；此外，由于大量出汗，循环血量减少，引起脑组织供血减少和意识丧失。中暑晕厥多发生在长跑、马拉松、越野跑、自行车和足球比赛时。因此，运动员训练水平低、过度疲劳均易导致中暑晕厥。

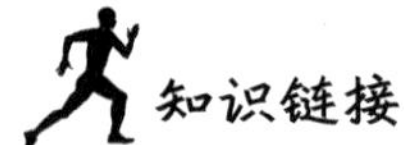

“极　点”

在剧烈运动时，特别在中长跑时，能量消耗大，下肢回流血量减少，缺氧不断积累，并达到一定程度时就会出现呼吸急促、胸闷难忍、下肢沉重、动作不协调，甚至有点恶心的现象，这在运动生理学上称之为“极点”。

（二）症状和体征

运动过程中或后发生晕厥是由不同原因引起的急性神经症状。晕厥时病人失去知觉，突然昏倒。昏倒前，病人感到全身软弱无力，头昏，耳鸣，眼前发黑；昏倒后，面色苍白，手足发凉，脉搏细而弱，血压降低，呼吸缓慢。轻度晕厥，一般在昏倒后不久由于脑部缺血缓解，能很快恢复知觉，但醒后仍有头昏，全身无力等症状。

（三）处理

发生晕厥后应让患者平卧，足部略抬高，头部稍低，松开衣领，这可增加脑血流量。注意保暖，防止受凉。针刺或点掐人中、百会、合谷、涌泉等穴位，一般患者会很快恢复知觉。如有呕吐时应将患者头偏向一侧。患者清醒后可服用热糖水和维生素 C 及维生素 B_1 等，并注意休息。

对低血糖性晕厥者静脉注射 50% 的葡萄糖 60 mL；对低碳酸血症引起的晕厥者可减慢呼吸的频率和深度；心源性晕厥应立即吸氧，经现场急救后再安全转运；对中暑晕厥者，首先将其转移到阴凉通风处使其迅速降温，用冷水或酒精擦浴使皮肤发红，头部及大血管分布区放置冰袋，有条件者静脉点滴5%的葡萄糖生理盐水。

（四）预防

(1) 运动员应进行定期体格检查，尤其在重大比赛和大强度训练前。对发生过晕厥的运动员应作全面检查，避免再发生晕厥。

(2) 坚持科学训练的原则，避免发生过度疲劳、过度紧张等运动性疾病；平时要加强体育锻炼，增强体质，提高健康水平；疾病恢复期或年龄较大者参加运动时必须按照运动处方进行。

(3) 疾跑后不要立即站立不动，而应继续慢跑并调整呼吸，然后再停下来；当疾跑后感到很虚弱，应让别人扶着走一段路，以免昏倒；久蹲后避免骤然起立，应慢慢起立，如感到头晕等前驱征象时，应立即俯身低头或仰卧，以免摔伤；避免在高温、高湿度或无风条件下进行长时间训练和比赛；进行长距离运动时要及时补充糖、盐和水分；不宜在闭气下长距离游泳，水下游泳运动应有安全监督措施。

(4) 体育教师、运动员、教练员应有预防和简单处理运动中发生晕厥的技能和经验。

三、运动中腹痛

腹痛是运动员运动中常见的症状，可由多种原因引起，并时常在运动过程中或运动结束时发生。这种直接由运动引起的腹部疼痛称为运动中腹痛。主要见于中长跑、竞走、马拉松、自行车、篮球等运动项目，以右上腹痛为多见。

（一）病因与发病机理

运动中腹痛的发生和运动员的身体机能状况、训练水平、运动前准备活动情况等因素有关。这些因素往往是运动中腹痛的潜在原因。有关发病机理主要有以下几个方面：

1. 肝脾瘀血

肝脾瘀血的发生原因主要有运动员准备活动不够，心机能水平低下以及运动中呼吸动作的协调性较差等。如果运动前的准备活动不够，会影响全身各系统器官的机能活动，使之无法承担运动时所应该承担的较大运动负荷，尤其是循环系统功能的低下，心肌收缩力较弱，使静脉回心血量减少，腔静脉压增高，从而造成肝脾瘀血肿胀，增加肝脾被膜张力，使被膜上的神经受到牵扯而产生上腹部疼痛。运动中呼吸动作的不协调，呼吸急促而表浅，可使胸膜腔内压上升，影响腔静脉回流，同样可造成肝脾瘀血。

2. 胃肠道痉挛或胃肠功能紊乱

运动时胃肠道痉挛，可能是由于剧烈运动使血液重新分布，大量血液从腹腔内转移到了骨骼肌，导致胃肠道缺血、缺氧，加上代谢产物的刺激，更容易引起胃肠道的痉挛和功能紊乱，如饭后过早参加运动，运动前吃得过饱，喝得过多，空腹运动以及运动前吃了易产气或难消化的食物，都可能因机械刺激胃肠道引起腹痛。

3. 呼吸肌痉挛

运动过程中若未能注意调整好呼吸节奏，呼吸急促、表浅，可使肋间肌、膈肌等呼吸肌收缩活动紊乱，严重者出现痉挛性收缩，进而引起腹痛。此外，准备活动的不充分或不做准备活动，也会影响呼吸肌的活动机能状态，造成呼吸肌缺氧，从而使腹痛加剧。由此产生的腹痛，当呼吸加深时，疼痛明显。

4. 腹腔脏器病变

腹腔脏器病变，如常见的病毒性肝炎、胆道疾病、消化道溃疡、炎症及胸部病变等是运动中腹痛的潜在因素，运动可使病变器官受牵扯、震动等刺激而诱发腹痛。

（二）症状与体征

运动中腹痛的发生和运动有直接关系，疼痛程度和运动量大小、运动强度密切相关。在小运动量和低强度运动时，腹痛往往不明显；而当运动量和运动强度增加时，腹痛则随之加剧。

腹痛的部位，因病变脏器所在之处不同而不同。肝脏瘀血肿胀，胆道疾病为右上腹痛；脾脏瘀血肿大为左上腹痛；胃痉挛、急慢性胃炎、胃十二指肠溃疡多为中上腹痛；阑尾炎、髂腰肌痉挛时右下腹痛；宿便刺激引起肠痉挛为右下腹痛，呼吸肌痉挛则为季肋部痛。

腹痛的性质因腹痛原因的不同而异。直接由运动引起的，多数为钝痛、胀痛；腹腔脏器有病变者，则多锐痛、牵扯痛、钻顶样痛及阵发性绞痛等。

（三）处理

运动中出现腹痛，可适当减慢速度，及时调整呼吸节奏，加深呼吸，协调好呼吸运动，同时用手按压疼痛的部位或弯腰跑一段，做几次深呼吸，疼痛可得到缓解。如上述处理效果不理想，则应停止运动，口服解痉药（阿托品），点掐穴位（内关、足三里）或请医生处理。

（四）预防

加强全面训练，以提高人体生理机能；遵守科学训练的原则，循序渐进地增加运动量；合理安排膳食，运动前不宜饱餐或过多饮水；运动前做好充分的准备活动；运动中注意呼吸节奏，注意呼吸和动作的协调性；中长跑时合理分配速度；对各种疾病引起的腹痛，应积极治疗原发病，同时在医生的指导下进行体育活动。

四、肌肉痉挛

肌肉痉挛是肌肉不自主的强直性收缩，俗称抽筋。运动过程中首先肌肉痉挛最易发生在小腿腓肠肌，其次为足底部的屈肌、屈趾肌。

（一）病因与发病机理

1. 低温刺激

在未做准备活动或准备活动不充分的情况下于低温环境中运动、训练，肌肉可因低温寒冷的刺激而兴奋性增高，以致引起肌肉强直性收缩，发生痉挛。例如，游泳时受到冷水刺激，以及冬季户外活动时受到了冷空气的刺激。

2. 电解质过多丢失

维持肌肉的应激性是电解质的主要生理功能之一。体内电解质的平衡维持了正常的肌肉兴奋性。当在运动中大量出汗，如高温环境中运动、长时间剧烈运动或运动员急性减体重时，使体内的电解质（Ca^{2+}、Na^{+}、Cl^{-}）随汗液大量流失，造成体内电解质平衡失调，肌肉兴奋性增高而发生肌肉痉挛。

3. 肌肉的收缩频率过快

在紧张激烈的运动中，肌肉呈连续过快地收缩而放松不够（放松时间过短）的状态，因此可破坏肌肉收缩、舒张的协调性，使肌肉发生强直收缩引起痉挛，如在短跑、自行车运动中常可出现这种情况。

4. 肌肉损伤

运动所致肌肉损伤的结果，是 Ca^{2+} 进入细胞，使细胞内 Ca^{2+} 增多，从而造成肌纤维收缩失控，引起了局部肌肉痉挛，同时，损伤性疼痛亦会反射性地引起肌肉痉挛。

（二）症状与体征

痉挛的肌肉疼痛难忍，触之僵硬，邻近关节因疼痛会出现暂时性功能障碍。

（三）处理

牵引痉挛的肌肉是常用的缓解办法。例如，小腿腓肠肌痉挛时，可取坐位或仰卧位，伸直膝关节，缓慢用力地将足部背伸；屈肌、屈趾肌痉挛时，则将足和足趾用力背伸。牵引过程中注意用力宜缓，切忌暴力，以防肌肉拉伤。同时，可配合局部按摩（如按压、揉、揉捏）、点穴（如承山、委中）等措施，有助于痉挛的迅速缓解。

在游泳时若发生了肌肉痉挛，首先自身不要惊慌，可先深吸一口气后仰浮于水面，然后采用同样方法对痉挛的肌肉进行牵引。例如，腓肠肌、足趾痉挛时，用同侧手压在痉挛侧髌骨上，另一侧手握住痉挛侧足趾，在促使膝关节伸直的同时，缓慢用力向身体方向拉，可连续重复；大腿肌肉痉挛时，可先弯曲痉挛侧膝关节，然后双手抱住小腿用力使之向大腿靠近，再用力向前伸直；上肢肌肉痉挛时，可做反复用力屈伸肘关节及用力握拳、张开等动作。在肌肉痉挛缓解前，不要再继续游泳，应上岸休息，并注意保暖、对症治疗。如果自己未能掌握自救方法，应立即呼救。

（四）预防

平时要加强身体锻炼，提高机体抵抗力和对低温环境的适应能力；冬季运动注意防寒、保暖，夏季运动注意及时补充水、盐、维生素 B_1；运动前做好准备活动，游泳时若水温较低，游泳时间不要过长；对容易发生痉挛的肌肉，可在运动前适当按摩。

五、中暑

中暑是由高温环境引起的体温调节中枢功能障碍、汗腺功能衰竭和（或）水电解质丢失过量所致的疾病。

中暑多发生在长跑、负重行军、越野跑、马拉松、自行车及足球等运动中。中暑常发生在夏初，因这时身体对炎热环境还未适应，尤其缺乏锻炼或体弱者在炎热的天气里进行锻炼或长久站立，更易发生中暑。

中暑可分为热射病、日射病和热痉挛三种类型，其发病原因、机理、症状、处理方法以及预防措施各不相同，现分述如下：

（一）热射病

热射病是发生在炙热环境中的一种急性疾病。

1. 病因与发病机理

正常人的体温恒定在 36~37℃，通过下丘脑体温调节中枢作用，使产热和散热保持平衡。人体产热主要来自体内的基础代谢、运动和劳动时还有肌肉收缩时产生的热量。人体散热途径主要通过辐射（60%）、蒸发（25%）、对流（12%）以及传导（3%）来完成。当周围环境温度超过皮肤温度（32~34℃）时，传导和辐射的散热方式受障碍，此时散热仅靠蒸发来实现。蒸发的快慢与空气的湿度和流动的速度有直接关系。在空气中温度和湿度相对较高，而又不通风的条件下，仅靠蒸发散热的途径也受阻，这时如果进行长时间剧烈运动，体内产热较多，虽然排汗量增多，但汗液难于蒸发，就会造成热量在体内积累，引起体温明显升高，有时高达 41~42℃，再加上大量出汗造成体内水、盐代谢紊乱，就会引起热射病。

2. 症状与体征

典型临床表现为高热、流汗和昏迷。开始出现全身软弱、乏力、头晕、头痛、恶心、出汗减少，继而体温迅速升高，可达 41℃以上，出现嗜睡或昏迷，皮肤干燥，逐渐呈潮红—苍白—紫绀。脉搏加快，血压下降，呼吸快而浅，四肢肌肉抽搐。严重者可出现休克，甚至合并心、肺、脑水肿和肾功能衰竭而死亡。

3. 处理

首先将患者搬到阴凉通风处，解开紧束的衣服；迅速降温，可用冷水、冰水擦浴，加用风扇吹风，或在额部、颈两侧、腋窝、腹股沟等处放置冰袋（或冷湿敷），使体温逐渐降低。清醒者供给清凉饮料或含盐（0.3%）低糖饮料，必要时可采用药物降温。病情严重或昏迷者，可针刺人中、涌泉、中冲等穴位，并立即送医院进行抢救。

4. 预防

运动员平时要坚持在较热环境中锻炼，以逐步提高机体的耐热能力；在炎热的季节里运动，每锻炼一小时左右，到阴凉处休息 5~10 min，并适当延长午休时间；耐力运动宜安排在上午 10 时前或傍晚进行，越野行军应在上午 8 时前结束；在烈日下运动应戴帽，穿浅色、宽敞和透气性良好的运动服；在室内活动时，要注意通风，馆内人数不宜过多。夏天运动时应准备清凉消暑或低糖含盐饮料。膳食中要有足够的糖、蛋白质和维生素，并注意水和电解质的摄入。在夏天，耐热能力较差、身体疲劳或患病者，不宜参加运动，避免发生中暑。

（二）日射病

它是因日光直接照射头部而引起的机体的强烈反应。

1. 病因与发病机理

在烈日下运动，头部在未戴帽或无遮盖的情况下，直接受到太阳辐射或强烈的热辐射，加之可见光及红外线长时间照射头部，能穿透头皮和颅骨，引起脑膜充血、水肿和脑组织损伤。这种情况下，大脑组织的温度升高（可达 40~41℃），但此时体温并不一定升高。

2. 症状与体征

主要表现为呼吸和周围循环衰竭。患者初期感到头痛、头晕、眼花、耳鸣、恶心，兴奋性增高。重者则剧烈头痛、呕吐、昏睡或昏迷，头部温度常较体温高。检查时脉搏弱而快，血压下降等。

3. 处理

将患者迅速移至阴凉处，平卧休息，用冷水或冰水敷头部和颈部。清醒者，可饮清凉淡盐水；昏睡者可嗅以氨水，并立即送医院处理。

4. 预防

长时间在烈日下运动要戴帽；运动时间不宜过长，中间要到阴凉处休息（其余详见热射病预防）；发现有中暑先兆时应立即停止运动，并给予处理。

（三）热痉挛

它是因氯化钠（盐类）丧失过多，使肌肉兴奋性增高，引起肌肉疼痛和痉挛。

1. 病因与发病机理

在高温下进行剧烈运动或大强度劳动，身体大量出汗，造成机体里水分和盐类丢失，此时若大量饮水而又没有及时补充盐分，会使血液中氯化钠浓度降低，肌肉兴奋性增高，引起肌肉痉挛和疼痛。

2. 症状与体征

负荷较重的肢体较易引起肌肉痉挛。轻者只有对称性肌肉抽搐、疼痛；重者可有大肌肉群疼痛。血液检查时，可见钠和氯含量降低。

3. 处理

在炎热夏天训练和比赛时，注意合理补充水分和盐分，氯化钠的供给量每天宜增加到20~25 g（常温下每日 10~15 g），可将盐加入饮料和菜汤中摄入，采用少量多次饮水原则，禁止一次暴饮。

4. 预防

训练前补充足够的水分和盐分；在运动训练时注意全身各肌肉群交替进行活动，避免仅用单侧肢体负荷（其余详见热痉挛预防）。

在实践中，热射病、日射病和热痉挛常常同时存在，只是以某一种类型表现为主，而另一类型为次而已。因此，在处理和预防时应全面考虑，采取综合措施。

复习与思考

1. 何为运动损伤？常见的运动损伤有哪些？
2. 如何预防运动损伤？
3. 运动性疾病的预防与处理办法有哪些？

第二篇

体育运动技能

第四章 田 径 运 动

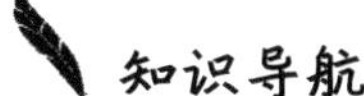

知识导航

田径是世界上最为普及的体育运动之一,也是历史最悠久的运动项目。据史料记载,最早的田径比赛是公元前776年在希腊奥林匹克村举行的第一届古代奥运会上进行的,当时只有一个项目,就是短距离赛跑,跑道为一条直道,长为192.27 m。到公元前648年,又增添了跳远、铁饼、标枪等田赛项目。1912年国际业余田径联合会成立,对世界田径运动的发展起了积极的推动作用。

第一节 田径运动概述

田径运动是人类从走、跑、跳和投掷这些自然运动中逐步发展起来的,是径赛、田赛和全能比赛的统称。它包括竞走、跑、跳跃、投掷以及由跑、跳、跃、投掷的部分项目组成的全能运动,共计40多项。以时间计算成绩的项目叫径赛;以高度或远度计算成绩的项目叫田赛;全能运动项目,则是以各单项成绩按《田径运动评分表》换算分数计算成绩的。田径运动具有广泛的群众基础且简易可行,很少受到条件限制。通过田径运动的练习,能够全面地发展力量、速度、耐力、柔韧、灵敏等身体素质,是各项体育运动的基础,因而被人们誉为“运动之母”。

第二节 田径运动的基本技术与练习方法

掌握好合理、正确的技术动作要领,是提高人体运动水平所必须具备的基本条件。田径运动的每个项目,对人体形态、身体素质和心理机能等都有着不同的要求,应从个人实际情况和特点出发,选择运动项目,掌握具有个人特点的先进、合理的运动技术,促进人体的运动能力全面发展和提高。

一、竞走

竞走是从日常行走的基础上发展出来的运动，规则规定支撑腿必须伸直，从单脚支撑过渡到双脚支撑，在摆动腿的脚跟接触地面前，后蹬腿的脚尖不得离开地面，确保不出现身体“腾空”的现象。

（一）技术过程

躯干自然伸直或稍前倾，两臂屈肘约成 90°，两肩与躯干配合两腿动作也沿着身体纵轴稍有转动，以维持身体平衡和加强后蹬的效果。两臂在体侧轻松有力地前后摆动，调节走速。当身体处于垂直部位时，支撑腿完全伸直，全脚着地，摆动腿向前摆动。当重心前移过垂直面时，即开始后蹬。摆动腿屈膝向前摆动，带动骨盆沿垂直轴向前转动，小腿依靠大腿向前摆动的惯性而前摆，逐渐伸直膝关节，并用脚跟先着地，以加大步长。在摆动腿的脚跟和地面接触时，形成了刹那间的双脚支撑。当摆动腿的脚跟着地时，后蹬腿的脚尖立即蹬离地面，从而结束后蹬动作。

（二）练习方法

1. 摆臂练习

先原地做不同节奏的摆臂练习，然后结合竞走做摆臂练习，要注意和腿部动作配合，协调用力和放松，动作自然，节奏感强。

2. 腿部动作练习

沿直线做普通的大步走，体会在身体垂直部位时向前迈步、脚跟着地动作和后蹬动作；逐渐加大动作幅度和骨盆转动，增大步幅。

3. 骨盆扭转练习

(1) 两脚左右开立与肩同宽扭转骨盆回环转动。

(2) 交叉步走，使骨盆沿垂直轴转动。

(3) 两脚左右开立，两臂胸前平屈，手心向下，肩与骨盆围绕身体垂直轴做方向相反的转动。

二、短跑

短跑

短跑是田径竞赛项目中距离短，速度快，人体运动器官和内脏器官在大量缺氧条件下完成极限强度的周期性田径运动的跑的项目。其项目包括 50 m 跑、60 m 跑、100 m 跑、200 m 跑、400 m 跑。全程技术由起跑、起跑后的加速跑、途中跑和终点冲刺跑四个环节组成。

（一）技术过程

1. 起跑

短跑前专项活动

起跑的作用是使身体迅速摆脱静止状态，获得向前的最大初速度，为起跑后的加速创造有利的条件。短跑必须使用起跑器，采用蹲踞式起跑。整个起跑过程包括“各就位”“预备”“鸣枪”三个阶段，如图 4-2-1 所示。

起跑是从“各就位”开始到后蹬腿蹬离起跑器为止。当听到“各就位”口令后，俯身蹲踞，两手撑地，两脚紧踏在起跑器上，后膝跪地，两手放在紧靠起跑线后沿处，两臂伸直，肩与起跑线平行，两手间隔比肩稍宽，四指并拢和拇指成“人”字形支撑，颈部自然放

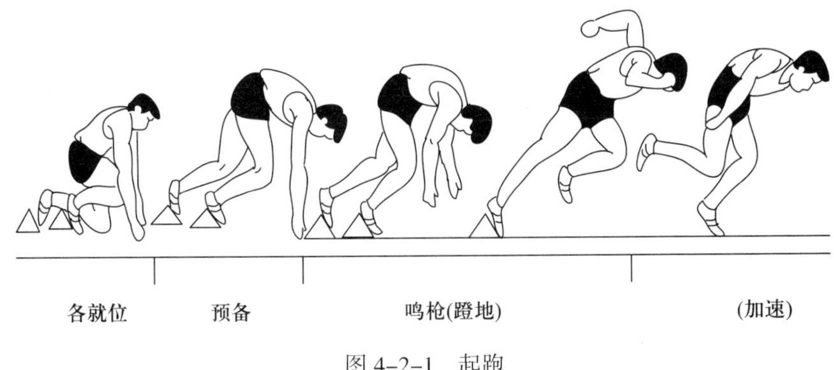

图 4-2-1　起跑

松，目视前下方 40~50 cm 处，注意听“预备”口令；“预备”口令听到后，平稳地抬起臀部，与肩同高或稍高于肩，重心适当前移，肩部稍超出起跑线，身体重量主要落在两臂和前腿上，高度集中注意力；听到“枪声”后，两手迅速离地，两腿猛蹬起跑器，后腿迅速向前摆出，身体向前上方冲出，尽快转入加速跑阶段。

2. 起跑后的加速跑

加速跑是充分利用向前的冲力，获得自身的最高速度，加速距离为 25~30 m。起跑出发后的第一步不宜过大，一般为三脚半至四脚长。第二步为四至四脚半长，两只脚的着地点沿着两条相距不宽的直线前进，以后逐渐增大到途中跑的步长，如图 4-2-2 所示。

图 4-2-2　加速跑

3. 途中跑

途中跑是短跑全程中距离最长、速度最快的一段，是决定运动成绩的主要因素。为了继续发挥和保持高速跑，要求两臂快速大幅度摆动，脚着地积极缓冲，扒地有力，摆动腿迅速有力地向前上方摆出，支撑腿在摆动腿积极前摆的配合下，快速有力地伸展髋、膝和踝关节，蹬离地面，使支撑腿与摆动腿协调配合，如图 4-2-3 所示。

4. 终点冲刺跑

终点冲刺跑的任务是尽力保持途中高速度跑过终点，当运动员躯干触及终点线的垂直面时即跑完全程。终点冲刺跑的技术包括终点冲刺和撞线两个部分。由于体力下降，运动员在离终点线 15~20 m 处，为了增大后蹬力，应尽量保持上体前倾角度或略增大前倾角度，同时，加大摆臂的幅度和速度，在增大步幅的同时，尽量保持步频。当跑到距终点线一步时，上体迅速前倾，用胸部或肩部撞终点线，跑过终点线后，逐渐减慢跑速，如图 4-2-4 所示。

5. 弯道跑

在 200 m 和 400 m 跑项目中有一半距离是在弯道上进行的。从直道进入弯道跑时，身

图 4-2-3 途中跑

图 4-2-4 终点冲刺跑

体应有意识地向内倾斜。例如，进入左侧弯道时，后蹬时右腿前脚掌的内侧用力，左腿前脚掌的外侧用力。前摆时，右腿的膝关节稍向内，同时前摆幅度要比左腿大些，左腿前摆时应稍向外。右臂摆动的幅度和力量都大于左臂。前摆时稍向左前方，后摆时肘关节稍向外，左臂稍离开躯干。弯道跑的蹬地与摆动方向都应与身体向圆心方向的倾斜相适应。从弯道跑进直道时，应在弯道的最后几米，身体逐渐减小内倾角度，尽快恢复直道跑姿，如图 4-2-5 所示。

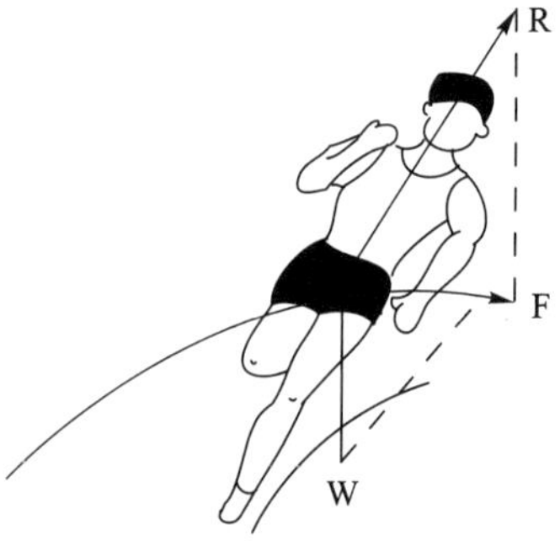

图 4-2-5 左侧弯道跑

（二）练习方法

1. 小步跑练习

上体稍前倾，膝、踝关节放松，大腿带动小腿积极下压，前脚掌着地时完成“扒地”动作，而后迅速蹬直，同时上抬另一条腿，做同样动作，如此往复。

2. 高抬腿练习

上体正直或稍前倾，支撑腿蹬直，两大腿交替抬至水平双臂协调摆臂。

3. 原地摆臂练习

两臂屈肘 90°，前后摆动，幅度从小到大、节奏从慢到快。

4. 后蹬跑练习

上体稍前倾，前腿充分跨出，尽量抬平，落地时迅速做蹬伸动作，蹬地时充分伸展髋关节、膝、踝关节，同时另侧腿迅速跨出，如此往复。

5. 专项素质训练

包括速度力量、有氧耐力、速度耐力、力量耐力训练等。

三、跨栏跑

（一）技术过程

跨栏

跨栏跑是途中设有固定数量、固定距离、固定高度栏架的短跑项目，也是田径运动中技术比较复杂、节奏性比较强、锻炼价值比较高的项目。跨栏跑的关键是快，一要跑得快，二要完成跨越栏架一系列动作快。因此，任何距离跨栏跑的特点都是短时间大强度的运动。跨栏时，动作自然，而且能以必要的幅度和较快的频率完成，是现代跨栏跑技术的基本特征，如图 4–2–6 所示。

图 4–2–6　跨栏跑

1. 跨栏步

跨栏步主要包括起跨攻栏、腾空过栏和下栏着地三个阶段。

(1) 起跨攻栏。是指起跨脚踏上起跨点到起跨腿后蹬结束脚离地瞬间，如图 4–2–7 所示。

图 4–2–7　起跨攻栏

起跨攻栏应做到如下几点：

① 起跨前应保持较高跑速，起跨腿要迅速伸展髋、膝、踝三关节。

② 摆动腿由后屈膝向前摆动，摆至大腿与地面齐平，小腿自然下垂。

③ 髋部要积极前送，上体稍前倾。

④ 摆动腿异侧肩、臂前伸，使身体重心有较大距离的前移。

⑤ 适宜的起跨蹬地角 65°~70° 为宜，形成良好的“攻栏”姿势。

(2) 腾空过栏。是指起跨脚掌离地瞬间到过栏后摆动腿下切准备着地的这段空间的动作，如图 4-2-8 所示。

图 4-2-8 腾空过栏

起跨腿蹬离地面后，当摆动腿膝关节超过栏板高度时，摆动腿小腿迅速前伸；当摆动腿脚跟接近栏板时，摆动腿几乎伸直，摆动腿与起跨腿之间夹角为 120°。与此同时，摆动腿异侧臂完成带动肩部积极向前的动作，上体迅速前倾，使胸部几乎靠近摆动腿的大腿，形成肩横轴与髋横轴交叉扭转状态，以维持栏上的身体平衡。此时，起跨腿与在栏前的摆动腿形成一个大幅度的分腿动作。

(3) 下栏着地。摆动腿脚掌越过栏板后，即开始积极下压，起跨腿屈膝外展并经体侧迅速向前提拉。起跨腿向前提拉时，小腿收紧使脚跟接近臀部，膝高于踝，脚尖稍向上翘，并与摆动腿的下压形成协调有力的剪绞动作。与此同时，摆动腿异侧臂配合下肢动做向侧后方做有力的划摆，到接近体侧下方时屈肘收回，另一臂则向前摆出，形成直角坐姿势，以维持身体平衡。当摆动腿前脚掌着地时，膝关节伸直，利用踝关节稍进行缓冲，上体仍保持一定的前倾，两臂积极有力地摆动，使身体重心迅速移过支撑点，此时跨栏步动作结束，转入了栏间跑阶段，如图 4-2-9 所示。

图 4-2-9 下栏着地

2. 栏间跑

栏间跑是指下栏着地点到下一个攻栏起跨点之间的快速跑动过程。栏间跑第一步由于摆动腿在下栏着地时直腿支撑，与此同时起跨腿经过外展提拉，放脚落地。摆动腿与起跨腿这种不同于短跑的交叉换步动作，减小了抬腿的速度和力量，所以步长是三步中最小的。栏间第二步是快速跑的关键，由于基本恢复了正常跑步动作，这一步力量强、速度快、抬腿高，是栏间跑最大的一步。栏间第三步与起跨攻栏相连，是栏间跑速度最快的一步。由于在快速跑的同时要为起跨做好充分准备，所以第三步抬腿不高、放脚快且靠近身体重心投影点，出现了比第一步大、比第二步小的居中步长。

（二）练习方法

（1）原地走和跑做摆动腿攻摆过栏的练习。

（2）手扶肋木或单杠做起跨腿提拉过栏练习。

（3）栏侧站立做起跨腿提拉练习。

（4）走动 1~3 步或跑动 3~5 步做起跨腿提拉过栏练习。

（5）原地“跨栏坐”，上体与手臂配合，体会剪绞动作练习。

（6）栏间跑 1~3 步过栏练习。

（7）蹲距式起跑跨越第一栏练习。

（8）蹲踞式起跑跨越全程栏练习。

（9）专项素质训练：包括心理素质、柔韧素质、速度耐力、力量素质训练等。

四、接力跑

接力跑是由短距离跑和接力区交接棒技术组成的集体项目。常规比赛的接力跑项目有男、女组别的 4 × 100 m 和 4 × 400 m 接力跑，接力区为 20 m，每个接力区前有 10 m 的预跑区。

接力跑

（一）技术过程

1. 起跑

第一棒起跑采用短距离跑的起跑方式，但接力棒不得触及起跑线和起跑线前的地面，如图 4-2-10 所示。接棒人在接力区后端线或预跑线内，选定起跑位置，两膝弯曲，上体前倾，采用半蹲式或站立式起跑。

图 4-2-10　接力起跑的持棒方法

2. 传、接棒的方法

接力跑传、接棒的方法一般有上挑式、下压式和混合式三种。

（1）上挑式：接棒人的手臂向后伸出，掌心向后，虎口张开朝下，传棒人将棒由下向上挑，送入接棒人手中，如图 4-2-11 所示。

（2）下压式：接棒人手臂后伸，掌心向上，虎口张开朝后，拇指向内，其余四指并拢向外，传棒人将棒的前端由上向前下压入接棒人手中，如图 4-2-12 所示。

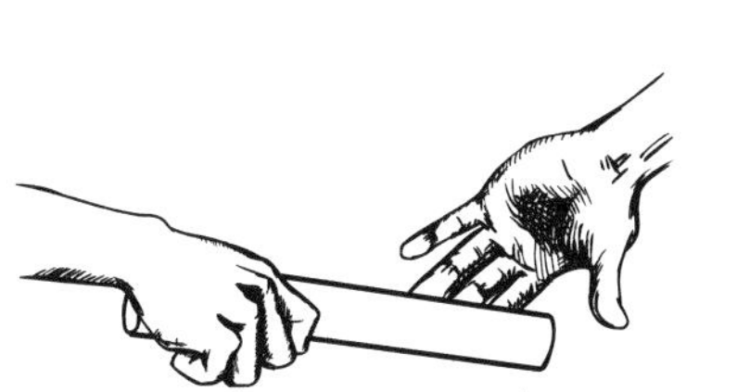

图 4-2-11　“上挑式”传棒

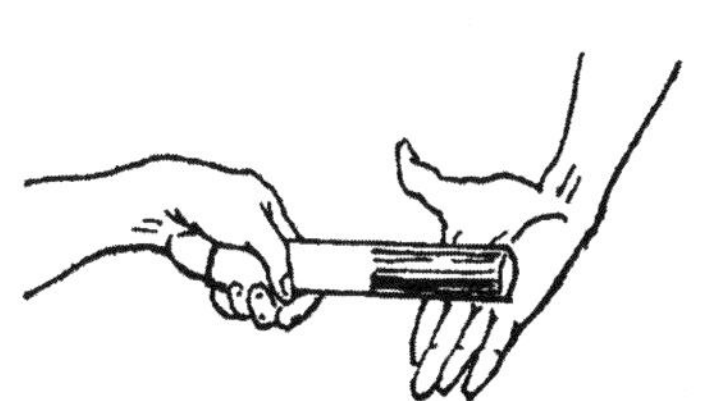

图 4-2-12　“下压式”传棒

(3) 混合式:第一棒用“上挑式”传棒,第二棒用“下压式”传棒,第三棒仍用“上挑式”。

(二) 练习方法

(1) 原地摆臂做传、接棒练习。

(2) 慢跑和中等速度跑动,行进间传、接棒。

(3) 右手持棒蹲踞式起跑练习。

(4) 加速跑在接力区内传、接棒练习。

五、中长跑

中长跑是一项需要速度和耐力的综合性项目,是中跑和长跑的合称。中跑项目有男、女组别的800 m和1 500 m;长跑项目有男子5 000 m和10 000 m,女子3 000 m、5 000 m和10 000 m。

(一) 技术过程

1. 呼吸

中长跑是典型的周期性耐力项目,其能量代谢特点是有氧代谢、糖酵解和磷酸原三种供能系统兼有的混合代谢。中长跑的距离长,能量消耗大,对氧气的需求量也大,因此,掌握正确的呼吸方法至关重要。为了保证机体对氧气的需求,呼吸的频率必须与跑的节奏相配合,还要有一定的深度,一般采用两步两吸、两步两呼的节奏。

2. 起跑和起跑后的加速跑

起跑采用站立式起跑,按“各就位”和“鸣枪”两个口令进行。各就位时,运动员走到起跑线处,两脚前后开立,根据个人习惯一般将有力的腿放在前面,两脚的左右距离自然开立,上体前倾,两膝弯曲,两臂前后放置,身体重心主要落在前脚上,保持稳定姿势,集中注意力听枪声。

起跑后上体保持前倾,脚尖着地,腿的蹬地和前摆以及两臂的摆动都应快速、积极,逐渐加大步伐和加快速度,进入到途中跑。加速阶段的距离和速度,应根据个人特点、战术需求和临场情况而定。

3. 途中跑

(1) 直道跑技术。跑直道时要求身体趋于正直,躯干略前倾,头位于躯干的正上方。两肩可轻微摆动,两臂自然前后摆动。两肘不要抬高,约成 90° 保持在体侧,以便配合臂和腿的协调运动。两脚沿平行线跑进,正直向前抬腿,用脚前掌进行支撑与蹬地。

(2) 弯道跑技术。弯道跑时(以左弯道跑为例)要求左脚前脚掌外侧,右脚前脚掌内侧着地,左腿膝关节外展和右腿膝关节内扣,身体重心向内倾斜协调用力,速度越快倾斜角度越大,右臂的摆幅稍微大于左臂摆幅。

4. 冲刺跑

冲刺跑是临近终点前一段距离的加速跑。主要任务是运用自己的全部力量,克服疲劳,力争在最后阶段跑出好成绩。技术特点是加快摆臂速度和加大摆幅的同时配合腿部动作加快频率,在接近终点一步前身体躯干前倾,做出撞线动作。冲刺跑的距离应根据自己的体力情况、战术要求和临场情况而定。

(二) 练习方法

(1) 定距、定时跑。

(2) 变速跑:不断地变换跑速,快慢交替进行。

(3) 间歇跑、重复跑练习。

(4) 匀速跑练习:合理分配体力,规定时间跑。

(5) 在自然环境中进行越野跑。

六、跳远

跳远由助跑、起跳、腾空和落地四个技术环节组成。运动员沿直线助跑,在起跳板前沿线后用单足起跳,经腾空阶段,然后用双足在沙坑中落地,如图4-2-13所示。

跳远

图 4-2-13　跳远

(一) 技术过程

1. 助跑

跳远的助跑速度与跳远成绩密切相关。助跑的任务就是获得最高的助跑速度,并为准确踏板和快而有力地起跳做好技术、身体和心理上的准备。

(1) 助跑的起动方式有两种:

① 从静止状态开始:采用两腿微屈、两足左右平行站立的"半蹲式"或两腿前后分立的"站立式"的起动姿势。此种方式跑动步幅和速度变化较小,有利于提高助跑的准确性。

② 从行进间开始:走几步或走跳步结合,踩上第一个标志点后,开始加速跑。这种方式助跑动作比较自然放松,但每次踩上标志的位置和速度不易控制,对准确踏板提出了更高的要求。

(2) 助跑的加速方式:一种是积极加速,一种是逐渐加速,可根据个人情况和习惯选定。

(3) 确定的全程助跑距离:在跑道上做40~50 m的加速跑,测量出个人能发挥最大速度的那一段距离,找出每次起跳脚落地的足印,经若干次练习,适当调整后,即可大致确定符合自己实际的全程助跑距离。

2. 起跳

起跳是助跑与腾空的中间环节,快速有效地起跳是获得最大腾起初速度和适宜起跳角度的关键。起跳是跳跃技术中最复杂也是最关键的环节,包括着板、缓冲、蹬伸三个阶段。助跑最后一步起跳脚积极主动着地，快速用全脚掌滚动着板，及时屈膝、屈踝缓冲，同时迅速前移身体重心，快速、充分蹬伸髋、膝、踝关节，上体正直目视前方，双臂向前上方摆动，在摆动腿大腿摆至接近水平位置时与两臂同时制动屈膝，两者协调配合形成“腾空步”，如图 4-2-14 所示。

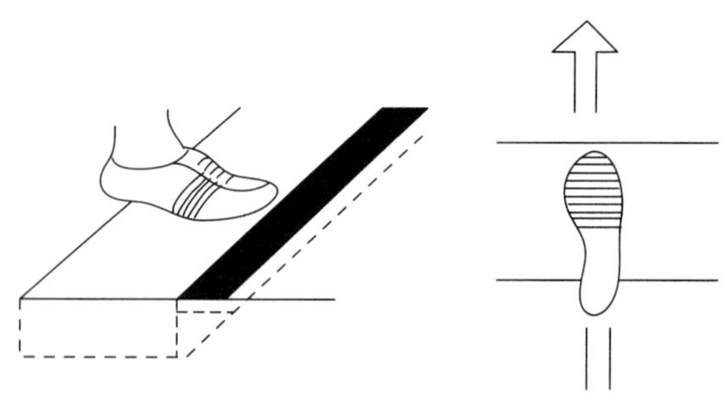
图 4-2-14 起跳

3. 腾空

起跳离地以后可以用蹲踞式、挺身式或走步式的动作使身体在空中保持平衡并为落地动作做好准备，如图 4-2-15 所示。

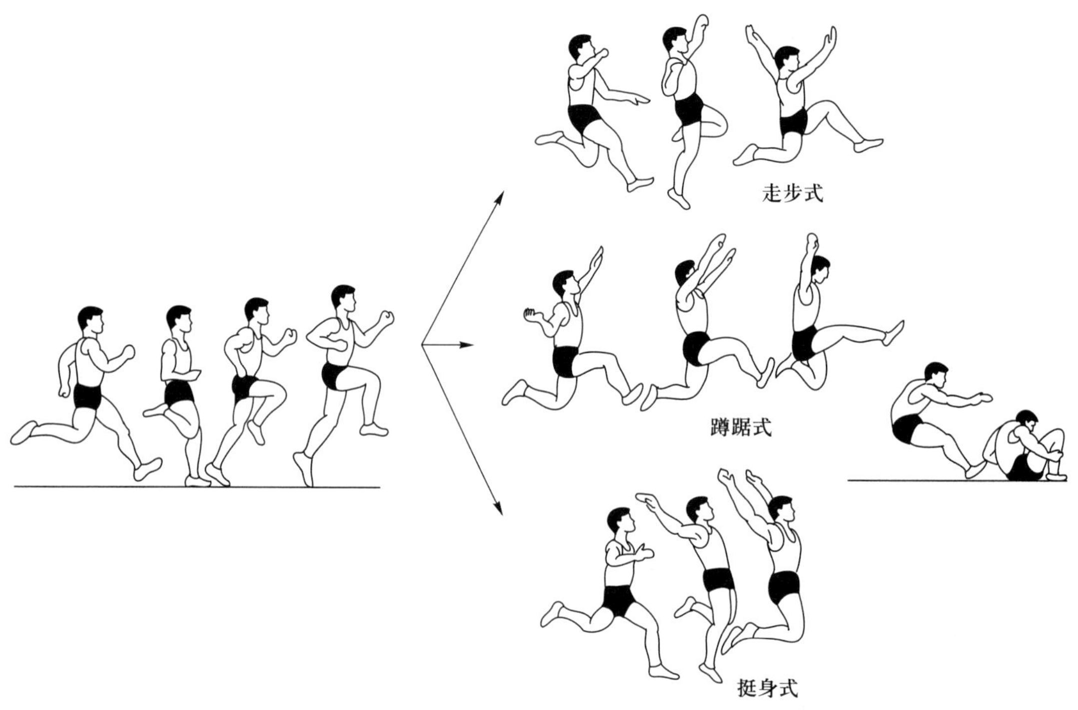

图 4-2-15 腾空方式

蹲踞式跳远

(1) 蹲踞式：起跳后在空中保持“腾空步”，起跳腿逐渐向摆动腿靠拢，两腿一起上举，在体前抬起伸直落入沙坑。

(2) 挺身式：起跳形成“腾空步”后，上体充分伸展挺胸送髋，两臂经身体两侧向后下方摆，两膝微屈使躯干保持反弓形在空中平衡滑行，当滑行进入下落时，两臂由体侧向前上举，同时两腿由身后摆至身前，抬起伸直，落入沙坑。

(3) 走步式：腾空步后，摆动腿下落，起跳腿屈膝前摆，在空中完成一个自然的换步动作，形成“跨步”姿势。

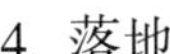

4. 落地

落地前，上体不要过分前倾，以免向前回旋。上腿尽量上举靠近胸部，将要落地时，小腿积极前伸，双脚接触沙面后，两腿迅速屈膝缓冲，两臂积极向前挥摆，臂部前移，上体前倾，使身体重心迅速移过支撑点。为了避免落地时身体后坐，可采用前倒或侧倒姿势落地。

（二）练习方法

(1) 立定跳远。

(2) 原地模仿起跳练习。

(3) 在跑道上，做慢跑三步或五步结合起跳的练习。

(4) 短距离助跑起跳后腾空步动作的练习。

(5) 短、中程距离助跑起跳练习，短程距离约 8 步，中程距离约为 12 步。

(6) 全程助跑完整跳远技术练习。

七、跳高

跳高是一种由有节奏的助跑、单脚起跳、越过横杆落地等动作组成，以越过横杆上缘的高度来计算成绩的比赛项目。过杆技术有跨越式、剪式 、滚式、俯卧式和背越式等，这里重点介绍背越式。

（一）技术过程

背越式跳高技术主要包括助跑、起跳、过杆和落地四个环节。

背跃式跳高

1. 助跑

助跑的任务是获得必要的水平速度，并为提高起跳效果和顺利地越过横杆创造有利条件。背越式跳高一般采用 8~12 步助跑，分直线助跑段与弧线助跑段。

(1) 直线助跑技术：近似于短跑途中跑技术，跑进时身体重心高而平稳，上体适当前倾，后蹬充分有力，前摆积极抬腿，两臂前后大幅度摆动协调配合。

(2) 弧线助跑技术：外侧脚以前脚掌内侧，内侧脚以前脚掌外侧着地，身体随着跑动逐渐内倾，加大外侧臂和腿的摆动幅度，保持头、躯干和腿的支撑点成一直线向内倾斜，身体重心的运动轨迹在步点连线的内侧，在起跳垂直支撑的瞬间才与身体重合。助跑的整个过程加速节奏明显，尤其是最后几步应积极跑进，为起跳做好充分的准备。

2. 起跳

起跳是决定跳高成绩的关键。起跳的目的是将助跑获得的水平速度，迅速转化为向上的垂直速度，以使身体充分向上腾起，并为过杆做好准备。起跳动作可分为起跳腿的着地、缓冲和蹬伸三个阶段及摆动腿与双臂的配合，如图 4–2–16 所示。

(1) 起跳腿的着地、缓冲和蹬伸。为加快起跳的速度，起跳腿应平稳地以脚掌外侧着地，并迅速由脚跟向前脚掌滚动，形成身体向后、向内的倾斜姿势。在起跳的缓冲阶段，应减小屈膝的幅度，以利于保持水平速度。当身体由倾斜转为垂直至身体重心移至起跳腿的上方时，迅速有力地充分蹬直起跳腿，蹬伸的方向应在身体重心的内侧，以便形成过杆所必需的旋转冲力。

(2) 摆动腿与双臂的配合。起跳时，离横杆较近的一臂充分地向上摆动，另一臂则积极地制动，这样有利于肩横轴的转向。摆动腿屈膝折叠，小腿和脚稍许外展，以膝盖领先，向跳高架远端支柱的上方用力摆出。当摆动腿摆到起跳腿前方之后应向里旋转，使骨盆围绕纵轴产生旋转，头部补偿性地转向横杆。

图 4-2-16 起跳

3. 过杆和落地

过杆就是充分利用起跳获得的腾空时间改变身体姿势，缩短身体重心与横杆之间的距离，并利用身体的屈伸、旋转越过横杆。过杆时，立即挺髋展腹，下颚迅速引向前胸，同时双腿补偿性地高举两小腿积极向上甩起。应注意，落地前的收腹举腿，以背部先着垫或团身以肩先着垫，然后再做一个后滚翻，运用关节的分节运动来逐渐缓冲着垫力量。

（二）练习方法

1. 原地蹬摆练习

起跳腿在前，摆动腿在后，摆动腿向身体前上方摆动，起跳腿充分蹬伸，两臂配合上摆，髋部前送并扭转。

2. 跑动起跳练习

沿直径为 15~20 m 的圆圈匀速跑动，每隔四步向上起跳。

3. 弧线助跑起跳练习

分别用 1 步、2 步、3 步助跑做转体 90° 的垂直纵跳。

4. 原地倒肩挺髋练习

背对海绵包站立，倒肩挺髋成“桥”形，肩和背部着垫。

5. 原地起跳过横杆练习

背对横杆站立，双脚起跳，两臂配合上摆、挺髋、挺胸、肩后倒下沉，两小腿放松下垂，体会空中背弓的肌肉感觉。

6. 全程助跑和跑点丈量（以左脚起跳为例）

走步丈量法：先确定起跳点，起跳点的位置一般在离近侧跳高架的立柱 1 m 左右，离横杆投影线 50~90 cm 处。由起跳点沿横杆的平行方向自然走 5 步，再右转成直角向前自然走 6 步做一标志，由此点向起跳点画半径约 5 m 的弧线，即成最后 4 步的助跑弧线；从标记点再往前走 7 步即为起跑点，在此基础上再反复助跑检验、调整，即可最后确定下来。

7. 3~4 步助跑起跳

用背越式技术过较低的横杆。

8. 全程助跑起跳练习

采用 7~9 步助跑距离，即直线跑 3~5 步，弧线跑 4~5 步的方法进行助跑起跳练习，要求助跑速度快，节奏性强，注意体会助跑与起跳的结合。

9. 专项素质训练

包括力量素质、速度素质、柔韧素质、心理素质等。

八、铅球

推铅球的技术种类很多，被人们普遍接受的是背向滑步推铅球。它的完整技术由开始姿势、滑步和最后用力与出手平衡三个部分组成(以右手掷球为例)。

铅球

(一) 技术过程

1. 开始姿势

分为高姿势和低姿势两种(以右手为例)。

(1) 高姿势：持球后，背对投掷方向，站在投掷圈内靠近后缘处，两脚前后站立，相距20~30 cm，右脚尖靠近投掷圈内后缘，左腿在后并自然弯曲以前脚掌或脚尖着地，上体正直放松，左臂自然上举，体重落在伸直的右腿上，如图 4–2–17 所示。

图 4–2–17　高姿势

(2) 低姿势：持球后，背对投掷方向，站在圈内靠近后沿处，两脚前后站立，相距 50~60 cm(根据身高和下蹲的程度而定)。左脚在后，以前脚掌或脚尖着地，右脚尖贴近投掷圈内后缘，脚跟对投掷方向。左臂自然下垂，左肩稍向内扣，两腿弯曲，上体前屈，如图 4–2–18 所示。

图 4–2–18　低姿势

2. 滑步

从预摆动作结束右脚蹬地瞬间开始至右脚着地止为滑步。

在开始滑步前，通常先进行预摆动作。预摆时左腿微屈，右腿屈膝下蹲，上体稍右倾，收腹含胸，以大腿带动小腿向投掷方向摆起，同时右腿用力侧蹬，“摆”“蹬”协调配合；在右腿充分蹬伸后，迅速主动收拉小腿，使前脚掌沿地面滑至投掷圈的圆心附近，脚尖稍内扣，使脚约与投掷方向成直角，同时左脚积极下压，以前脚掌内侧着地，形成最后用力前的良好姿势。

3. 最后用力与出手平衡

最后用力和滑步动作是紧密连接的，在左脚着地的瞬间，即开始最后用力。

以髋部大肌肉群发力，右腿用力蹬转，髋部前移并左转，同时左臂稍外旋经体前带领左肩抬起转向投掷方向；紧接着右腿开始转蹬，两腿充分蹬伸，左肩制动，右肩充分向前，抬肘、伸右臂、用手指拨球，将铅球从肩上向前上方推出；当铅球出手后，及时换步，两腿弯曲，降低身体重心，维持身体平衡。

（二）练习方法

（1）原地正面推铅球练习。

（2）原地侧面推铅球练习。

（3）徒手做预摆动作，体会摆蹬的协调配合。

（4）徒手和持球在投掷圈内滑步练习。

（5）背向滑步推铅球完整技术练习。

第三节　田径运动竞赛规则简介

田径竞赛规则是田径运动项目在比赛中对成绩和名次判定的重要依据。它不仅能使运动员在各级田径比赛中获得均等、公平的竞争机会，而且还能够有效地保障比赛的顺利进行。

一、田径比赛通则

1. 年龄组别设置

少年男子和女子组：凡截至比赛当年 12 月 31 日未满 18 周岁者。

青年男子和女子组：凡截至比赛当年 12 月 31 日未满 20 周岁者。

少年男、女乙组：凡截至比赛当年 12 月 31 日未满 16 周岁者。

儿童组：凡截至比赛当年 12 月 31 日未满 13 周岁者。

2. 基本条款

（1）参加比赛的运动员必须佩戴号码牌，否则不得参加比赛。

（2）径赛项目运动员须沿跑道逆时针方向跑进。

（3）径赛运动员挤撞或阻挡别人而妨碍别人走或跑进时，应取消其该项比赛资格。

（4）如果一名运动员参加一个径赛项目，又参加一个田赛项目，或者参加一个以上的田赛项目，而这些项目又同时举行比赛时，有关主裁判可以允许运动员只在某一轮次（高度项目以一个高度为一个轮次，一个高度有 3 次试跳机会；远度项目以所有运动员按顺序试跳或试掷完一次为一个轮次）的比赛中以不同于赛前抽签确定的顺序先进行试跳（试掷）一次。回来后已错过的试跳（试掷）顺序一律不补。

（5）判定名次的方法。径赛项目中，判定运动员到达终点的名次顺序，是以运动员躯干的任何部分到达终点线内沿的垂直面的先后为准。以决赛的成绩作为个人的最高成绩，而不以预、次、复赛的成绩判定最后名次。

(6) 取消比赛资格。①如果某运动员在比赛中因违反技术规则而被取消比赛资格,应在正式成绩中注明他所违反的国际田联规则条款。但这一事实不应妨碍该运动员参加其他所有后继项目的比赛。②运动员违反体育道德或有不正当的行为,将导致被取消参加该次比赛所有后继项目的资格。取消运动员的比赛资格时,应在正式成绩公告中注明原因。如认为该次犯规性质严重,竞赛主任应向有关主管部门报告,根据竞赛规则的规定,考虑进一步的纪律处分。

二、径赛主要规则

(1) 400 m 及 400 m 以下,包括 4 × 100 m 接力的项目,运动员应采用蹲踞式起跑。犯规 1 次者取消比赛资格,全能运动员犯规 2 次者取消比赛资格。

(2) 在分道跑项目中,运动员跑出自己的分道,如没有获得利益,也未阻挡他人,一般不应取消比赛资格,否则应取消比赛资格。

(3) 在中长跑时,运动员擅自离开跑道后,不得继续比赛。

(4) 跨栏跑时,运动员手脚低于栏顶面、跨越他人栏架、有意用手或脚碰到栏架,均属犯规。

(5) 接力跑时,在接力区外完成接棒、捡棒时阻挡他人或空手跑过终点均属犯规。

(6) 如用 3 只秒表计成绩,应以 2 只秒表所示成绩为准;如各不相同,则以中间成绩为准;2 只秒表时应以成绩较差者为准。

(7) 自 2003 年 1 月 1 日起,除全能项目外,任何起跑犯规 1 次的运动员将被取消该项比赛资格。在全能比赛中,对第一次起跑犯规的运动员应给予警告。每项比赛只允许 1 次起跑犯规而运动员不被取消资格,之后每次起跑犯规的一名或多名运动员将被取消该项目的比赛资格。

三、田赛主要规则

田赛中按下列规定解决成绩相等的情况:

(1) 在出现成绩相等的高度上,试跳次数较少者名次列前。

(2) 如成绩仍然相等,则在包括最后跳过的高度在内的全赛中,试跳失败次数较少者名次列前。

(3) 如成绩仍相等:①如涉及第一名时,在造成其成绩相等失去了继续试跳权力的最低失败高度上,每人再试跳一次。如相关运动员都跳过或都未跳过而仍不能判定名次,则横杆应提升或降低,跳高为 2 cm,撑竿跳高为 5 cm。他们应在每个高度上只试跳一次,直到分出名次为止。相关运动员必须参加决定名次的每次试跳。②如成绩相等不涉及第一名时,则运动员的比赛名次并列(本条不适用于全能项目)。

复习与思考

1. 为什么说田径运动是“运动之母”?
2. 接力跑的传、接棒的方式有哪几种?

第五章　球类运动

知识导航

党的二十大报告提出，在全社会弘扬劳动精神、奋斗精神、奉献精神、创造精神、勤俭节约精神，培育时代新风新貌。球类运动比赛和训练，可以培养队员团结战斗的集体主义精神，培养“胜不骄、败不馁”良好品质。本章主要介绍几种代表性球类运动：篮球、足球、排球、乒乓球、羽毛球和网球。

第一节　篮球运动

篮球运动是以投篮为中心，以投篮得分多少决定胜负，集移动、运球、传球、投篮、突破与防守为一体的游戏性很强的集体对抗性运动项目，是一项非常简单而且可操控性强的运动，对场地器材要求不是很高，在我们国家是一项普及率非常高的体育项目，它以形式灵活、游戏性强，不受年龄、性别、人数和技术水平的限制而深受广大青少年的喜爱。

一、篮球运动概述

（一）篮球运动的起源与发展

篮球运动最早出现在美国，是美国马萨诸塞州青年基督教学校体育教师奈·史密斯博士于 1891 年冬天发明的。当时，天气特别寒冷，奈·史密斯博士为了使学生不受寒冷天气的影响，能够在室内开展有益的活动，便琢磨出将竹篮钉在墙上，用向篮子里投球的方式进行游戏，从而兴起了篮球运动。

最初，篮球游戏无明确的竞赛规则，场地大小不等，活动人数不限，时间也不作具体规定，只要达到预定的分数就算胜利。1892 年，奈·史密斯博士制定出世界上第一本篮球竞赛规则，共 13 条。1904 年，在第三届奥运会上首次进行篮球表演赛。1908 年美国制定了统一的篮球规则。1936 年，国际奥委会决定将男子篮球正式列为比赛项目。1976 年，女子篮球也被列为奥运会比赛项目。1948 年，国际业余篮球联合会决定四年举办一届世界男子篮球锦标赛。由于篮球运动竞争性强，锻炼价值高，所以篮球已经成为世界上最受人们喜爱的运动项目之一。

（二）我国的篮球运动

近代篮球运动于 1895 年传入我国，先在天津、北京、上海、广州等地的基督教青年会中传开，后来逐渐扩大到教会学校和一般学校。1910 年，在南京举行的第一届全运会上，男子篮球被列为表演项目。1913 年，我国组队参加了第一届远东运动会的篮球比赛，这也是我国篮球队第一次参加国际比赛。新中国成立后，在党和政府的倡导支持下，篮球运动普及最快,开展面最广,同时也取得了丰硕的成果。1949年,我国学生篮球队参加了在布达佩斯举行的第十届世界学生运动会,由此揭开了新中国成立后我国篮球队进行国际交流的序幕。1974年,我国男、女篮第一次参加了亚运会,并双双获得第三名。我国男子篮球队自1975年首次夺得亚洲锦标赛冠军以来,至今已15次登上亚洲冠军宝座。女篮在1976年11月的亚洲杯比赛中首次战胜韩国队,获得冠军。此后,9次获得亚洲冠军,并在第二十三届奥运会和第九届世界女篮锦标赛中均取得第三名的好成绩。进入20世纪90年代以来,我国男、女篮的整体水平都有很大提高。女篮在1992年第二十五届奥运会和1994年第十二届世界女篮锦标赛中两次夺得亚军,成为世界强队之一。男篮在第二十五届奥运会、第二十九届北京奥运会和第十一届世界男篮锦标赛中,均取得了第8名的历史最好成绩。

但是,我国篮球与欧美一流强队相比还存在一定的差距,因此,我们一定要认真总结我国篮球运动发展的历史经验,坚定不移地贯彻"积极、灵活、准确、全面"的训练指导思想以及"以小打大""以快制大"的战略方针,吸收国外强队的先进经验,扬长避短,形成自己独特的风格和打法,完善中国男子篮球职业联赛(简称CBA),争取在最短的时间内使我国篮球运动达到世界先进水平。

(三) 篮球运动的价值

篮球运动是在固定场地内,双方以投篮为中心的竞赛项目,并以投中得分获得乐趣,可见篮球运动始终具有浓厚的游戏性。篮球运动不受年龄、性别和技术的限制,成为丰富人们业余文化生活的重要内容。篮球比赛是在攻防不断变化中进行的,运动员应具有良好的身体素质。在场上既要不断地快速奔跑,又需要急起、急停,所以,经常参加篮球运动,通过跑、跳、投的锻炼,对人体的协调性、灵活性和应变能力都会起到良好的促进作用。篮球运动要求运动员对场上各种变化情况具有精细的感受能力。运动员在场上完成许多复杂的动作时,动作要十分准确,而这在很大程度上要靠人体对肌肉感觉做精确分析才能实现。例如,篮球运动员能够在没有视觉参与的情况下完成运球动作,就是靠运动及触觉的精确判断来实现的。经常参加篮球运动者,不仅肌肉会变得更加结实有力,而且内脏器官的机能也会得到明显提高。

二、篮球运动的基本技术

篮球运动的基本技术是篮球运动的基础,是进行篮球运动所必需的专门技术动作的总称,它分为进攻技术和防守技术两大部分。进攻技术有传球、接球、运球、投篮和持球突破;防守技术有防守无球队员、防守有球队员和抢、打、断球。在进攻与防守中都包含有移动和抢篮板球技术。

(一) 移动技术

移动步伐

移动技术是篮球基本技术的基础,它通过各种快速、突然的脚步动作达到进攻时摆脱防守,防守时盯住对手,以争取攻守主动的一种手段。移动技术的练习,应根据篮球运动的特点,做到"快""活""稳"。"快"是指起动速度快、脚步移动快、抢、断球移动快;"活"是指进攻与防守脚步移动要灵活、场上战术配合要灵活、进攻时处理球的方法运用要灵活;"稳"是指传接球要稳、投篮要稳、比赛过程中控制球要稳。正因为篮球运动的各种技术都要配合移动来完成,所以移动技术在篮球比赛中是非常重要的。

1. 基本站立姿势

基本站立姿势是两脚自然开立，屈膝降低重心，上体稍前倾，两臂屈肘自然垂于体侧，两眼注视场上情况，如图 5–1–1 所示。

2. 起动

起动时，重心迅速前倾，后脚用力蹬地，起动的前几步，要步幅小而频率快。

3. 跑动

篮球运动中的跑动不同于田径运动中的赛跑，它既要求跑得快，又要求在快速中观察场上攻守情况，及时变化动作和方向。包括侧身跑、变向跑及变速跑。

（1）侧身跑：侧身跑时脚尖和外侧肩对着跑的方向，重心内倾，头和上体向球的方向侧转。

图 5–1–1 基本站立姿势

（2）变向跑：变向跑时，跑动中间向左变方向，最后一步右脚落地脚尖向左转，迅速屈膝，上体向左转移重心，同时左脚向左用力迈出，左脚着地后，右脚迅速随着向前方跨出，继续迅速前进。向右变方向时，动作相反。

（3）变速跑：变速跑时，用前脚掌向后用力蹬地，上体迅速前倾，两臂快速摆动，减速时步幅稍大，用前脚掌抵地减缓向前冲力。

急停跳投

（二）急停

跑动中突然急停，可以甩开防守对手，各种脚步动作的变化，几乎都用急停动作来衔接和过渡。因此，急停动作的好坏，直接影响其他脚步动作的质量。包括跨步（两步）急停和跳步（一步）急停。

1. 跨步（两步）急停

在快速跑时做跨步急停，先向前跨出一大步，用脚跟先着地，迅速过渡到全脚掌抵地，立即屈膝，同时上体稍后仰。第二步落地时脚尖稍向内扣，腰胯用力，两膝深屈，重心下降，用全脚掌内侧蹬地，身体稍内转，以减缓向前的冲力。两臂弯曲、自然，保持身体平衡。

2. 跳步（一步）急停

在跑动中做跳步急停时，用单脚或双脚起跳（腾空要低），两脚左右分开，与肩同宽同时落地；用全脚掌着地，两脚内侧稍用力，屈膝降低身体重心，重心落在两脚之间，两臂弯曲，自然张开，保持身体平衡。

（三）转身

转身是利用跨步和身体的转动，来改变站立的位置和方向。进攻时用以摆脱防守或在防守时抢占有利位置。主要包括前转身和后转身。

1. 前转身

绕中枢脚脚尖方向转动的叫前转身，向左做前转身时，左脚为中枢脚，重心移向左脚，左脚前脚掌用力碾地，右脚掌内侧碾地，以头、肩和腰胯配合向左转动，右脚蹬地后迅速绕左脚脚尖方向转动落地，重心在两脚之间，两臂自然张开，维持身体平衡。

2. 后转身

绕中枢脚脚跟方向转动的叫后转身，向右做后转身时，右脚为中枢脚，重心移向右脚。右脚前脚掌用力碾地，左脚前脚掌内侧碾地，以头、肩和腰胯配合向右后转动，左脚蹬地后迅速绕右脚脚跟方向落地，重心在两脚之间，两臂自然张开，维持身体平衡。

（四）滑步

滑步是防守队员使用的主要步伐，是防守中抢占有利位置、阻挠进攻者行动的有效手段。主要包括侧滑步和前滑步。

1. 侧滑步

做侧滑步时，两脚平行开立与肩同宽，屈膝降低重心，双臂张开。向左侧滑步时，左脚向左跨出一步，落地的同时，右脚前脚掌内侧迅速用力蹬地，并几乎贴着地面滑步，跟随左脚移动，重心保持在两脚之间。向右滑步时，动作相反。

2. 前滑步

前滑步时，两脚前后开立。脚尖向前，屈膝降重心，前脚同侧臂前举，后脚同侧臂侧举向前滑步时，后脚脚掌内侧蹬，前脚几乎贴着地面跨出，重心保持在两脚之间。

（五）运球

持球队员在原地或行进期间用手连续按拍借助地面反弹起来的球的动作叫运球。运球是控制球、支配球，组织战术配合及突破防守的重要手段，是一项重要的进攻技术，也是熟悉球性、增强手对球的感应能力的一种有效的练习方法。

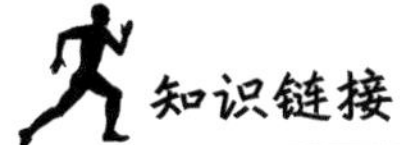

你知道运球的规则吗？

1. 运球前漏球，球拿稳后可以运球；运球后漏接，可以拿住球，不能再运球。
2. 与附近的其他队员抢球中用跳、拍试图控制球，获得球后可以运球。
3. 打落或拦截对手的球并获得该球，可以运球。
4. 只要不出现持球移动违例，允许球在触及地面前在手中抛接或停留。

1. 高运球

高运球一般是在无防守队员阻挠的情况下，用来加快向前推进的速度。做高运球时，两腿微屈，抬头目视前方，用手指按拍球的后上方，使球反弹高度约在腰胸之间，落地的落点在身体的侧前方，手脚协调配合，使球有节奏地向前运行（图 5-1-2）。

高运球

图 5-1-2 高运球动作

2. 低运球

低运球一般是在有防守阻挠的情况下，进行保护球或连接其他技术来摆脱防守。运动员两腿深屈，身体半蹲，抬头目视前方，运球在膝关节以下，手按拍球的上部，另一手臂架起保护球，如图 5–1–3 所示。

低运球

图 5–1–3 低运球动作

(六) 传、接球

传、接球是篮球比赛中队员之间有目的地转移球的一种方法，是篮球运动中的重要技术之一。全面地、熟练地掌握传球技术，才能把每个队员联成一个整体，充分发挥集体的力量，这是实现战术、组织配合的纽带和桥梁。

双手胸前传球

1. 双手胸前传球

双手胸前传球是篮球比赛中最基本、最常用的传球方式。持球时两手五指自然分开，持在球的横轴处侧后下方，拇指相对成八字形，用拇根以上部分接触，掌心空出，两臂自然弯曲于体侧，持球置于胸腹之间，两腿微屈，上体稍前倾。传球时，前臂短促地向前伸，手腕由下向上由内向外翻转，最后用食指、中指拨球，用手腕的抖动力量将球传出。球传出后，手心和拇指向下，其余四指向前，如图 5–1–4 所示。

图 5–1–4 双手胸前传球动作

单手肩上传球

2. 单手肩上传球

单手肩上传球一般是在抢到后场篮球后发动快攻时使用的一种中、远距离的传球方式。单手肩上传球与双手胸前传球持球方法相同，两脚平行开立。右手传球时，左脚向传球方向或侧前方跨出大半步。同时转身将球引至肩侧，左手扶球，右手持球后下方，上臂与地面几乎平行，手腕后屈，重心在后脚上。传球肘，在右脚蹬地的同时转腰、转肩，带动右肘向前摆臂，当右肘摆过体侧时，前臂加速前摆，并迅速向前扣腕，用食指、中指、无名指拨球，将球传出，如图 5–1–5 所示。

图 5–1–5　单手肩上传球动作

3. 反弹传球

反弹传球是具有着地点低、不易被对方抢断、间接通过防守人特点的一种传球方式。做反弹传球时，单手向前反弹传球与胸前传球的手法基本相同，只是持球者向地面击球传出，击球地点是在持球队员与接球队员 2/3 处，反弹的高度一般在接球队员的胸前位置。

反弹传球

4. 双手胸前接球

双手胸前接球时注视来球，两臂伸出引球，手指自然张开，两拇指成八字形，手指向前上方，掌心向前，两手成半圆形；当手指触球后，两臂随球后引，便于缓冲来球，两手持球于胸前，双腿弯曲，保持身体平衡，如图 5–1–6 所示。

图 5–1–6　双手胸前接球动作

5. 单手接球

以右手接球为例，两眼注视来球方向，右脚向来球方向迈出，右手自然伸出，五指分开，手掌成勺形，当指端触球时，手臂顺势将球引至后下方，便于缓冲来球，左手即协助控球，双手持球于胸前，保持持球的基本姿势，如图 5–1–7 所示。

图 5–1–7 单手接球动作

（七）投篮

投篮是将篮球投入篮筐的各种技术动作的总称，是篮球比赛中主要的进攻技术，是唯一的得分手段。投篮得分的多少决定一场比赛的胜负，任何技术战术的运用，都是为了创造有利的投篮机会。

1. 原地单手肩上投篮

原地单手肩上投篮是篮球运动中最基本的投篮方法，一般在中、远距离投篮和罚球时运用较多。原地单手肩上投篮以右手投篮为例：右手五指自然张开，用指根以上的部分握球，掌心空出，左手扶球的左下侧，持球于肩上；右脚在前，左脚稍后，两腿微屈，重心落在两脚之间，上体自然放松，目视投篮目标。投篮时，双脚用力蹬地，伸展腰腹，抬肘屈臂，手腕前屈，食、中指用力拨球，通过指端将球投出。球出手后，身体继投篮动作向上伸展，脚跟微提起，如图 5–1–8 所示。

图 5–1–8 原地单手肩上投篮动作

2. 跳投

跳投是在比赛中常用的投篮方法，它一般在摆脱防守后，及时调整脚步和重心，利用身体在腾空到最高点时的一种常用的投篮方式。跳起投篮以右手为例：两手持球于胸腹之间，两脚自然开立，两腿弯曲，重心落在两脚之间，脚尖对准篮筐，目视投篮目标。跳投时，两脚掌用力蹬地，垂直向上跳起，上体伸展，同时双手迅速引球至肩上，右手托球，左手扶球的左侧方。当身体腾空到最高点时，左手离球，右臂向前上方伸展，手腕前屈，食、中指指端将球拨出，落地时屈膝缓冲，保持身体的站立姿势，如图 5–1–9 所示。

图 5-1-9 跳投动作

3. 行进间单手低手投篮

进攻队员在快速突破中已超越对手时，一般运用低手投篮。以右手为例：右脚跨出一大步腾空接球落地，然后第二步继续加快速度，降低重心，用左脚向前上方起跳，腾空时间要短，持球右手五指自然分开，托球的下部；拉长起跳距离、控制好球、掌握好手腕上挑时机。手臂向上充分伸展接近球筐时，手腕柔和上抬，食指、中指、无名指向上拨球，碰板或空心入筐，落地时双腿屈膝缓冲，如图 5-1-10 所示。

图 5-1-10 行进间单手低手投篮

4. 行进间单手高手投篮

行进间单手高手投篮是进攻队员在突破中受到防守队员阻挠，利用腾空时后仰动作进行投篮的方式。以右手投篮为例：右脚跨出一大步接球，接球后的第二步要小，以便起跳时把向前的冲力改为向上起步的力量。腾空后，上体稍后仰。投篮时，把球送到最高点时，手腕前屈，食、中指的指端用力将球投出，一般采用碰板投篮方式，如图 5-1-11 所示。

5. 双手胸前投篮

动作方法：双手持球于胸前，肘关节自然下垂，两脚前后或左右开立，两膝微屈，重心落在两脚之间，目视瞄准点。投篮时，两脚蹬地，两臂向前上方伸出；同时，两手腕内旋，使球通

图 5-1-11 行进间单手高手投篮

过拇指、食指、中指端投出，球出手后，两手心自然向下向外翻，脚跟提起，身体随投篮出手方向自然伸展，如图 5-1-12 所示。

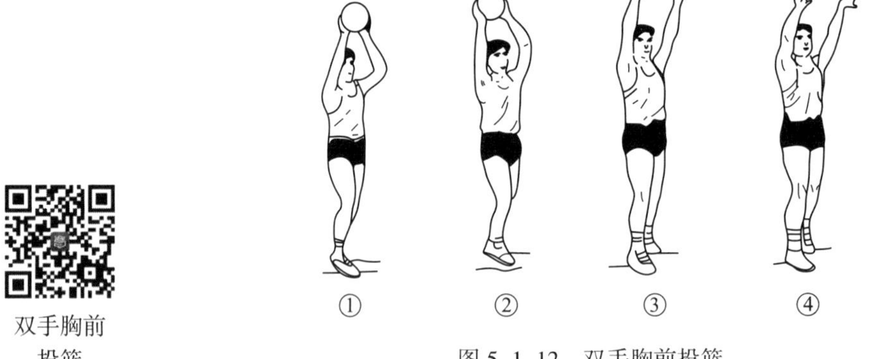

图 5-1-12 双手胸前投篮

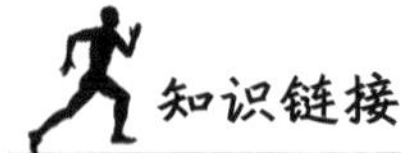

投 篮 之 最

世界上投篮最准的运动员：美国佛罗里达州“杰克森维尔”职业男子篮球明星马丁，在 1975 年 2 月 28 日的一次投篮表演中，站在罚球线后连续投进 1 740 个球；1977 年 6 月 25 日，他站在罚球线后连续投进 2 036 个球，创造了世界上连续投篮最准的纪录。

（八）持球突破

持球突破是持球队员将脚步动作与运球技术相结合的、快速越过防守者的一项攻击性很强的进攻技术。

交叉步突破

1. 原地交叉步突破

以右脚为中枢脚为例：两脚平行开立，两腿微屈，重心降低，持球于胸前，突破前做瞄篮或跨步假动作。突破时，左脚脚内侧迅速蹬地同时身体重心移至右侧,并向右前方跨出一大步,上体向右转探肩,在右脚离地前,右手放球于迈出的脚的侧前方,同时右脚再充分蹬地,重心左移迅速超越对手,如图 5–1–13 所示。

图 5–1–13　原地交叉步突破

2. 原地顺步突破

以左脚为中枢脚为例:准备姿势与交叉步相同,突破时,右脚内侧蹬地,右脚迅速向右前方跨出一大步;同时向左转体探肩,重心前移,在左脚离地前用右手放球于右脚侧前方;同时左脚迅速蹬地向右前方迈出,超越对手,如图 5–1–14 所示。

图 5–1–14　原地顺步突破

3. 个人防守

防守技术是在篮球比赛中防守者运用合理的脚步动作、身体和手臂的动作来限制进攻者活动和制造进攻者失误、违例而运用的一种方法。防守的目的是主动破坏对方的进攻,最大限度地降低对手的得分率,主动地抢断球,转守为攻。

(1) 防守基本姿势。两脚平行或前后开立,两膝弯曲略宽于肩,身体重心在两脚之间。上体稍倾斜,两眼平视,两臂左右或前后张开扩大防守面积,随时准备移动抢位。

(2) 防守无球队员。防守队员以全力破坏对手接球为目的,站在对手、篮筐和球三者位置的不规则的三角形范围内,并根据球的转移、攻者的移动及时调整防守位置,以控制对手为原则,利用合理的防守技术做到人球兼顾,极力阻挠对手接球。

(3) 防守有球队员。防守队员应最大限度地阻挠和干扰进攻者投篮、突破及传球。当对手接到球时,防守队员应该迅速调整位置,站在对手与球篮之间。防守的距离应根据离篮板的远近而合理地选择。利用脚步移动、身体姿势和手臂动作极力破坏进攻者的投篮、突破和传球。

(4) 抢球。抢球是带有攻击性防守的重要技术之一,在对方动作迟缓,精神不集中或球保护不好的情况下,防守者可以大胆地抢球。抢球时要突然上步,靠近对手,同时伸出右臂右手迅速按在球上方,左手立即握住球的下方,右手下按球并将球向对方怀内旋转,左手用力协助转动。当球在对方手中转动时,右手回拉,球即脱开对方双手,将球抢到手。

(5) 断球。断球是截获对方传、接球的方法。断球前,要准确判断对方传球意图和球的飞行路线,要与对手有一定距离,准备断球时要降低重心,要与传球人、接球人保持一定角度。注意观察持球队员的动作,当持球者传球出手时,迅速向来球方向起跳。充分利用手臂截获来球,然后立即收腹,双脚落地保持平衡并及时与运球、传球相接。

(九) 抢篮板球

抢篮板球是一项复杂的综合技术动作。其动作由判断方向、抢占有利的位置、起跳动作、空中抢球动作和落地后的攻击技术动作组成。

1. 抢进攻篮板球

进攻队员抢篮板球要突出一个"冲"字,当自己投篮或同伴投篮时,要及时判断球反弹的方向,及早地绕过防守者,抢占有利位置,用单脚或双脚起跳争取时间冲抢或补篮。

2. 抢防守篮板球

防守队员抢篮板球要突出一个"挡"字,当对手投篮球出手时,不能只去看球,应该首先运用移动的各种脚步动作,抢占有利位置,合理地"挡"住对手向篮下冲抢的路线。同时,要判断球反弹的落点,及时起跳,抢到球后立即组织反攻。

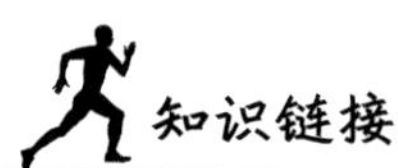

篮球运动常用术语

扣篮:运动员用单手或双手持球,在空中自上而下直接将球扣进篮筐。

补篮:投篮不中时,运动员跳起在空中将球补进篮筐内。

卡位:进攻人运用脚步动作把防守者挡在自己身后。

要位:进攻人用身体把防守人挡在身后,占据有利的接球位置。

错位防守:防守人站位在自己所防守的进攻人身侧,阻挠他接球。

落位:在攻防转换时,攻守双方球员的站位布阵。

盖帽:进攻人投篮出手时,防守人设法在空中将球打掉的动作。

三、篮球运动的基础战术

篮球战术基础配合，是两三名队员之间有目的、有组织地通过良好的协同动作而组成的单配合，它是组成全队战术的基础，任何战术都离不开基础配合。只有熟练地掌握和运用战术基础配合，才能使全队战术更加灵活、更加有效地发挥作用。

（一）进攻的基础配合

1. 传切配合

传切配合是指持球队员传球后摆脱防守，向篮筐方向切入接回传球投篮的配合。它包括一传一切和空切两种。传切配合是一种最基本的简单易行的战术配合，在竞赛中经常采用。如图 5–1–15（①）所示，④传球给⑤后，立即摆脱对手向篮下切入，接⑤的回传球投篮。

2. 突分配合

突分配合是指进攻队员利用持球或运球突破技术吸引防守队员“关门”“补位”等，从而打乱防守阵势，给同伴创造无人防守机会，及时将球分给同伴的简单配合。如图 5–1–15（②）所示，④从防守者△4的左侧突破，吸引防守队员△5和△7“关门”防守。此时⑦及时跑到有利的进攻位置上去接④传来的球投篮。

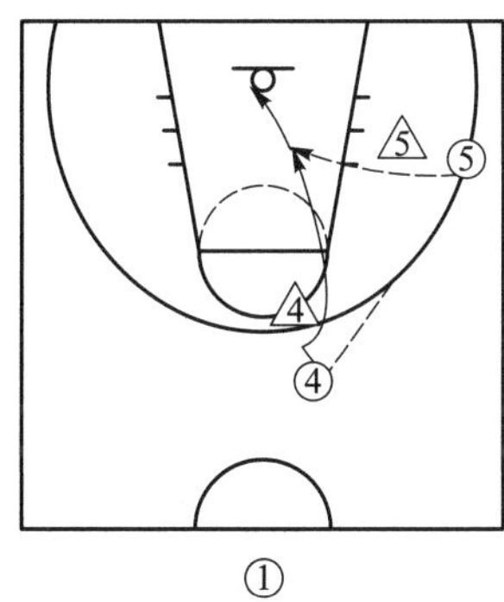

①

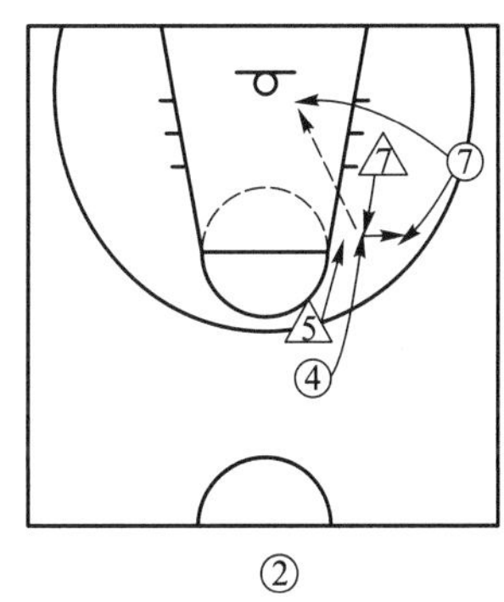

②

图 5–1–15　传切配合与突分配合

3. 掩护配合

掩护配合就是人们习惯称为“挡人”的方法，它是进攻队员有目的地选择适当的位置，用身体挡住同伴对手的去路，使同伴能摆脱防守并获得进攻机会的一种配合，一般有前掩护、侧掩护、后掩护、反掩护。如图 5–1–16（①）所示，⑤传球给④后跑到防守队员的侧后方做掩护，④利用这一机会，持球突破上篮。⑤掩护后利用后转身跟进篮下抢篮板球。

掩护配合

4. 策应配合

策应配合是指处在内线的队员背对或侧对球篮接球后，以他为枢纽，通过多种传球方式与其他队员的空切、绕切相结合，借以摆脱防守，创造各种进攻机会的一种配合方法。如图 5–1–16（②）所示，⑤将球传给④后，向底线做切入的假动作，突然摆脱防守跑到罚球线后接④的传球做策应。④传球后立即摆脱防守队员跑到⑤面前接球跳投或上篮。

5. 快攻

（1）长传快攻的组织配合：长传快攻一般是由一、两个队员利用奔跑速度和长传球，超越

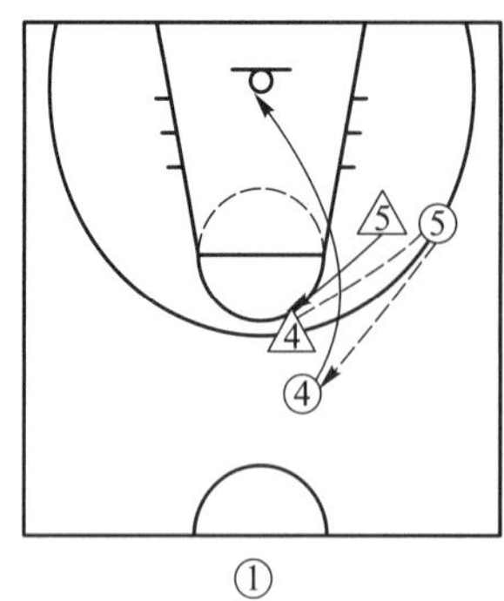

①

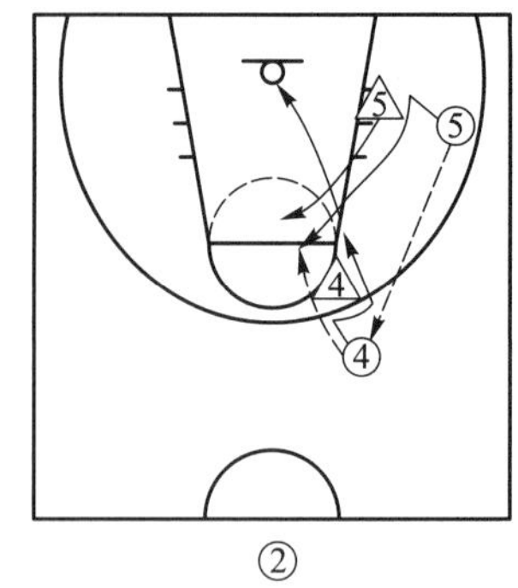

②

图 5-1-16 掩护配合与策应配合

防守来完成的快攻。

(2) 短传推进快攻的组织配合：短传快攻虽不如长传速度快，但易掌握和发动，短传快攻主要由发动、推进和结束三个阶段构成。

(3) 发动快攻的时机：获后场篮板球时；抢、断球和打球获球时；跳球时；对方投中篮后，掷端线界外球时。

（二）防守的基础配合

1. 绕过配合

绕过配合主要是在对方采用掩护配合时，防守队员为了避免对方形成掩护，从另一同伴身后绕过继续防守自己的对手，如图 5-1-17（①）所示，④传球给⑥后，去给⑤做掩护，⑤切入。防守队员发现不适合挤过与穿过时，就暂时放松⑤，撤步迅速从身后绕过去防住⑤。当绕过时，应主动贴近对手，让他更快地通过。

2. 挤过配合

挤过配合是一种积极的带有攻击性破坏对方掩护配合的防守方法。当对手企图实施掩护时，防守队员抢步贴紧自己防守的对手挤过去并继续防住对手。这种方法一般是在对手接近篮下或有投篮威胁的情况下使用，如图 5-1-17（②）所示，当④传球给⑤后去给⑥做掩护时，防守队员应及时提醒队友，在掩护者临近的一刹那，迅速前跨两步靠近⑥，并从⑥和④之间侧身挤过去。

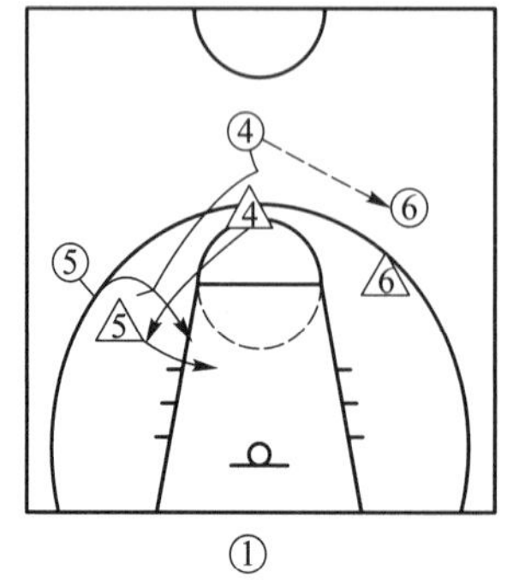

①

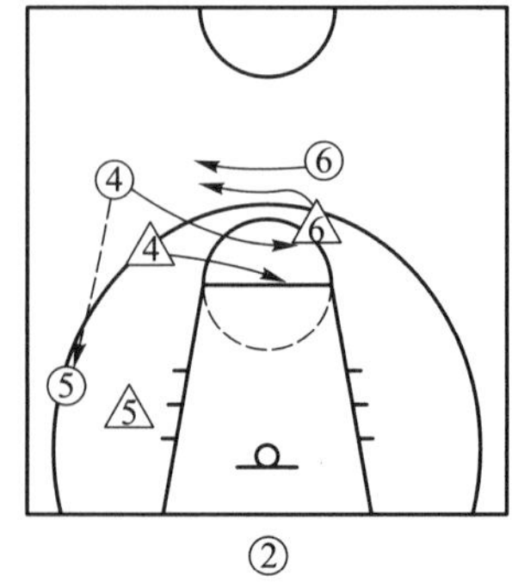

②

图 5-1-17 穿过配合、绕过配合与挤过配合

3. “关门”配合

“关门”配合是防守者用来防守善于运球突破队员的一种防守配合。当一队员运球突破时，防守队员和邻近的同伴移动靠拢，堵住突破者的去路，形成“关门”，将突破者堵在“门”外。一般是在对方突破能力较强，守方采用联防的情况下运用。成功的“关门”配合，往往会造成对方的失误和违例等。如图 5-1-18（①）所示，当④从正面突破时，防守队员进行“关门”配合。

4. 夹击配合

夹击配合是一种带有攻击性的防守方法，主要体现在两个队员在特定的区域和位置上封堵和夹击持球进攻队员，是两个防守队员运用合理的防守技术，积极防守一个进攻队员的配合方法。如图 5-1-18（②）所示，④在后场端线外发球，防守队员主动放弃发球的④去协助队友夹击准备接球的⑤。

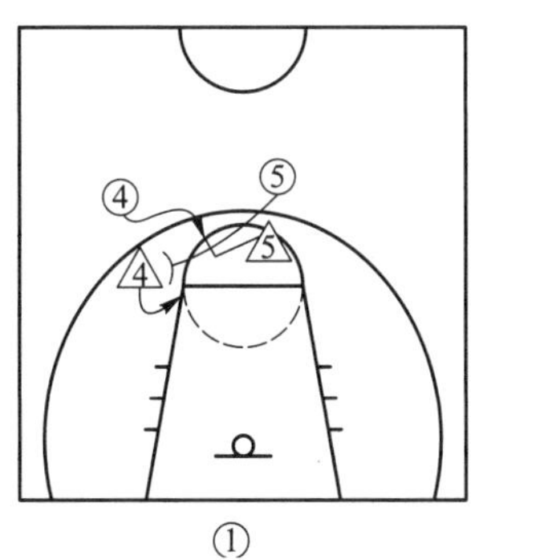
①

②

图 5-1-18 “关门”配合与夹击配合

5. 防守快攻

防守快攻是堵截对方抢篮板后的第一传和接应，封堵对方的长传快攻，提高以少防多的能力。

四、篮球运动规则

（一）场地及篮球

篮球场是一个长方形，无障碍物。球场长 28 m，宽 15 m，球场的丈量是从界线的内沿量起，篮筐的内径最小为 45 cm，最大为 45.7 cm，其距离地面的高度为 3.05 m。篮球的外壳由皮革、橡胶或合成物质制成。球的圆周不得小于 74.9 cm，不得大于 78 cm；重量不得少于 567 g，不得多于 650 g。充气后，使球从 1.8 m 的高度（从球的底部量起）落到球场的地面上，反弹起来的高度不得低于 1.2 m，也不得高于 1.4 m。

（二）比赛通则及一般规定

1. 比赛的定义

每场篮球比赛由两个队参加，每队出场 5 名队员。每队的目标是在对方篮筐得分，并阻止对方队得分。

2. 比赛的胜者

在比赛时间结束时得分较多的队，将是比赛的胜者。

3. 比赛时间

比赛由 4 节组成，每节 10 min。每一决胜期为 5 min。

4. 交替拥有

交替拥有是以掷球入界而不是以跳球来使球成活球的一种方法。

5. 球中篮和它的得分值

球进入篮筐，如是罚球得 1 分；如是从 2 分投篮区投篮得 2 分；如是从 3 分投篮区投篮得 3 分。

6. 罚球

罚球是给予一名队员从罚球线后的半圆内的位置，在无争抢的情况下得 1 分的机会。

（三）常见违例

违例

违例是违犯规则。罚则是将球判给对方队员在最靠近发生违例的地点掷球入界，正好在篮板后面的地方除外，除非规则另有规定。

1. 队员出界和球出界

当队员身体的任何部分接触界线上、界线上方或界线外的除队员以外的地面或任何物体时，即是队员出界；当球触及了在界外的队员或任何其他人员，界线上、界线上方或界线外的地面或任何物体，篮板支撑架、篮板背面或比赛场地上方的任何物体即是球出界。在球出界、甚至球触及了除队员以外的其他物体而出界之前，最后触及球或被球触及的队员便是使球出界的队员。

2. 非法运球

当在场上已获得控制活球的队员将球掷、拍、滚或运在地面上，并在球触及另一队员之前再次触及球为运球开始。当队员双手同时触及球或允许球在一手或双手中停留时为运球结束。队员第一次运球结束后不得再次运球，除非在两次运球之间他在场上已失去了控制活球，如投篮、被对方触及球、传球或漏接后触及了另一队员或被另一队员触及。下列情况不算运球：连续投篮、运球前后的漏接、用拍击的方式试图获得球等。不按规则的运球为非法运球。

3. 带球走

当队员在场上持着一个活球，其一脚或双脚超出本规则所述的限制向任一方向非法移动是带球走。判断带球走的关键是确定和观察持球队员的中枢脚。

中枢脚的确立及行进：

（1）对在场上接住活球的队员中枢脚的确立。①双脚着地时：一脚抬起的瞬间，另一脚成为中枢脚。②移动中或运球时：如果一脚正触及地面，该脚成为中枢脚；如果双脚离地后队员双脚同时落地，一脚抬起的瞬间，则另一脚成为中枢脚；如果双脚离地后队员一脚落地，于是，该脚成为中枢脚；如果队员抬起哪只脚并双脚同时落地停止，那么，哪只脚都不是中枢脚。

（2）对在场上控制了活球并已确立中枢脚的队员的带球行进。①传球或投篮时，中枢脚可抬起，但在球离手前任一脚不得落回地面。②运球开始时，在球离手之前，中枢脚不得抬起。③停止时哪只脚都不是中枢脚时，开始运球，在球出手之前哪只脚都不得抬起；传球或投篮，一脚或双脚可提起，但在球离手前不得落回地面。

4. 3 s 违例

当某队在前场控制活球并且比赛计时正在进行时，该队的队员不得停留在对方队的限制区内超过持续的 3 s，否则为违例。

5. 5 s 违例

进攻球员必须在 5 s 之内掷出界外球，或在被严密防守时，必须在 5 s 之内传、投或运球；当裁判员将球递给罚球队员可处罚时，该队员必须在 5 s 内出手，5 s 违例有两种情况：

(1) 发界外球时(不论边线还是底线)，如果 5 s 内还未能发出，即为违例。

(2) 运球后手持球，如果 5 s 内不传球或投射，也是违例。

6. 8 s 违例

每当一名队员在他的后场获得控制活球时，为进攻方，进攻方必须在 8 s 内使球进入他的前场，否则为违例。当先前已控制球的队由于下列情况的结果被判在后场重新掷球入界时，8 s 周期应以任何剩余的时间继续：球出界，一名同队队员受伤了，一次跳球情况，一次双方犯规，双方球队的相等罚则抵消。

7. 24 s 违例

每当一名队员在场上获得控制活球时，他的队必须在 24 s 内尝试投篮。在 24 s 装置的信号发出前，球必须离开投篮队员的手，而且球离开投篮队员的手后，球必须触及篮筐或进入篮筐，否则为违例。

8. 球回后场违例

控制活球的队员不得使球非法地回他的后场，否则为违例。宣判球回后场违例必须符合以下三个条件：

(1) 该队已控制球。

(2) 该队在前场最后触及球。

(3) 该队在后场最先触及球。

9. 掷球入界违例

当发生下列情况时为掷球入界队员违例：

(1) 球离手时间超过 5 s。

(2) 球离手前或离手时触及场内地面。

(3) 裁判员递交球时沿界线方向超出 1 m 或向两个方向移动。

(4) 掷球入界后在球触及场内其他队员前又首先触及球。

(5) 球未触及场内队员而直接出界。

(6) 将球直接掷入球篮。

10. 脚踢球和拳击球违例

故意踢或用腿的任何部分阻挡球或用拳击球是违例。球偶然地接触到腿的任何部分，或腿的任何部分偶然地触及球，不是违例。

11. 罚球违例

(1) 当发生下列情况时为罚球队员违例：①球离手的时间超过 5 s。②球中篮筐或触及篮筐前触及罚球线或限制区地面。③球未中篮筐并未触及篮筐。④做罚球的假动作。

(2) 当发生下列情况时为在抢篮板球位置站位的队员违例：①干扰罚球队员。②在罚球队员的球离手前进入限制区。

(四) 常见犯规

犯规是对规则的违犯，含有与对方队员的非法身体接触和/或违反体育道德的举止。

犯规者的每一犯规应被登记，记入记录表并相应地被处罚。

1. 侵人犯规

侵人犯规是队员与对方队员的接触犯规，无论球是活球或是死球都不应通过伸展他的手、臂、肘、肩、髋、腿、膝或脚来拉、阻挡、推、撞、绊、阻止对方队员行进；不应将其身体弯曲成“反常的”姿势（超出他的圆柱体）；不应放纵任何粗野或猛烈的动作。关于身体接触犯规应注意下列基本原则：尽可能避免发生身体接触；在不发生身体接触的前提下有权占据没有被对方占据的场上任何位置；如果在占据场上位置的过程中发生了身体接触，应由造成身体接触的犯规人负责。

(1) 侵人犯规主要有以下几种：

① 阻挡犯规。采用不合法的防守位置，用手、肘、臂、肩、髋、膝、脚等身体部分去阻挡身边的进攻者。

② 推人犯规。用上肢或身体其他部位推、挤对方。

③ 非法用手犯规。用手拉、拦的方式阻碍对方活动。

④ 非法掩护。掩护时是移动的，并与被掩护者发生身体接触，或被掩护者在移动，掩护者离对手太近，使他无法改变方向而发生身体接触。

(2) 罚则

① 应给犯规队员登记一次侵人犯规。

② 如果对没有做投篮动作的队员发生犯规：

A. 由非犯规的队在最靠近犯规的地点掷球入界重新开始比赛。

B. 如果犯规的队处于全队犯规处罚状态时，则应运用全队犯规处罚条款。

2. 双方犯规

(1) 双方犯规是两名互为对方的队员大约同时相互发生侵人犯规的情况。

(2) 罚则。应给每一犯规队员登记一次侵人犯规，不判给罚球。

3. 违反体育道德的犯规

根据裁判员的判断，一名队员不是在规则的精神和意图的范围内合法地试图去直接抢球，发生的接触犯规是违反体育道德的犯规。

(1) 判断违反体育道德的原则

① 如果一名队员不努力去抢球并发生接触，这是一起违反体育道德的犯规。

② 如果一名队员在努力抢球中造成过分的接触（严重犯规），则该接触应被判定是违反体育道德的犯规。

③ 如果一名队员正做合法的努力去抢球（正常的争抢）发生了犯规，这不是违反体育道德的犯规。

(2) 罚则

① 登记犯规队员一次违反体育道德的犯规。

② 应判给被犯规的队员相应的罚球，以及随后在记录台对面的中线延长部分掷球入界，或在中圈跳球开始第 1 节的比赛。

(3) 罚球的次数应按如下规定

① 如果对没有做投篮动作的队员发生犯规：应判给 2 次罚球。

② 如果对正在做投篮动作的队员发生犯规：如果中篮应计得分并加判给 1 次罚球。

③ 如果对正在做投篮动作的队员发生犯规,并没有得分:应判给 2 或 3 次罚球。

4. 技术犯规

(1) 技术犯规是包含(但不限于)行为性质的队员非接触的犯规。

(2) 罚则。如果一次技术犯规发生,则:

① 有一名队员犯规,则给他登记一次技术犯规,作为队员犯规并作为全队犯规之一计数。

② 有一名教练员、助理教练员、替补队员或随队人员犯规,给教练员登记一次技术犯规,并不作为全队犯规之一计数。

③ 应判给对方队员 2 次罚球,以及随后在记录台对面的中线延长部分掷球入界,或在中圈跳球开始第 1 节的比赛。

5. 取消比赛资格的犯规

(1) 队员、替补队员、教练员、助理教练员或随队人员任何恶劣的违反体育道德的行为是取消比赛资格的犯规;一名队员被登记了 2 次违反体育道德的犯规时,该队员也应被取消比赛资格。

(2) 罚则

① 应给犯规者登记一次取消比赛资格的犯规。

② 相应的罚球以及随后在记录台对面的中线延长部分掷球入界,或在中圈跳球开始第 1 节的比赛。

第二节 足 球 运 动

足球运动是目前全球体育界最具影响力的单项体育运动,故有世界第一大运动的美称。足球主要以脚支配球为主,但也可以使用头、胸部等部位触球(除守门员外,其他队员不得用手或臂触球;守门员只能在己方禁区内用手或臂触球)的两个队在同一场地内进行攻守的体育运动项目。

一、足球运动的起源

(一) 中国是古代足球游戏的发源地

战国时代,我国就已有一种关于"蹴鞠"的足球游戏的可靠的文字记载。"蹴",就是用脚踢物的意思,"鞠"是用革做外皮,里面充填毛发做成的球。比赛时,双方用行列来进行攻守。可见,我国古代的足球游戏已经十分讲究阵式战略和战术思想了。

到了唐朝,我国的足球游戏又有了新的发展。一是制造出了充气的皮球;二是发明了挂网的球门。在这个时代"蹴鞠"这项古老的足球活动开始传入日本、朝鲜等地,成为我国对外交流的一种手段。

(二) 现代足球运动的起始与国际足联的成立

1863 年 10 月 26 日是世界足球史上一个具有光辉意义的日子。11 个足球俱乐部在英国首都伦敦召开会议,成立了世界上第一个足球组织——英国足球联合会,并讨论统一了简单的足球比赛规则。因此,国际足坛都把这一天视为现代足球运动的诞生日。英国也就成为现代足球运动的诞生之地。

1904 年 5 月 21 日由法国、瑞士、瑞典、比利时、西班牙、丹麦、荷兰等七个国家发起，在法国成立了国际足球联合会，简称国际足联，英文缩写为 FIFA。法国的罗伯特·盖林被推选为第一任主席。1905 年 4 月 14 日，英格兰足协宣布承认并要求加入国际足球联合会。

国际足联是目前较大的国际单项体育组织之一，是世界足球运动的最高权力机构，总部设在瑞士苏黎世希茨希 11 号国际足联大厦。

二、我国足球运动发展概况

（一）现代足球运动的传入

19 世纪末至 20 世纪初，现代足球运动从英国传入我国。1901 年，上海的圣约翰书院成立了我国最早的一支足球队。1906 年，北京的通州协和书院足球队与英国驻军“英兵队”在长安街进行的一场比赛，可算是我国最早的国际比赛。

1908 年，香港成立了中国现代足球运动的第一个组织——南华足球会。早期，该会的球员不仅代表香港参加全国运动会足球比赛，而且多次代表中国足球队参加远东运动会足球比赛。

1910—1948 年，旧中国共举行了七届全国运动会，每次运动会都把足球列入比赛的正式项目。

1913—1934 年间，远东运动会足球赛共举行十届，除首届由菲律宾队获得冠军外，其余九届均由中国队夺冠。

1931 年，国际奥林匹克委员会承认“中华全国体育协进会”为国际奥林匹克委员会会员。1936 年和 1948 年，旧中国足球队参加了第 11 届和第 14 届奥运会足球比赛，分别以 0∶2 负于英国队，0∶4 负于土耳其队而遭淘汰。

（二）新中国的足球运动

1949 年中华人民共和国成立后，我国的足球运动在党和政府的关怀下，随着社会主义革命和社会主义建设的不断发展而逐步开展起来。但是由于主、客观的原因，我国的足球运动与世界发达国家相比，在整体上仍然比较落后，运动技术水平存在较大差距。

三、现代世界足球运动发展的主要趋势

现代足球自 1863 年至今已有 150 余年的历史，从过去和现代看今后的发展趋势，大致可概括为以下三个方面：

（一）现代足球运动总的发展趋势

1. 攻守对抗日趋激烈

众所周知，足球运动的基本规律是集体的攻守对抗。对抗的激烈程度大体可分为三个阶段。

(1) 冲击阶段（1863—1930 年）

此阶段尽管经历了不同的比赛阵形，但限于技术、战术和身体训练水平，攻、守之间的对抗基本上局限于球的起、落处。

(2) 分工阶段（1930—1974 年）

随着技术、战术和身体素质训练水平的发展，特别是不同阵形的运用，攻守间的对抗较冲击阶段更为激烈。但由于队员场上分工，即各司其职、各负其责，尽管对抗的激烈程度大

于冲击阶段,但也只是局限于局部位置上的对抗。

(3) 全面化阶段(1974 年至今)

全面化足球在世界的兴起,目前还仅仅是开始阶段,而且发展也不平衡,但已显露出无限的生命力。由于技术、战术水平的发展和运动员体能的增强,不论采用何种阵形,攻守对抗已呈现全场、全面的对抗,较之冲击阶段球在起、落点处的对抗,以及分工阶段限于攻守位置上的对抗要激烈得多,而且会日趋激烈。目前足球运动的强对抗主要表现在下列几个方面:

① 控球队员与防守队员之间的对抗,即攻守双方在争取与限制掩护球、带球过人、传球、射门时的对抗;

② 攻守双方无球队员在争取和干扰对方接球、一次性传球、直接射门时的对抗;

③ 攻守双方争取和阻挠二次进攻时的对抗,即射门不中,球从球门架上弹回或守门员脱手、击回以及射门被挡出来的球等攻守双方争取控球权或直接处理球时的对抗;

④ 攻守双方无球队员之间的对抗,即攻守双方在争取创造空当、利用空当和限制创造空当及抢占空当时的对抗等等。

2. 攻守日趋平衡

20 世纪 50 年代前,足球比赛基本上以进攻为主,防守相对较弱,每场进球较多;60 年代后,针对防守较弱的趋势而加强了防守以扼制进攻的势头;70 年代后,攻守逐渐趋于平衡,每场进球基本上稳定在一定范围内。

3. 整体攻守速度日益加快

对抗是足球运动的基本规律。如何利用规律和驾驭规律呢? 无疑,快速是适应对抗日趋激烈的重要手段之一。因为这样可以在进攻中减少身体的直接接触,争取更多的自由时间而获取主动权;在防守中可以有效地限制对方,增加直接对抗或干扰的次数,限制对方的自由权,使自己立于不败之地。

4. 运动员的竞技能力得到全面的发展

足球运动员的竞技能力一般由七大因素组成,即技术、战术、素质、形态、机能、心理和智力等。如今的足球运动员必须具备这些因素,而且不能只偏重某一方面,应得到全面而同步的发展。

5. 球星的作用与集体融为一体

足球运动造就了球星,而球星推动了足球运动的发展。因此,球星的作用不是在减弱,而是在加强。现今球星的特点:一是球星是建立在集体力量基础上的,与集体融为一体;二是球星的技术更为简练、实用。

(二) 技术发展趋势

现今足球运动员的技术发展趋势,归纳起来大体有四个方面:

(1) 技术既全面又有特长。

(2) 技术与速度融为一体。

(3) 技术熟练且技巧性高。

(4) 技术表现了高度的合理性、准确性、力量性和实用性。

(三) 战术发展趋势

(1) 严密、快速整体的攻守战术在兴起。

(2) 攻守转换战术备受重视,且速度更快。

(3) 位置排列尚未消失,但阵形更加灵活。

(4) 二、三线队员进攻战术发展迅速。

(5) 定位球进攻战术日显威力。

四、足球基本技术

(一) 颠球

颠球是利用身体的合理部位反复接触球,增进触球部位肌肉对球的敏感性,通过反复练习逐步了解、熟悉球性的有效方法。掌握球在各种状态下的运行规律,为踢球、接球奠定基础。

1. 颠球的种类

(1) 挑球。支撑脚踏在球的侧后方约 30 cm 处,膝微屈,挑球脚的脚前掌踏在球的上方并向后拖拉,当球滚上脚背时,脚尖稍抬起向上挑球,如图 5-2-1 所示。

(2) 脚背正面颠球。支撑脚微屈膝,当球落到离地面约 20 cm 以下高度时,颠球脚的膝、踝关节适当放松,并柔和地向前稍上方甩动小腿,脚尖稍翘起,用脚背轻击球的底部,如图 5-2-2 所示。

图 5-2-1　挑球　　　　图 5-2-2　脚背正面颠球

(3) 脚内侧颠球。支撑脚膝关节微屈,当球落到膝关节高度时,颠球脚屈膝盘腿,脚内侧向上摆,轻击球的底部,如图 5-2-3 所示。

(4) 脚外侧颠球。支撑脚膝微屈,当球落到膝关节高度时,颠球脚屈膝,脚外翻,脚外侧成水平状态轻击球的底部,如图 5-2-4 所示。

图 5-2-3　脚内侧颠球　　　　图 5-2-4　脚外侧颠球

(5) 大腿颠球。支撑脚膝微屈，当球落到接近髋关节高度时，颠球大腿屈膝上摆，当大腿摆到成水平状态时用大腿中部击球的底部，如图 5-2-5 所示。

(6) 头颠球。两腿左右或前后开立，膝微屈，头后仰使前额正面成水平状态，当球下落到接近前额正面时，两脚柔和地向上蹬伸，用前额正面轻击球的底部，如图 5-2-6 所示。

图 5-2-5 大腿颠球　　图 5-2-6 头颠球

2. 颠球的练习方法

(1) 原地拉挑球练习。

(2) 原地拉挑球接着进行颠球。

(3) 原地拉挑球接着两只脚交替颠球。

(4) 原地拉挑球接着两只脚交替颠低球(球颠起的高度不超过膝部)。

(5) 原地拉挑球接下来高、低颠球(三、四次低球一次高球)。

(6) 原地拉挑球接着用各种部位颠球(脚背与脚内侧、脚背与大腿、脚内侧与大腿、脚背与脚外侧、脚背与脚内侧和大腿等)。

(7) 拉挑球接着走动颠球。

(8) 两人面对面进行对颠(每人颠一次或几次或规定使用哪几个部位颠球)。

(9) 多人围圈颠球：三人或更多的人围圈颠球，以球不落地为要求，不定向颠球。

(二) 踢球

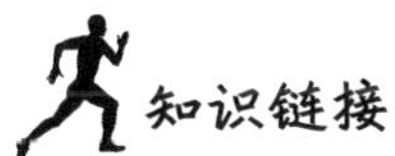

踢球的方法有多种

踢球的方法很多，主要有脚内侧踢球、脚背正面踢球、脚背内侧踢球、脚背外侧踢球、脚跟和脚尖踢球。不论哪一种踢球技术，其完整的动作过程都由助跑、支撑、摆腿、击球和踢球后的随前动作这五个技术环节组成。其中，支撑、摆腿、击球是主要环节。

1. 踢球的种类

(1) 脚内侧踢球。脚内侧踢球的特点是触球面积大，可控性强，出球平稳、准确，比赛中该技术动作经常用于短传配合和近距离射门。

用脚的内侧踢地滚球时应直线助跑，支撑脚在球的侧方 15 cm 左右，膝关节微屈，在支

脚内侧踢球

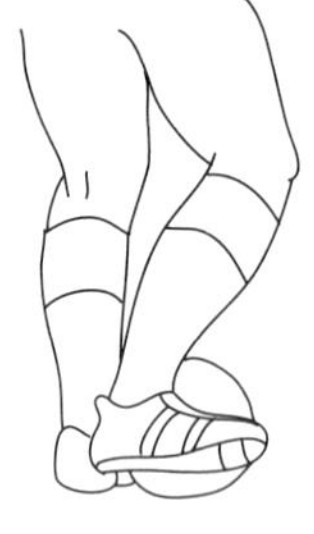

图 5-2-7 脚内侧踢球 1

撑脚着地的同时踢球腿以髋关节为轴由后向前摆，在前摆过程中屈膝外展，踢球脚的脚内侧正对出球方向，小腿急速前摆，脚尖翘起，脚底与地面平行，击球的后中部，踢球脚随球前摆落地，脚内侧可以踢定位球，直接踢由各个方向来的地滚球、反弹球、空中球。用脚内侧踢空中球时，原地或跑上前迎球，踢球腿屈膝提起，大腿外转，小腿摆动使脚内侧正对来球，然后击球后中部，如图 5-2-7、图 5-2-8 所示。

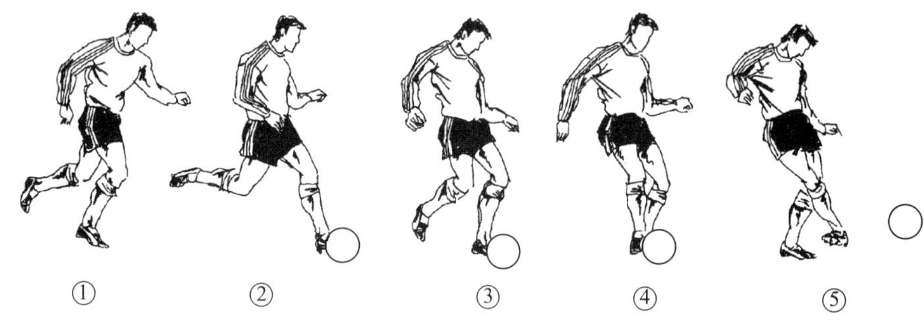

图 5-2-8 脚内侧踢球 2

（2）脚背正面踢球。脚背正面踢球的特点是踢摆动作顺畅，幅度大，摆速快，便于发力，与球接触面大，准确性较强，但出球的性能及路线比较单一，适合于远距离传球和大力射门。

脚背正面可以踢定位球、空中球、反弹球、倒钩球等。脚背正面踢地滚球时直线助跑，最后一步稍大并要积极着地，支撑脚站在球的侧方 10 cm 左右，脚尖正对出球方向，膝关节微屈；摆动腿要在准备做支撑的脚前跨和助跑的最后一步蹬离地面时，顺势向后摆起，小腿弯曲，在支撑脚着地的同时，以髋关节为轴，大腿带动小腿由后向前摆，当膝关节摆至接近球的正上方的刹那，小腿做爆发式前摆，以髋关节为轴，大腿带动小腿由后向前摆，脚背绷直，脚趾扣紧，以脚背正面击球的后中部，踢球腿提膝随球继续前摆。脚背正面踢反弹球时应准确判断球的落点，当球将要落地时，快速前摆小腿；在球刚反弹离地时，以脚背正面击球的后中部，如图 5-2-9、图 5-2-10 所示。

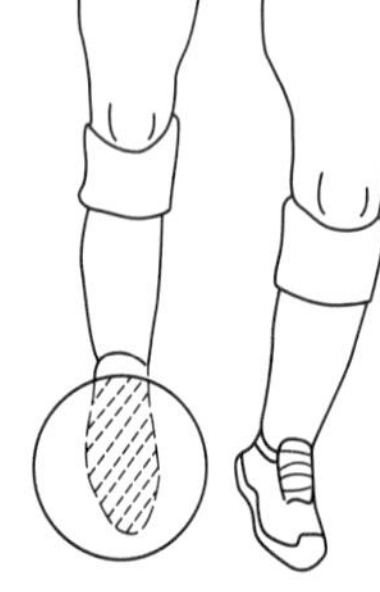

脚背正面踢球

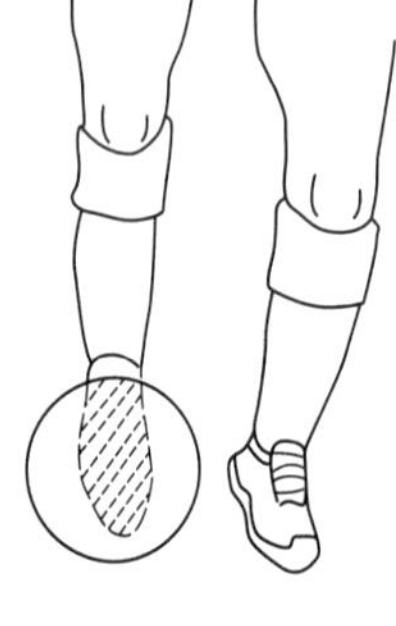

图 5-2-9 脚背正面踢球 1

（3）脚背内侧踢球。脚背内侧踢球的特点是踢摆动作顺畅，幅度大，速度快，脚触球面积大，出球平衡有力，且性能和路线富于变化，是中远距离传球和射门的主要方法。

脚背内侧踢球

脚背内侧可以踢定位球、地滚球、过顶球、弧线球和转身踢球。脚背内侧踢地滚球时，斜线助跑（助跑方向与出球方向约成 45°），如图 5-2-11 所示，支撑脚是以脚掌外沿积极着地，踏在球的侧后方 20~25 cm 处，膝关节微屈，脚尖指

图 5-2-10 脚背正面踢球 2

向出球方向，身体稍向支撑脚倾斜。在支撑脚着地的同时踢球腿以髋关节为轴，大腿带动小腿由后向前摆。当身体转向出球方向，膝盖摆到接近球的内侧上方，小腿做爆发式前摆，脚尖稍外转，脚背绷直，脚趾扣紧，脚尖指向斜下方，以脚背内侧踢球的后中部，如图 5-2-12 所示。

图 5-2-11 斜线助跑

图 5-2-12 脚背内侧踢球

(4) 脚背外侧踢球。脚背外侧踢球的特点是预摆动作小，出脚快，能利用膝踝关节的灵活性改变出球的方向和性质，且隐蔽性强，是传球和射门的主要技术。

脚背外侧踢球

脚背外侧踢球可以踢直线球、弧线球及弹拨球和蹭踢球。脚背外侧踢直线球时，助跑、支撑脚的站位和踢球腿的摆动，基本上与脚背正面踢球相同，但是踢球腿的膝盖摆至接近球的正上方的刹那，小腿做爆发式前摆，膝盖、脚关节内转，脚面绷直，脚趾扣紧，以脚背外侧踢球的后中部，踢球腿提膝随球继续前摆，如图 5-2-13、图 5-2-14 所示。

图 5-2-13 脚背外侧踢球 1

图 5-2-14 脚背外侧踢球 2

2. 踢球的练习方法

(1) 单人练习：

① 先做助跑和支撑脚站位的练习，然后做助跑、支撑脚站位、踢球的练习。

② 对墙踢球练习，开始离墙 3~5 m，用力要小，然后逐渐加长距离和加大力量。

③ 距离墙 10~15 m，助跑转身踢定位球，先练习转身 45°，再到 90°、180°，然后过渡到自己向前推球，追上转身踢球。

(2) 两人练习：

① 踢踩球。一人脚底踩球，另一人上步做踢球练习。体会踢球腿的摆动与触球部位及击球点。

② 近、远距离传球。近距离可不停顿地连续传球，也可先接后传，远距离则先接后传。

③ 两人相距 3 m，一人前进另一人后退连续传球。

④ 对墙射门。一人从侧前方、侧方、侧后方传地滚球（或抛高球），另一人迎球射墙（踢地滚球、反弹球或空中球）。

（三）停球

1. 停球的种类

脚内侧停球

(1) 脚内侧停球。支撑脚正对来球，膝关节弯曲，接球腿屈膝外转并前迎。当脚与球接触前的刹那开始后撤，在后撤过程中用脚内侧接触球，把球控制在下一动作需要的位置上，如图 5-2-15 所示。停反弹球时，支撑脚踏在球落点的侧前方，膝关节微屈，上体稍前倾并向接球方向微转，同时接球脚提起，踝关节放松，脚内侧对准球的反弹路线，当球落地反弹时，用脚内侧挡压球的后中部，如图 5-2-16 所示。

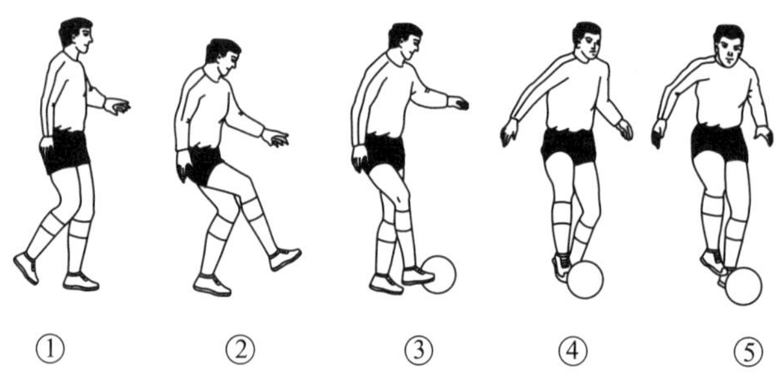

图 5-2-15 脚内侧停球

图 5-2-16 停反弹球

(2) 脚底停球。停地滚球时，支撑脚站在球的侧后方，膝盖微屈，脚尖正对来球，同时将接球脚提起，膝关节自然弯曲，脚尖翘起高过脚跟，踝关节放松，用脚前掌触球的中上部，如图 5-2-17 所示。停反弹球时，支撑脚在球的落点侧后方，当球落地反弹刚离开地面时，用脚前掌对准球的反弹路线挤压球的后上部，如图 5-2-18 所示。

图 5-2-17　脚底停地滚球

脚底停球

图 5-2-18　停反弹球

脚内侧停反弹球

(3) 脚背停球。接球脚提起迎球，以脚背正面对准下落的球。在脚背与球接触前的刹那开始下撤，在下撤过程中用脚背正面接触球的底部，小腿和脚腕放松，使球落在体前适当的位置上。

大腿停球

(4) 大腿停球。面对来球，接球腿大腿抬起，以大腿中部对准下落的球，肌肉适当放松。在大腿与球接触的刹那，大腿迅速撤引，使球落于下一个动作需要的位置上。

胸部停球

(5) 胸部停球。胸部停球分为挺胸停球和收胸停球两种方法。挺胸停球法准备接球时，稍收下颌，当球运行到与胸部接触前的刹那，两脚蹬地上挺的同时屈膝，上体后仰，用胸大肌触球，如图 5-2-19 所示。采用收胸停球法准备接球时，两脚前后开立，身体重心前移，挺胸迎球，当球运行到与胸部接触前的刹那，重心迅速后移的同时收胸、收腹挡压缓冲来球，如图 5-2-20 所示。

图 5-2-19　挺胸停球

2. 停球的练习方法

(1) 接迎面地滚球练习，两人对面站立，一人踢（抛）地滚球，另一人迎上停球。

(2) 用各种接空中球的方法自抛自停空中球。

(3) 两人互抛互停空中球，逐渐改变球的弧度、落点，使停球者练习移动停球。

图 5-2-20 收胸停球

(4) 队员互相传高球,练习停空中球。

(四) 顶球

1. 顶球的种类

头顶球

(1) 原地顶球。身体正对来球,两脚前后开立,膝关节微屈,上体后仰,重心放在后脚上,两臂自然张开,两眼注视来球。当球运行至身体垂直部位前的一刹那,后脚用力蹬地,收腹,迅速向前摆体,身体重心由后脚移向前脚,颈部保持紧张,快速甩头,用前额正面顶球的后中部,然后上体继续随球前屈,如图 5-2-21 所示。

图 5-2-21 原地顶球

(2) 跳起顶球。原地双脚起跳时,两腿先弯曲,重心下降,然后两脚用力蹬地跳起,同时两臂屈肘上摆。在跳起上升过程中,要挺胸展腹,两臂自然张开,两眼注视来球。在跳到最高点准备顶球时,身体成背弓形,当球运行到身体的垂直部位前的刹那,收腹,上体快速前屈,甩头,用前额正面将球顶出。顶球后,两腿同时自然屈膝,屈踝落地,如图 5-2-22 所示。

2. 顶球的练习方法

(1) 做各种顶球模仿练习。

(2) 一人双手持球至适当高度,另一人用额正面、额侧面顶球,体会顶球时的接触部位和击球点。

(3) 自抛和互抛顶球,自己向空中抛球,待球下落时练习顶球,两人一组,一人抛球一人顶球。

图 5-2-22 跳起顶球

(4) 两个人连续顶球,顶起的高度可不断调整,也可 3~4 人围成一个小圈连续顶球。

(五) 运球

运球是运动员在跑动中用脚连续推拨球,使球始终处于自己控制范围内的触球动作。运球的作用在于调动防守队员的位置,以便寻找更好的机会传球或射门,同时又能变换进攻的节奏和速度。

脚背正面运球

1. 运球的种类

(1) 脚背正面运球。跑动时,身体自然放松,上体稍前倾,两臂自然摆动,步幅不要过大。运球脚提起时,膝关节弯曲,脚跟提起,脚尖下指,用脚背正面推拨球前进。

脚背外侧运球

(2) 脚背外侧运球。跑动时,身体自然放松,上体稍前倾,两臂自然摆动,步幅要小些。运球脚提起时,膝关节弯曲,脚跟提起,脚尖稍内转,在迈步前伸着地前,用脚背外侧推拨球,如图 5-2-23 所示。

(3) 脚背内侧运球。跑动时,身体自然放松,步幅要小些,上体前倾并稍向运球方向转动。运球脚提起时,膝关节稍弯曲,脚跟提起,脚尖稍外转,在迈步前伸着地前,用脚背内侧推拨球。

脚内侧运球

(4) 脚内侧运球。运球时,支撑脚向前跨出一步,踏在球的前侧方。膝关节稍弯曲,上体前倾并向里转,随着身体的向前移动,运球脚提起,用脚内侧推球的中后部,如图 5-2-24 所示。

图 5-2-23 脚背外侧运球　　图 5-2-24 脚内侧运球

2. 运球的练习方法

(1) 走或慢跑中用单脚或两脚交替运球。

(2) 直线运球：队员分成两组，各成一路纵队，相距 20 m 站立（对面），一人运球前进，运到对面运球线时，把球传给对面第一人，依次进行。

(3) 队员站成一路纵队，第一人向前运球，绕过标志物后再往回运，并将球传给第二人；第二人接球，再向前运球，依次练习。

(4) 中圈内变向自由运球，队员分两组，站在圈内。一组运球，另一组在圈内站立或自由走动。运球人尽量避开走动人，两组交替练习。

(六) 抢截球

1. 抢截球的种类

(1) 正面跨步抢截球。两脚前后开立，两膝稍弯曲，身体重心下降，重心平均落在两脚上，面向对手。对手运球前进，当脚触球即将着地或刚着地时，一脚立即用力蹬地，抢球脚以脚内侧对着球并向球跨一步，另一只脚立即跨成支撑脚。如果双方的脚同时触球时，则要顺势向上提拉，使球从对方脚背上滚过，身体要迅速跟上，把球控制住，如图 5-2-25 所示。

图 5-2-25 正面跨步抢截球

(2) 侧面合理冲撞抢截球。当与对手并肩跑动时，身体重心稍下降，同对方接触一侧的手臂要紧贴身体。当对方靠近自己一侧的脚离地时，用肘关节以上部分冲撞对方相应部位，使对方失去平衡而离开球，乘机将球控制住，如图 5-2-26 所示，左侧为控球方，右侧为抢断方。

图 5-2-26 侧面合理冲撞抢截球

2. 抢截球的练习方法

(1) 两人一组，一人脚前放定一个球，另一个做抢球练习。

(2) 两人一组，相距 4~6 m 站立，中间放一球，按教师的手势，两人同时做向前跨步抢球动作。

(3) 两人一组，相距 10 m，一人带球直线向前，另一人做正面跨步抢球。

(4) 两人并肩慢跑做冲撞练习，练习观察对方身体重心的移动，掌握冲撞时间。

(5) 两人一组，一人直线带球，另一人从侧面做冲撞抢球练习。

(七) 假动作

1. 假动作的种类

(1) 无球假动作。为摆脱对手的紧逼，可先慢跑诱使对手放慢跑动速度，而后突然快速跑摆脱对手;可用声东击西的方法摆脱对方的紧逼,如先向右侧跑,当对手也向右紧跟时,突然向左侧快跑摆脱对手;也可先向回跑假动作接应,然后突然向前插上。

(2) 有球假动作。先摆动右腿向左假踢,使对方向左前方堵截,再突然改用其他脚法将球从右前方传出或运球;向前假踢球,然后将球让过,快速转身控制球;在对方紧逼下接球时,可先假装向左方接球,然后突然改变方向。

2. 假动作的练习方法

(1) 向左侧晃,突然向右侧跑;各种突然改变速度、改变方向地跑。

(2) 假向左(右)而实向右(左)突然加速运球等,可设立消极防守者,运球人做各种假动作的运球练习。

(八) 掷界外球

1. 掷界外球的种类

(1) 原地掷界外球。面对出球方向,两脚前后或左右开立,膝关节弯曲,上体后仰成背弓,重心移到后脚上(左右开立时,重心在两脚间);两手自然张开,拇指相对,持球的侧后部,屈肘将球置于脑后。掷球后,后脚用力蹬地,两腿迅速伸直,身体重心由后脚移到前脚,收腹屈体,同时两臂急速前摆,当球摆到头上时用力甩腕将球掷入场内。掷球时,后脚可沿地面向前滑动,两脚均不得离地或踏入场内,如图 5-2-27 所示。

图 5-2-27 原地掷界外球

掷界外球

(2) 助跑掷界外球。轻松助跑,同时两手持球举过头顶,在最后一步踏地时,后脚蹬地发力,并按原地掷界外球的方法将球掷出。

2. 掷界外球的练习方法

(1) 持球模仿掷界外球动作,要求动作必须正确。

(2) 两人一球,在近距离内进行对掷界外球练习,要求出球高度适宜、落点准确。

(3) 两人一球,相隔较远的距离进行对掷界外球练习。

(4) 在规定的范围内进行掷远比赛。

(5) 向规定的目标掷准。

(九) 守门员技术

1. 接地滚球

(1) 直腿式接球。两腿自然开立,脚尖正对来球,上体前倾,两臂自然下垂,两手小指靠近,手掌对球稍前迎,两手接球的后底部。在手触球的一刹那,立即后引,屈肘、屈腕,两臂靠近将球抱于胸前,如图 5-2-28 所示。

图 5-2-28 直腿式接球

(2) 单腿跪撑式接球。身体正对来球,两腿前后开立,前腿弯曲支撑身体重心,后腿跪立,膝盖接近地面靠近前脚,上体前倾,手臂下垂。手掌对准来球,稍向前迎,两手接球的后底部。在手触球的一刹那，两手后引，屈肘、屈腕，两臂靠近将球抱于胸前，然后起立，如图 5-2-29 所示。

图 5-2-29 半腿跪撑式接球

2. 接平直球

身体正对来球，两脚左右开立，上体稍前倾，两臂下垂并屈肘前迎，两只手相靠，手掌对球，当接触球的一刹那，两臂后引并屈肘，顺势将球抱于胸前，如图 5-2-30 所示。

图 5-2-30 接平直球

3. 接高球

当判断好球在空中运行的路线和确定接球点后，迅速移动并跳起，两臂上伸迎球，两手拇指相靠，手掌对球。当手触球时，手腕和手指适当用力将球接住，同时屈肘，回缩并下引，顺势翻掌将球抱于胸前，如图 5-2-31 所示。

图 5-2-31 接高球

五、足球基本战术

足球运动是一项对抗性强的运动项目,它是由进攻和防守组成的。足球战术是指比赛双方为了充分发挥个人与集体的特长,进攻对方弱点,取得比赛胜利所采用的手段和方法。根据攻防的基本特点,足球战术可分为:

(一) 个人战术

1. 个人进攻战术

(1) 摆脱。摆脱的方法可以采用突然起动、冲刺跑、急停、突然变向、突然变速和假动作等,如图 5-2-32 所示,队员⑥控球时,队员⑩和⑦摆脱对手接球。

(2) 跑位。跑位可以起到接应、策动、牵制、突破等作用。跑位的这些作用是随着场上情况的变化而不断互相转化的,因此队员应机动灵活,多谋善变,既勤于跑位又善于跑位,做到一举多得,如图 5-2-33 所示,队员⑥控球时,⑦和⑩切入接球。

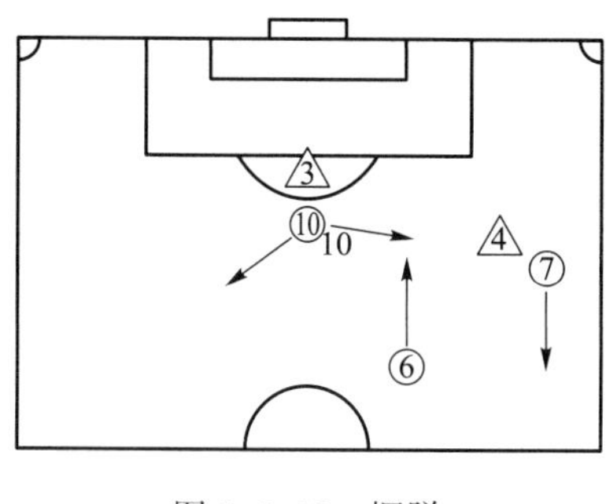

图 5-2-32 摆脱

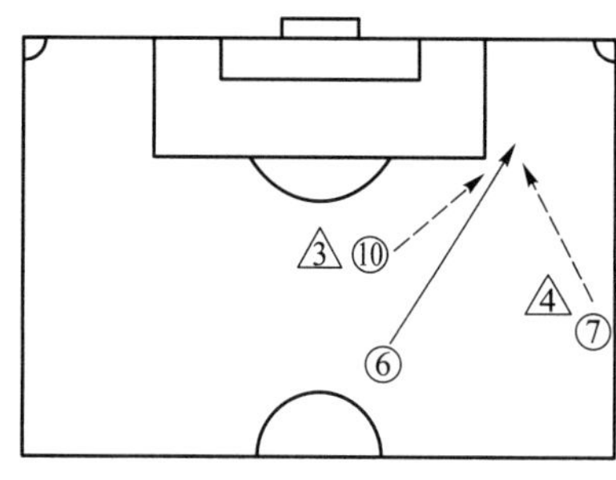

图 5-2-33 跑位

(3) 传球。比赛中的传球有两种情况:一是传球在先,跑位在后,传球指挥跑位;另一种是跑位在先,传球在后,以跑位促进传球。不论哪一种情况都要求传球及时,早一点或晚一点都可能造成失误,所以要掌握好传球的时机,要做到既不早也不晚,这就需要控球队员对本队队员和对方队员的位置有正确的判断。

(4) 运球突破。控球队员在无人接应或不利于传球的情况下,要有意识地向左、向右运球摆脱或向前突破对手。

控球队员在对方罚球区,或接近对方罚球区,只要运球突破便能获得射门机会。

2. 个人防守战术

(1) 选位。防守队员选择的位置,原则上是站在对手与本方球门中心所构成的一条直线上,与对手的距离根据场区以及球所处的位置来决定。另外,防守队员的选位还应使自己能够清楚地观察到场上情况和球的移动方向,使球和人都能处于自己的视野之内,如图 5-2-34 所示。

(2) 盯人。盯人是指防守队员本身所处的位置能够限制、看守对手的活动达到及时地封堵对手接球或传球的路线。

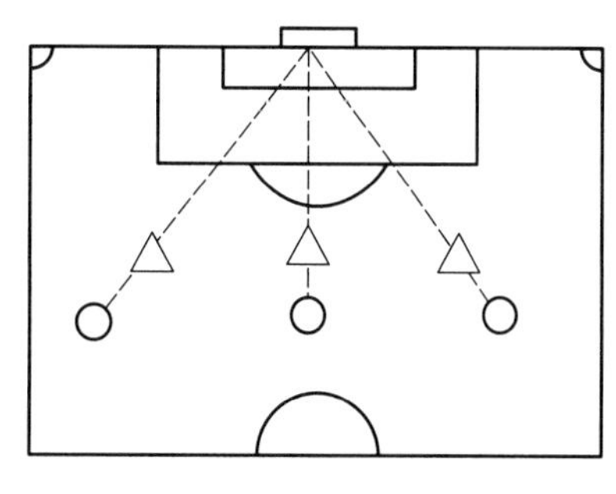
图 5-2-34 选位

（二）集体的局部配合进攻战术

局部配合进攻战术是指两个或两个以上队员在比赛中为了完成全队进攻任务而采用的局部协同作战的配合方法，它包括“二过一”战术配合、“三过二”战术配合和反切配合等进攻战术。

（1）“二过一”战术配合。“二过一”是两个进攻队员，通过传球突破一个防守队员。“二过一”是集体配合的基础，可以在任何场区、任何位置上运用这种方法来摆脱对方的抢截或突破防线。

横传直插斜传“二过一”配合如图 5–2–35 所示，队员⑦运球逼近防守队员或防守队员上前抢截时传球给处在侧方或侧前方接应的队员⑧，并快速起动直插防守者背后，接⑧的斜传球。

横传斜插直传“二过一”配合如图 5–2–36 所示，队员⑧横传⑦，并快速起动斜插防守者背后，接⑦的直传球，⑦与⑧交叉换位。

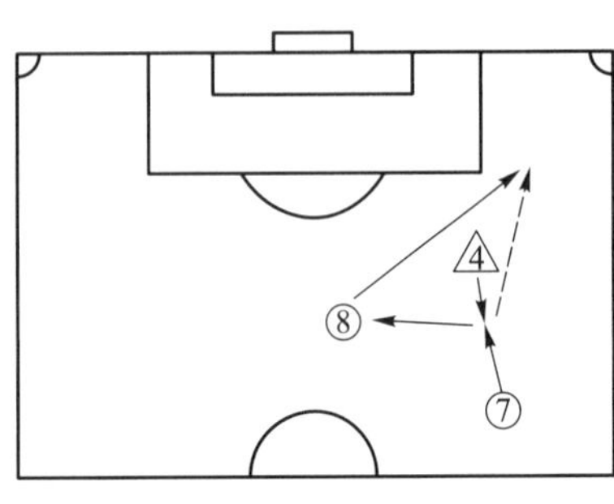

图 5–2–35 横传直插斜传“二过一”配合

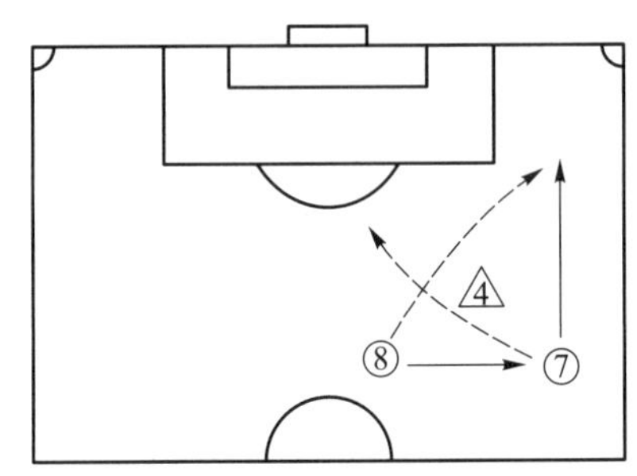

图 5–2–36 横传斜插直传“二过一”配合

横传斜插斜传“二过一”配合如图 5–2–37 所示，队员⑨运球逼近防守队员后，⑨横传⑩，⑩斜传防守队员背后，⑨快速斜插防守队员背后接⑩的斜传球。

回传反切直传“二过一”配合如图 5–2–38 所示，⑦回撤接⑧传球，拉出身后空当，当防守者上前盯逼时，⑦回传给⑧并突然转身反切到背后空当，⑧直传过顶球给⑦。

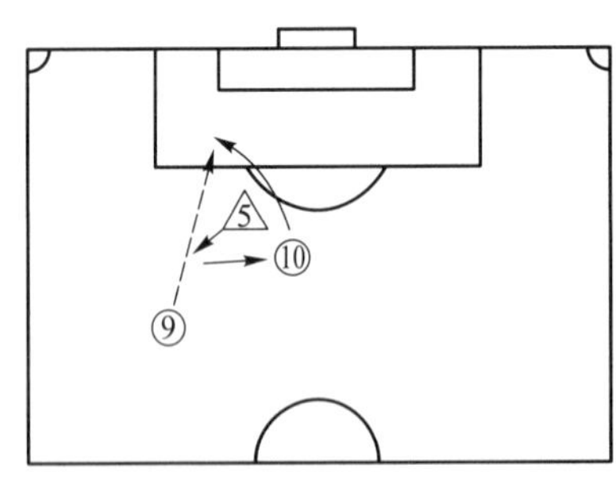

图 5–2–37 横传斜插斜传“二过一”配合

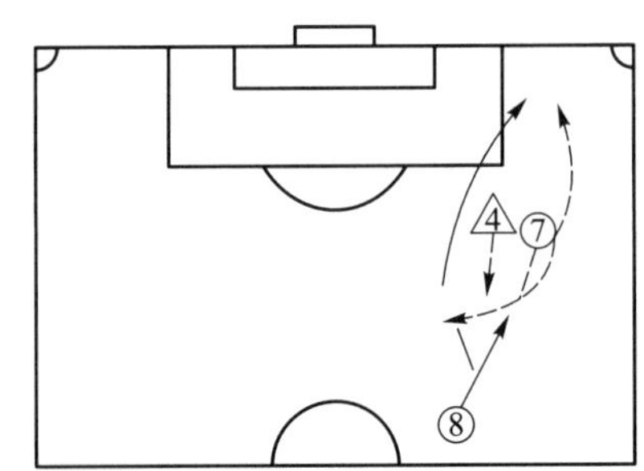

图 5–2–38 回传反切直传“二过一”配合

（2）“三过二”战术配合。“三过二”是比赛中局部地区 3 名进攻队员通过连续配合突破两名防守者的防守。由于这种配合有两名防守队员可以同时接应传球，因此使持球人传球路线更多，且进攻面扩大。

（三）集体的局部配合防守战术

（1）补位。补位是足球比赛中局部配合进行防守的一种方法。当防守过程中一名防守队员被对手突破时，另外一队员则立即上前进行堵封，如图 5-2-39 所示。

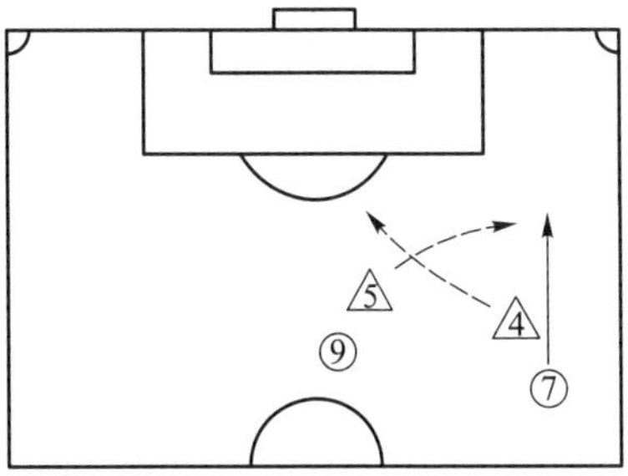

（2）围抢。围抢是指比赛中在某局部位置上，防守一方利用人数上的相对优势（通常是两三个队员）同时围堵对方的持球队员，以求在短暂时间内达到抢断或破坏对方的目的。

图 5-2-39 补位

（四）全队战术

1. 全队进攻战术

全队进攻战术是指比赛中一方获得球后，通过队员之间的传递配合达到射门的目的而采用的配合方法。与局部进攻战术相比较，全队进攻战术的进攻面比较广，参加进攻的人数多。

（1）边路进攻。利用球场两侧地区发起进攻的方法叫边路进攻。边路进攻是全队进攻战术的主要形式之一，其主要特点是有利于发挥进攻速度，打破对方防线，制造缺口（图 5-2-40、图 5-2-41）。

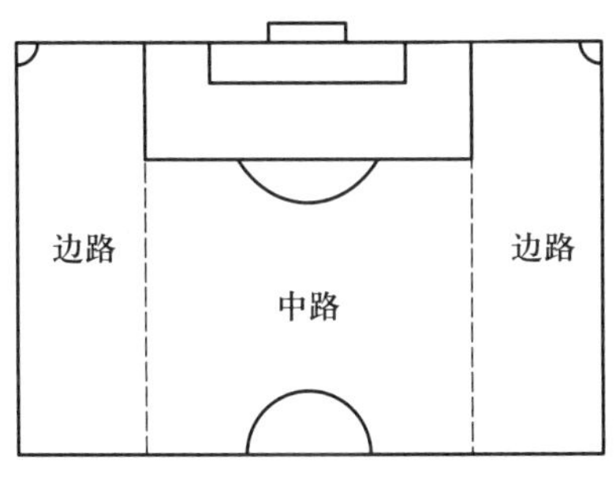

图 5-2-40 边路进攻 1

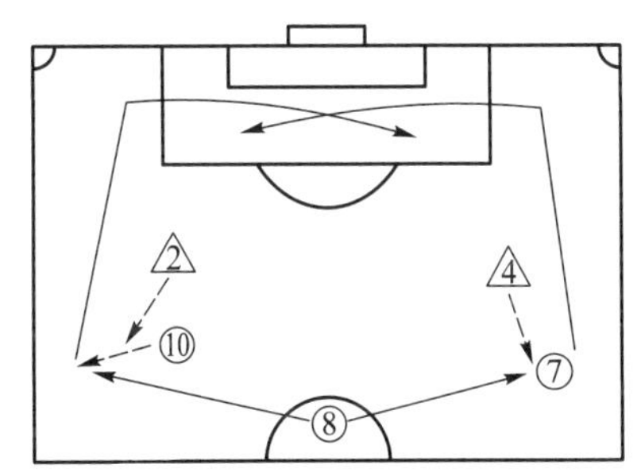

图 5-2-41 边路进攻 2

（2）中路进攻。中路进攻是利用球场中间区域组织的进攻，这种进攻虽能直接射门，但难度最大，因中路防守最为严密，前方的攻击手必须是反应极其敏锐、意识强、技术高、敢于冒险、速度快和善于跑位策应的队员（图 5-2-42）。

（3）快速反击。比赛中当攻方进攻时，后卫线往往压至中场附近，防守人数由于插上进攻和助攻而相对减少，此时如能抓住对方防区空隙较大和回防较慢的机会，乘其失球发动快速反击，往往能取得好成绩（图 5-2-43）。

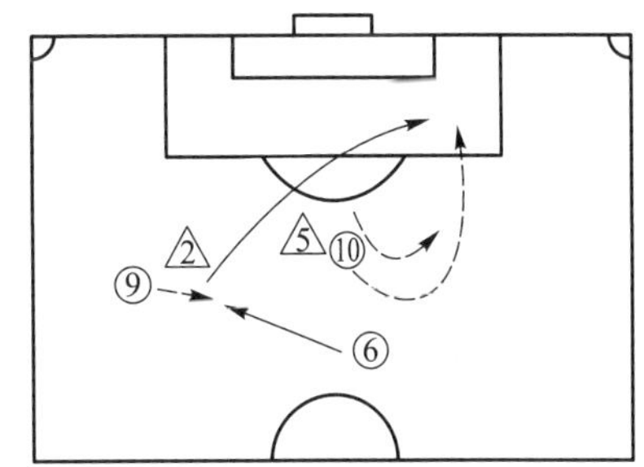

图 5-2-42 中路进攻

2. 全队防守战术

防守战术可分为两种基本类型：盯人紧逼防守（人盯人防守），即在规定的范围内盯人紧逼，不交换看守；区域紧逼防守（盯人和区域相结合），即现今流行的综合防守，紧逼和保护相结合，在个人的防区内紧逼，作交替看守。盯人防守即各自都有明确的防守对象,如对方左边锋大幅度地斜插至右路,则右后卫紧跟盯防,不交替看守。防守最根本的原则是紧逼和保护。只有紧逼才能有效地主动抢断,压制对方技术的优势而获取主动权。保护是为了更好地紧逼和控制空当。

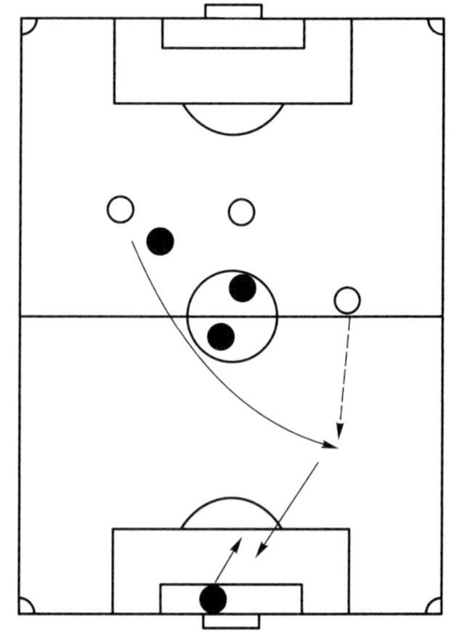

图 5-2-43 快速反击

(五) 定位球战术

1. 角球攻守战术

(1) 角球的进攻战术。角球进攻直接传至球门前,同队队员包抄攻门。一般由踢球较好的队员主踢角球,并由头顶球能力较强的队员头顶射门。踢角球一般是踢内弧线球把球传至远端门柱前 10 m 左右地点。包抄队员应在球发出后,根据球的运行路线选择位置抢点射门,而不要过早地等在那里;也可将球踢至近端门柱附近,由处于中间位置的同伴抢点射门或经过一次顶球"摆渡",跟进队员抢点射门(图 5-2-44)。

短传配合。一般是在对方身材高大,争顶球能力强,而本方队员身材矮小,顶球较差或遇到较大的逆风时运用。采用这种配合要争取时间,不等防守队员站好位置就立即发球。但传球次数不要多,通过几次传递即应完成射门,如图 5-2-45 所示。

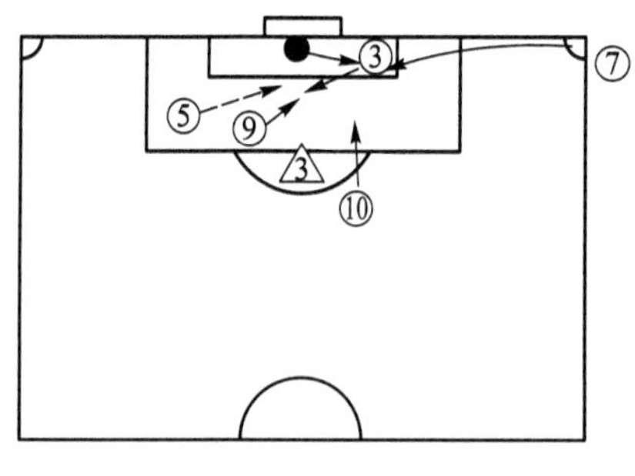

图 5-2-44 角球进攻

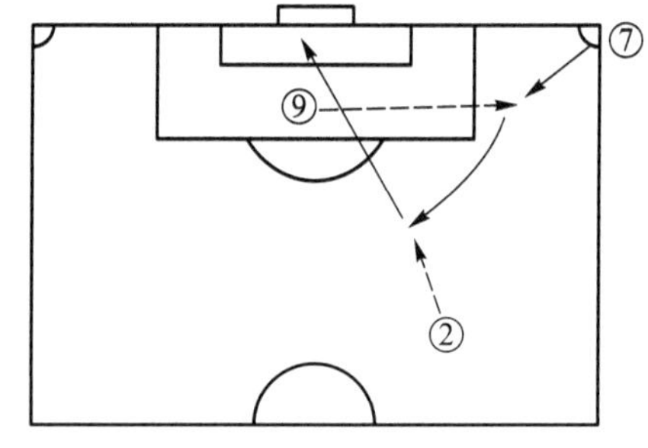

图 5-2-45 短传配合

(2) 角球的防守战术。对方踢角球时,前锋、前卫要快速回防,迅速组织防守。一般以顶球好的队员守住门前危险区,重点防守顶球好的进攻队员,其他防守队员进行盯人防守,防止漏人;守门员站位应稍靠近远端门柱附近,以利于观察并随时准备出击。由一名后卫站在近端门柱处,以防发向近端门柱的球。当守门员出击接球时,要有两名队员及时退至球门线,补守门员的位置,如图 5-2-46 所示。

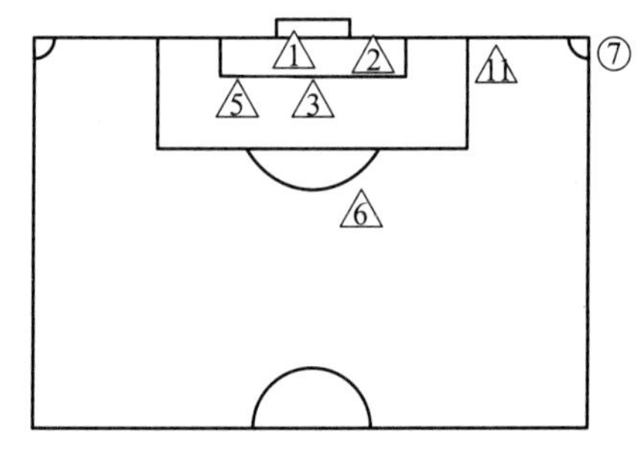

图 5-2-46 角球的防守

2. 任意球的战术

(1) 任意球进攻战术。

① 直接射门。对于直接任意球,如距球门较近,守方筑"人墙"有漏洞时或守门员位置不当;或攻方某

队员善踢弧线球时，要大胆直接射门，如图 5-2-47 所示。

② 传球配合射门。传球配合射门方法很多，不论哪一种方法都要求队员之间配合默契，如图 5-2-48 所示。

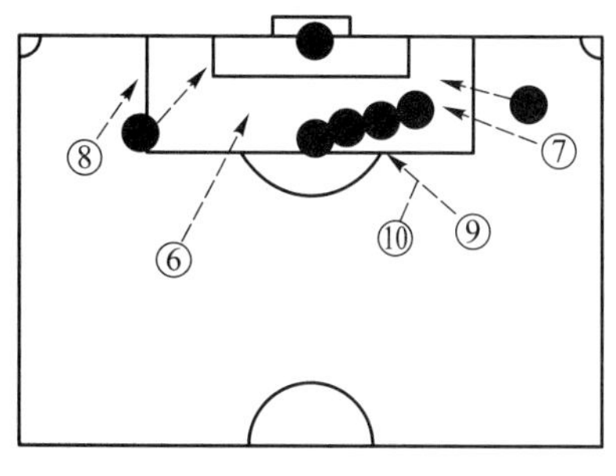

图 5-2-47 直接射门

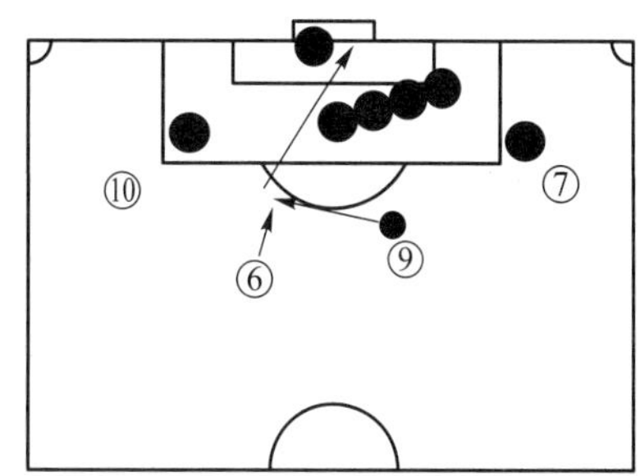

图 5-2-48 传球配合射门

(2) 任意球防守战术。无论是直接还是间接任意球，守方的前锋、前卫应迅速退守。有可能直接射门的任意球，要筑“人墙”，如图 5-2-49 所示。

3. 掷界外球战术

(1) 掷界外球进攻战术。掷界外球时，同队队员应积极跑动摆脱，交叉掩护，拉出空当，将球掷到有利进攻的位置；在对方罚球区附近的边线外掷界外球时，应由掷球较远的队员直接将球发至球门前，同队队员包抄射门，如图 5-2-50 所示。

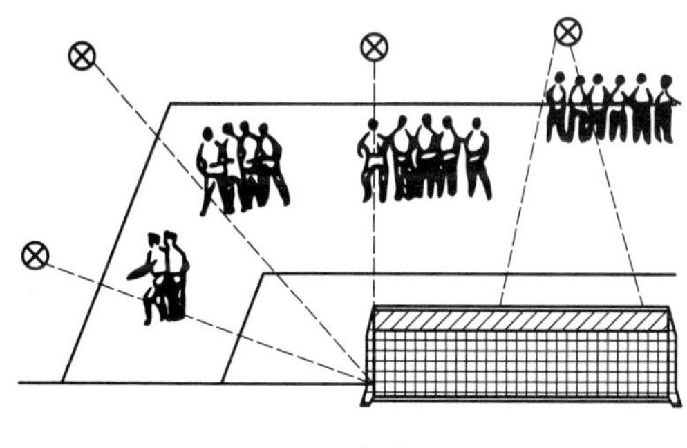
图 5-2-49 任意球防守

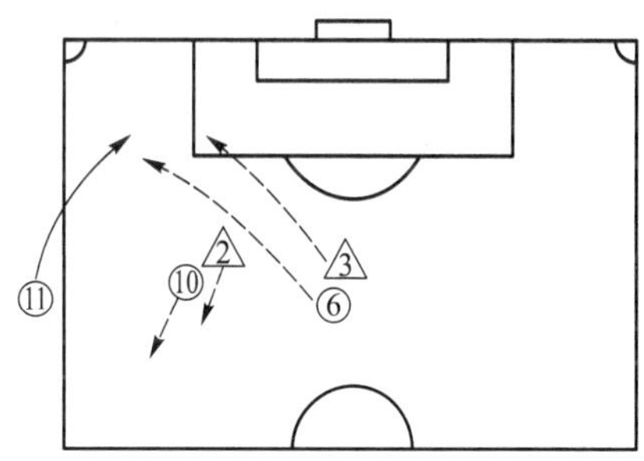

图 5-2-50 掷界外球进攻战术

(2) 掷界外球防守战术。当对方队员掷界外球时，防守队员要对离掷球位置较近的进攻队员进行紧逼、干扰，破坏对方完成掷界外球战术配合。

(六) 比赛阵型

1. 阵型的发展和演变

为了适应攻守战术的需要，全队队员在场上的位置排列和职责分工，称为比赛阵型。各阵型的名称是按队员排列的形状而定。自 19 世纪中期，世界上有了第一个足球比赛阵型至今有“四四二”“五三二”“三五二”“一三三三”等，以及某些国家所采用的“水泥式”“锁链式”等。

2. 各个位置的职责

(1) 边后卫的职责：边后卫主要是防守对方的边锋以及其他进攻队员在边路的活动，破坏对方由边路发动的进攻；同时还可利用插上助攻式运球来直接威胁对方球门。

(2) 中后卫的职责：中后卫有突前中后卫和拖后中后卫之分。前者主要任务是盯守对方突前最有威胁的中锋，因而又被称为盯人中后卫；后者则主要担负整个防线的指挥任务，其站位经常处于其他防守队员后面，一般称他为自由后卫。

(3) 前卫的职责：前卫通常称为中场队员。中场是一个非常重要的区域，控制了中场也就是得到了比赛的主动权，因此，比赛各队往往都在中场投入较大力量。

六、足球运动规则

足球比赛规则是足球比赛中所必须遵守的规则。足球比赛规则由国际足球协会理事会(FIFA)制定并修改。下面介绍 11 人制足球比赛的规则。

1. 竞赛场地与用球

(1) 比赛场地

足球比赛场地必须是长方形的平整场地。其长为 90~120 m，宽 45~90 m，国际比赛场地长 100~110 m，宽 64~75 m。设在 400 m 跑道的田径场内的足球场一般以长 105 m，宽 68 m 为宜，如图 5-2-51 所示。

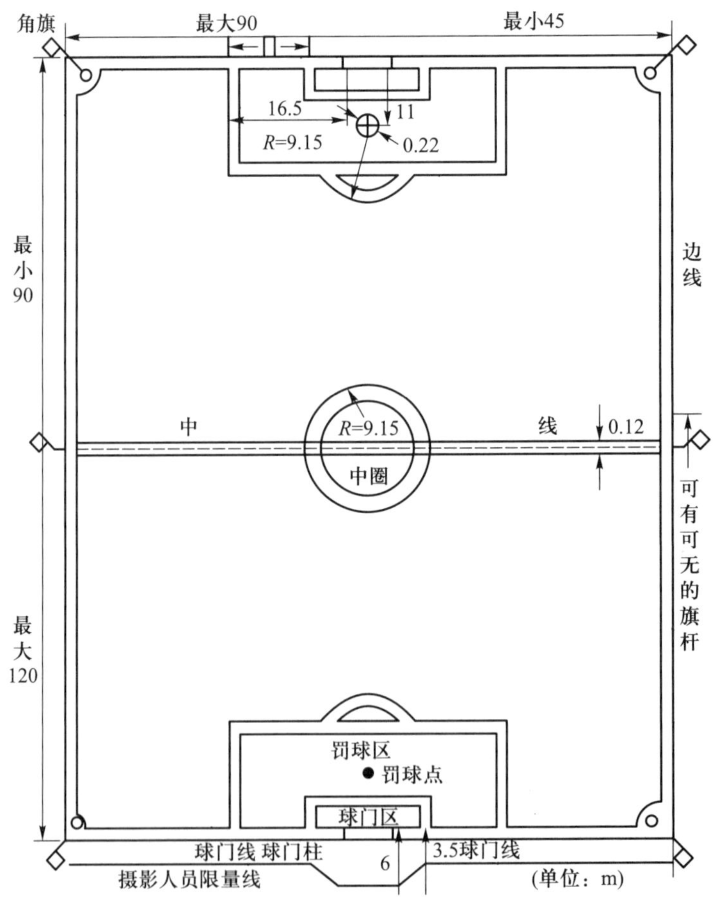

图 5-2-51 田径场内的足球场

(2) 用球

比赛用球应为圆形，它的外壳应用皮革或其他材料制成。球的圆周为 68~71 cm，在比赛开始时重量为 410~450 g。充气后其压力应相当于 0.6~1.1 个大气压力。

2. 队员人数和装备

(1) 每一场比赛由两队参加，每队上场的队员不得多于 11 人，其中必须有一名为守门员。在比赛开始或比赛进行中，某队队员人数不足 7 人时，将不能继续比赛。

(2) 在国际正式比赛时，每队每场最多可替补 3 名队员，竞赛规程应说明可以有几名替补队员被提名，从 3 名到最多不超过 7 名，并应在比赛开始前通知裁判。一般比赛的替补人数，可由两队协商规定但也需在赛前通知裁判员。

(3) 被替补换下场的队员不得再上场比赛。在比赛中，队员被裁判员罚出场后，不得由其他队员替补。

(4) 场上队员可以和守门员互换位置，但须事先通知裁判员，并应在比赛成死球时进行。如违犯上述规定，裁判员发现时可暂停比赛，而在死球时警告有关的两名队员。

(5) 同队队员的服装颜色必须一致，并与对方队员有明显区别，守门的服装颜色必须与其他队员及裁判员的服装有明显区别，队长有臂标。

3. 比赛时间及比赛进行与死球

(1) 正式比赛分相等的上下两半时，每半时为 45 min，上下半时之间为休息时间，除经裁判员同意外，不得超过 15 min，国内一般休息 15 min。

(2) 在每半时比赛中，因故损失的时间应予补足，补多少由裁判员决定。在每半时规定的时间终了时或终了后，如执行罚球、点球，则应延长时间至罚完为止。

(3) 比赛开始时间的计算，不是以裁判员鸣哨为准，而是以开球队员将球踢向对方半场，当球被踢并向前移动时即为比赛开始。

(4) 如竞赛规程规定，比赛结果成平局后仍须决出胜负时，则增加 30 min 决胜期的比赛，并也分为相等的上下两半时，各为 15 min。上下两半时不再休息，只交换场地。决胜期终了仍为平局，则采用踢点球的方法来决定胜负。

(5) 球的整体在地面或空中越出边线或端线，或裁判鸣哨停止比赛时，即成为死球。球的整体从两门柱及横木下超过球门线外沿的垂直平面时，即停止比赛，判为对方胜一球。

4. 越位判罚

越位规则

(1) 越位的概念。当队员踢球（顶、触球）时，同队队员在对方半场内所处的位置在球的前面，并在他与对方端线之间，对方队员不足两人时，该队员即处于越位位置。

(2) 如何判罚越位。

① 当处于越位位置的队员与同队正在踢球的队员构成传接关系时，即应判罚该队员为越位。

② 当裁判员认为处于越位位置的队员，在其同队队员踢球的一刹那，该队员在干扰比赛或对方，或利用越位位置取得利益时，应判罚该队员越位。

③ 如果队员仅仅处在越位位置时，或直接接到球门球、角球、界外球、裁判员坠球时，则不判该队员越位。

5. 任意球

任意球分为两种:一种是直接任意球,即罚球队员可以直接将球射入对方球门得分;另一种是间接任意球,即罚球队员直接射门不能得分,除非在球进门前被其他任何队员踢或触及后进门时,方为胜一球。

6. 点球

在比赛进行中,一个队的本方罚球区内由于发生了可判罚直接任意球的犯规,应执行罚球点球;或当两队比赛成平局(包括延长期),比赛必须决出胜负时,则以踢点球来决胜负。

7. 掷界外球

(1) 掷界外球,直接掷入对方门球时不算胜一球。如果直接掷入对方球门内,应由对方踢球门球。

(2) 如掷界外球不按规定的方法或不在球出界的地点掷入场内。由对方队员在原出界处掷界外球恢复比赛。

(3) 对于掷界外球动作,规则上有如下规定:掷球时,队员必须面向场内,掷球队员的两脚立于边线上或边线外,任何一脚不得全部离地,要用一个连续动作,将球从头后经头顶用双手掷入场内。

8. 球门球

(1) 球门球直接射入对方球门算得分。踢球门球时,对方队员在球被踢出罚球区前,都应站在罚球区外。

(2) 踢球门球时,必须直接将球踢出罚球区,比赛方为开始,否则重踢。

9. 角球

(1) 踢角球时,球的整体必须放在角球区内,并不得移动旗杆。

(2) 踢角球时,守方队员距球不得小于 9.15 m,踢角球可以直接射门得分。

第三节 排球运动

一、排球运动的起源与发展

1895 年美国人威廉·摩根创造一种用篮球胆在室内的网球网两边,用手击球而不使球落地的室内球类游戏,且人数和击球次数不限,也没有完整的竞赛规则。排球运动在美国问世后,由美国的传教士和驻外国的军官、士兵带到了世界各地。

1947 年成立了国际排球联合会(FIVB,简称国际排联),排球运动发展成为世界性的体育项目。1949 年在捷克斯洛伐克的布拉格举行了第一届世界排球锦标赛。1964 年在日本东京举行的第十八届奥运会,排球被列为奥运会比赛项目。

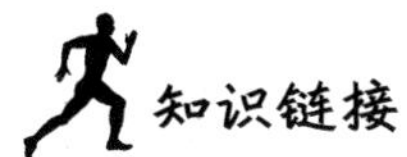

国际排球联合会

国际排球联合会(International Volleyball Federation,FIVB)简称国际排联,1947年在法国排球联合会的倡议下,在巴黎成立,总部设在洛桑,正式工作语言为法语、英语、西班牙语和俄语。创办国还有比利时、巴西、意大利、黎巴嫩、波兰、土耳其、捷克斯洛伐克。现在共有218个协会会员,分属欧洲、亚洲、非洲、中北美和加勒比地区、南美5个洲级排球联合会。

1905年,排球传入中国,经历了由16人制到12人制,到9人制,到6人制的演变过程。1950年后,我国才全面开展6人制排球运动。1951年举行了第一届全国排球赛。1954年国际排联接纳中国排球协会为正式会员。20世纪80年代初,我国女排蝉联世界冠军,获得了"五连冠",实现了"冲出亚洲,走向世界"的愿望。进入21世纪后,我国女排又先后取得2003年世界杯、2004年雅典奥运会冠军、2015年世界杯、2016年奥运会冠军,为祖国争得了荣誉。

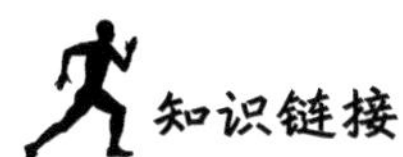

五 连 冠

五连冠是指1981年至1986年,中国女子排球队在世界杯、世锦赛和奥运会上5次蝉联世界冠军,成为世界排球史上第一支连续5次夺冠的队伍。中国女排五连冠群体:1981年,日本首夺世界杯;1982年,秘鲁世锦赛再登顶;1984年,折桂洛杉矶奥运会;1985年,日本再夺世界杯;1986年,捷克世界杯荣膺五连冠。

随着时代的发展,人类文明程度的提高,排球运动也在不断地变化发展。从中分化、繁衍而来的诸如沙滩排球、小排球、软式排球以及残疾人排球等形式多种多样的娱乐性排球,同样得到了社会各阶层人们的喜爱。

二、排球运动的价值

经常参加排球运动对于人的身心健康有着良好的促进作用,主要体现在以下几点:

首先,增进健康、强健体魄。排球运动不仅能改善人体中枢神经系统和内脏器官的功能状况,而且又能提高人的力量、速度、弹跳、灵敏、耐力等专项身体素质和运动能力。

其次,培养与锻炼良好的心理素质。排球运动会让你学到很多控制自己情绪和调节自身心理的手段和方法。如连续失误时,如何使自己尽快冷静下来而不灰心;比分落后时的沉着和不气馁;关键比分时进攻不手软的自信心等,都是对自己良好心理品质的培养和锻炼。

再次,培养勤奋、助人、拼搏的优秀品质。排球比赛中,因球不能落地而且击球至多3次必须过网的特有规定,使参加排球比赛的人总要随时准备弥补同伴因判断错误而无法接,或因其他原因没接到位的球,为了发挥本方的进攻力量而不惜奔跑扑救,给下一次击球人创造方便条件。因此,经常参加排球运动,可以培养人的优良体育道德作风和团结协作的集体主义精神。

最后,培养人的信息意识、提高配合及应变能力。排球运动在某种意义上是一项依靠判断的运动,尤其在现代的排球比赛中,准确的判断已成为制胜因素之一。判断的基础是观察,通过观察对方和同伴的动作、击球的声音、场上的布局等,预测将要发生的情况而迅速做出决策。排球比赛也是一项靠集体配合取胜的球类竞赛,个人特长的发挥往往是在同伴发挥特长的前提下取得的。因此,运动员在场上要相互协调,并不断观察同伴的意图,才能默契地与之合作。

三、排球运动的基本技术与练习方法

(一) 准备姿势和移动

1. 准备姿势

准备姿势是指准备移动或迎接来球时的身体姿势。常用的姿势主要有以下几种:

(1) 半蹲准备姿势。半蹲准备姿势是两脚左右开立,略比肩宽,一脚在前、一脚在后,两脚尖向前微内收,膝关节保持一定弯曲。上体前倾,重心在两脚之间略靠前。两臂自然弯曲,全身肌肉适当放松,双手置于腹前,两眼注视来球,两腿始终保持微动状态,如图 5-3-1①所示。这一动作的作用是使身体处于适当紧张状态下,便于向各个方向移动以及做各种垫球、传球技术动作。

图 5-3-1 排球准备姿势

(2) 稍蹲准备姿势。稍蹲准备姿势的身体重心比半蹲准备姿势稍高,动作方法基本相同,主要用于扣球和传球。拦网时两脚左右开立,平行站位,如图 5-3-1②所示。

(3) 低蹲准备姿势。低蹲准备姿势,其身体重心比半蹲准备姿势低,重心靠前,肩超过膝,膝超过脚尖,手置于胸腹之间,主要用于后排防守,保护扣球,如图 5-3-1③所示。

2. 移动

移动由起动、改变方向、制动构成。常用的步伐主要有以下几种:

(1) 并步和滑步。当来球离身体一步左右时采用并步和滑步。如向前移动则后脚蹬地,前脚向前一步,后脚迅速跟上做好击球前的准备姿势。并步可向各个方向移动,主要用于垫球、传球、拦网等技术。当来球距体侧稍远、弧度较高时,可快速连续并步移动,连续并步称为滑步。

(2) 跨步。当来球较低、离身体 2 m 左右时采用跨步。首先,向移动方向跨出一大步,同时屈膝,上体前倾,身体重心移至起跨腿上。跨步可向前方,也可向侧方或向侧前方跨出。

(3) 交叉步。当来球距体侧 2 m 多时采用交叉步。比如向左移动时,上体稍向左转,右脚从左脚前面向左交叉迈出一步,左脚再迅速向左跨步落于右脚的左边,并使身体转向来球方向,保持击球前的准备姿势。

(4) 跑步。当来球较远需要跑步接近球时采用跑步。跑步应根据来球的方向,边跑边转身面向球,做好击球前的准备,在即将接近球时应当适当减速、制动,以利击球。

3. 准备姿势和移动的练习方法

(1) 模仿练习:根据动作要求,进行各种准备姿势和移动步伐的模仿练习。

(2) 组合练习：进行各种准备姿势和移动步伐的组合练习。

(3) 结合球移动练习：两人间隔 2~3 m，一人抛球（前、后、左、右），另一人移动对准球，双手在脸前上方接住球，进行若干次后交换。

（二）垫球

垫球是用手臂从球的下部，利用来球的反弹力向上击球的技术动作。现主要介绍以下几种垫球技术：

1. 正面双手垫球

(1) 准备姿势：以半蹲或稍蹲准备姿势，两脚开立、稍宽于肩，两脚一前一后，两膝弯曲。在排球场左半场一般左脚在前，右半场一般右脚在前，中间依习惯而定。肘关节自然弯曲，两手置于腰腹之间，两手相对，拇指朝上，如图 5-3-2 ①所示。

(2) 垫球手型：当球接近腹前时，掌根紧靠，合掌互握，两拇指朝前，两臂自然伸直，前臂稍外展靠拢，如图 5-3-3 所示。

(3) 击球点与垫球部位：当球飞至腹前一臂距离时，两臂夹紧前伸，插到球下，如图 5-3-2（②、③）所示。用前臂腕关节以上 10 cm 左右桡骨内侧平面触球为宜，如图 5-3-4 所示。

图 5-3-2　排球正面双手垫球技术

图 5-3-3　排球击球手型

图 5-3-4　排球击球部位

(4) 击球用力：当来球力量小、速度慢时，击球主要靠手臂上抬力量，以增加球的反弹速度，同时配合蹬地，使重心向前上方移动；当来球有一定力量时，迎击动作要大、速度要小，手臂适当放松，运用蹬地提肩压腕，向前抬臂；如果是重球，不主动迎击球，收腹含胸，手臂随球后撤，并适当放松以缓冲来球力量，同时用微小的手臂和手腕动作控制垫球方向和角度。

2. 体侧垫球

在身体两侧用双手垫球的技术动作为体侧垫球，如图 5-3-5 所示，以右侧为例。当球从右侧飞来时，右脚跨出一步，重心右移，两臂夹紧组成垫球手型向右伸出，左肩向下倾斜，腰部用力，身体向左转，重心微向内转，与提右肩的动作配合，两臂自右后下方向前截住球飞行路线，垫击球的后下部。但注意不要随球摆臂以免球从侧面飞出，在能正对来球的情况下尽可能通过移动正对来球。

3. 背垫

背对击球方向，从体前向背后垫球叫背垫。垫球时先迅速移动到球的落点下方，背对击球方向，两臂靠拢伸直，击球点高于肩。击球时抬头挺胸，展腹后仰，直臂向后上方抬送用力，如图 5-3-6 所示。

图 5-3-5 排球体侧垫球技术

单手垫球

图 5-3-6 排球背垫技术

4. 垫球的练习方法

(1) 徒手模仿练习:徒手进行各种模仿垫球动作的练习。

(2) 抛接球练习:两人一组,相距 3 m,一人持球向同伴前、后、左、右抛球,同伴用各种步伐快速移动,双手把球接住,若干次练习后交换。

(3) 自垫球练习:单人持球,自抛自垫。先把球控制在一定的高度,能熟练控制后再适当提高高度。

(4) 一抛一垫练习:两人一组,一抛一垫,若干次练习后交换。

(5) 对垫练习:采用正面垫球动作,两人一组先原地对垫,熟练后再练习移动对垫。

(三) 挡球

挡球主要用于防守中接高于肩上的力量较大、不便于传或垫的球。

1. 双手挡球

多用于挡击胸部以上的力量大、速度快的来球。挡球手型有两种:一种是抱拳式,两肘弯曲,一手半握拳,另一手外抱,两掌外侧朝前,如图 5-3-7 所示;另一种并掌式,两肘弯曲,两虎口交叉,两掌外侧朝前,合掌成勺形,如图 5-3-8 所示。不管使用哪种手型,挡球时一定要屈肘,使肘朝前,腕后仰,以掌外侧和掌根组成的平面挡击球的后下部。击球瞬间手腕要紧张,用力适度,击球点在额前或两侧肩上。

2. 单手挡球

多用于来球较高、力量较轻,在头部以上或侧上方的球。单手挡球的手型有两种:一是掌根平面击球,击球时手张开,手指自然弯曲,用掌根平面去击球;二是开始时虚握拳,击球

图 5-3-7 排球抱拳式双手挡球技术

图 5-3-8 排球并掌式双手挡球技术

时用掌心平面击球。不管采用哪种手型击球，挡球时手腕放松，击球瞬间手腕后仰，并保持紧张，使击球平面朝前上方，对准球的后下部击球。

3. 挡球的练习方法

(1) 徒手模仿练习：按照动作要求进行徒手模仿双手、单手挡球练习。

(2) 慢速抛挡球练习：两人一组，相距 5 m，一人持球向同伴肩部以上慢速抛球，同伴先进行双手挡球练习若干次，再进行单手挡球练习若干次，如此反复练习并交换。

(3) 快速抛挡球练习：方法同上，加快抛球速度及力量，抛球要控制好球速、落点及力量，同伴挡球尽量把球挡起，如此反复练习并交换。

(四) 传球

传球是接应一传或防守后，把球传给攻手进攻的一项重要技术。现主要介绍以下两种传球技术：

1. 正面传球

(1) 准备姿势：多采用稍蹲准备姿势，两脚左右开立，一前一后，约同肩宽，两膝稍弯曲。上体自然挺起，但身体重心不后移，抬头看球。两手自然抬起，屈肘放松置于脸前。当来球接近额头时，开始蹬地伸膝伸臂，两手微张从脸前向前上方准备迎球，全身各部位动作应协调一致，如图 5-3-9 所示。

图 5-3-9 排球正面传球技术

(2) 手型：两手张开斜相对，手指微屈成半球状，大拇指相对成“一”字形，食指成“八”字形。根据传球的具体要求，使两肘向内、外收展来调整手型，如图 5-3-10 所示。

(3) 击球点：当来球距身体 1 m 左右时，则开始向上伸臂和伸膝迎击来球。击球点约在额前上方一球距离为宜,参考图 5-3-9。

(4) 用力动作:用蹬地伸膝向上展体和伸臂的顺序来协调手臂传球动作,迎球伸臂由拇指、食指、中指负担球下落的力量并用以发力,无名指和小拇指帮助控制球的方向。手触球的刹那,手指和手腕应保持一定的紧张程度,用手指的弹力和手腕、手臂与身体伸展的协调力量将球传出。

背传球

2. 背传球

向后上方传球称为背传球。背传球时上体比正传稍后仰,身体重心在两腿之间,双手抬起置于脸前,两腿自然弯曲,击球点在额的上方,同正传相比靠近头上部,如图 5-3-11 所示。同正传相比,背传球手腕要始终保持后仰,且手腕用力幅度小,大拇指应多发力,食指和中指向上辅助控制球的方向传球时,身体自下而上,向后上方伸展协调发力。

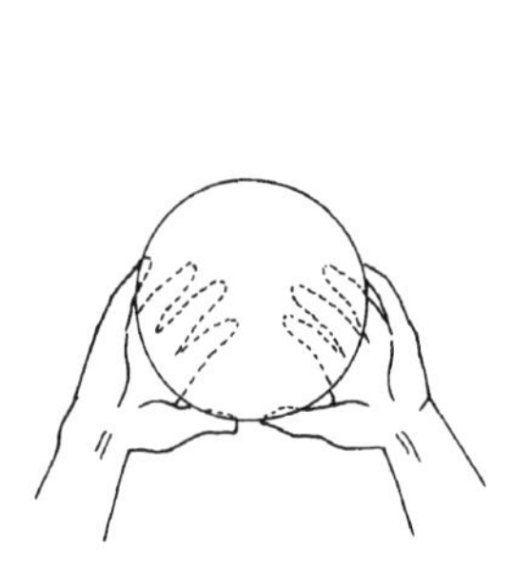

图 5-3-10 排球手型

图 5-3-11 排球背传技术

3. 传球的练习方法

(1) 徒手模仿练习:徒手模仿传球前的准备姿势、协调的伸展动作、传球前的手型等。

(2) 一抛一传练习:两人一组,相距 2~3 m,一抛一传,练习若干次后交换。

(3) 对墙传球:面对墙,近距离对墙做连续传球练习。

(4) 原地自传球:练习手指、手腕击球动作与手指弹力的合理运用,体会手指触球时的感觉,提高控制球的能力。

(5) 原地对传:两人一组,逐渐熟练正面双手传球的完整动作。

(6) 移动后传球:两人一组,互传时有意不把球传到位,迫使对手移动后传球,着重提高判断来球和快速移动取位的能力。

(五) 发球

发球不仅是比赛的开始,也是进攻的开始。一般对于初学者或水平较低者来说,发球重点应放在成功率上,以减少失误为主。现主要介绍以下两种发球技术(以右手发球为例):

1. 正面下手发球(图 5-3-12)

(1) 准备姿势:面对球网,两脚自然开立,左脚在前,两膝微屈,上体稍前倾,重心在两腿之间,左手持球于腹前。

(2) 抛球与挥臂:两脚前后开立,左脚在前,同时左臂伸直,左手将球在体前右侧轻轻抛起,离手约一球距离,在抛球前右臂伸直,以肩为轴向后摆动。右脚蹬地,身体重心随后臂以肩为轴向前摆动而移至前脚。

图 5-3-12 排球正面下手发球技术

(3) 击球与击球部位:右手半握拳用掌根击球的后下部。击球后身体重心随之前移,迅速进入场内准备防守。

2. 正面上手发球(图 5-3-13)

图 5-3-13 排球正面上手发球技术

(1) 准备姿势:面对球网,两脚自然开立,左脚在前、右脚在后,左手持球于身前。

(2) 抛球与挥臂:抬臂、手掌平托上送,将球平稳垂直地抛于右肩上方,高度适中。在左手抛球的同时,右臂抬起屈肘后引,与肩平,手掌自然张开,同时抬头、挺胸、展腹,身体重心移向左脚,然后蹬地,上体向左转动,同时收腹带动手臂挥动做鞭甩动作。以腰带肩,肩带动前臂,前臂带动手腕。

(3) 击球与击球部位:在右肩上方手臂伸直的最高点以掌根击球,击球的后中下部(图 5-3-14)。击球后身体重心随之前移,迅速进入场内准备防守。

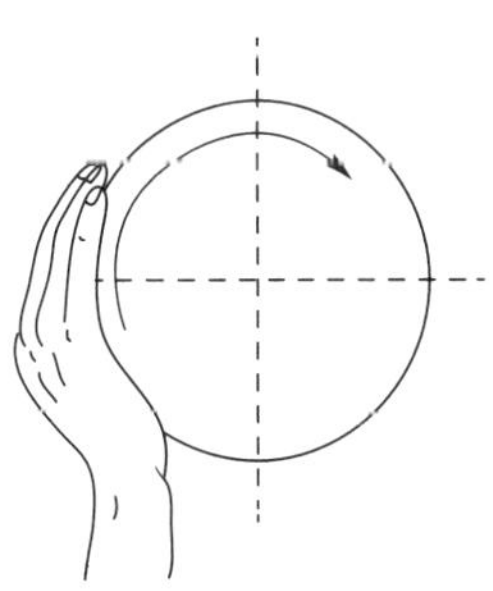

图 5-3-14 排球击球与击球部位

3. 发球的练习方法

(1) 徒手模仿练习:按照动作要求,模仿正确的发球动作,反复进行练习。

(2) 抛球练习:单手或双手持球,垂直上抛,位置与高度要固定,反复进行练习。

(3) 对墙或对网发球练习:距离先近后远,反复进行练习。

(4) 隔网发球练习:两人一组,相对站立,距离逐渐加长。

(5) 指定区域发球练习:指定发球区域,练习发球控制能力。

（六）扣球

扣球在排球比赛中是最积极、最有效的得分手段之一，也是完成全队战术配合的最后一击。现主要以正面扣球技术为例进行介绍，如图 5-3-15 所示。

图 5-3-15　排球正面扣球技术

1. 准备姿势

身体略前倾，两臂放松自然下垂，两眼注视来球。

2. 助跑

以 3 步助跑右手扣球为例，第 1 步右脚迈出一小步，观察一传及二传传球情况；第 2 步左脚迈出步子增大，速度加快，观察二传传出球的运行轨迹情况；第 3 步右脚迈出一大步，以脚跟着地后过渡到前脚掌着地，然后左脚跟上并步落于右脚的侧前方，两脚距离略比肩宽，重心降低，准备起跳。

3. 起跳

从起跳动作看，当右脚着地后，右膝迅速弯曲缓冲，一般在右脚缓冲到最大弯曲时左脚着地，左膝缓冲幅度较小，两臂由后上方摆起，向前用力上摆，两腿用力伸膝、上体用力伸展，两脚蹬地起跳离地。

4. 空中击球

起跳后右肘屈肘后引，身体向后成反弓形，并稍向右转，右肘高于肩部，击球时，以迅速地转体、收腹及伸肩动作发力，带动肩、肘、腕、手各环节依次加速成鞭打动作在右肩前上方击球，击球手法是五指自然张开成勺形，全手掌包住球，击球的中部或中上部，击球瞬间提肩压腕。

5. 落地

落地时以前脚掌着地，同时顺势屈膝缓冲过渡到全脚掌。

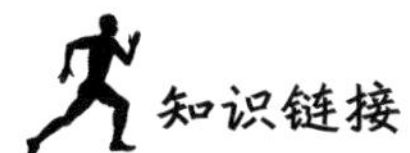

知识链接

郎平——“铁榔头”

郎平，汉族人，奥运冠军，原中国国家女子排球队著名运动员、教练员，20 世纪 80 年代女子排坛“世界三大扣球手之一”，凭借强劲而精确的扣杀而赢得“铁榔头”的绰号。曾荣膺 1982 年世界女子排球锦标赛“MVP”。1996 年获得国际排联颁发的“世界最佳教练”奖。2002 年 10 月，由知名排球教练、运动员和记者组成的评委会以 100% 的投票，支持郎平正式入选排球名人堂，成为亚洲排球运动员中获此殊荣的第一人。

6. 扣球的练习方法

(1) 助跑起跳练习：按口令做一步、两步、三步助跑起跳练习，强调摆臂动作练习。

(2) 模仿挥臂鞭打动作练习：徒手模仿挥臂鞭打动作，并注意腰腹发力。

(3) 自抛自扣练习：对墙自抛自扣练习或两人相距 8 m 左右对扣练习。

(4) 连续扣球练习：对墙连续扣球练习。

(5) 扣固定球：持球站在球网前高台上，掷球于球网上沿，助跑起跳扣固定球。

(6) 扣抛球：扣球者助跑起跳在 4 号位，把 3 号位抛来的球扣过网。

(7) 扣二传球：扣球者从助跑起跳 4 号位，把 3 号位二传传来的球扣过网。

(七) 拦网

拦网是防守反击的第一道防线和得分的重要手段。拦网不仅可以直接得分、干扰和破坏对方的扣球，减轻本队防守压力；也可以削弱对方进攻锐气，动摇攻手扣球信心；同时还可以鼓舞本队士气。

1. 单人拦网

(1) 准备姿势：面对球网，密切注视着对方动向，两脚平行开立，距网 30~40 cm，两膝弯屈位于起跳角度，两手自然弯曲置于胸前（图 5-3-16）。

图 5-3-16 排球单人拦网准备姿势

(2) 移动：当球距自己不太远时，可以采用面对球网的并步移动。右脚向右跨出一步，随即左脚跟上，下蹲准备起跳。当球距离自己较远时，也可以采用交叉步移动，身体稍向右转，右脚先向右迈出一小步，然后左脚交叉向右迈出一大步，之后右脚跟上，迈在左脚的右边，制动下蹲准备起跳。这一方法在从 3 号位向两侧 2 号、4 号位移动拦网时采用最多。

(3) 起跳：原地起跳和并步移动起跳一般面向球网，两臂经两侧划弧摆臂，带动身体向上跳起；还有就是两肘在较高状态下，直接向上伸臂带动身体跳起，目的是加快起跳节奏，适应拦各种快变战术球的需要，如图 5–3–17 所示。

图 5–3–17 排球单人拦网起跳、空中击球技术

（4）空中击球：起跳后收腹含胸、收下颌，两手从胸前贴近球网向网上沿上方伸出，两臂伸直，两肩尽量上提。拦网时两手尽量伸向对方球网的上空，对手扣球挥臂时，双手手指紧张蓄力，手腕紧张固定，当触球时两手要尽力伸向球的上方，把球尽可能拦在对方场内。拦网时根据对方扣球线路变化，两手在空中向球的变线方向伸出，拦完球后迅速收回手臂，以免触网，如图 5–3–17 所示。

（5）落地：拦完球后自然落地，屈膝缓冲，准备下一个动作。

2. 集体拦网

集体拦网是以单人拦网为基础，两人或三人协同拦一个进攻点的配合行动。现主要以集体拦网中的双人拦网技术为例进行介绍。

（1）准备姿势：准备姿势同单人拦网，但此时要密切观察对方，一般以 2 号、4 号位的队员为主要拦网队员，所以要注意选准起跳点和起跳时机。

（2）移动：由于球大都传向两侧，所以 2 号、4 号位队员移动距离短，以原地或并步起跳为主，以便观察对方的行动。3 号位拦网队员多采用交叉步或滑步移动，起跳时前后摆臂，空中转体。

（3）起跳：应根据对方扣球人上步的时机和起跳点，由 2 号、4 号位队员定好起跳点，3 号位队员移动到身旁，随之同时起跳。

（4）空中击球：两人在空中组成 1 m 左右宽度的屏障，对准对方扣球线路进行封阻，在外侧的队员一方面用外侧手向内包球，同时身体向内转，协助双手把球拦回场内。

（5）落地：落地时屈膝缓冲，外侧队员向场内转体，一般以右脚先着地，迅速转体面向场内，做下一个动作或接应来球。

3. 拦网的练习方法

（1）徒手模仿练习：对墙或对网徒手练习，体会完整动作。

（2）拦固定球练习：一人站在网对面高台上举球在网上，其他人排队跳起拦固定球。

(3) 原地拦网练习:一抛一拦,拦击定点扣球。

(4) 4、2 号位拦网练习:拦固定路线球,拦不固定路线球。

四、排球运动的基本战术

排球比赛中好成绩的取得,不仅要熟练掌握排球的基本技术,而且还应合理地运用战术配合。

(一) 阵容配备、位置交换、信号联系及"自由人"运用

1. 阵容配备

阵容配备就是根据本队的实际情况,安排队员的场上位置,合理地将全队的力量组织、搭配起来,最大限度地发挥每位球员的技术、战术特长和作用的一种分工。

(1) "四二"配备:如图 5–3–18 所示,即场上有 4 个进攻队员和 2 个二传队员。4 个进攻队员又分为 2 个主攻、2 个副攻,他们都站在对角位置上,其优点是无论怎样轮转换位,前、后排都能保持 1 个二传和 2 个进攻队员,容易组织和发挥攻击力量,给对方的拦网及防守造成困难。但 2 个二传队员的进攻和拦网能力要求较高,否则就会影响"四二"配备的进攻效果。

(2) "五一"配备:如图 5–3–19 所示,场上有 5 个进攻队员和 1 个二传队员。这种阵容配备的优点是拦网和进攻力量得到进一步加强,全队只要适应一个二传队员的打法,相互之间容易建立默契,有利于二传队员统一贯彻战术意图,同时保证了有三个轮次是三点进攻。当前排两点攻时,要充分利用两次球及后排扣球等战术变化突袭对方,以弥补两点进攻的不足。

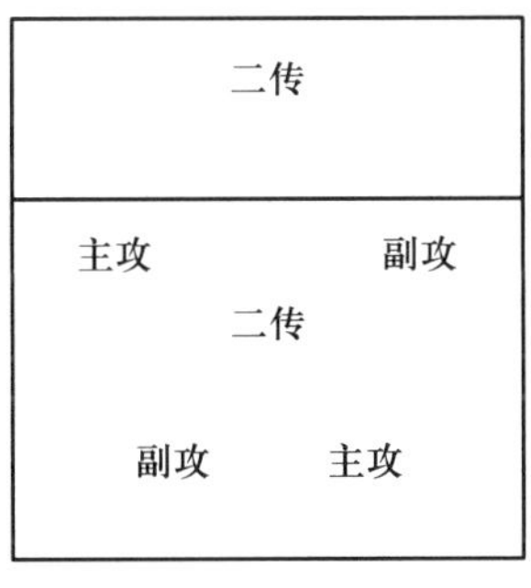

图 5–3–18 排球"四二"配备

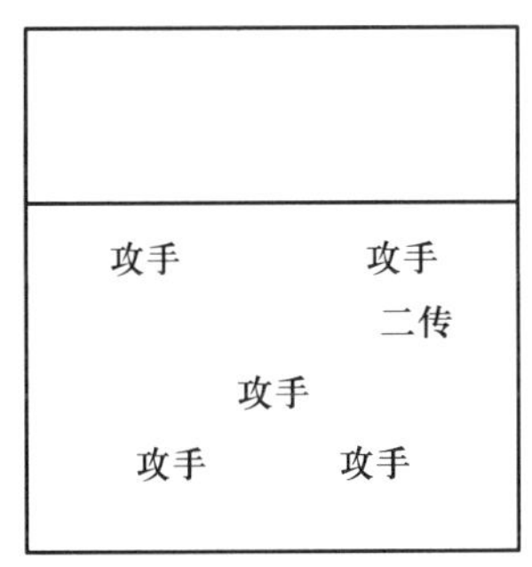

图 5–3–19 排球"五一"配备

2. 位置交换

为了最大限度地发挥每个队员的特长,加强攻防力量,在比赛规则允许的条件下可采用交换位置的方法。位置交换通常分前排队员之间换位与后排队员之间换位。

前排换位是为了让攻手换到自己的专位上进行拦网与进攻,有利于得分。

后排队员之间换位,是为了加强后排防守,发挥个人防守专长,把队员换到各自的专位上进行防守,以确保防守质量。

不管是前排还是后排位置的交换,换位前都应按规则轮转的位置站位,防止越位犯规。

3. 信号联系

在观看比赛时,我们经常看到接发球方的队员在对方发球前,用手势作为暗号进行联

系，其目的是为了战术球联系，一般手势暗号由二传队员发起。

信号联系应力求简单、明确，使全队队员都熟悉，同时使用时要注意隐蔽，以免泄露进攻意图。常用的信号联系主要有以下两种：

(1) 手势信号：一般在接发球前，队员之间用手势信号进行联系，确定打哪种战术。这些手势信号是事先经过协商统一的，主要由二传队员出示，组织全队的进攻配合。也可由发动快攻的队员出示第一手势，表示选择打什么样的快球，然后再由二传队员出示第二手势，通知其他进攻队员，组织各种战术。

(2) 语言信号：一般在组织防守反攻时，队员之间使用语言信号直接进行联系。如用简单的一两个字“快”“拉”“高”“交叉”等。也可把进攻战术编成代号，以代号进行联系。在使用语言信号时，应特别注意不要暴露进攻意图。

4. “自由人”运用

“自由人”是专职防守的球员，负责接发球和后排防守。通常自由人具有全队最快的反应速度和最好的一传与防守技术。由于自由人不需要在网前进攻或防守(规则不允许)，因而可选择由一传技术好的矮个子球员胜任，这样可大大提高全队的防守水平。另外，因自由人的替换次数是不受限制的，且不计为正规换人次数，可在一些前排队员体力下降轮换至后排时，用自由人替换下场休息，以便下一轮次提高进攻端攻击水平。所以，科学、合理地选择并运用自由人，也是战术中不可或缺的一项。

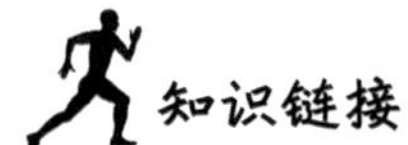

自　由　人

“自由人”即自由球员(Libero Defensive Player)，是国际排联于 1996 年世界女排大奖赛中试行的一项规则。自由防守球员的功能在于加强防守达到平衡攻守的效果。在 2000 年悉尼奥运会排球比赛中，首次规定每次换发球之后记录并播报比赛成绩。与此同时，该届奥运会上也开始出现自由人。

(二) 排球基本进攻战术

进攻战术是指在接对方发、垫、传、扣、拦过来的球后，本队所采取的有组织、有目的的配合进攻行动。现主要介绍以下几种进攻战术：

1. “中一二”进攻战术

由前排中间的 3 号位队员作为二传，把球传给两边 4 号位和 2 号位的队员进攻。这种组织形式就叫“中一二”进攻形式，如图 5-3-20 所示。

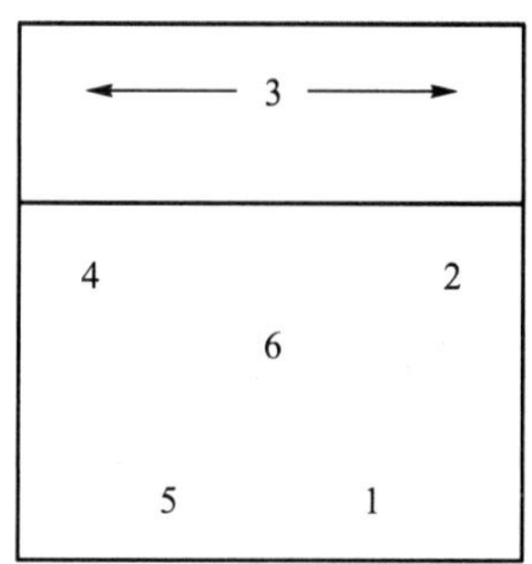

图 5-3-20　排球“中一二”进攻战术

当前排二传队员位置轮换到 4 号位或 2 号位时，可以在对方发球后迅速移动换到 3 号位来，如图 5-3-21 所示。

“中一二”进攻战术的优点是一传向网前 3 号位垫球比较容易，有利于组织进攻，适合初学者采用；同时，二传队员在网前接应一传的移动距离较近，向 4 号位、2 号位传球的距离较短，也容易传准确。但缺点也很突出，就是对方容易识破战术意图，进攻战术变化较少。

2. “边一二”进攻战术

由前排 2 号位队员做二传，把球传给 3 号位、4 号位队员进攻。这种组织形式就叫“边一二”进攻形式，如图 5–3–22 所示。

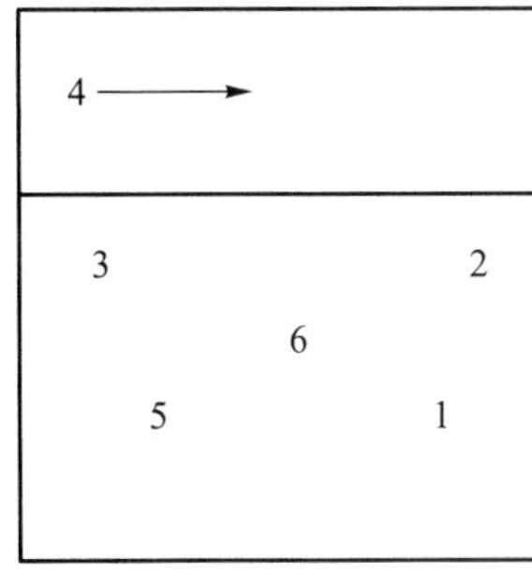

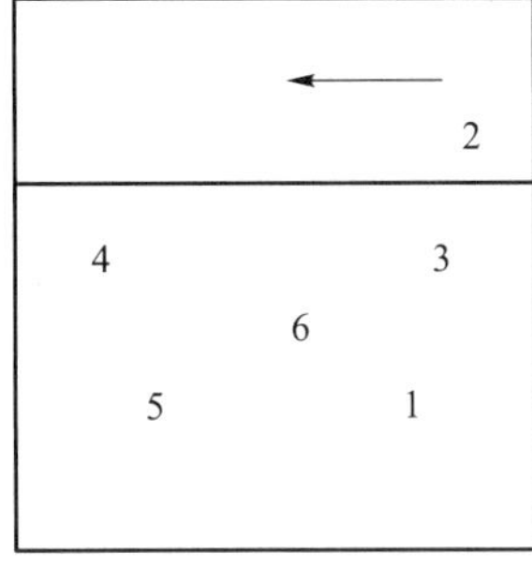

图 5–3–21 排球“中一二”进攻战术

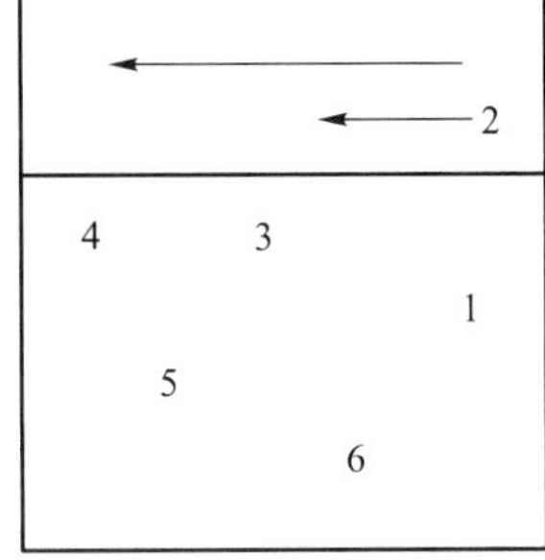

图 5–3–22 排球“边一二”进攻战术

“边一二”进攻战术的优点是主、副攻队员在 3 号位、4 号位用右手扣球都很顺手；同时，组织战术变化较多，可 4 号位强攻，也可 3 号位快球等。但缺点是偏左边的 4 号位及 5 号位队员向 2 号位一传时，垫球较困难，不容易传准确。

3. “插上”进攻战术

后排的一个队员在对方发球后，由后排迅速移动插到前排做二传组织进攻。这种组织形式就叫“插上”进攻形式，如图 5–3–23 所示。例如，1 号位队员迅速插入至 2 号位、3 号位做二传组织进攻。

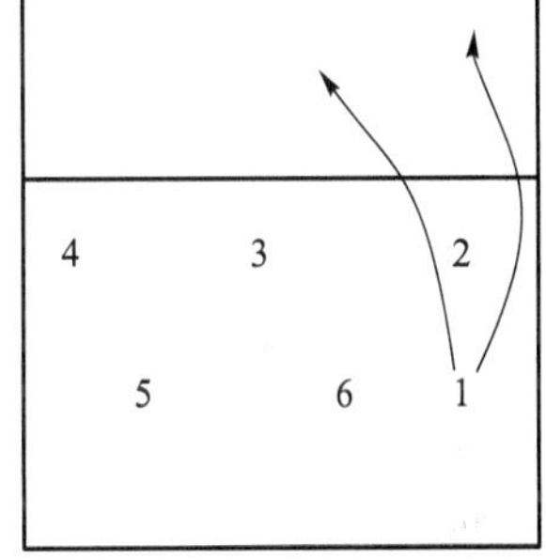

图 5–3–23 排球“插上”进攻战术

“插上”进攻战术的优点是无论什么时候，总能保持前排有 3 个进攻点，战术变化较多。但缺点是对插上的二传队员个人能力要求较高。

(三) 排球一传与防守基本站位阵型

1. 接发球站位阵形

接发球站位是指在对方发球之前，本方队员为了接好发球，在本方场地内事先站好位置及其布局。本节重点介绍五人接发球站位阵形，此阵形比较适合排球运动水平较低的队采用。

(1) “M”形接发球站位，二传队员站在网前，准备组织进攻，前面两名队员接前场区域来球，中间一名队员接中场区域来球，后面两名队员接后场区域来球，呈“M”站位，如图 5–3–24 所示。这种站位阵形的特点是队员分布均衡，分工明确，便于接下沉球和边角上的球，但缺点是对于接一些平冲飘球不利。

(2) “W”形接发球站位，二传队员站在网前，准备组织进攻，中间三名队员接中前场区域来球，后排两名队员接后场区域来球，呈“W”形站位，如图 5–3–25 所示。这种站位阵形的特点是队员分布均衡，职责明确，但缺点是队员之间交界点相应增多，当队员配合不默契时，

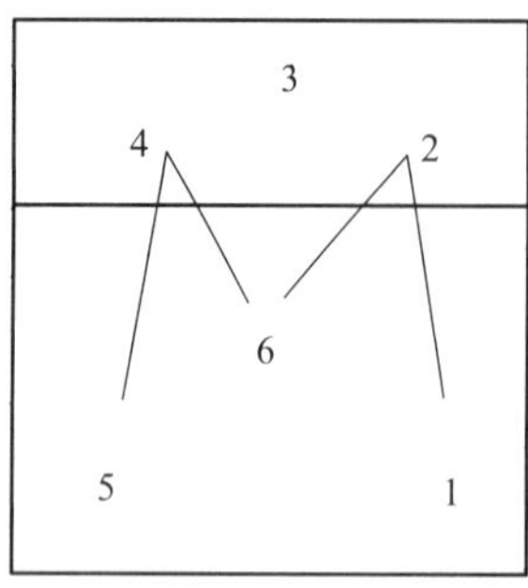

图 5-3-24 排球“M”形接发球站位

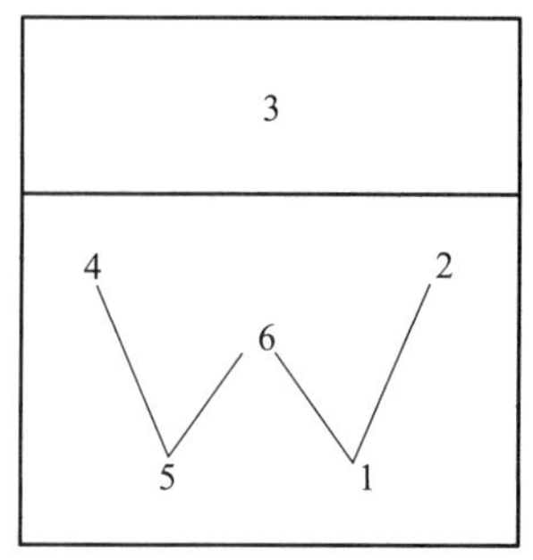

图 5-3-25 排球“W”形接发球站位

会出现来球互抢或互让现象。

2. 防守站位阵形

防守站位阵形是前排拦网与后排防守的整体配合阵形，其站位阵形要考虑对方进攻的具体情况，还要充分发挥本方队员的特长，也要适当考虑到防守后的进攻战术打法。防守反攻可分为单人拦网、双人拦网和三人拦网防守站位阵形，本节主要介绍单人拦网防守站位阵形。

水平较低的队比赛时，由于对方进攻力量不强，扣球线路变化少，吊球又多时，可主动采用单人拦网的防守阵形，如图 5-3-26 所示。3 号位队员原地或向左、右两边进行单人拦网，4、2 号位不拦网的队员后撤保护前场区域来球，后排 1、5、6 号位队员“弧形”站位，负责防守后场区域来球。

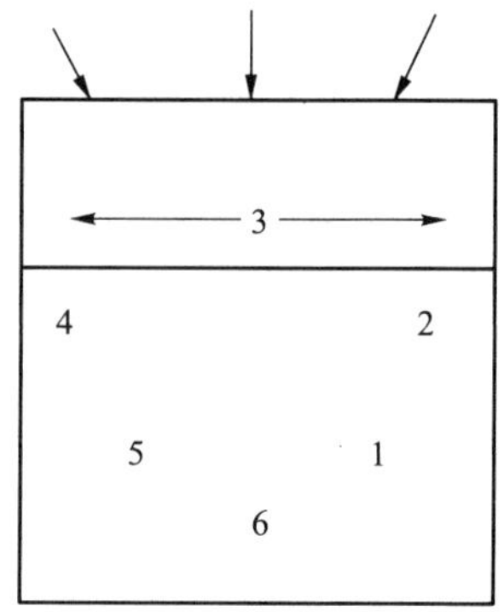

图 5-3-26 排球接扣球站位阵形

3. 接拦回球站位阵形

本方队员扣球时因对方拦网，所以必须加强网前的保护，积极防起本方扣球而被对方拦网拦回的球，并及时组织继续进攻。由于拦网人可以将手伸过网拦网，拦回的球通常球速快、角度小，因而接拦回球的保护阵形应形成多道“弧线”站位，且第一道防线必须紧跟在扣球队员身后。

4. 接传、垫球站位阵形

当对方无法组织有效的进攻，被迫用传、垫等方式将球击入本方场区时，本方的防守即称为接传、垫球的防守。这种情况在初学者中出现较多。一般本方的防守阵形与不拦网阵形的防守相同。前排除二传队员外，其他队员迅速后撤到各自的位置，随时做好接球准备，组织下一轮进攻。

五、排球运动规则

（一）场地器材与设备

1. 场地规格

（1）比赛场地。如图 5-3-27 所示，比赛场地为对称的长方形，球场的边线长为 18 m，端线宽为 9 m，中间为中线，将球场分为两个半场。两个半场距离中线 3 m 处各有一条进攻限制线。场上所有的线宽均为 5 cm。另外，比赛场区其四周至少有 3 m 宽的无障碍区，且从地

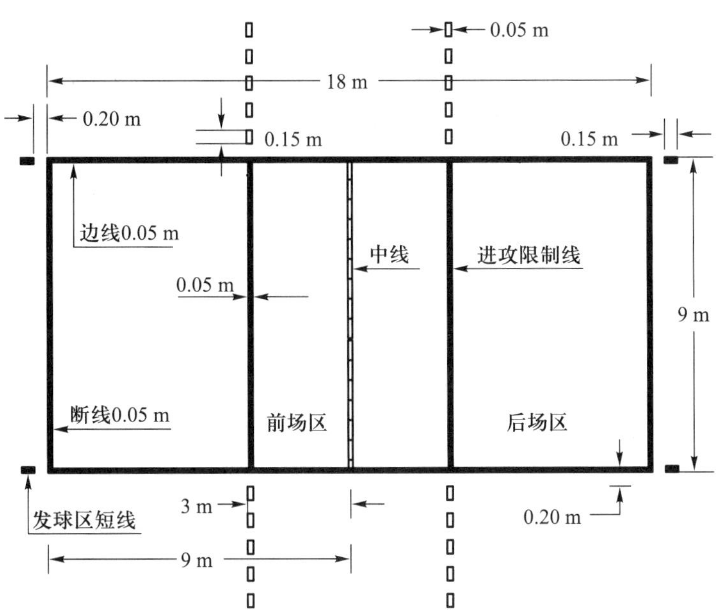

图 5-3-27 排球比赛场地示意图

面量起至少要有 7 m 高的无障碍空间，国际排联规定世界性比赛至少 12 m 的无障碍空间。

(2) 发球区。宽为 9 m，位置在端线后，其深度延至无障碍区的终端。在两条边线的延长线上划两条短线，线长 15 cm，与端线垂直并距端线 20 cm，此两条短线之间的区域即为发球区，短线宽度包括在发球区之内。

(3) 换人区。两条进攻限制线的延长线之间、记录台一侧边线外的范围为换人区。端线与进攻限制线的延长线之间、记录台一侧边线外的范围为"自由人"换人区。

2. 器材与设备

(1) 球。正式比赛用球应是国际排联批准的一色的浅色或是彩色。球的圆周长为 65~67 cm，重量为 260~280 g，气压为 0.30~0.325 kg/cm^2。正式比赛采用三球制，在一次比赛中所用球的颜色、周长、重量、气压及牌号等都必须是统一标准的。

(2) 球网与网柱。球网为黑色，长 9.50~10 m（每边标志带外 25~50 cm），宽 1 m，网眼直径 10 cm。球网架设在中线上空，球网的高度男子为 2.43 m，女子为 2.24 m。网柱应为两根高 2.55 m 的光滑圆柱，分别架设在两条边线外 0.5~1 m 处，最好可以调节高度。

(3) 标志带与标志杆。标志带为两条宽 5 cm、长 1 m 的白色带子，分别系在球网两端，垂直于边线。标志杆是长 1.80 m、直径 10 mm，由玻璃纤维制成的有韧性的杆子。两根标志杆分别设置在标志带外沿球网的不同侧面，并高出球网 80 cm，且高出部分每 10 cm 都涂有红白相间的颜色。标志带和标志杆都是球网的一部分，标志杆同时又是过球网的边界。

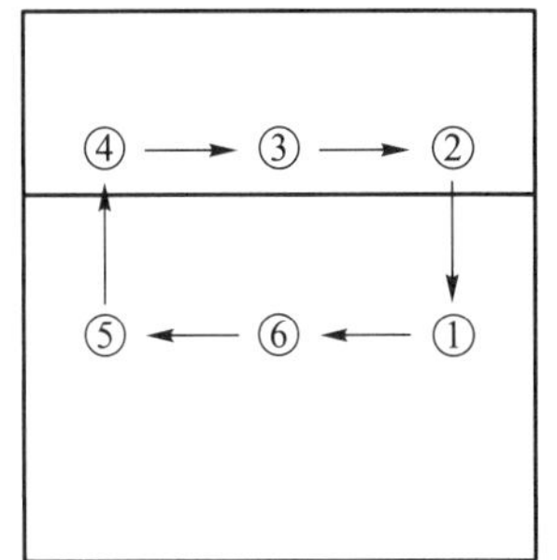

图 5-3-28 排球比赛队员位置及轮转方向

(二) 比赛方法

排球比赛两队上场队员各 6 人，位置如图 5-3-28 所示，运用各种技术、战术进行攻防比赛。比赛采用每球得分制，胜一球即得一分。正式比赛采用五局三胜制，比赛前四局为25分制，以先得25分并同时超出对方2分的队为胜一局。当比分为24：24时，比赛继续进行至某队领先2分（26：24、27：25……）为止。第五局决胜局为15分制，先得15分的队，则取得整场比赛的胜利。当比分为14：14时，比赛继续进行至某队领先2分（16：14、17：15……）为止。

（三）主要规则与裁判方法

1. 非技术性规定

(1) 队员服装。全队上衣、短裤和袜子的颜色、样式必须统一（自由人除外），比赛服必须整洁。

(2) 物品佩戴。禁止佩戴可能对运动员造成伤害及有助于加力的物品。可以戴眼镜进行比赛，但风险自负。

(3) 暂停与技术暂停。普通暂停时间限制为30 s，且每局每队各有2次机会。国际排联世界性比赛的第1~4局中，每局另外还有2次时间为60 s的技术暂停，每当比分领先队达到8分和16分时自动执行。决胜局（第五局）没有技术暂停，每队可请求2次时间为30 s的普通暂停。在所有暂停时，比赛队员必须离开比赛场区到球队席附近的无障碍区。

(4) 换人与替换。正式比赛中，每一局每队最多可换6人次，可以同时换1人或多人。替补队员每局只能上场比赛1次，必须是一对一的换人关系。自由防守队员的换人不计在本队的换人次数之内，且没有次数限制。但两次替换之间必须经过完整的比赛过程，但替换他的队员必须是由他替换出场的队员。如果某一队员受伤不能继续比赛，必须进行合法的换人。如果某队员被“判罚出场”或“取消比赛资格”，必须进行合法换人。如果不能进行合法的换人，可采用“特殊换人”。不能进行合法换人时，则该队被宣布为“阵容不完整”。替换必须在比赛成死球后，第一裁判员鸣哨允许发球前进行。比赛开始前，第二裁判员核查完位置后，允许后排自由防守队员进行替换。

2. 技术性规定

(1) 发球犯规。发球队员必须在裁判员鸣哨后8 s之内将球发出，超出时间则判为发球延误；裁判员鸣哨前的发球无效，须重新发球；鸣哨之后有挥臂动作，但未击中球，判对方得分，并交换发球权；发球时未抛起或未使球清楚离手便击球为发球违规，换由对方发球；当发球队员在击球时踏及端线或踏越发球区短线（或延长线），则判为发球区外发球犯规。未按照位置表所登记的发球顺序发球，记录员应在发球击球后即刻鸣哨报告，裁判员应随即纠正错误，并要求队员恢复到正确的轮转位置，并判该队失1分，由对方发球；如果发球轮转错误早已发生，此时记录员应准确地确定其错误何时发生，从而取消该队自错误发生后的所有得分，对方得分仍然有效；如果不能确定错误发生的时间，则仅判该队失1分，由对方发球。

(2) 位置错误。规则规定队员的位置是根据其脚的着地部位来判定的。每一名前排队员至少有一只脚的一部分，比同列后排队员的双脚距中线更近（平行也不行），否则为同列位置错误；每一名右边（左边）队员至少有一只脚的一部分，比同排中间队员的双脚距场地的右（左）边线更近（平行也不行），否则为同排位置错误。不管是同列还是同排错误，都判该队失1分，由对方发球，且要求队员恢复到正确位置。

(3) 击球时的犯规。比赛击球时，每队最多击球三次（拦网除外），第三次必须将球击过网并进入对方场区，否则为四次击球犯规。击球时必须清晰，如一名队员击球时，接触时间长，或使球停滞为持球犯规。一名队员连续击球两次或球连续触及身体的不同部位，为连击犯规。但在第一次击球时，允许身体不同部位在同一击球动作中连续击球。以上击球时的犯规均判该队失 1 分，由对方发球。

(4) 球网附近的犯规。比赛进行中队员触及球网为犯规，但队员无意识、轻微、不影响比赛的触网和由球被击入球网而造成的球网触及队员不算犯规。拦网时，允许越过球网触球，但在对方进行进攻性击球前或击球时，在对方空间触及球，则判为过网击球。网下穿越时，规定在不妨碍对方比赛的情况下，允许队员在网下穿越进入对方空间，但妨碍对方比赛则判为犯规。另外，比赛进行中队员整个脚、手及身体任何部分越过中线，触及对方场区为过中线犯规。但队员的一只脚或一双脚越过中线触及对方场区时，脚的一部分还接触中线或置于中线上空是允许的。以上球网附近的犯规均判该队失 1 分，由对方发球。

(5) 拦网犯规。拦对方发过来的球为拦发球犯规；队员在对方进攻性击球前或击球时，在对方空间拦网触球为过网拦网犯规；后排队员靠近球网处参加集体拦网，并将手伸向高于球网处阻挡对方来球，即使本人未接触到球，只要集体拦网成员的任何队员触球，则判后排队员拦网犯规。以上拦网犯规均判该队失 1 分，由对方发球。

(6) 进攻性击球犯规。在前场区域对发过来的并高于球网的球，完成进攻性接球为犯规，但在后场区域起跳，击球后仍在后场区域落地不犯规。后排队员在前场区域或踏及进攻线及其延长线，击整体高于球网上沿水平的球，并使球整体由过网区通过球网垂直面或触及对方拦网队员，则为后排队员进攻性击球犯规。以上两种进攻性击球犯规均判该队失 1 分，由对方发球。

第四节　乒乓球运动

乒乓球被世界公认为是中国的“国球”。中国乒乓球队为祖国夺取了200多个世界冠军，且多次囊括世锦赛、奥运会的全部金牌。目前我国参加乒乓球运动的人超过 1 000 万人，越来越多的人在业余时间参加乒乓球运动，“乒乒乓乓，快乐健康”是许多乒乓球爱好者的朴素追求。

一、乒乓球运动概述

(一) 乒乓球运动的起源与发展

乒乓球运动起源于英国，是在网球的发展过程中派生出来的。19 世纪中期包括网球在内的球类运动朝着两个方向发展：一是向室外露天场地发展；二是向室内场馆发展，于是出现了“室内网球”。19 世纪后期英国的大学生从网球中得到启示，将“室内网球”搬到桌上，以餐桌为球台，以书作球网，用羊皮纸贴面作拍子，用橡胶或软木作球，在餐桌上打来打去。当时媒体报界称它为“桌上网球”。

大约在 1890 年，英国的著名越野运动员吉布从美国带了一些作为玩具的赛璐珞球回英国。由于这种赛璐珞球用到桌上网球中，并在两面贴羊皮纸的空心球拍或木制的球拍触球时发出“乒乓”之声，随后就有人将这项运动称为“乒乓”球。乒乓球最初作为一项娱乐项目流行于欧洲一些国家，因无统一的名称，也无统一的规则，故而停留在游戏阶段。

1902 年在英国游学的日本东京高等师范学校教授坪井玄道，将乒乓球的整套用具带回日本，乒乓球运动传入了亚洲。1905—1910年前后，乒乓球运动又传入了中欧一些国家，以后逐渐扩展到北非的埃及等地，为乒乓球运动的国际化奠定了基础。

20世纪初期，乒乓球运动在世界各国逐渐发展起来。到了20年代，欧洲的国家除举行全国性比赛外，也经常举行一些国际性的邀请赛，乒乓球运动引起了人们的兴趣和重视，许多国家相继成立了乒乓球协会。为了便于各协会之间交流经验和促进乒乓球技术的提高，1926年1月，在柏林举行的国际乒乓球邀请赛期间，由德国的勒曼博士倡议，在柏林网球俱乐部召开一次座谈会。当时到会的有德国、英国、奥地利、匈牙利乒乓球协会的代表，会议决定成立国际乒乓球联合会，并委托英国乒乓球联合会举办第一届欧洲乒乓球锦标赛。

1926年12月，在英国伦敦举行的第一届欧洲乒乓球锦标赛期间，召开了第一次国际性的乒乓球联合会全体代表大会。会议通过了正式成立国际乒乓球联合会的决议和国际乒乓球联合会章程，讨论了乒乓球规则，推选英国乒乓球协会的负责人伊沃·蒙塔古为国际乒乓球联合会的第一任主席。

参加第一届欧洲乒乓球锦标赛的国家有德国、匈牙利、威尔士、英格兰、奥地利、印度、捷克斯洛伐克、瑞典、丹麦，共64名男、女运动员。由于印度是亚洲国家，于是国际乒乓球联合会决定把第一届欧洲乒乓球锦标赛改为第一届世界乒乓球锦标赛。第一届世界乒乓球锦标赛只举行了男子团体、男子单打、男子双打、女子单打及混合双打五个项目的正式比赛。第二届增加了女子双打，第八届增加了女子团体。此后，每届世界乒乓球锦标赛都举行上述七个正式项目的比赛。世界乒乓球锦标赛从1926年起每年举行一次，1939—1946年因第二次世界大战而中断，1957年以后改为每两年举行一次，到2015年共举行了53届。

纵观世界乒乓球运动的历史，其发展经历了以下几个阶段：

1. 1926—1951年是欧洲的全盛期

在此期间共举行了18届世界乒乓球锦标赛，除第13届在埃及外，其余17届均在欧洲举行，欧洲国家获得了绝大多数的冠军。这一阶段的前期，技术上以欧洲稳削为主的打法占主导地位。第11届乒乓球锦标赛后，由于规则作了修改，为攻球创造了条件，从此削攻结合的打法逐渐发展起来，同时出现了以攻为主的新打法。因攻球技术尚未达到足以对付削球的程度，故而这一时期以削为主和削攻结合的打法占据世界乒坛的主导地位。

2. 1952—1959年日本称雄世界乒坛

1952年日本选手在第19届世界乒乓球锦标赛中，利用海绵拍，采用远台长抽的进攻型打法，一举夺得了女团、男单、男双、女双四项世界冠军，冲破了欧洲选手保持20多年的传统削球的防线。日本选手创造的“长抽攻击型”打法使日本队从第19届一直到第25届世界乒乓球锦标赛均获得了优异成绩。

3. 1960—1970年中国乒乓球运动崛起

在这一时期，我国运动员创造了具有“快、准、狠、变”独特风格的近台快攻打法。另外，还发展了以“稳、低、转、攻”为技术风格的削球打法，把世界乒乓球技术大大地向前推进了一步。

4. 1971—1980年欧洲复兴

欧洲在乒乓球技术上从20世纪50年代负于日本，20世纪60年代败于中国，整整用了20年的时间，经过反复的摸索，最终明确了自己技术发展的方向。欧洲吸取了日本弧圈球和中国快攻的优点，创造了适合他们的以弧圈球为主、与快攻结合的新型打法，从此步入与亚洲抗衡的态势。

5. 1981 年至今中国确立霸主地位

由于我国对乒乓球运动的高度重视和举国体制，这一时期我国选手多次包揽世锦赛、奥运会的全部金牌以及获得国际上各大赛事的大部分的奖牌，确立了中国在乒乓球项目上的霸主地位。

当前世界各乒乓球强国普遍朝着打法多样、技术全面、战术灵活、能攻能守、能长能短、特长突出、加强主动进攻的方向发展。

(二) 乒乓球运动的特点

(1) 器材设备简单，室内外均可进行活动，运动量可大可小，不受年龄、性别和身体条件的限制，很容易被大众所接受。

(2) 乒乓球速度快、变化多，要求练习者在瞬间对来球有较强的反应能力和应变力。它能提高人体神经系统的灵敏性和协调性。

(3) 乒乓球项目设有单项、双打、团体项目。团体项目通过团体来实现，所以乒乓球项目可以培养参与者独立思考、顽强拼搏的精神。

(三) 乒乓球运动的锻炼价值

1. 可以增强身体素质

长期参加乒乓球运动，随着水平的提高，活动范围的增大，运动量也就相应增加，这就相应地提高了力量素质、速度素质和身体灵敏性、协调性，从而达到使肌肉发达、身体健壮、关节更加稳固的效果。

2. 可以调节和改善神经系统灵活性

由于乒乓球在空中飞行速度比较快，正手攻球只需 0.15 s 就可到达对方台面。在这短暂的时间内，要求运动员对高速运动的来球方向、落点、旋转、力量等因素进行全面观察并进行判断，及时采取对策，调整击球位置与拍面角度，进行合理还击。经常从事乒乓球运动可大大提高神经系统的反应速度。

3. 可以改善心血管系统和呼吸系统的功能

经常参加乒乓球运动，可以使心血管系统的结构和机能得到改善，心肌变得发达有力，心容量加大，每搏输出量增多。心搏徐缓和血压降低，提高心脏工作效率，有利于身体的新陈代谢，提高整个身体机能水平。

4. 可以提高心理素质

乒乓球运动是竞技项目，对抗激烈，比分更改速度快，运动员情绪状态非常复杂。经常经受这些变幻莫测、胜负难料的激烈竞争的锻炼，同时在比赛中要对对方战术意图进行揣摩，因此使练习者的心理素质得到很好的锻炼。

5. 可以促进交流，增进友谊

通过参加乒乓球运动，可以相互交流经验，切磋球技，达到相互学习、共同提高的目的。

二、乒乓球运动基本理论

(一) 球拍的种类与性能

目前乒乓球规则规定可使用的球拍有三种：正胶胶皮拍、正胶海绵拍、反胶海绵拍。

1. 正胶胶皮拍

正胶胶皮拍分两种，一种是普通胶皮拍，另一种是长胶皮拍。

(1) 普通胶皮拍是在球拍底板上贴有一层胶皮,胶皮上有一粒粒的圆柱形软体小胶粒,其高度在 1.5 mm 之内。这种胶皮弹性小,出球速度慢,但易控制球。其本身不易制造强烈的旋转,出球时速度不快,力量也不强。

(2) 长胶胶皮拍上的胶粒高度超过 1.6 mm 以上,因此被称作“长胶”。用长胶打球产生的旋转变化较多。长胶出球的旋转变化是随着对方来球的变化而变化的。如对方来上旋球,则长胶回球为下旋,对方来球是下旋,则回球变为上旋,对方来球不转,长胶回球也不转。长胶出球速度不快,与普通胶皮相比较难控制。

2. 正胶海绵拍

这种球拍是在木板与胶皮之间夹有一层海绵,海绵连同胶皮的总厚度不超过 4 mm,它分成三个种类。

(1) 普通正胶海绵拍。这种球拍反弹力较强,回球速度也较快,能制造一定的旋转。胶粒上刻有花纹,出球时能“吃住球”。在发球、搓球和拉球时能产生一定的旋转,但其控制球的稳定性不好。

(2) 正胶海绵生胶拍。这种球拍是将一种生胶胶皮正贴在海绵上,其颗粒比一般胶皮上的颗粒要大一些,且胶皮较硬,使得球的反弹力增强,回球速度加快。在攻或者回击弧圈球时,触台后有迅速下沉的现象。但这种拍子制造旋转的能力较差。

(3) 正胶海绵长胶拍。这种球拍是将长胶胶皮贴在海绵上,它与长胶皮拍相比,弹性更大,旋转变化更强。发球时,如果能快速集中力量撞击球,还可以发出旋转球。

3. 反胶海绵拍

反胶海绵拍将胶皮上有胶粒的一面反贴在海绵上,平的一面向外。这样的球拍表面平整,有较大的黏性,对球的摩擦很大。如果附在硬型海绵上,能打出强烈的旋转球。但由于胶粒向内,同海绵之间留有一定的空隙,因此,反弹力稍差,回球速度稍慢。

防弧圈球海绵拍是反胶海绵拍的一种。防弧圈球海绵拍将一种黏性小的胶皮反贴在结构松软、弹性差的海绵上。这种球拍可以减弱来球的旋转和来球的力量,对付弧圈球非常有效,但这样的球拍回球的旋转强度和速度也有所减弱。

4. 底板

优质底板应具备能控制球、分量轻而弹力均匀的优点。一般来说,打攻球的多喜欢用木质稍硬、弹力略好的底板;打削球的多喜欢用木质稍软、弹力略小的底板。底板厚度一般在 6.8~7 mm 之间,太薄震手,太厚过重。

(二) 乒乓球运动常用术语

1. 球台

端线:球台两端与球网平行的白线称端线,宽 2 cm。

边线:球台两侧与球网垂直的白线称边线,宽 2 cm。

中线:球台中央与边线平行的白线称中线,宽 3 mm。

左半台和右半台(又称 1/2 台):通常是指出球范围,其左右方向是对出球者本身来说的。

2/3 台:是指出球范围占球台的 2/3,左侧为左 2/3 台,右侧为右 2/3 台。

全台:出球时不限落点,出球范围占整个球台。

2. 站位术语

站位:是指运动员出球时,其身体与球台端线之间的距离。可将站位划分为近台、中台、远台、中近台和中远台。

近台：指站位在离球台端线 50 cm 范围以内。

中台：指站位在离球台端线 70 cm 范围左右。

远台：指站位在离球台端线 100 cm 范围以外。

中近台：近台与中台之间的站位。

中远台：中台与远台之间的站位，如图 5-4-1 所示。

3. 出球路线

出球路线可分为右方斜线、右方直线、左方斜线、左方直线、中方直线。出球路线为中方直线的球称追身球，如图 5-4-2 所示。

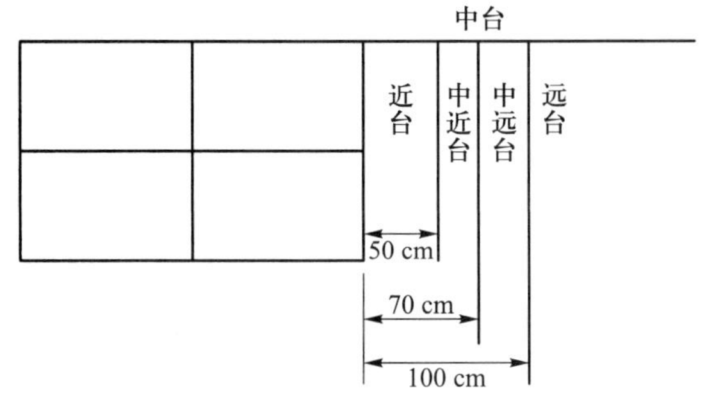

图 5-4-1　站位

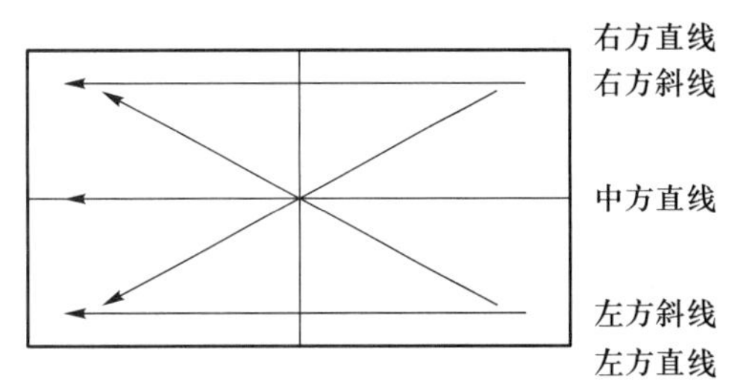

图 5-4-2　出球路线

4. 出球时间术语

上升期：来球从台面弹起接近最高点的这段时间为上升期，分上升前期与上升后期。

高点期：来球从台面弹起在最高点附近的这段时间为高点期。

下降期：来球从最高点开始下降以后的这段时间为下降期，可细分为下降前期和下降后期。拉下旋来球，一般下降前期出球，削接弧圈球，一般在下降后期出球，如图 5-4-3 所示。

5. 出球部位

出球时，球拍接触球上的位置叫出球部位。为了方便说明，将球用表盘的形式标志 12、1、2、3、4、5、6 七个点。接近 12 点附近叫上部；1、2 点附近叫中上部；3 点附近叫中部；4、5 点附近叫中下部；6 点附近叫下部。

6. 拍形

拍形包括拍面角度和拍面方向两个方面。

(1) 拍面角度。出球时，拍面与地面（水平面）形成的角度叫拍面角度。拍面角度小于 90° 时称为“前倾”；拍面角度大于 90° 时称为“后仰”，如图 5-4-4 所示。

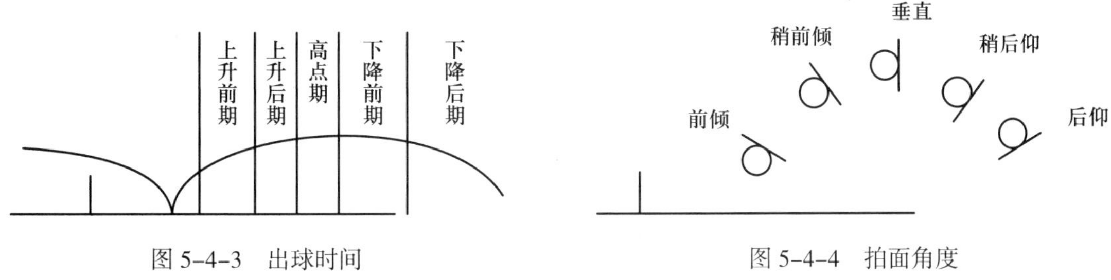

图 5-4-3　出球时间

图 5-4-4　拍面角度

(2) 拍面方向。出球时,出球拍面所朝向的方位叫“拍面方向”。

7. 触拍部位

触拍部位是指出球瞬间,球体触及在球拍上面的位置,球拍的出球拍面可划分为左、右、上、下、中等部位。

8. 出球点

所谓出球点,一般是出球时球拍与球体相接触那一点的空间位置。

9. 出球节奏、摆速

出球节奏是指在出球时由于出球时期、发力大小、摩擦球厚薄等因素不同而形成在击球速度上快慢不同的节奏。

摆速一般是指在正反手转换击球时,持拍手摆动的快慢。

10. 技术术语

(1) 挤:一般是指推挤(侧推),是用来对付拉过来上旋很强的弧圈球的一项先进的推挡技术。其特点是回球带侧下旋、弧线低、角度大。

(2) 拱球:是使用长胶粒和防弧胶皮球拍的运动员,在打搓攻时常用的一种技术。拱球的动作和一般的推挡很相似,只是球拍触球的部位和推挡不同,它是以拍面触球的中下部将球推出。用长胶拱球,回球往往会发飘;用防弧胶皮拱球,速度较慢,落台后有些下沉。在接发球中突然运用拱球往往能使对手措手不及。

(3) 快摆:是对付近网下旋球的一种有效的搓球技术。摆短球大多是在来球上升期前段去击球,它的动作和手削近网短球很相似,通常是借助来球的反弹力进行回击。其特点是回球弧线低,落点短,使对方难于抢位抢冲,以压制其攻势。

(4) 劈:是一种用类似切削动作,回接台内球的技术。其特点是回球弧线较直,较低,下旋力强,且有一定的速度。动作的要点是右脚、身体和手臂同时到达球台右前方。小臂伸进台内,拍头上提,然后依来球高低和旋转调节拍形和用力方向。如果球较高或没有旋转,拍形应稍立,手腕结合小臂向前下方用力将球砍过去;若来球低,或下旋强烈,拍形可适当后仰,减少向下用力的动作,以向前发力为主。

(5) 撇:是一种用正手回接对方右方近网球的技术。它的动作要点是手腕必须放松,直握拍者应使拍头下垂,对右手持拍者来说拍面方向略偏于对方左侧(横握拍选手应强调手腕向外偏);手腕配合小臂,向左向前用力。回球略带左侧旋,落点多在对方的左侧大角度。

(6) 挑:是一种将台内下旋球改为上旋球的过渡性技术,多用于接发球。其动作要点是,当来球低且下旋力较强时,拍形可稍后仰,多向上用点力摩擦球;若来球下旋力弱或不转时,拍形应与台面垂直或稍前倾,用力方向偏于向前。

(7) 弹:即在台内或近台出现了略高于网的无旋转,或旋转较弱的球时,手腕迅速向后做一小动作引拍。然后急速向前爆发用力将球弹出,出球时间为高点期,其突出特点是快,速度极快,常使对手猝不及防。

三、乒乓球运动的基本技术

(一) 基本站位与基本姿势

1. 基本站位

(1) 快攻型。

① 左推右攻打法的基本站位(以右手握拍为例),在近台偏反手位处,也就是球台左1/3处。

② 两面攻打法的基本站位,在近台中间偏反手位处,也就是球台的1/2处。

(2) 弧圈型。

① 单面拉弧圈打法的基本站位在中近台偏反手位处。

② 两面拉弧打法的基本站位在中近台中间略偏反手位处。

(3) 削攻型。

① 攻削结合打法的基本站位在中台中间略偏反手位处。

② 削中反攻打法的基本站位在中远台中间略偏反手位处。

2. 基本姿势

进攻型打法的基本姿势:(以右手持拍者为例)两脚开立,比肩稍宽,左脚稍前,右脚稍后,前脚掌内侧着地,脚后跟略抬起,两膝自然微屈,肩关节放松,持拍手位于身前偏右处,拍略高于台面。

(二) 握拍法(以右手握拍为例)

1. 直握拍法

(1) 快攻型握拍法。在球拍的前面,以食指中节和拇指末节扣住拍肩,两指尖相距1~2 cm,拍柄贴住虎口;在球拍的背面,三指自然弯曲,中指末节顶在球拍1/3处,其余两指垂叠于中指之上,如图5-4-5所示。

图5-4-5 直握拍法

球拍握持法

(2) 特点。这种握拍法,手腕比较灵活。可以在发球时利用手腕动作,发出动作相似而旋转、落点不同的球,左右摆速较快。

正手拉弧圈球时,拇指、中指和无名指协调用力,球拍背面的中指与无名指略微伸展,以便较好地保持拍面前倾。

2. 横握拍法

(1) 横拍各种类型打法的握拍方法大致相同。横握拍的一般方法是:虎口贴住拍肩,拇指伸在球拍正面,食指伸在球拍反面,其余三指握住拍柄。攻击型选手一般握拍较深;防守型选手握拍稍浅一些,如图5-4-6所示。

(2) 特点。横握拍照顾范围较大,出球时间便于发力;反手攻击速度快,力量大,落点变化灵活。缺点是左右结合的灵活性稍差一些,正手中路球比较难打。

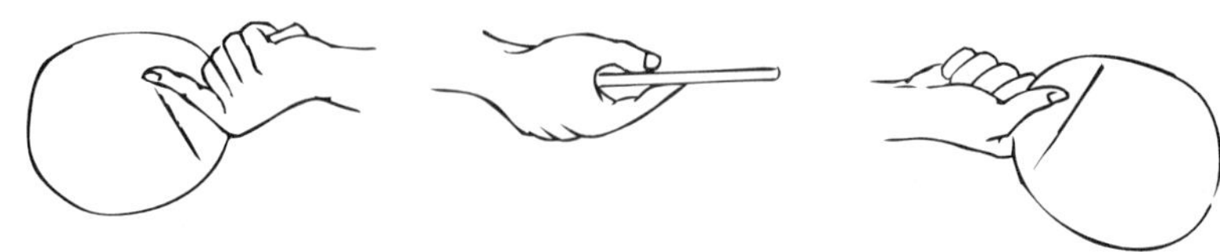

图 5-4-6 横握拍法

四、发球与接发球

(一) 发球技术

1. 正手发急(奔)球的动作要领

平击发球

左脚稍前,身体略向右转,执拍手向右手方引拍。球拍稍立,拍面垂直,待球从上向下回落时,上臂带动前臂由右后方向左前方快速挥摆,在球降落至比网高位置时击球的中上部。第一落点在本方台区端线附近。

2. 反手发急(奔)球的动作要领

站位近台,右脚稍前或平站,身体略向左偏斜,左手掌心把球置于前偏左侧。左手在拍前抛球。抛球不要太高,同时持拍手向左后方引拍,拍形垂直,在球下落时,用小臂和手腕发力,向前击球中上部。同时,腰部配合向右转动,动作要放松,加速第一落点在本台端线。出球后,身体动作顺势前送,迅速转换成准备姿势。反手发急球速度快,弧线低,前进力强,易于发挥速度上的优势,迫使对方回出便于进攻的球。

3. 正手发转与不转球的动作要领

发下旋球

站位近台,左脚稍前,身体略向右转。发下旋球时,手臂由后上方向前下方姿势。前臂处旋转动作加快,拍形后仰的角度稍大些。用球拍远端下部,球拍触球时手腕发力为主;发不转球时,手臂由后上方向前下方挥摆,前臂处旋转动作比较慢。拍形稍后仰,用球拍上部碰球的中下部。在球离拍面的瞬间手腕同样做一个发力的假动作。发侧上、侧下旋球特点:出手快,旋转力强,用相似的手法可以发出不同旋转和落点的球,用以迷惑对方,使其回接困难,为配合抢攻创造有利条件。

4. 正手发左侧上、下旋球动作要领

高抛发球

站位靠近左半台。左脚稍前,右脚稍后。当持球手向上轻轻抛起时,持拍手迅速向后上方引拍,身体随着球拍向右转动;发左侧上旋球时,手臂自右上方向左下方挥摆,球拍从球的右侧中下部向左前上方摩擦球;发左侧下旋球时,手臂自右后上方向左下方挥摆,球拍从球的右侧中下部向左侧下部摩擦球。拍触球的一瞬间,手腕辅助发力,以增大球的旋转。

5. 反手发右侧上、下旋球动作要领

站位靠近左半台,右脚稍前,左脚稍后,略向左转体,收腹。持球手将球抛起后,持拍手向左上方引拍。引拍时拍面稍后仰,手腕内屈,拍柄朝下;发右侧上旋球时,持拍手由左上方经身前向右侧一方挥摆拍后仰稍前倾。

触球时拍面从球左中下部向右侧前上方摩擦;发右侧下旋球时,持拍手由左后上方向右前下方挥摆,触球时拍面从球的左侧中下部向右侧下部摩擦。随着手腕与前臂内旋,向右侧前上方挥拍；如发长球，第一跳要在球台端线附近，如发短球，第一跳在台中附近。发球时，发侧下旋球要继续做发侧上旋球的假动作。发侧上旋转的，小臂放松前送，迅速还原。

（二）接发球方法应注意的问题

1. 站位的选择

一般情况，如果对方准备用正手在球台的右角发球，接发球的站位在中间偏右；如果对方用反手或侧身在球台的左角发球，则接发球的站位应在中间偏左一些。

2. 准确判断

看清楚对方触球瞬间的触拍部位，出球部位，用力方向，不被对方的假动作所迷惑。一般情况，球落台后向前走得慢的是下旋，向前走得快的是上旋或不转球。下蹲发的左、右侧旋，从对方的发球动作上很难判清旋转，而用这种看球落台后弹跳情况的方法就比较容易。

3. 果断还击

对方的发球一旦出手，必须尽快决定接发球的还击方法。能攻则攻，能拉则拉；点一板或撇一板都是有效的接发球方法，遵循低拉高打的原则。

4. 重视基本技术的练习

接发球的方法基本上是由拉、点、攻、挡、搓、撇等各种技术综合组成。

五、基本步法与练习注意事项

1. 基本步法

基本步法包括单步、跨步、并步、跳步、交叉步、垫步。

(1) 单步：以一脚为轴，另一脚向前、后、左、右不同方向移动，重心也随之跟上。快攻运动员在回击短球、削球、削追球时常用此步法。

(2) 跨步：以一脚向前、后、左、右的不同方向跨出大步，身体重心随即移到摆动脚上，而另一只脚也迅速地滑动半步跟过来。进攻型扑打正手球、削球选手左、右移动救球时用此步法。

(3) 并步：一脚先向另一只脚移动半步，另一只脚在移动脚落地后即向同方向移动。进攻型选手正手的走动攻或拉，左右摆速，正反手削球时用此步法。

(4) 跳步：以来球同方向脚踏地为主。在移动过程中，两脚有短暂的同时离地时间，在来球较快、角度较大的情况下采用此步法。

(5) 交叉步：来球距离身体较远，采用并步或跳步仍不能取得合适的出球位置时，可运用交叉步。

(6) 垫步：两脚前脚掌内侧蹬地，尽量靠近地面，在身体重心起伏不大的情况下向来球方向移动，根据来球情况调整击球位置，并与其他步法技术相结合。

2. 练习注意事项

步法练习中注意的问题：

(1) 反应判断要快。

(2) 脚步移动要灵活。

(3) 击球后身体重心要调整。

(4) 运动员在训练中必须集中精力，注意盯球，特别要学会用眼睛盯住对方球拍触球时的动作。

六、攻球技术

(一) 正手快攻

1. 动作要点

(1) 站位与准备姿势:离台均 50 cm。两脚与肩同宽或稍宽,左脚稍前,身体略向右转,重心在右脚上。

正手攻球

(2) 引拍动作:击球前,转体摆臂。小臂横摆至体侧。拍面与台面垂直或稍前倾,球拍呈半横状,使拍面正对来球路线。身体重心随引拍动作移至右脚。

(3) 击球动作:在球从台上弹起时,大臂带动小臂,拍形稍前倾,在上升期或高点期向前上方击球中上部,以小臂发力为主,手腕配合小臂内旋。直握拍者拇指压拍,同时右脚踏地,重心前移,腰、躯、手配合转动。

(4) 击球后动作:球出手后整个手臂放松。球拍顺势挥至额前左侧,身体重心随挥击球动作由右脚移向左脚,同时迅速调整自己的重心和步法,做好回击下板球的准备。

2. 易犯错误和改正方法

(1) 引拍时大臂僵直,整个肘部拉后,回击半高球影响发力。

改正方法:站位时,右脚稍后,肩要放松,身体略向右转。引拍时小臂也要放松。在台上多练习离身球,击球点稍远些,从而达到改正错误的目的。

(2) 握拍时手腕过分僵硬,吊拍或撇拍,影响击球的命中率。

改正方法:通过讲授建立正确的动作概念,做挥拍练习,然后再上台练习,逐渐体会动作要领。

(3) 拍面后仰,有翻肘动作。击球时容易吃转,容易使旋转球出界或下网。

改正方法:使运动员明白动作概念,掌握正确的握拍方法,使拍形稍前倾,多练习攻打上旋球技术。

(4) 击球时动作僵硬,击球没有弧线,拍触球时没有摩擦球动作。

改正方法:使运动员明白击球原理。多练习打旋转球,注意摩擦球的动作,体会打和摩的技术动作差别。

(5) 击球时,手臂与身体配合不好,动作不协调,影响步法快速移动。

改正方法:使运动员建立正确的动作概念,多做挥拍练习,强调重心交换。在单线的技术练习中,要求每板球必须有重心交换。

(二) 正手快拉

1. 动作要点

正手快拉是快攻运动员对付削球运动员的一项重要技术。也可用来对付力量不太大的攻球和推挡。正手快拉与正手快攻在击球动作上基本相同。所不同的是,引拍时身体重心稍下降,球拍略低于球,拍形稍前倾,触球中部。发力时向上摩擦,力量大于向前打的力量。以小臂发力为主,击球时间在下降期或下降前期。

2. 易犯错误和改正方法

(1) 身体重心高,引拍太向后,球拍位置过高,影响向上发力。

改正方法:多做徒手拉球动作,体会拍触球瞬间的手腕动作感觉。上台练习时,以练习拉下旋球为主,从中体会快攻与快拉的动作区别。

(2) 拍形过于后仰或前倾。后仰时打球容易出界,前倾时遇强烈下旋球时拉不起来造成下网。

改正方法:可以多安排一些和削球选手的练习。多体会拉球时的拍形和摩擦球的动作,应根据来球旋转的不同和高低调节拍形。

(三) 正手快点

正手快点是一项用以进攻近网短球的重要技术。

1. 动作要点

(1) 上身、右脚和前臂在同一时间内到达球台右前方,上身靠近球台,前臂同时伸进台内举拍稍高。一般击球的最高点向前上方挥动。

(2) 判断清楚来球的旋转、高低,调节好拍形,制造合理弧线。来球下旋强烈,球拍触球时拍面后仰些,触球中下部,摩擦球时间长一些,手腕配合前臂向前上方挥动;来球略带下旋,拍面基本与台面垂直,触球中部,摩擦时间短一些,手腕在向前发力的同时稍向上摩擦;来球上旋,拍的位置应稍高于来球或与来球在同一水平线上,拍面前倾些,触球中上部,手腕向前发力为主,不必摩擦而直接将球击出。

(3) 在回击近网来球时,角度越大,右脚跨出的步子应该越大。来球若在中线靠右近网处,左脚应向左前方迈出一步,右脚跟着往左前移半步。

2. 易犯错误和改正方法

(1) 不看来球的旋转性能、落点和高低,用同样的动作和拍形攻球,造成失误。

改正方法:善于观察来球的变化,根据来球的性能变化调节拍形,供不同旋转和高低的来球进行练习。

(2) 上身不前移,重心拖后,导致手臂伸得过直,造成控制球能力低,不好发力。

改正方法:先做手部练习,强调上身、右脚、前臂三个动作应同时到达球台右前方。采取多球练习,多供特别短的球。

(3) 手腕紧张,影响发力,影响击球弧线,导致失误。

改正方法:改进引拍动作。

(四) 攻打弧圈球

攻打弧圈球技术主要包括两种:一种是借力打弧圈球技术,常被称为快带技术;另一种是主动出击,迎前发力攻打弧圈球。

1. 快带弧圈球技术

特点是用来从相持或被动中转变为主动的过渡性技术。以速度快、弧线低、落点变化多来造成对手的失误,或使对手不能连续拉出强烈的弧圈球,为主动进攻创造机会。

(1) 快带弧圈球技术动作要点如下。

① 站位近台,拍面稍前倾或与台面垂直,手腕固定,向后引拍幅度较小,球拍位置稍高并靠近身体。

② 击球时,球拍触球的中上部,击球上升期,利用身体重心和手臂向前的力量,动作要小,在借力中发力。

③ 快带中,要强调速度和落点变化。主要根据来球的旋转强弱决定击球的拍形和发力方向。

(2) 该项技术易犯错误和改正方法如下。

① 引拍动作过大，站位偏后，耽误了接球时间，造成击球失误。

改正方法：观察优秀运动员的快带动作，体会击球节奏。重点强调站位近台、上升期击球等要点，然后上台练习反复体会。

② 手腕太活，拍面角度不固定，容易吃转。

改正方法：明确动作要点，先做手练习，建立正确的动作定型，再到台上练习。

2. 正手攻打弧圈球

正手攻打弧圈球是一种最积极主动的打法，具有速度快、变化多、力量大的特点。但此项技术难度较大，回击时处理不好，很容易打飞。

(1) 正手攻打弧圈球动作要点如下。

① 引拍位置较高，拍形固定稍前倾，在球的上升期，击球的中上部，由上向前，向下方挥拍。

② 击球时，以大臂发力为主。借助腰、髋的转动协助配合。触球瞬间前臂有一收缩动作，击球点在身前。

(2) 该项技术易犯错误和改正方法如下。

① 引拍偏低，击球点靠后，拍形不固定，击球失误较多。

改正方法：明确攻击弧圈球的动作要点，在徒手挥拍练习中建立动力定型，在实践中多体会。

② 击球时间掌握不好，不是过早就是过晚，影响发力和命中率。

改正方法：从理论上明确攻击弧圈球的击球时间，多观察优秀运动员攻打弧圈球的技术动作，在台上反复实践。

（五）反手攻球

1. 直拍横打技术

直拍横打技术的动作要点：

(1) 站位与快拨相同。手腕立起，身体重心略高，击球时，手腕先向后稍转，然后猛然向前下方用力击球的中上部，击球时间为高点期或上升期，整个动作短促有力。拇指和中指用力，食指放松。

(2) 反面弹打技术的拍形几乎与台面平行，击球时手腕立起，拍形固定，击球时间为上升期，击球的中上部。

2. 横板反手攻球

横板反手攻球技术的动作要点：

(1) 反手快拨是横拍进攻运动员常用的一项相持性技术，具有站位近、动作小、落点变化多、速度快的特点。

(2) 击球前，右手臂在身前左侧自然前伸，上臂与前臂的角度为 90°，前臂与手腕成直线。来球从台面弹起时，拍形前倾，击球时间为上升期，触球中上部。手腕固定，前臂为主向前右方发力，拇指控制拍形和击球弧线。

(3) 反手弹击，一般在反手拉弧圈球或对攻中，偶有一板弹击，故节奏突变，常使对方防不胜防。

七、弧圈球技术

(一) 正手拉加转弧圈球

拉加转弧圈球飞行弧线较高,速度较慢,稳健性好。对下旋力较强、较低或位置不合适的来球,用拉加转弧圈球可以较容易地将球拉过去。

正手拉弧圈球

1. 动作要点

(1) 准备阶段:左脚在前,右脚稍后,两膝微屈,身体略向右扭转,左肩略高于右肩,略收腹。手臂自然下垂,球拍后引的幅度较小,球拍低于来球。

(2) 击球阶段:当球在台面弹起时,用前脚掌着地,以转腰带动肩、上臂、前臂和手腕,由后向前挥动。击球瞬间,快速收缩前臂,击球中上部,击球点在下降期。拍面稍前倾或与台面垂直,发力方向是由下向前上方摩擦球。为提高拉球的旋转和速度,在触球前动作要逐渐加快,到触球时,达到最高速度,手腕在最后瞬间达到最好的擦击力。

(3) 结束动作:球击出后,球拍顺势挥至头前,身体重心随之移至左脚,此时迅速还原,准备下次击球(图 5-4-7)。

图 5-4-7　正手加转弧圈球

2. 易犯错误和改正方法

(1) 拉球时,击球点找不准,拍形过分前倾,击球时间晚,容易漏球或擦拍边。

改正方法:多做徒手挥拍练习,动作熟练后到台上练习。在拉球时,每次击球,强调动作的稳定性,找准击球点。先进行单线练习,同时注意调整拍面角度。

(2) 单纯大臂用力拉球,不会身体各部位协调配合。虽然力量很大,但拉球旋转不强,难于连续拉。

改正方法:明确拉弧圈球技术需要身体配合的重要性,每次击球强调发力要集中,手臂与身体配合。多球练习效果更好。

(3) 撞击太多,摩擦太少,球不转。

改正方法:触球时,拍面不能“吃”得过厚,这样撞击多,旋转就弱。但是也不能认为拍面吃得“薄”球就转。如果过“薄”反而不能产生摩擦力,同样不能产生旋转。击球时,以摩擦为主才能增加旋转。

(二) 正手拉前冲弧圈球

前冲弧圈球是弧圈打法的主要得分手段之一。具有飞行弧线较低、速度快,上旋较强、冲力大及球着台后急剧向下滑落的特点,因而可以起到扣杀作用,如图 5-4-8 所示。

1. 动作要点

(1) 准备动作与拉加转弧圈球相似,不同的是,向右后方引拍,球拍与来球同高,身体重

图 5-4-8 正手拉前冲弧圈球

心比拉加转弧圈球时稍高，拍面前倾，重心在右脚上。

(2) 挥拍击球时，身体重心及上臂带动前臂由右后方向左前挥拍，击球的中上部，击球点在高点期或在下降前期。击球时，以向前发力为主。此外，直拍选手拉前冲发力时，中指可在拍后有顶拍动作，横拍选手食指应有一向前边甩的动作。

(3) 球离拍后，迅速放松，顺势挥拍至头部左侧，用跳步使身体重心还原。

2. 易犯错误和改正方法

(1) 拍面过于前倾，压球易下网。

改正方法：掌握适宜的拍面角度，注意发力方向，强调触球部位在中上部，不要触球顶部。

(2) 引拍低，身体重心低，拉球出界多。

改正方法：及时判断对方来球的旋转和落点情况，准确做出相应的拉球动作，在台上练习时有意提高引拍位置。

(3) 撞球多，拉球旋转不强，没有弧线，失误多。

改正方法：多做徒手和多球练习，着重体会拍触球手腕发力击球时的感觉。

反手拉弧圈球

(三) 反手拉弧圈球

反手拉弧圈球是横板选手的主要技术之一，具有速度快，富于节奏变化的特点。反手拉弧圈球常用于发球抢冲、接发球及搓中抢冲、退至中台进行反冲和对拉等。

1. 动作要点

(1) 两脚平行或左脚稍左站立。引拍至腹部下方，两膝微屈，重心降低，前臂自然弯曲，拍面前倾。

(2) 击球时，以肘关节为轴，两脚用力蹬地、伸膝，腰、髋向右转。前臂带动手腕，同时向右前上方发力，击球的中部。

近台快拉时，击球时间为上升期或高点期，在中台拉强烈下旋球时，击球时间为下降前期，中远台时对拉弧圈球的击球时间为下降期。

2. 易犯错误和改正方法

(1) 身体站位不当，没有收腹，引拍动作小，身体让位不够，不易发力。

改正方法：看录像片，观察优秀运动员拉球动作。再采用打多球的办法，体会反手拉球技术。

(2) 不会运用蹬地、伸膝、转腰动作等，单纯手臂发力，球不转。

改正方法：同正手拉弧圈球方法。

八、推挡技术

(一) 快推

快推具有速度快,落点变化灵活的特点。快推一般运用于相持球和对付弧圈球技术,也可在对攻和相持中运用对推两大角或突击对方空当,争取主动。快推技术要点:

正手攻、反手推

(1) 身体靠近球台,两脚平站或左脚稍前,两脚间与肩同宽或稍宽,肘关节靠近身体略前的位置。重心在前脚掌上,拍形基本与台面垂直。引拍时,球拍稍高于球或与球同高。

(2) 视来球情况,即迅速动脚步,取好位置,上臂带动前臂向前迎球。在来球的上升期,触球的中部或中上部,向前下方推送。手脚配合前臂往前发力,拇指放松,食指用力压拍,中指顶住拍底,使拍形前倾。身体重心快速落在左脚,上体随手臂发力微向左手转动。

(3) 球推出后,迅速放松、还原,准备下次击球。

(二) 加力推挡

加力推挡回球力量重,球速快,有落点变化。加力推挡适用于对付速度较慢、旋转较弱的上旋球或力量较轻的攻击。

动作要点:

(1) 站位准备姿势与快推相似。引拍幅度较大,球拍位置稍高。前臂上提,上臂后收,拇指略放松,食指压拍,拍形稍前倾。

(2) 来球从台面弹起后,上臂迅速迎球,前臂快速用力,手腕随前臂发力的同时,在上升期或高点期弹击球的中上部。

(3) 为加大推球力量和动作的稳定性,要善于运用伸髋和转腰动作,加大手腕发力,并用中指顶住拍背向前用力。

(三) 推挤

推挤的球带有侧下旋、弧线低、角度大的特点。主要用于对付弧圈球,也可在相持中利用改变球的旋转、角度、落点变化,增大对方进攻的难度,为自己的进攻创造有利时机。

推挤虽然角度大,弧线低,落点较短,但球速较慢,必须与其他技术配合使用,为自己的进攻创造有利时机。

动作要点:

反手推挡

(1) 来球尚未落台时,手臂向前迎球,球拍高于来球。

(2) 击球时,触球左侧中上部,向左侧下方用力摩擦推球。

(3) 推挤拉加转弧圈球时,球拍应在身体重心的带动下向前迎球,借力摩擦推球。

(四) 下旋推挡

下旋推挡具有回球弧线低、落点长、带下旋并且落台后向前滑的特点。主要用于助攻和在相持阶段中突然变化推挡节奏和旋转变化,扰乱对方以达到主动进攻的目的。

动作要点:

(1) 持拍手向前上提,球拍略高于台面,拍面竖直或稍后仰。

(2) 击球时,手腕固定,在球的高点期,前臂往前下方用力推切球的中下部,使击球弧线低且下沉。

(3) 以前臂发力为主,手腕触球时可配合向前下方用力切球,以增大球的下旋力。

(五) 减力推挡

减力推挡具有回球弧线低、落点短(球落台后不向前走)、力量轻的特点,一般在对攻相持中,在加力推挡或正手发力攻迫使对方离台后使用。加力推挡和减力推挡的结合运用,是对付中台两面拉弧圈打法的有效手段。

动作要点:

(1) 击球前,不用撤臂引拍,可稍屈前臂调整球拍位置,略高于来球。

(2) 球刚弹起,手臂向前移动,身体重心略上提,同时向前迎球。球拍在上升期触球的中上部,整个动作很小。基本不发力,借来球力将球反弹回去。

(3) 拍触球的刹那间,手臂和手腕要稍向后收。

九、搓球技术

搓球是近台还击下旋球的一种基本技术,回球多在台内进行。搓球还是削球打法的入门技术。

正手搓球

1. 慢搓

动作幅度较大,回球速度较慢。

动作要点:

(1) 站位近台,左脚稍前,两膝微屈,重心稍降低,上臂摆动向左后上方引拍,拍面后仰。

(2) 击球时,前臂带动手腕,以肘关节为轴,向前下方挥摆,在来球下降期切击球的中下部。触球瞬间,手腕辅助发力。

(3) 击球后,前臂随势前送。

2. 快搓

动作幅度小,击球时间较早,回球速度快,主要用来对付对方搓、削过来不出台的近网下旋球。它既可以搓近网,也可以搓底线长球。

动作要点:

(1) 站位近台,身体向前迎球,拍形稍后仰。

(2) 在上升期击球,触球的中上部,手腕配合手臂发力。

(3) 根据来球的旋转程度,调节拍面角度和用力方向。来球下旋强,向前用力要大些;来球下旋弱,向下用力小些。

反手搓球

3. 摆短

其特点是回球的弧线较低,落点短,速度也快。能有效地限制对方抢拉或抢攻。

动作要点:

(1) 站位近台,身体迎前,注意保护重心的稳定。

(2) 当来球从台面弹起,手臂要迅速伸进台内,拍形较后仰。在球的上升期触球中下部,动作幅度较小,主要借助来球的反弹力进行回击。

4. 劈长

劈长,劈力突然,速度快,球弧线长且直,落点往往靠近对方端线,与摆短结合运用,效果显著。

动作要点：

(1) 站位、准备姿势与快搓相似。不同的是，击球的上升期或高点期，手腕、前臂用力向前下方砍击，手腕固定，发力集中。

(2) 动作幅度较大，以前臂发力为主，重心迎前。

5. 加转搓球与不转搓球

动作要点：

(1) 快搓和慢搓均能搓加转球与不转球。区别主要在于触球瞬间的触球拍部位、击球部位和用力方向。

(2) 搓加转球时，反手搓球用球拍的右侧偏下部位击球。正手搓球用球拍的左侧偏下部位击球，拍面后仰，触球的中下部，向前下方用力切击球。搓不转球时，反手搓球用球拍的左侧偏上部位击球，正手搓球用球拍的右侧偏上部位击球，拍面稍竖，触球的中部附近，多向前发力推击球。搓加转球与不转球的动作要求相似，旋转差别要尽可能大。

十、削球技术

削球是一种防御性技术，击球稳健，防守中突然进攻是削球的主要特点。削球站位较远，较多的时间是在下降期击球，因而有较充裕的准备时间。

(一) 正手削球

1. 远台削球：主要指用削球对付对方拉过来力量较轻，上旋较弱的球。远台削球球速较慢，回球弧线低而较稳定。

动作要点：

(1) 右脚稍后，身体略向右侧，两膝微屈并收腹。拍形竖立，引拍至肩高，重心放在右脚上。

(2) 在来球的下降前期，前臂在上臂的带动下随身体的移动向下、向前挥动。拍形稍后仰，触球中下部，手腕控制好，拍形并有摩擦球的动作。身体重心随手臂发力削球时转至左脚。

加转削球时，触球瞬间手腕爆发用力向前下方摩擦球。削不转球时，手腕做一个向下摩擦球的假动作，触球瞬间给球向前推送的力量。

(3) 球离拍后，迅速放松，顺势持拍至左膝前，用小跳步还原重心。

2. 近台削球：削球动作小，球速快，主要用于快速逼角。

动作要点：

(1) 身体距球台端均 70 cm 左右，两脚开立略平行，两膝微屈并收腹，身体重心略上提，引拍动作较小。

(2) 击球时，重心移向右脚，在球的高点期或下降前期，拍面稍竖摩擦球的中部，前臂向左前下方快速发力，身体重心随手臂发力迅速下降。

(3) 球离拍后，迅速放松，右脚向左移动使重心还原。

(二) 反手削球

左脚稍后，身体略向左侧，拍形竖立，前臂在上臂的带动下，在下降前期击球中下部。腰腹随手臂的挥动协调发力，手腕控制好拍形。

十一、乒乓球运动的基本战术与规则

(一) 乒乓球基本战术

1. 发球抢攻战术

发球抢攻是我国直板快攻打法的“撒手锏”,是力争主动、先发制人的主要战术。各种类型打法的运动员都普遍采用发球抢攻来抢占每个回合的上风。发球战术运用的效果主要取决于发球的质量和第三板进攻的能力。

发球抢攻战术因打法的类型不同而有所差异,但常用的发球抢攻战术,主要有以下几种:

(1) 正手发转与不转球。

(2) 侧身正手(高抛或低抛)发左侧上(下)旋球。

(3) 反手发右侧上(下)旋球。

(4) 反手发急球或急下旋球。

(5) 下蹲式发球。

2. 接发球战术

接发球战术与发球抢攻战术同样重要,在某种意义上讲,接发球水平的高低可以反映运动员的实战能力以及各项基本技术的应用程度。事实上,接发球者只是暂时处在被控制状态,如果你破坏了发球者的抢攻意图或者为他制造了障碍,减弱了对方抢攻的质量,也就意味着已经脱离被控制状态,变被动为主动了。控制与反控制是辩证的统一。常用的接发球战术:

(1) 稳健保守法。

(2) 接发球抢攻。

(3) 盯住对方的弱点处,寻找突破口。

(4) 控制接发球的落点。

(5) 正手侧身接发球。

3. 搓攻战术

搓攻战术是进攻型打法的辅助战术之一,主要利用搓球旋转的变化和落点的变化为抢攻创造机会。这一战术在基层比赛中被普遍采用。搓攻战术也是削球型打法争取主动的主要战术之一。常用的搓球战术有:

(1) 慢搓与快搓结合。

(2) 转与不转结合。

(3) 搓球变线。

(4) 搓球控制落点。

(5) 搓中突击。

(6) 搓中变推或抢攻。

4. 对攻战术

对攻战术是进攻型打法在相持阶段常用的一项重要战术。快攻类打法主要依靠反手推挡(或反手攻球)和正手攻球(或正手拉弧圈球)的技术,充分发挥快速多变的特点来调动对方。常用的对攻战术有以下几种:

(1) 紧逼对方反手,伺机抢攻或侧身抢攻、抢拉。

(2) 压左突右。

(3) 调右压左。

(4) 攻两大角。

(5) 攻追身球。

(6) 变化击球节奏,加力推和减力挡结合,发力攻、拉与轻打轻拉结合,也可造成对手的被动局面。

(7) 改变球的旋转性质,如加力推后、推下旋;正手攻球后,退至中远台削一板对方往往来不及反应,可直接得分或创造机会球。

5. 拉攻战术

拉攻战术是以攻为主的选手对付削球的主要战术。为了发挥拉攻的战术效果,首先要具备连续拉的能力,并有线路、落点、旋转、轻重等变化,其次要有拉中突击和连续扣杀的能力。常用的拉攻战术主要有:

(1) 拉反手后,侧身突击斜线或中路追身球。

(2) 拉中路杀两角或拉两角杀中路。

(3) 拉一角或杀另一角。

(4) 拉吊结合,伺机突击。

(5) 拉搓结合。

(6) 稳拉为主,伺机突击。

6. 削中反攻战术

这种战术主要靠稳健的削球限制对方的进攻能力,为自己的反攻创造有利条件。它不仅增强了削球技术的生命力,也促进了攻防之间的积极转化。常用的削中反攻战术主要有:

(1) 削转与不转球,伺机反攻。

(2) 削长短球,伺机反攻。

(3) 逼两大角,伺机反攻。

(4) 交叉削两大角,突击对方弱点。

(5) 削、挡、攻结合,伺机强攻。

7. 弧圈球战术

由于弧圈球战术把速度和旋转有效地结合起来,稳健性好,适应性强,许多著名选手已用它去替代攻球或扣杀。常用的战术如下:

(1) 发球抢攻。

(2) 接发球果断上手。

(3) 相持中的战术运用。

(二) 乒乓球竞赛规则简介

1. 场地、器材

(1) 场地。乒乓球正式比赛场地应不少于 14 m 长、7 m 宽、4 m 高,赛区由 75 cm 高的同一深色的挡板围起。世界级比赛中从台面高度测得的照明度不得低于 1 000 lux,整个台面照明度应均匀,光源距地面不得少于 4 m,地面应为木制地板或国际乒联批准的可移动塑料地板。

(2) 器材。球台用木料或其他国际乒联批准的材料制成,台面长 2.74 m,宽 1.525 m,离地面高 76 cm。台面须平整，具有一致的弹性，即当标准球从离台面 30 mm 高处自然落至台面时，弹起高度约为 23 cm。台面呈均匀的暗色，无光泽，边沿四周画有一条 2 cm 宽的白线，在纵向的台面中间画有一条 3 mm 宽的白线。乒乓球网悬挂在一根绳子上，绳子的两端系在 15.25 cm 高的直立网柱上，网柱的外缘离开边线外缘距离为 15.25 cm，整个球网的顶端距离台面 15.25 cm。乒乓球为圆球体，直径 40~40.5 mm，重 2.55 g，以高分子聚合物为原料的新塑料球。

(3) 乒乓球拍。乒乓球拍的大小、形状和重量不限，一般由底板、海绵和胶皮三部分组成。用来击球的拍面应用一层颗粒向外的普通颗粒胶覆盖，厚度不超过 2 mm，或用颗粒向内或向外的海绵胶覆盖，厚度不超过 4 mm。球拍两面均无光泽，且一面为鲜红色，一面为黑色。

2. 规则简介

(1) 合法发球。

① 发球时，球应放在不执拍手掌上，手掌张开和伸平。球应是静止的，在发球方的端线之后，比赛台面的水平面之上。

② 发球员用手将球几乎垂直地向上抛起，不得使球旋转，球在离开不执拍手的手掌之后上升不少于 16 cm，球下降到被击出前不能碰到任何物体。

③ 当球从抛起的最高点下降时，发球员方可击球，使球首先触及本方台区，然后越过或绕过球网装置，再触及接发球员的台区。在双打中，球应先后触及发球员和接发球员的右半区。

④ 从抛球前球静止的最后一瞬间至击球时，球和球拍应在比赛台面的水平面之上。击球时，球应在发球方的端线之后，但不能超过发球员的身体（手臂、头或腿除外）离端线最远的部位。

⑤ 从抛球到最后一瞬间挥拍击球时，发球员不能用不执拍手臂或身体的其他部位遮挡，应让接发球员和裁判员看清其整个执拍手臂的运动轨迹，即球与球网之间无障碍物。

(2) 合法还击。对方发球或还击后，本方运动员必须击球，使球直接越过或绕过球网装置，或触及球网装置后再触及对方台区。

(3) 重发球。回合出现下列情况应判重发球：

① 如果发球员发出的球，在越过或绕过球网装置时触及球网装置，此后成为合法发球或被接发球员或其同伴阻挡；

② 如果接发球员或接发球方未准备好，球已发出，而且接发球员或接发球方没有企图击球；

③ 由于发生了运动员无法控制的干扰，而使运动员未能合法发球、合法还击或遵守规则；

④ 裁判员或副裁判员暂停比赛。

(4) 一分。除被判重发球的回合，下列情况运动员得一分：对方运动员未能合法发球、合法还击；在合法发球或合法还击后，对方运动员在击球前，球触及了除球网装置以外的任何东西；对方击球后，该球没有触及本方台区而越过端线；对方阻挡、连击；对方运动员或其穿戴的任何东西使球台移动、触及球网装置；对方运动员不执拍手触及比赛台面；双打时，对方运动员击球次序错误。

(5) 发球、接发球和方位的选择。

① 选择发球、接发球和方位的权力应由抽签来决定，中签者拥有首先选择权。

② 在每获得 2 分后，接发球方即成为发球方。但双方比分都达到 10 分或施行轮换发球法时，发球和接发球次序仍然不变，每人只轮发 1 分球。

③ 在双打的第一局比赛中，先发球方确定第一发球员，再由先接发球方确定第一接发球员。在以后的各局比赛中，第一发球员确定后，第一接发球员应是前一局发球给他的运动员。

④ 在双打比赛中，每次换发时，前面的接发球员应成为发球员，前面的发球员的同伴应成为接发球员。

⑤ 一局中首先发球的一方，在该场下一局应首先接发球。在双打决胜局中，当一方先得 5 分时，接发球方应交换接发球次序。

⑥ 一局中某一方比赛的运动员，在该场下一局应换到另一方位。在决胜局中，一方先得 5 分时，双方应交换方位。

(6) 一局比赛与一场比赛。在一局比赛中，先得 11 分为胜方。若双方比分都达到 10 分，以后先多得 2 分的一方为胜方。一场比赛应采用五局三胜或七局四胜制。一场比赛应连续进行，除非是经许可的间歇。

3. 竞赛方法与制度

(1) 竞赛方法。

① 男子团体赛。男子团体赛中，每场比赛每队出三名选手，比赛顺序为：第一场 A–X；第二场 B–Y；第三场 C–Z；第四场 A–Y；第五场 B–X。先胜三场者为胜方。

② 女子团体赛。女子团体赛中，每场比赛每队可以上场 2~4 名选手，比赛顺序为：第一场 A–X；第二场 B–Y；第三场双打（可从上场的 2~4 名选手中任选 2 人配对）；第四场 A–Y；第五场 B–X。先胜三场者为胜方。

③ 单项比赛。采用五局三胜制或七局四胜制。

(2) 竞赛制度。同其他球类竞赛项目一样，乒乓球比赛也多采用循环制和淘汰制两种形式，有时也采用两种竞赛方法的混合制。

第五节　羽毛球运动

羽毛球运动是一项在室内、室外均可进行的一项深受人们喜爱和开展比较普及的群众性运动与健身项目。它具有球体小、速度快、变化多、趣味性强等特点，并不受季节和气候的影响，运动量可大可小，也不受年龄、性别和身体条件的限制，没有直接的身体接触，场地设备比较简单。因此，羽毛球运动具有较高的观赏价值和广泛的群众基础。

一、羽毛球运动的起源与发展

羽毛球运动的起源众说纷纭，据《大不列颠百科全书》记载："原始的羽毛球游戏活动至少于 2 000 年前就在中国、日本、印度、泰国、英国、瑞典等国流行了。"但人们对羽毛球确切的起源至今仍说法不一，流传最广的说法是，在 19 世纪 40 年代，英国驻印度的军官在酒瓶的软木塞上插上羽毛，用酒瓶打来打去，后成为一种游戏，在驻印度军官中流行起来。

19世纪60年代,一些退役军官将这种游戏带回英国。英国博福特公爵在他的庄园巴德明顿(Badminton)宴请宾客,这些从印度回来的军官进行了表演,后来逐渐在英国流行。于是人们把Badminton作为羽毛球运动的名称。1893年,英国羽毛球协会成立,并修订和统一了羽毛球比赛的规则。1934年,国际羽毛球联合会成立。1959年,亚洲羽毛球联合会在马来西亚的吉隆坡成立。1992年,羽毛球正式成为奥运会的比赛项目之一。从此,羽毛球国际比赛日见增多,这项运动在世界各地得到了普及。目前,世界羽毛球运动的技术、战术发展趋势朝着更加"快速、全面、进攻、多变、多拍、特长突出"的方向发展。

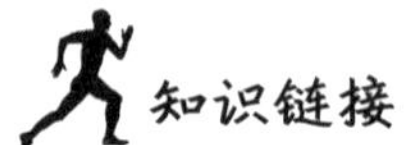

世界羽毛球重大赛事

1. 汤姆斯杯比赛:世界男子羽毛球团体锦标赛。
2. 尤伯杯比赛:世界女子羽毛球团体锦标赛。
3. 世界羽毛球锦标赛。
4. 苏迪曼杯比赛:世界羽毛球混合团体锦标赛。
5. 国际奥林匹克运动会羽毛球比赛。
6. 世界羽毛球系列大奖赛。

二、羽毛球运动的价值

羽毛球运动是一项全身性运动项目,在运动场上不停地进行脚步移动、跳跃、转体、挥拍,从而增加了上肢、下肢和腰腹肌的力量,加快了锻炼者的全身血液循环,增强了心血管系统和呼吸系统的机能。此外,羽毛球运动要求练习者在短时间内对瞬息万变的球路做出判断,果断地进行反击,因此,它能提高人体神经系统的灵敏性和协调性。同时,羽毛球运动还具有很强的娱乐性和健身价值,男女老少、个人集体、室内户外皆可进行。

三、羽毛球运动在中国

新中国成立后,我国羽毛球运动的技术水平取得了飞跃式发展。在1963年、1964年,中国羽毛球队连续2次将世界男子团体冠军、蝉联3届"汤姆斯"杯冠军的印尼羽毛球队击败。1965年,中国羽毛球队出访欧洲羽毛球强国丹麦和瑞典,取得了34场比赛全胜的战绩。由于当时历史的原因,中国队始终没有参加"汤姆斯"杯等世界羽毛球比赛。因而,欧洲报纸舆论评价中国羽毛球队是世界羽坛的"无冕之王"。汤仙虎、侯加昌是当时的代表人物。1981年5月,国际羽毛球联合会重新恢复了中华人民共和国在国际羽联的合法席位,从此揭开了国际羽坛历史上新的一页,进入了中国羽毛球选手称雄世界的辉煌时代。随后,我国涌现出了许多优秀羽毛球选手,如李永波、田秉毅、赵剑华、杨阳、李玲蔚、龚智超、张军、高凌、葛菲、顾俊、林丹等。特别是在2012年伦敦奥运会上,中国获得全部五个项目的冠军。

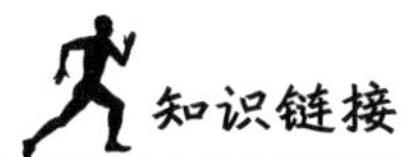

知识链接

林　丹

林丹,1983 年 10 月 14 日生,福建省龙岩上杭县人,中国羽毛球队男子单打运动员,9 岁进入福建体校,18 岁进入国家队。他球风凶悍、个性鲜明,被称“超级丹”。迄今为止,林丹成为世界羽毛球历史上唯一的超级全满贯选手。林丹是世界羽坛历史上首位包揽奥运会(2008、2012)、世锦赛(2006、2007、2009、2011)、全英赛(2004、2006、2007、2009、2012)、世界杯(2005、2006)、汤姆斯杯(2004、2006、2008、2010、2012)、苏迪曼杯(2005、2007、2009、2011)、亚运会(2010)、亚锦赛(2010、2011)、世界羽联总决赛(2011)全部男子单打冠军和世界团体大赛冠军的运动员。

四、奥运会羽毛球发展史

国际羽联在 1970 年就着手准备羽毛球项目进入奥运会的工作。1988 年,羽毛球被列为汉城奥运会的表演项目。1992 年,在巴塞罗那奥运会上羽毛球被列为正式比赛项目,设男单、女单、男双、女双 4 块金牌。国际羽联和国际奥委会在 1996 年亚特兰大奥运会上,增设了男女混合双打项目,使奥运会羽毛球项目金牌总数增至 5 块。当今羽毛球项目的优势在亚洲,羽毛球运动进入奥运会后的 6 届比赛中欧洲国家总共拿到一块男子单打金牌,其余金牌全部被中国(16 块)、韩国(6 块)、印尼(6 块)三个国家运动员获得。奥运会羽毛球比赛是羽毛球运动中最高水平的比赛。历届奥运会羽毛球比赛金牌一览如表 5–5–1 所示。

表 5–5–1　历届奥运会羽毛球比赛金牌一览表

时间(年)	比赛项目				
	男子单打(金牌)	女子单打(金牌)	男子双打(金牌)	女子双打(金牌)	混合双打(金牌)
1992	魏仁芳(印尼)	王莲香(印尼)	朴柱奉/金文秀(韩国)	黄慧英/郑淑英(韩国)	无此项比赛
1996	霍尔·拉尔森(丹麦)	方珠贤(韩国)	雷基·苏巴吉亚 莱克西·曼纳基(印尼)	葛菲/顾俊(中国)	金东文/吉永雅(韩国)
2000	吉新鹏(中国)	龚智超(中国)	陈甲亮/吴俊明(印尼)	葛菲/顾俊(中国)	张军/高凌(中国)
2004	陶菲克(印尼)	张宁(中国)	金东文/河泰权(韩国)	杨维/张洁雯(中国)	张军/高凌(中国)
2008	林丹(中国)	张宁(中国)	马基斯/亨德拉(印尼)	杜婧/于洋(中国)	李龙大/李孝贞(韩国)
2012	林丹(中国)	李雪芮(中国)	蔡赟/傅海峰(中国)	田卿/赵芸蕾(中国)	张楠/赵芸蕾(中国)
2016	谌龙(中国)	马林(西班牙)	张楠/傅海峰(中国)	松友美佐纪 高桥礼华(日本)	阿玛德/纳西尔(印尼)

五、羽毛球观赛礼仪

羽毛球运动从诞生到现在，始终是一项文明程度很高也很高雅的运动。尊重对手、尊重裁判、女士优先、用语文明、讲究举止等，都是羽毛球文明所倡导的。羽毛球是对声、光、色彩乃至室内空气条件要求最严格的球类项目之一，任何一方面不理想都会对比赛和运动员产生负面影响。这就要求在观看羽毛球比赛的过程中，要相对保持安静，不要随意发出响声，场地背景要相对较暗等。因此，在羽毛球赛场中对观赛者应该有一套行之有效的普遍的约束机制，以保证比赛的正常进行。羽毛球赛场礼仪就是其中一种重要的约束规范。其主要内容如下：

(1) 观赛者应具有爱国主义、国际主义精神，具有宽广的胸襟。

(2) 观赛者应在赛前提前入座，观看比赛不能吸烟。若有贵宾观看比赛时，应礼貌地鼓掌表示欢迎。

(3) 开场前奏参赛队国歌，观赛者应肃立，不应谈笑或做其他事情。

(4) 比赛中，观赛者尽量不要从座位上站起来，更不要随意在看台上来回走动。

(5) 比赛中，观赛者应适时为双方运动员鼓励加油。对精彩的表演可当场报以热烈的长时间的掌声和喝彩。不应喝倒彩或者起哄。

(6) 观赛者使用的口号、标语文字内容应文明健康，具有针对性和易接受。赛场内若允许使用锣鼓、乐器时，观赛者应配合比赛节奏有指挥、有组织地进行。

(7) 观赛者要遵守赛场纪律和规定，不得使用粗鲁的、不文明的、带有敌意的、攻击性的或侮辱性的语言刺激球员。

(8) 观赛者应有互助精神和照顾弱势者的品德，比赛结束时不应提前退场，应让老幼先走。

(9) 观赛者的服饰应得体大方，衣着举止要体现尊重、体贴别人这一人际交流的基本原则。

(10) 观赛者不得在场内燃放烟火，不得向场内抛掷物品，不得破坏公物，比赛时不得使用闪光灯，应将手机关机或设置为振动、静音状态。

六、羽毛球的基本技术与练习方法

(一) 握拍法

在羽毛球各项基本技术中，握拍是最简单但又是初学者容易疏忽的一项技术。正确的握拍方法是掌握合理、准确、全面击球技术的前提条件，而不正确的握拍方法会妨碍各种击球技术的掌握和技术的进一步提高。握拍可分为正手握拍和反手握拍(下面涉及的技术均以右手为例)。

1. 正手握拍法

正确的握拍方法是先用左手拿住拍子的腰杆，使拍面与地面垂直。张开右手掌，虎口对准拍柄的内侧小棱边，小指、无名指和中指并拢握住拍柄，食指与中指稍微分开，用食指和拇指轻松地环扣住拍柄，如图 5-5-1 所示。

球拍握持法

正手握拍法易犯错误有以下几个方面：

(1) 拇指紧贴在拍柄的内侧宽面上。

(2) 虎口对着拍柄的上侧窄面而不是对着拍柄内侧的斜棱。

(3) 拳式握拍，各手指相互紧靠，掌心没有留出空间。

(4) 握拍太靠上，也不利于高球、杀球等技术动作的发力。

2. 反手握拍法

在正手握拍的基础上，将拍柄稍向外转，食指收回，拇指的第二关节内侧紧贴拍柄的内侧棱上或面上，其他三指放松地握住球拍，如图 5–5–2 所示。不论采用哪种握拍法，在击球之前，握拍要做到松而自然，在球与球拍接触的一刹那，再紧握球拍。握拍的关键是一要放松，二要灵活。

图 5–5–1 正手握拍法

图 5–5–2 反手握拍法

反手握拍法易犯错误有以下几个方面：

(1) 拇指用力顶在拍柄内侧宽面上。

(2) 整个拇指都紧贴拍柄。

(3) 食指紧张僵直。

3. 握拍法的学练方法

(1) 陈述技术动作的要点、规范要求以及动作结构，建立正确的动作表象。

(2) 示范法让学生直观地观察正确的技术动作，进行模仿练习。

(3) 学生练习，教师观察指导，及时纠正错误动作。

(4) 正反手握拍的转换练习，同时体验握拍的松紧度对技术动作的影响。

(二) 发球

羽毛球的发球技术

发球是羽毛球运动中一项重要的基本技术。通过不同的发球手法，发出不同弧度、速度，不同落点的球来控制对方，给对方接球造成困难，迫使对方只能做防守性的回击，为自己创造进攻机会，甚至直接造成对方接球失误。

要保持发球技术动作的一致性，做到各种发球技术的前期动作一致，掌握发球的时间差、落点、弧线，因此，羽毛球运动员要有良好的手感与控制球的能力，做到发球手法变化多样，才能很好地控制对方。

1. 发球的基本姿势

(1) 正手发球。单打一般站在发球区离发球线 1 m 左右的中线附近；双打时可站前一些，如图 5–5–3 所示。

(2) 反手发球。站在发球区内靠近前发球线的位置上，如图 5–5–4 所示。

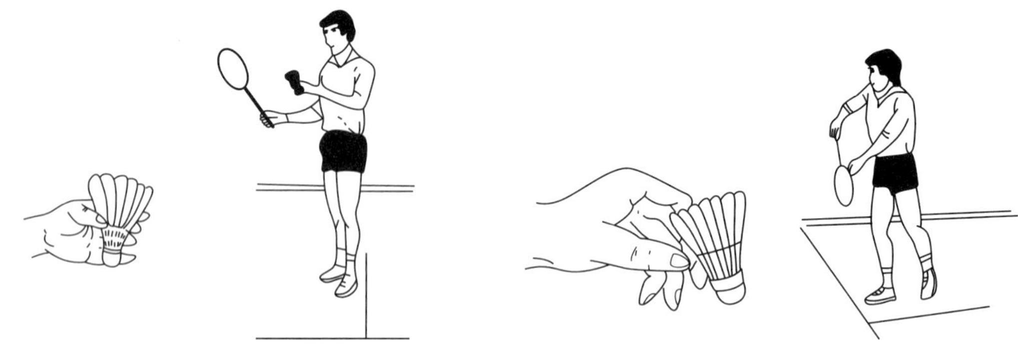

图 5–5–3 正手发球　　图 5–5–4 反手发球

2. 发各种弧线球

按发出的球在空中飞行的弧线不同，可分为发高远球、发平高球、发平快球、发网前球，如图 5–5–5 所示。

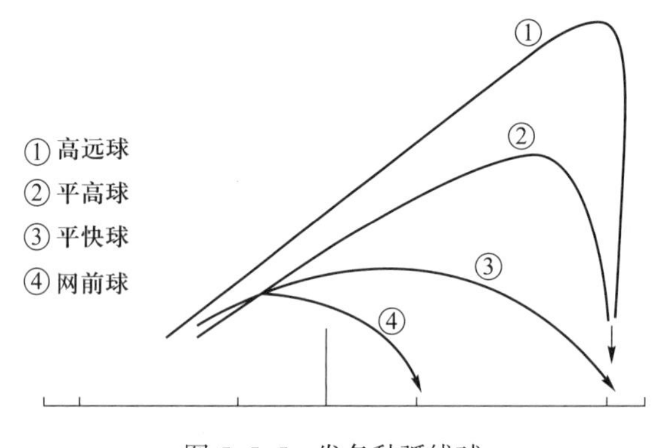

图 5–5–5 发各种弧线球

发高远球

(1) 正手发高远球。把球发得既高又远，使球近乎垂直地落在对方后发球线附近的发球区内。

动作方法：左肩侧对球网，左脚在前，身体重心在右脚上。右手臂在肩后上方举起，肘部微屈，左手持球举在腹部右前方，发球时左手放球下落的同时，球拍由下而上快速挥动以正拍面击球，击球后持拍手臂靠惯性自然向左上方挥动，如图 5–5–6 所示，随后球拍快速恢复到正常位置。发高远球时，球的飞行路线与地面形成的角度大于 45°，球在对方后发球线附近形成垂直下落。

发高远球的关键是击球时要控制好 拍面的角度，击球应有向前上方强劲的爆发力。

(2) 正手发平高球。动作方法：发平高球时，动作大体与发高远球相同，只是击球的一刹那，前臂加速带动手腕向前上方挥动，球发得不太高，但能迅速越过对方场地的上空或对方头顶而落在底线附近，球的飞行路线与地面大约成 45°。

(3) 正手发平快球。发出的球既快又平，径直飞向对方后发球线附近。

图 5-5-6 正手发高远球

动作方法：发平快球时，前臂要爆发用力，使球在最短的时间内迅速越过对方场区到底线附近。球的飞行路线稍高于对方肩部，大约与地面成 30°。平快球速度快，具有突然性，比较适用应对反应较慢、动作幅度大的对手。平快球的优势在于快速和突然性。其技术关键是：发球姿势要与发其他弧线球姿势保持一致，不让对方预见发球的意图；要有较强的手腕爆发力，否则出手速度慢，反遭攻击。

(4) 正手发网前球。动作方法：发网前球时，站位靠前，握拍要放松，大臂动作小，主要靠前臂带动手腕向前切送，球要贴网而过，落点在发球区的前发球线附近。发网前球时，一定要避免对方直接大力扣杀，因此动作要隐蔽，动作的引拍阶段和高远球、平高球、平快球相似。

(5) 反手发网前球、平快球。动作方法：反手发网前球时，前臂向前挥动带动手腕，通过拍面的切削动作使球落到对方场区的前发球线附近，球的最高弧线略高于网；反手发平快球时，发球动作与发网前球一样，但在击球的一刹那，手腕采用弹击的方法，将球击到底线附近。

(三) 击球

击 球 方 法

击球方法有很多技术动作，根据这些技术动作的特点，大致可分为高手击球、低手击球和网前击球三大类。

每一类的击球都是为了控制对方，争取主动而直接得分或造成对方失误得分。

1. 高手击球

击球点高于头部的击球，称为高手击球。可分为高远球、平高球、扣杀球和吊球等，具体线路如图 5-5-7 所示。

技术要领：击球点要高，保持动作一致性，不可过早暴露回球的意图，发力正确又能控制力量，准确控制拍面角度。

(1) 高远球。击出高弧线飞行的，几乎垂直落到对方底线附近场区的球，称为高远球。一般在自己处于被动的情况下，为了争取时间，变被动为主动，调整场上位置时常打出高远球，以使对方远离中心位置而退到底线附近去回击球，如图 5-5-8 所示。

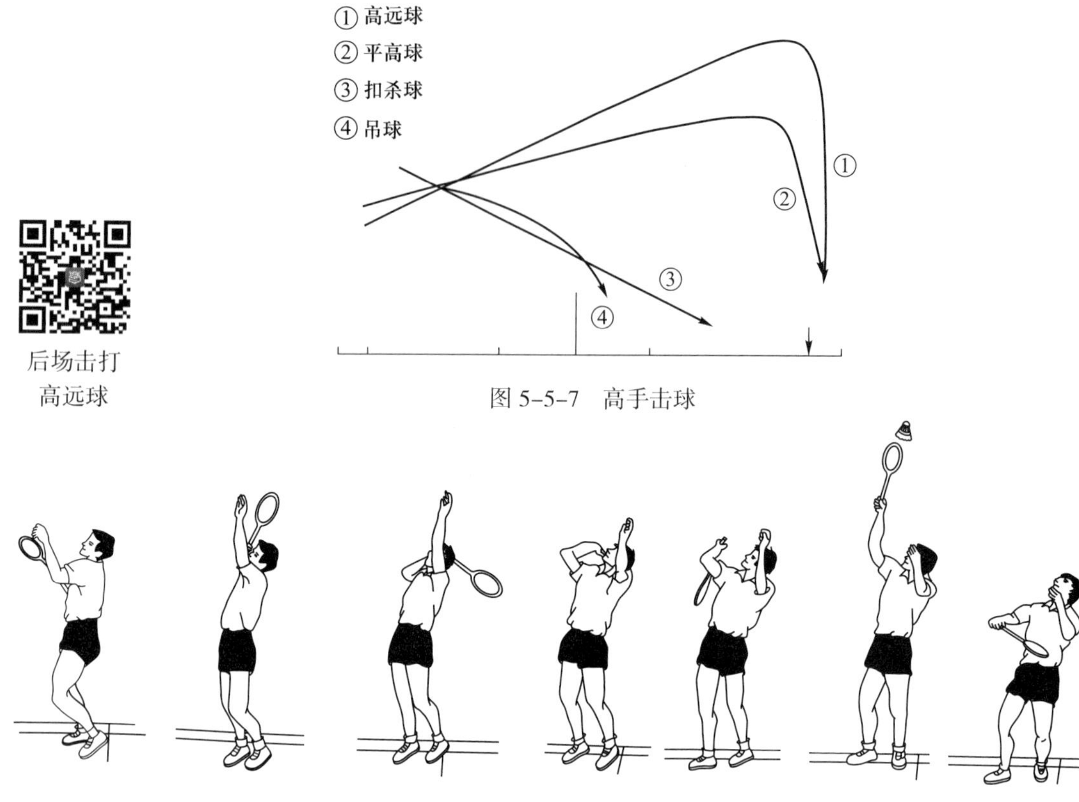

图 5-5-7 高手击球

图 5-5-8 高远球的打法

（2）平高球。击出的飞行弧线比高远球低，但对方举拍又拦截不到，落点在对方底线附近场区内的球，称为平高球。击平高球方法与击高远球方法基本一致，区别在于：击球点的拍面仰角小于击高远球。平高球是属于后场快速进攻的主要技术之一，它是比赛中控制对手、直接进攻或主动过渡以创造进攻机会的有效手段。

（3）扣杀球。将高球在尽量高的击球点上用大力挥击下压，扣杀到对方场区内，称为扣杀球，如图 5-5-9 所示。由于扣杀球力量大、击球点高、球速快、飞行弧线短直，因此它是后场进攻和争取得分的主要手段。在对付防守技术较差、反应较慢的对手时，与平高球、吊球配合运用，效果会更好。

图 5-5-9 扣杀球的打法

(4) 吊球。在中后场的高球，运用劈切或拦截的技术动作，使球轻轻地落在对方网前区，称为吊球，如图 5-5-10 所示。在击球瞬间，球拍有劈切球的动作称为劈吊球；以拍面拦住球使其反弹回去的叫拦吊球。由于吊球落点离网比较近，与平高球结合运用，就会拉开对方的防守范围，从而掌握场上的主动权。

图 5-5-10 吊球的打法

2. 低手击球

击球点低于头部高度的球，称为低手击球。低手击球主要有：半蹲快打、接杀球、抽球等。

(1) 半蹲快打。在中场区，对方打过来约在肩以上至略高于头部之间的平快球，采用半蹲姿势，争取在较高的部位快速地平击回去，称为半蹲快打。半蹲快打技术快速、凶狠、紧逼对方，多用于双打比赛中。

(2) 接杀球。接杀球一般采用挡球、抽球和推球的技术。杀球技术凌厉、快速、多变，因此防守时要反应快，判断准，回球的落点和路线要运用得当。

(3) 抽球。分正手抽平球、反手抽平球、正手抽底线球。正手抽平球，如图 5-5-11 所示，右脚向右侧迈出一小步，上体稍向右侧倾，正手握拍，手臂向右侧上摆，屈肘，左脚跟提起。准备击球时，小臂稍后摆带有外旋，手腕由稍外展至后伸，使球拍引至后下方。击球时，小臂急速向右侧前方挥动，并由外旋转为内旋，手腕由后伸至伸直闪腕，手指握紧拍柄高速挥拍击球，由后向右侧稍平抽击球过网。击球后，持拍手顺势向左侧挥摆，左脚向左前方迈一步，准备迎击来球。

图 5-5-11 抽球

3. 网前击球

网前击球技术包括：放网前球、搓球、挑球、扑球、推球和勾球等，具体线路如图 5-5-12 所示。

网前勾球

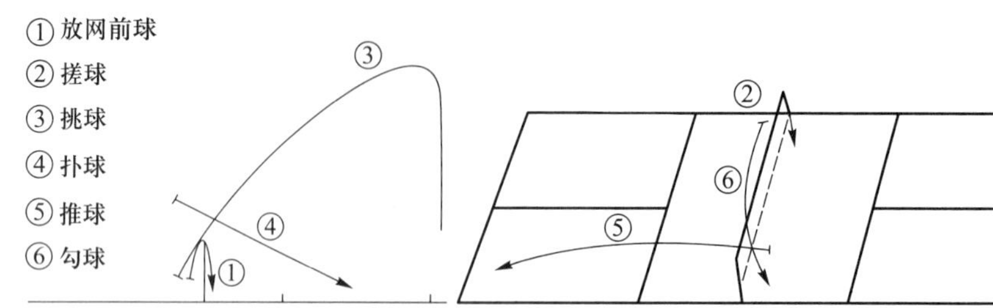

图 5-5-12 网前击球线路

(1) 放网前球。当对方击来网前球时，用球拍轻轻一托，使球向上弹起恰好越过网就向下坠，称为放网前球。放网前球的关键在于严格控制托球的力量，因为托球力量过大，球过网太高易被对方扑击。

(2) 搓球。在网前用球拍切击球托，使球旋转翻滚越过网顶的击球技术称为搓球。搓球时，由于运用搓、切等动作摩擦球托，使球在越过网顶时的轨迹异常，给对方回击造成困难，从而创造进攻的机会。

(3) 挑球。将对方击来的网前球，挑高回击到对方后场去，称为挑球。这是一种在较被动情况下的回击方法，把球挑高，挑向对方后场以赢得时间重新调整好身体重心与位置，准备下一次击球。挑球技术的关键在于：要根据球离网的远近适当调整拍面角度和用力方向，要用爆发力向前上方挑球。

(4) 扑球。对方击来的球刚过网，高度仍在网沿以上时，迅速上前挥击下压击球，称为扑球。由于扑球速度快、路线短，往往让对方来不及防守，进攻威胁较大。

(5) 推球。在网前较高的击球点上，用推击的方法向对方底线击出弧度较平、速度较快的球，称为推球。推球通常有正手推球和反手推球两种。由于击球点到网的距离很短，球又平直、快速，再加上控制好落点，所以，推球是一种很有攻击性的技术。推球的关键在于击球点要高并控制好拍面角度，球拍的预摆幅小，发力要短促、快速。

(6) 勾球。在网前用屈腕的动作调整球拍角度，轻巧地将球回击到对方斜对角的网前区内，称为勾球。勾球技术性较高，它与搓、推等交替使用，效果更好。勾球的关键在于屈腕动作要突然、短暂、快速。

(四) 步法

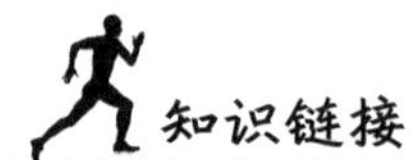

步法简介

步法是羽毛球运动的灵魂，是各种击球技术的基础，直接影响着技术、战术的合理运用。

基本步法有蹬步、跨步、腾跳步、垫步、蹬转步、交叉步、并步、小碎步和单足跳步等，由这些步法组成了上网步法、后退步法、两侧移动步法、起跳腾空步法。

羽毛球比赛时，运动员在场上为了跑到适当的位置击球而采取的快速、合理、准确的移动方法称为步法，包括起动、移动、到位配合击球和回动四个环节。步法被称为"羽毛球技术之母"，图 5-5-13 为几种常用的移动步法（以右手握拍为例，分别进行反手和正平击球演示）。

移动步法

① 左图跨步击左侧网前球步法，① 右图跨步击右侧网前球步法。

② 左图垫步击左侧网前球步法，② 右图垫步击右侧网前球步法。

这四种步法比较容易掌握，上网击球要按照这几种步法移动，一般情况下步法不能错乱。

③ 左图交叉步正手击右后场球，③ 右图交叉步正手击左后场球。

④ 左图多步后退正手击左后场球，④ 右图多步后退反手击左后场球。

这四种步法比较难掌握，按照几个图示，认真领会，反复练习。

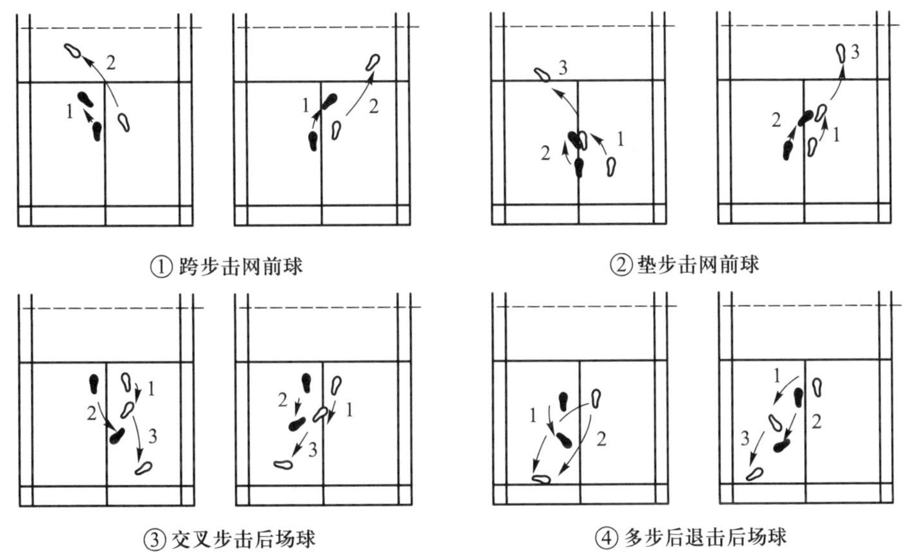

图 5-5-13　几种常用的移动步法

（五）羽毛球基本步法的学练方法

(1) 用讲解法陈述技术动作的要点、规范要求以及动作结构，建立正确的动作表象。

(2) 用示范法让学生直观地观察正确的技术动作，进行模仿练习。

(3) 教师观察指导学生练习，及时纠正错误动作。

(4) 单一步法的反复练习（图 5-5-13）。

(5)"米"字形组合步法的练习，如图 5-5-14 所示。

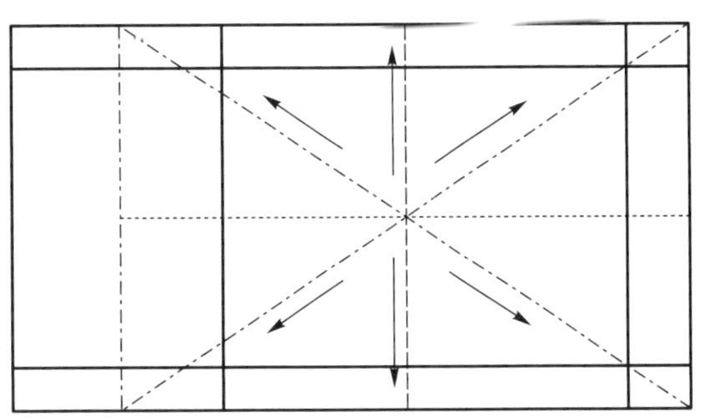

图 5-5-14　"米"字形步法

七、羽毛球的基本战术

羽毛球基本策略

掌握单打、双打的基本技术与战术,有效控制对手是获胜的基本策略。

培养随机应变的能力机动灵活地运用各种打法和战术。无论是单打或双打,都要了解对手的技术特点,充分利用场地调动对方,发挥自己的长处,果断进攻。

战术是指运动员在比赛中根据双方的情况合理运用技术,有针对性地组织自己的攻、防战术以争取获胜的策略。在双方技术水平相当的情况下,正确地运用战术是取胜的关键。下面介绍一些常用的基本战术。

(一) 单打战术

单打战术的运用必须坚持“以我为主”“以快为主”“以攻为主”的战术指导思想。单打战术的运用必须有的放矢,才能在战术运用上取得良好的效果,因此,在赛前必须通过各种方法、手段获取各种信息,做到“知己知彼”,才能“百战不殆”。单打战术的运用必须随机应变,机动灵活地运用各种打法和战术,才能掌握更多的主动权;必须善于察言观色及时发现对方的战术意图,以便采取果断的应变对策,给对方以出其不意的打击。单打战术的运用必须发扬敢打敢拼的战斗作风,才能使战术发挥更大的威力和效果。

1. 发球抢攻战术

从发球起,注意发球的隐蔽性和动作的一致性,争取控制对方,给对方的判断带来困难,以取得主动权,攻杀得分。这种战术,一般为发网前球、平快球、平高球,争取第二拍的主动进攻。运用这种战术对付应变能力较差的对手,或实施于比赛的关键时刻,效果往往很好。实施这一战术时,应有高质量的发球予以保证,否则很难成功。

2. 攻后场战术

此战术是通过击高远球,压对方的底线两角,造成对方被动,然后寻找机会进攻。用它来对付初学者,或后场还击能力较差,或后退步法较慢以及急于上网的对手是很有效的。

3. 攻前场战术

对网前技术较差的对手,可多采用吊球和放网前球为主,使其在网前的对抗中失误,或对方勉强回击的球质量不高时,果断进攻得分。

4. 打四方球战术

若对手步法较慢、体力较差、技术不够全面,可以用快速、准确的落点攻击对方场区的四个角落,寻找机会进攻对方空当。此战术的主要目的是通过打落点,逼迫对方前后奔跑、被动应付,并在其击球质量下降或露出破绽时攻击得分。

5. 杀、吊上网战术

对对手打来的后场高球,本方先以杀球配合吊球把球压下,落点选在场区的两条边线附近,致使对手被动回球。在对手回网前球时,本方迅速上网搓球、勾对角球或平推球,创造在中场大力扣杀的机会。这种战术必须能很好地控制杀、吊球的落点,在使对方被动回网前球

时，主动迅速上网攻击。

6. 打对角线战术

对身体灵活性差、转体比较慢的对手，不论是进攻还是防守，均应以打对角线球或压反手为主。这样，对方会因移动困难而被动，从而为进攻创造机会。

7. 逼反手战术

一般情况，队员的反手技术相对较差，通过压后场反手，迫使对方用较差的反手击球而造成回球质量不高，从而为进攻创造机会。

（二）双打战术

1. 攻人战术

集中攻击对方在技术、步法上有明显弱点的人，并伺机攻击另一人因疏忽而露出的空当，或对此人偷袭。双打比赛中配对选手的技术，一般是一人好，而另一人稍差些，即使两人水平相差不大，若能集中力量攻击其中一人，也可给对方造成很大的心理压力，从而使其出现失误。

2. 攻中路战术

当对方分边站位防守时，将球攻击到对方两人的中间。当对方前后站位时，可将球下压或平推两边场区。这样可使对方防守时互相争抢或互让而出现失误。

3. 攻后场战术

对方后场扣杀能力差，本方可通过平高球、推平球、接杀挑底线，把对方一人紧逼在底线两角移动。当对方回球质量不高时，则抓住机会大力扣杀。如另一对手后退支援时，即可攻击网前空当。

4. 后攻前封战术

当本方处于主动进攻时，站在后场的队员见高球就杀或吊网前球，迫使对方接网前球，这为本方前场队员创造了封网扑杀的机会。前场队员要积极封锁前场，迫使对方被动挑高球，一旦对手挑高球到不了后场，就为本方创造了再进攻的机会。

八、羽毛球竞赛规则简介

掌握羽毛球运动的规则与裁判法，能组织小型羽毛球比赛。

（一）球场和器材

1. 球场

球场为一长方形，单、双打场地长均为 13.40 m，单打场地宽 5.18 m，双打场地宽为 6.10 m，场地线宽均为 0.04 m，且包括在场地之内。线的颜色最好是白色、黄色或其他容易判别的颜色，所有的线都是它所确定区域的组成部分，如图 5-5-15

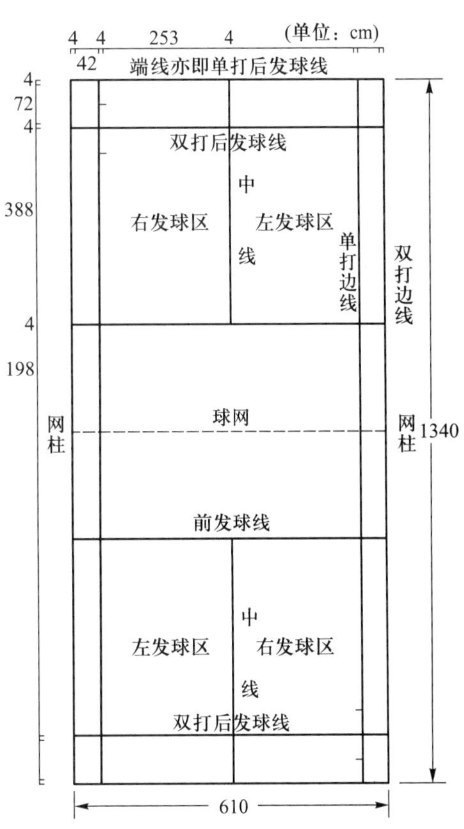

图 5-5-15　羽毛球球场示意图

所示。

2. 球网

球网的长度为 6.10 m，宽 0.76 m，每个网孔为 1.9 cm 见方，当球网被拉紧时，网柱应与地面保持垂直，球网中部上沿高度不能低于 1.524 m，球网两端的高度为 1.55 m。

3. 球和球拍

球可由天然材料、人造材料或上述材料混合制成，球重为 4.73~5.5 g，并由 16 根羽毛固定在半球形的软木托上，木托的直径为 2.5~2.8 cm。羽毛从托面至羽尖长 6.4 cm，羽毛上端围成圆形，直径为 5.4~6.8 cm。在托上 1.25 cm 和 2.5 cm 处，用线将羽毛编结牢固。

球拍重 95~120 g，球拍的框为椭圆形，椭圆形长 25~25.5 cm，宽 20~20.5 cm，中间用尼龙线穿织而成，球拍的握把长 39.5~40 cm，手握处的直径不得超过 2.8 cm。

（二）比赛规则简介

1. 挑边

赛前采用挑边的方法（掷硬币）来决定发球和场区。挑边赢者优先选择发球或接发球、一个场区或另一个场区，输者选择余下的一项。

2. 计分方法

实行每球得分制，所有单项的每局获胜分皆为 21 分，最高不超过 30 分，每场比赛采用三局两胜制，率先得到 21 分的一方赢得当局比赛。如果双方比分为 20 平时，获胜一方需超过对手 2 分才算取胜。如果双方比分打成 29∶29，则率先得到第 30 分的一方取胜。首局获胜一方在接下来的一局比赛中率先发球。

3. 站位方法

（1）单打。当发球员得分为 0 或偶数时，双方运动员均在各自的右发球区发球或接发球；当发球员的分数为奇数时，双方运动员均在各自的左发球区发球或接发球。

（2）双打。比赛中，当比分为 0 或偶数时，球由右发球区对角发向对方的右接发球区；当比分为奇数时，球由左发球区对角发向对方的左接发球区。比赛中，只有当一方连续得分时，发球员才必须在左右发球区交替发球，而接发球队员的位置不变。其他情况下，选手应站在上一回合的各自发球区不变，以保证发球员的交替。

双打无论是在开始还是在赛中，皆为单发球权。也就是说，每次一方只有一次发球权，发球方失误不仅丢失发球权而且丢失 1 分。如果此时得发球权的一方得分为奇数，则必须是位于左发球区的选手发球；如果此时得发球权的一方得分为偶数，则由位于右发球区的选手发球。

双打比赛中只有接发球队员才能接发球，若其同伴接发球或被球触及则违例，判对方得分。双打比赛发球时，发球员和接发球员的位置必须在规定的区域。他的同伴位置不受限制，但不得妨碍对方。一名运动员在同一局比赛中不得连续两次接发球（重发球除外）。

4. 休息时间

当一方在比赛中得到 11 分后，双方队员将休息 1 min。两局比赛之间的休息时间为 2 min。

5. 常见的违例

（1）过手违例：发球时，在击球的瞬间，发球员的拍杆应指向下方，使整个拍头明显低于发球员的整个握拍手部。否则，将判违例。

（2）过腰违例：发球时，在击球的瞬间，整个球应低于发球员的腰部。否则，将判违例。

(3) 挥拍有停顿:发球开始后,有不正当的延误击球或挥拍动作不连贯,将判违例。

(4) 脚移动、触线或不在发球区内:在发球的过程中,发球员和接发球员的两脚都必须和场地接触,不得移动,且都必须站在规定的发球区和接发球区内,脚不得触线。否则,将判违例。

(5) 最初击球点不在球托上或发球时未能击中球,将判违例。最初击球点不在球托上是指发球时,球拍先触及羽毛或同时击中羽毛和球托。

(6) 发球时,球未落在规定的区域。

(7) 球从网下或网孔穿过或触及天花板及运动员的身体、衣服。

(8) 击球时,击球点超过网的向上延伸面,即在对方场区上空击球。

(9) 同一运动员连续两次挥拍击中球。

第六节 网 球 运 动

网球与高尔夫球、保龄球、台球并称为世界四大绅士运动,素有“绿色芭蕾”之称,一向被称为“贵族运动”“高雅运动”。如今,网球已成为一项文明、高雅而流行世界的时尚体育运动项目,具有丰富的文化内涵,是一项哲学、艺术与科学完美结合的运动,形成一种完全超出了体育比赛的特定网球文化。网球运动具有很高的锻炼价值,既是一种自我娱乐和增进健康的手段,又是一种艺术追求和享受,同时,还是一个观赏性很强的体育竞赛项目,深受人们喜爱。通过学习,了解网球运动的起源、发展和相关竞赛规则,掌握网球运动的基本技术和基本战术,提升对网球运动的热情,积极投身到网球运动中。既可以达到强身健体、陶冶情操的目的,又能提高观看网球比赛的能力。

一、认识网球运动

网球运动的起源可以用三句话来概括:网球孕育在法国,诞生在英国,开始普及并形成高潮在美国。早在 12 世纪到 13 世纪,法国的传教士为了调剂刻板的教堂生活常在教堂的回廊里,用手掌击打一种类似小球的物体即“掌球戏”。渐渐这种活动传入法国宫廷,很快成为王室贵族们的一种娱乐游戏。14 世纪中叶,法国王储将这种球赠给了英皇亨利五世,于是这种游戏便传入英国。英国人将这种球命名为“Tennis”,并流传下来。1873 年,英国人温菲尔德将早期的网球打法加以改进,使之成为夏天在草坪上进行的一种体育活动,并取名“草地网球”。1877 年在英国温布尔顿举行了第一届草地网球锦标赛,至此,现代网球运动正式形成,并很快在欧美国家盛行起来,成为深受人们喜爱的球类运动。我国的网球运动是在 19 世纪后期,由英、美、法等国商人、传教士随西方近代体育的传播而发展起来的。网球是 1896 年第一届现代奥林匹克运动会的正式比赛项目,女子项目首次进入奥运会赛场是在 1900 年的第二届奥运会上。1913 年成立了国际网球联合会(简称 ITF),国际网联的宗旨是:促进网球运动的普及;加强各国网球协会之间的友谊;监督在比赛中遵守联合会的规则;维护国际网球联合会的独立性。1972 年成立了国际男子职业网球协会(简称 ATP),1973 年成立了国际女子职业网球协会(简称 WTA)。

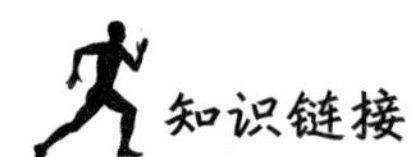

国际网球运动重大赛事

1. 澳大利亚网球公开赛(Australia open)。
2. 法国网球公开赛(Roland garros open)。
3. 温布尔登网球锦标赛(Wimbledon open)。
4. 美国网球公开赛(US open)。
5. 戴维斯杯网球赛(男子团体锦标赛)。
6. 联合会杯网球赛(女子团体锦标赛)。

二、网球运动的价值

网球是项有氧和无氧交替进行的运动,可以最大限度地使希望锻炼身体的人得到不同层面的满足。通过参加网球运动,可以改善血液循环系统,提高心肺功能;增加人体免疫能力,提高抗病能力和病后康复速度。经常参加网球活动,能培养出准确的判断、快速的反应,并能提高人的速度、耐力、灵敏等素质;对调节肌肉用力感觉和发展协调性有积极作用,可以提高神经系统的灵活性和持久性。网球运动隔网对垒,不属于肢体碰撞运动,能减少不必要的伤害。练习网球的运动量和强度可调可控、可快可慢、可张可弛,不受年龄和性别的影响。参与者可以根据自身的身体、心理、生理条件,进行适宜的运动强度,达到增进健康、增强体质的目的。网球是世界上最流行的运动项目之一,也造就了一种文明、礼貌、高雅的礼仪文化现象。这种文化来源于100多年来传统的习俗、管理者的管理和网球人群的意愿,球员与球员、教练、观众之间始终以礼相待;观众观赏网球比赛中途不能走动和发出声音。现代网球文化既保留了这种古代网球的文化、礼貌和高雅性,又增强了现代网球运动文化的大众性。网球文化影响着人们的思想和行为,通过网球运动中的技能、心理、准则、礼仪等,将网球文化所要求的思维模式、道德规范、行为准则有机地融为一体,让参与者在参加网球活动的同时,受到网球文化价值潜移默化的影响。

三、网球运动在奥运会和中国

1896年雅典第一届奥运会上,网球运动的男子单打和双打被列为正式比赛项目,是奥运会八大比赛项目之一,也是唯一的球类比赛项目。女子网球项目首次进入奥运会赛场是在1900年的第二届奥运会上。从1896年到1924年,网球为奥运会的正式比赛项目。此后,国际网球联合会因运动员参赛资格问题而与国际奥委会发生冲突,在"业余运动员"的定义上有分歧,已经进行了连续七届的奥运会网球比赛项目被取消。直到1984年第23届洛杉矶奥运会上,网球才被列为表演项目。到1988年的汉城奥运会上,网球重新被列为正式比赛项目。网球运动的职业化发展程度非常高,比赛积分、奖金和影响力对运动员参赛的吸引力有较大的影响,反倒造成奥运会的网球比赛水平和运动员的重视程度不如澳网在内的四大满贯等赛事。奥运会网球赛事失去了和奥运会其他项目同等的规格,影响力也逊色于四大满贯等网球赛事。

19世纪中叶,中国陆续开放了一些沿海通商口岸,西方的官员、商人、传教士和驻军络绎而至,网球运动由他们带进中国。1953年,中国成立了中国网球协会,同年,在天津首次举办了包括网球在内的四项球类运动会(篮、排、网、羽),这标志着网球运动的正式兴起。1956年,中国举办了全国网球锦标赛,通过举办全国网球单项比赛、全国硬地网球冠军赛、全国青少年网球比赛,以及近年来兴办的巡回赛等比赛,促进了网球技术水平的提高并起到了积极的推动作用。网球虽然进入中国的时间比较早,但发展一直比较慢,发展水平与世界强国仍有不小差距。近年来随着网球运动的职业化发展,各项网球赛事的不断兴办,我国网球运动员也取得了不俗的成绩。2004年雅典奥运会网球比赛,李婷、孙甜甜这对组合在女子双打上成为黑马,为中国夺得历史上的首枚奥运网球金牌。郑洁、晏紫在2006年先后拿下澳网、温网的女双冠军,都推动了中国网球运动的发展。而李娜的战绩更是卓著,她是第一个获得WTA巡回赛单打冠军的中国人,更是在2011年、2014年分获法国和澳大利亚网球公开赛的女单冠军,成为中国乃至亚洲在网球四大满贯赛事上夺得的第一个单打冠军运动员。李娜的出现,使更多的中国观众开始喜爱上网球、学习网球,让网球在中国的发展迈上了一个新的台阶。

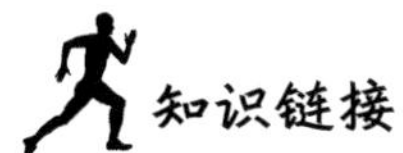

知识链接

李 娜

李娜,湖北省武汉市人,中国女子网球运动员,6岁开始练习网球,1999年转为职业选手。迄今为止,李娜是亚洲第一位女子网球大满贯得主,亚洲女单世界排名最高选手。李娜在2004年、2008年、2010年,三次夺得WTA巡回赛单打冠军及第一个草地赛事冠军;2011年1月,首次获得WTA顶级巡回赛澳大利亚悉尼站冠军;2012年8月,首度在超五系列赛辛辛那提赛上折桂。2011年,李娜在澳大利亚网球公开赛上个人第一次打进大满贯单打决赛并夺得亚军,并在同年的法国网球公开赛上,夺得了中国乃至亚洲的第一座大满贯单打冠军奖杯。值得一提的是,2014年1月25日,第三次跻身澳大利亚网球公开赛决赛并最终收获女单冠军,获得自己第二个大满贯女单冠军,这也是澳网百年历史上亚洲选手首个澳网单打冠军及公开赛以来澳网最年长的单打冠军。当时,李娜的世界排名第二。2014年9月19日,李娜正式宣布退役。2015年李娜获劳伦斯特别成就奖,是15年来第二个获奖者。

四、网球比赛的欣赏礼仪

网球是一项优美而高雅的运动项目,在国外被称为"贵族运动"。这里的"贵族"不是价格上的贵族,而是贯穿于整个比赛的一种精神层面的贵族。如果你是在法国或者英国看网球,你会发现赛场内的工作人员都身着礼服礼帽,手戴白手套,彬彬有礼地向每位入场观众微笑服务。比赛时,运动员的注意力必须始终保持高度集中,而观众发出的噪音则会使他们分心,影响运动员的水平发挥,这一点在发球时表现得尤为突出。由于网球比赛的特殊性,网球比赛是体育比赛中对观众礼仪要求比较多的一个项目,只有了解了基本的网球礼仪和网球规则,才能更好地欣赏比赛。在观赏比赛时,要极其严格地遵守赛场规则:迟到后必须等到单局比赛结束方可入场；比赛开始后，观众不得随意走动；一球不结束，就不能鼓掌等，场内的一流服务和对观众的严格要求造就了网球无与伦比的贵族气息。观赛基本礼仪如下：

(1) 网球比赛中在单数局时双方球员需要换边并进行短暂的休息，但第一局结束后球员只换边而不能坐下休息，所以这时一般不允许外场观众进场。在3、5、7等单数局或一盘结束后，观众需在引导员的帮助下尽快入座。如果在比赛开始时仍没找到自己的位置，应该就地坐下，在下一次球员换边时再找。

(2) 在有观众看台的赛场上看球时，一定要在比赛开始之前坐到自己的位置上，不要随意停留在过道或坐在栏杆上看球。在没有观众看台的赛场看球时，一定要在球场挡网外围观看，千万不能进入赛场看球。

(3) 如果同时有几片场地在比赛，当想到其他场地看球时，一定要在这一块场地的一分比赛结束后，才能从挡网后面不太显眼的地方走过，不要影响任何一块场地的比赛。

(4) 在比赛中，绝对禁止有人走动。只有在球员交换场地休息时，方可起身活动。观众去洗手间或者买饮料，应在选手进行90 s休息的时候再走动，在一个球成为死球的时候再回到座位上。

(5) 在比赛开始时，一定要保持绝对安静，不要吃东西或互相聊天、喧哗，不要制造影响运动员或其他观众的声音。一定要将手机关掉或调成振动、静音状态。尽量不在赛场接听电话。

(6) 比赛开始后，加油鼓掌时要注意，只有在一分的比赛确实结束时，方可开始加油叫好。

(7) 比赛中不得与裁判、球员进行任何形式的谈话，包括不得询问比分、对判罚有异议或当面向球员叫好。

(8) 当拣到球员打飞的球后，一定要在一分比赛结束后，方可扔入场地内，不得在比赛进行时，将球扔进场内而干扰比赛。

(9) 如果有兴趣拍摄比赛，一定要注意绝对不可使用闪光灯，赛场内禁止吸烟。

(10) 永远不要带太小的婴儿去观看比赛，因为他们难以控制的哭笑声，会对比赛有很大的影响。

五、网球运动的基本技术与练习方法

（一）基本站位

网球是一项全身运动，基本站位是网球场上的第一基本功。其基本姿势是屈膝、沉腰，重心在双脚前掌，随时准备向各方向移动。无论采用何种击球动作以后，都要回到基本站位时的准备姿势，它是任何一种动作的开始。

（二）握拍法（以右手为例）

学习握拍是学打网球的第一步，也是十分重要的技术。正确的握拍方法会使击球的位置和角度合适，击出的球有力、旋转，会使技术动作掌握和提高得更快、更好，如图5-6-1所示。

1. 东方式握拍法

东方式正手握拍法：左手先握住颈部，使球拍面与地面垂直，右手如同与拍面握手一样，使虎口对准正拍柄右上侧棱，拇指环绕球拍柄至与中指接触，食指应向上一些与中指分开，无名指和小指于拍柄上面。

东方式反手握拍法：在正手握拍基础上左手向顺时针方向转动球拍，使虎口对准正拍柄

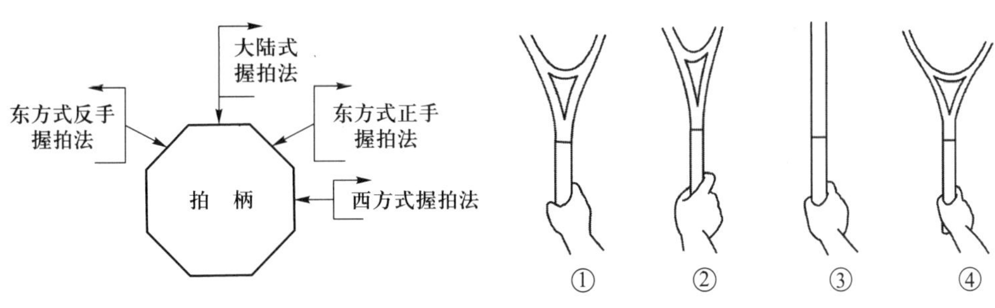

图 5-6-1　握拍法

左上侧棱，拇指环绕球拍柄至与中指接触，食指应向上一些与中指分开，无名指和小指于拍柄上面。

2. 大陆式握拍法

大陆式握拍法介于东方式正手握拍法和东方式反手握拍法之间。握拍时用掌根贴住拍柄上部的平面，与拍柄下端对齐，食指与其余三个手指稍微分开，握住拍柄。大陆式握拍法的优点在不需要变换动作，简单灵活，手腕可更充分地发挥作用，适于击球、发球、截击球以及高压球。但对于弹跳高的球比较难打，而且要求手腕力量较大。

大陆式握拍

3. 西方式握拍法

西方式握拍法，虎口对准拍柄右边靠右方处，手掌根贴住右下斜面，与拍柄下端平齐，手心置于拍柄正下边。拇指直伸压住拍柄上平面，食指下关节握住右上斜面。西方式握拍法比较复杂，难以掌握，通常是善击强烈上旋球的运动员采用的握法，初学者最好不要采用。

半西方式握拍

（三）正反手击球

1. 正手击球

正手击球是网球技术中最基本的击球方法，也是最可靠的进攻性击球手段。其特点是速度快、力量大，是初学者学习的第一种击球方法。

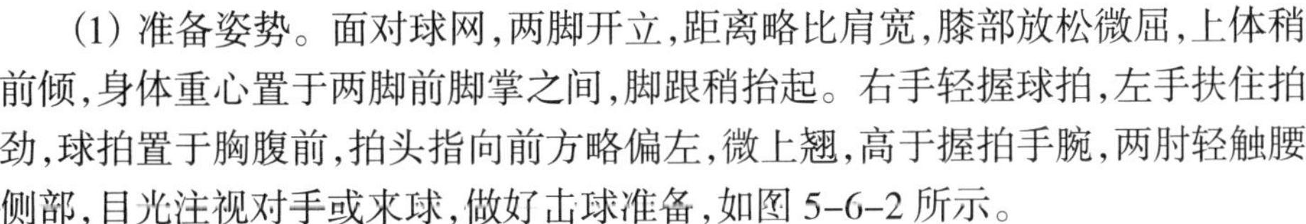

(1) 准备姿势。面对球网，两脚开立，距离略比肩宽，膝部放松微屈，上体稍前倾，身体重心置于两脚前脚掌之间，脚跟稍抬起。右手轻握球拍，左手扶住拍颈，球拍置于胸腹前，拍头指向前方略偏左，微上翘，高于握拍手腕，两肘轻触腰侧部，目光注视对手或来球，做好击球准备，如图 5-6-2 所示。

正手击球

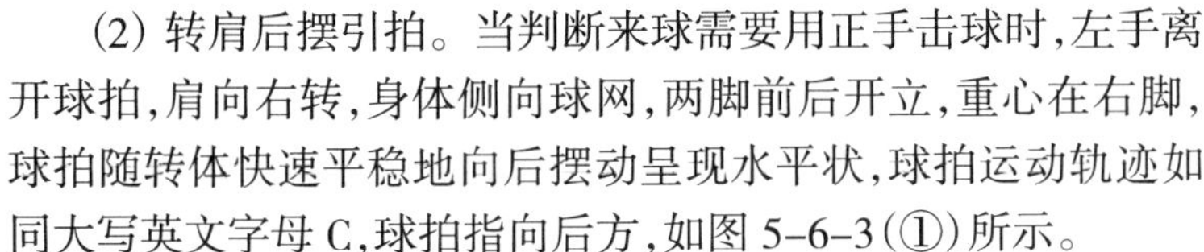

(2) 转肩后摆引拍。当判断来球需要用正手击球时，左手离开球拍，肩向右转，身体侧向球网，两脚前后开立，重心在右脚，球拍随转体快速平稳地向后摆动呈现水平状，球拍运动轨迹如同大写英文字母 C，球拍指向后方，如图 5-6-3（①）所示。

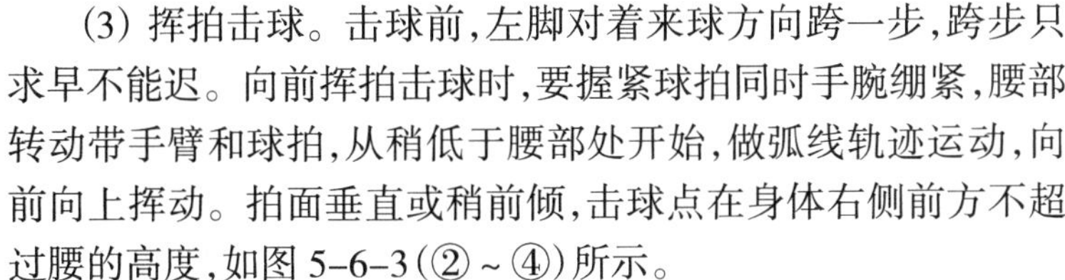

(3) 挥拍击球。击球前，左脚对着来球方向跨一步，跨步只求早不能迟。向前挥拍击球时，要握紧球拍同时手腕绷紧，腰部转动带手臂和球拍，从稍低于腰部处开始，做弧线轨迹运动，向前向上挥动。拍面垂直或稍前倾，击球点在身体右侧前方不超过腰的高度，如图 5-6-3（② ~ ④）所示。

图 5-6-2　准备姿势

图 5-6-3 正手击球

(4) 随球动作。当球离开拍弦后,球拍应自然地随着击球动作的惯性做随球动作,使持拍手臂向前伸展,肘关节向前向上跟进,继续向前挥动至左肩前上方,完成挥拍跟球运动,如图 5-6-3⑤所示。

2. 反手击球

网球反手击球分为单手反手击球和双手反手击球,也是回击来球和进攻对方必须掌握的基本技术。反手击球指击打与握拍手相反的落地球打法,许多动作要领与正拍有相似的地方,准备姿势与正手击球的准备姿势基本相同。

单手反手击球

(1) 单手反手击球。

① 转肩后摆。当球向反手方向飞来的一瞬间,变换握拍为东方式反手握法。身体左转侧身背对球网,由转肩带动球拍向左后方充分摆动引拍,后摆引拍要平稳连续。移动至最后一步,右脚前跨一步,重心在左脚,球拍后摆,拍头略低,球拍指向后方,如图 5-6-4(①～④)所示。

② 挥拍击球。击球时,以髋带动肩向右侧转动,同时上臂、前臂带动球拍由后下方向前上方挥出,拍面垂直或稍后仰,击球点在右脚侧前方。击球时手腕固定握紧,身体应稍前倾,将转体和双臂伸展的力量作用于拍弦击球上,要保持击球的稳定性,如图 5-6-4(⑤～⑦)所示。

③ 随球动作。击球后,进行随球动作时,转体约 45°,面向球网,随球动作由后下向前上,在身体右侧前上方结束,重心在右脚,后脚跟踮起,如图 5-6-4⑧所示。

图 5-6-4 单手反手击球

(2) 双手反手击球。反拍双手握拍,双手都为东方式握拍。以右手握拍者为例,右手用东方式反拍握法,右手掌根靠近拍柄的端部,左手以东方式正握拍法,握在右手的上方,不要交叠。对方来球到反手位时,身体左转,以转肩带动双手握拍向左后摆动引拍,右臂伸展,左臂弯曲,上体侧对击球点,拍略低于来球。击球时重心前移,迎球时挥臂与转体协调配合。

击球时右脚向前跨一步，重心前移，转腰带动双手由后下向前上方挥拍，在腰部高度、膝部前击球的中部或偏下。击球后继续向上做随挥动作，最后在右肩前上方结束，如图 5–6–5 所示。

图 5–6–5　双手反手击球

3. 练习方法

(1) 熟悉球性练习，用球拍颠球、拍球、抛接球、对墙传接球和两人间传接球。

(2) 徒手挥拍练习，体会动作要领，形成正确的动作定型。

(3) 自己或同伴抛定点球，待球跳起后练习正反击球。

(4) 对墙击球练习，在墙上 1~1.5 m 的任一高度标上记号，在距墙 5~7 m 的地方，练习者进行正、反手交替运用的对墙击球。

(5) 在一定的区域内，一人喂球、一人练习击球，熟练后，练习击球到指定的位置。

(6) 两人一组，正反手击球练习，结合斜线、直线的各种组合练习。

(7) 两人对打练习，注意先不要发力，加强手上对球的控制。熟练后可增大击球距离和范围，加大击球的力量。

（四）发球

发球是网球技术中唯一不受对方制约和限制的技术，分为平击发球、切削发球和旋转发球三种形式。平击发球力量大、速度快，但容易失误；旋转发球技术要求高，不容易掌握；切削发球比较容易掌握，适合初学者和对发球要求不高者。

1. 动作要点

(1) 握拍与站位。发球握拍采用大陆式握拍的方法，发球站位要求在端线后 5 cm 处，身体自然，两脚开立与肩同宽，前脚与端线成 45°，重心放在后脚上，身体侧对球网，如图 5–6–6 所示。

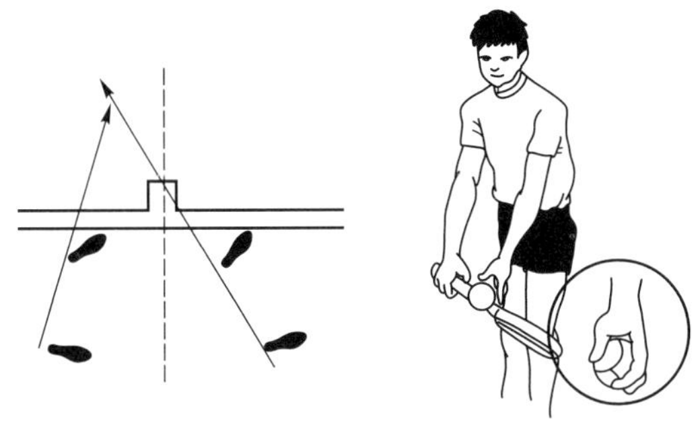

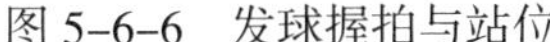

图 5–6–6　发球握拍与站位

发球站位

(2) 持球与抛球。持球时，可手持两个球或一个球。发球前将要发的球置于食指、中指、无名指的前端，用拇指和小指支撑球。抛球时手臂向身体的右前上方直臂抬起，到肩部与头部之间位置时，利用膝盖的屈伸，用手垂直向上抛球，出球后手肘伸直，球落下时在身体前脚的右前方，如图 5–6–7（①～②）所示。

抛球与引拍

(3) 后摆引拍。当抛球手向上时，握拍手也应该向后上方运动，以肘为轴，小臂、手、拍头依次向体后，执拍手臂做大弧度的环绕向后引拍，右肘弯曲使球拍在背后成悬垂弧状向下。背部下吊，同时屈双膝并伴随身体后展呈“弓”状，如图 5–6–7（③～④）所示。

抛球击球

(4) 挥拍击球。球上抛引拍结束后，身体向前移动，握拍手和球拍向上伸展，在屈膝、背弓动作的基础上自下而上依次蹬直踝部、膝部，反弹背弓并向出球方转体，与此同时仍以肘为轴带动手、拍头摆向击球点，最后在力的爆发点上“鞭打”抛送于空中的球。根据发球的类型，击球时用相应的拍面去接近球。击球是在球抛至最高点，刚开始下落时的一瞬间。切削发球是一种以右侧旋转（略带下旋）为主的发球法，就是由球的右上往左下切削击球，击球在中部偏右侧，使球产生右侧旋转。平击发球是在击球的一刹那，拍面不绕球切削，击球点应在身体的右眼前上方，以拍面中心平直对准球，击球的后中上部，如图 5–6–7（⑤～⑥）所示。

随挥动作

(5) 随球动作。击中球时虽然挥拍击球动作已告完成，但整个发球过程却仍在继续。抛球挥拍击球后，球拍继续做弧线运动，从身体的左侧挥过，即击球后球员应顺着身体及挥拍的惯性做收腹、转肩和收拍的动作，最终球拍由大臂带动收向持拍手的异侧体侧，结束发球动作，如图 5–6–7⑦所示。

图 5–6–7 发球

完整发球动作

2. 练习方法

(1) 原地徒手和持球做抛球练习，即左手持球反复做向上的抛球动作练习。

(2) 原地徒手做抛球、挥拍练习。

(3) 对墙练习发球，在墙上距离地面高 1 m 的地方设置标记，将球发向标记。

(4) 反复练习抛球、击球的配合动作。

(5) 向左右发球区内的不同落点发球练习。

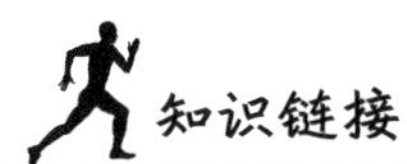

知识链接

发球技术的地位

在现代网球运动中,发球技术是一项非常重要的、比较难掌握的技术,也是唯一由自己掌握的击球方法。发球的主动权绝对掌握在击球者自己手里,它可以不受对方制约,在较大程度上能够发挥出个人的特点,用以控制对方,为自己的进攻创造有利条件。

(五) 接发球

接发球是指将对方发过来的球,有效地回击到对方场内所采取的手段。学习接发球首先要学会判断,这种判断基本上都是靠即时的反应。接发球前要观察对方的行动,考虑自己的回球路线和落点。

1. 接发球的准备

接发球分为正拍和反拍两种接法。接发球站位一般在端线附近,保持两脚平行站位,比肩略宽,右手持拍者一般右脚稍前,两膝微屈,上体稍前倾,重心放在前脚掌上。将球拍置于体前,拍头保持向上。抬头注视对手的发球动作,盯住对手的抛球位置,从球离开对方手之前一直到被击出之时,眼睛不能离开球,预先判断来球的方向和旋转。注意,要学会接发球的预判,这很重要。

2. 接发球回击

眼睛始终盯来球,球动人动。根据对方发球意图来决定自己的移动方向,迅速做出转体引拍动作。接发球时必须有明确的指令,直线或斜线。对方第一发球时,站位应偏后而且动作要快;对方第二发球时,站位可略前移。接发球时尽量提前向后拉拍,拍面后摆距离要短些,幅度的大小要根据对方不同的发球来调整。击球后迅速回到场地,准备下一次击球。注意,要握紧球拍,避免拍面被来球震动而发生转动。

(六) 截击球

截击球是指在对方来球未落地之前,凌空将球回击到对方场区的一种技术,分为正手截击和反手截击。截击球一般站在网前进行,对对手威胁比较大。

1. 正手截击

站位最理想的区域是在发球区内,跨立中线处。准备时两脚自然开立,膝盖弯曲,重心稍前。持拍采用大陆式握拍法,持拍于体前,拍头高于持拍手臂及球网。击球前必须转动上体和肩部,带动球拍向后摆,后摆速度要快、幅度要小;击球时握紧球拍,绷紧手腕,拍头上翘,拍面稍向后仰,向前向下挥拍击球,如图 5-6-8 所示。注意,击球时保持球拍高于手腕,球拍握紧、手腕固定,击球点保持在身体的侧前方,随挥动作要短。

正手截击

2. 反手截击

击球前转肩使上身和球飞来的路线成平行方向,同时球拍后摆至肩部,拍头向上;拍弦对着击出的球,沿着这个方向撞击出去。击球时球拍向前做简短的撞击动作,在身体前面击球;球拍触球时,手腕绷紧,握紧球拍。击球后右臂

反手截击

图 5-6-8 正手截击

伸展向前下方压送，如图 5-6-9 所示。注意：击球点比正手截击更靠前一些，球拍后摆不宜过大，截击球不需要使劲挥臂向前。

图 5-6-9 反手截击

3. 练习方法

(1) 徒手和持拍模仿挥拍练习，为避免后摆过大，可背对墙或挡网练习。

(2) 用多个球在近网或网前中场练习截击，两人一组，一人喂球，一人练习交替正反手截击球。熟练后进行左右移动和不定点截击，练习截击不同高度和力量的来球。

(3) 对墙近距离连续击凌空球，熟练正手截击后再练反手截击，最后正、反手交替练习。

(4) 两人一组对练截击球。可同时在网前或一人网前、一人底线进行练习。

(5) 三人一组练习截击球，两人在底线进行破网，一人在网前练习截击。

(七) 高压球

高压球是将对方挑出的防御性的高球凌空或落点弹起后向前下打出的一种技术。绝大多数高压球采用正拍击球，和发球动作相似，区别在于向后引拍的动作比发球简短，可以采用原地、跳起或者后退高压球。

高压球

1. 动作要点

打高压球时，必须迅速移动到球下落的稍后方，左肩向前，侧身对网，抬头仰视球。准备击球时在身前举起球拍，然后球拍后引至肩后；击球时前臂将拍向下挥动，当球下落到合适的高度时，重心前移，整个手臂伸直，在头部上方向前下方扣击，触球时手腕用力下压，拍面向下，如图 5-6-10 所示。注意移动要快、提前侧身、举拍要高、击球点要准，反拍高压球的击球点要稍稍靠前。

图 5-6-10 高压球

2. 练习方法

(1) 徒手持拍做高压球挥拍练习。

(2) 多球练习,一人送高球,另一人练习高压球。先近网练习,再后场练习。先定点练习高压球,熟练后再不定点练习。

(3) 一人或两人在底线挑固定落点的高球,另一人在网前专门练习高压球。熟练后挑不同落点的高压球练习。

(4) 对墙练习高压球,练习者如发球那样将球击向距墙 1.5 m 左右的地面,球触地从墙上高高地反弹回来时,移动到球下落的下方,再高压扣向原击地处。

(八) 挑高球

挑高球是指将还击的球越过网前对手的头顶落入对方场区。防守性挑高球是为了赢得时间,摆脱困境。进攻性挑高球是在对方上网时,将球挑到对方后场较深处,使之被动或失误。

1. 动作要点

挑高球准备时将球拍做好充分的后摆,把球拍送到球下面去挑托球。击球时向前上挥拍,击打球的后下部,球拍与球的接触时间要长,随挥动作充分。击球手腕绷紧,挥拍动作要尽可能向前向上送出。如果击出进攻性的上旋高球,要求拍头低于来球,击球时抖动手腕,产生强烈摩擦,使球剧烈向前旋转,落地前冲。注意,挑高球要落点深,击球动作隐蔽,击球时要将手腕绷紧,拍面开放。

2. 练习方法

(1) 单人徒手挥拍模仿练习。

(2) 单人自抛球进行挑高球练习。

(3) 两人一组,一人网前采用高压球,一人在底线进行挑高球练习。

(4) 多球专门挑高球练习,先定点练习,熟悉后再不定点进行挑高球练习。

(九) 反弹球

当对手将球打向自己脚边时,球落地后弹起瞬间用球拍借力将球推挡过网的击球方法叫击反弹球。反弹球按球的旋转分为平击、上旋削击球和下旋削击球;按回击的落点和性能分为推深、放轻球、挑高球和破上网等。

1. 动作要点

当判断来球需要打反弹球时，迅速下蹲，降低重心，身体前倾保持身体平衡，后摆动作视球过来的球速及准备时间快慢而定，一般是转体时已完成了后摆动作。击球时眼睛必须看球，手腕与前臂紧固，拍面略开，随身体重心前移，拍子由下向上做反弹击球，同时使球略带上旋。击反弹球时，控制球飞行方向的主要方法是使球拍向前倾斜，两腿弯曲要大些，侧对来球，保持“球拍不低于手腕”的原则，将球向上带过网。注意，挥拍动作要短小而快速，随挥动作不宜过大、上扬、太长，注意拍面前倾角度，强调击球时的挤压和挡送动作。

2. 练习方法

(1) 原地徒手挥拍练习，也可结合抛球进行。将球垂直向上抛起，让球自由落下，球上抛时练习者做转体引拍动作，待反弹到一定高度后向前挥拍击球。

(2) 对墙练习反弹球。练习者面对墙站立，进行正反手击落地球练习。先允许球反弹两次再击球，有一定控制能力后，必须在球第二次落地前击到球。与墙距离可由近至远，速度可由慢变快。

(3) 两人一组抛球与击球练习。一人面对挡网站立，同伴在练习者侧前方，背靠挡网将球抛向练习者，练习者采用正手或反手进行击球。

(十) 放短球

放短球也称为放小球，可以把对手从后场引到网前，也可以使那些不善于上网而经常活动于底线的对手来不及还击。

1. 动作要点

放短球是在网拍接触的刹那放松手腕，用拍面轻轻地削击球的侧下部，拍面大约以 45°的开角从球的侧下方向下滑动，使球产生侧下旋，似乎是把球铲过网去摆放在网前，击球后没有随挥动作，球落地后弹起很低、很短。反拍放小球动作与反拍下旋球相似，但在触球时，球拍向下用力较多，减少球的前冲。同时体会拍面在球侧绕转的感觉。注意，放短球强调击球前的假动作，动作要尽可能隐蔽，球不要放得过高、过长；击球时身体与击球点之间应有足够的距离，如果距离太小则会影响准确击球的动作。

2. 练习方法

(1) 单人徒手挥拍练习，注意动作的幅度。

(2) 两人一组练习放短球，一人送中后场球，一人放短球练习。

(3) 两人一组在底线练习放短球，进行底线球练习中，先正拍后反拍练习放短球。

六、网球的基本战术

网球比赛战术的运用会受到多种因素的影响，如运动员的水平、状态和心理因素等，比赛的场地种类(硬土、沙土、草地)，客观的环境条件(风向风力、室内室外、气温湿度、光线条件等)。这就要求运动员根据自身的特点和不同的环境因素，遵循以“稳”为主、击球点要深、力争上网截击的战术原则，来选择和运用相应的战术，并根据比赛的进程做相应的战术调整。

发球战术

(一) 单打基本战术

1. 发球战术

发球不受对方的支配和控制，可通过力量、速度和准确性达到得分目的。

针对对方弱点，攻其薄弱环节。利用不同的发球方式。运用相似手法，发不同性能的球，让对方不易捉摸。利用外界自然条件（如风向、阳光、硬地和草地等）发球，给对方接发球制造困难。

2. 接发球战术

接发球一般是处于被动地位，但处理得好可减少被动，甚至化被动为主动。一般采用平击抽球，将球回击到对方底线两角。也可运用旋转击球法使球旋向两边线外，造成对方左右奔跑。或运用切削球打到近网两角，或运用挑高球挑过发球上网者头顶等，为自己下一击的战术选择创造条件。

3. 上网战术

(1) 发球上网。发球也是创造上网截击的最佳途径，是获得胜利的有效手段。发球时发出质量较高的球，使对方的回球力量、速度、落点等质量不高，此时自己应果断地上网，移动到发球线与网之间，利用发挥速度和角度造成对方失误。但是绝非一发球就能上网，要根据发球的效果，创造机会迅速上网。如果机会不是很好，第一次截击可将球打深，落点在对方的弱侧，第二次截击得分。

(2) 接发球上网。在接发球后，快速冲到离网较近的位置，不等对方回击的球落地便进行空中截击或高压的一种战术。近网进攻威胁性大，封网角度小，防守控制面积大。此时，站位应在对方可能的击球角度的分角线上。当对方发球后不上网且球的力量不大、角度不刁时，接发球者应打其反手深处或者后场，随即上网截击。如二发球的落点浅，反弹高，则可用切削放短球（小球）的方法迫使对手被动回球，随即上网截击。

(3) 随球上网。利用底线两角凶狠抽击球（如上旋球）大角度拉开对方、调动对手，迫使对手在来回奔跑中击球，为上网截击创造机会。在底线往返抽球过程中，对方回出短（浅）球时，应立即抓住时机将球打到对方底线反手深处，紧跟着随球上网，准备打截击球。

4. 底线战术

底线打法首先要将球打深，球落在端线前而不是发球线附近。以进攻型打法为前提，用快速力量、准确、凶狠取胜对方，使看来是防守性的打法具有攻击性。常用的有逼右攻左、逼左攻右，攻击对方弱点或打对方不喜欢打的球。同时利用落点调动对方或者抓住对方的弱点作为突破，打乱对方的步伐节奏，寻找进攻机会。在有机会的情况下也可上网截击。

5. 综合战术

单打战术的运用要根据场上对手情况，灵活多变，不断进行战术调整，采用不同的打法。要善于抓住对方的弱点，发挥自身的长处，使对方跟着自己的节奏变化而变化。如对方频频上网，可采用挑后场高球迫使其退回去；如对方正手技术好，可通过连续进攻对方反手位置，加强击球落点的控制，迫使对方逐步离开场区的有利位置，再突然直线进攻其正手或打回头球；对手底线技术很好，可适当放一些小球诱使他上前，再发力将球打深来调动他。综合战术就是将底线和上网两种技术结合起来，根据场上情况，随机应变。

（二）双打的基本战术

网球双打对参加者的体力要求较低，是业余爱好者进行锻炼和比赛的主要方式。双打是两个人配合的比赛项目，相对于单打战术而言，双打有其特定的战术。

1. 双打战术的特点

双打战术和单打战术相比更为复杂，对技术的要求更全面，有其自身的战术体系特点。

网球双打的第一发球命中率要求高于单打，多采用切削发球或上旋发球。击球路线和落点多为中路和小斜线，球过网的高度要尽量低，以防对手截击。尽量将对方两位选手拉开，攻中间空档，巧妙地把球打到对方的脚下，迫使对方从下向上击球，从而抓住时机上网截击。击球技术中的截击球、高压球和挑高球运用较多，凌空击球的次数明显增加，双打选手要具有更好的截击和高压球技术，都是双打战术的需要。双打网前战术的运用最为普遍，比赛中经常出现双方运动员在网前激烈对攻、短兵相接，双打中采用“二打一”战术，多用来攻击较弱队员。双打比赛一般是控制网前的队赢分，发球方和接球方都应做好击球后上网的准备。

2. 双打战术

(1) 发球战术。

① 发球站位。双打站位一般是正拍好的站右区，反拍好的站左区，或技术水平较高的选手站左区，理想的是一个右手握拍一个左手握拍。发球者站在底线中点与单打边线的中间，比单打站位稍靠边线，可以发出角度更大的斜线球；发球者的同伴站在发球线和球网之间，离网 2~3 m，并稍偏向单打边线些，把守半边场区，伺机截击或高压击球。

② 发球要求。在双打的每局比赛中，通常发球技术最好的球员应该是第一发球人。双打对第一发球的成功率要求要高，通过凶狠、力大、刁钻的第一发球，掌握上网主动权。常用大力上旋球发对方反手区，压制其进攻力量和回击角度，也可以用大力平击发球，迫使对方回击高球，以便上网扣杀。

接发球战术

(2) 接发球战术。

① 接发球站位。接球队员站在端线靠近单打边线处，立位于对方可能把球发到角度的分角线上。接球队员的同伴站位在发球线前边，略靠近中线位置，比接发球者站得稍后一些，随时注意场上变化。

② 接发球要求。根据对手发球的力量、角度、旋转，交替运用平击、切削、旋转等击球技术，造成对方捉摸不定、判断不清。回击的球过网要低、角度要斜、落点要深，用来压制住对方上网，抓住时机自己上网。

(3) 网前战术。

① 网前站位。当四人均上网时，网前激烈对攻、短兵相接，要求反应灵敏，动作迅速，上网位置约在离网 2~3 m 处，两人各站半场中间稍靠中线位置，这样便于及时进退和防“中间球”。

② 配合要求。当来球在两人之间，由正拍击球者回击；球在两人之间，又是斜线球时，由距离近者迎击；挑高球在两人之间，由正拍击球者进行高压。对方接发球回击过来的是中场球，由上网运动员争取截击，发球运动员随时准备补漏。来球情况比较复杂时，及时通过“我的”“你的”相互提示。上网运动员左右移动时，底线同伴要移动补位。

(4) 底线战术。双打比赛双方都会通过多变的技术、战术来伺机上网。因此，双打应积极争取机会上网，一旦被压制在底线，只能考虑防守，伺机反攻；或者通过技术、战术的变化诱使对方失误。如运用挑高球，回击短而低的球，或打平直线球快速穿过对方中央场区，或运用侧旋直线球打对方两侧。

(5) 双打配合。双打是两个人配合的比赛项目，要求两个队员配合得像一个人。队员间要能够预料和理解同伴的意图，在站位和技术上互补。比赛中两人相互间的距离不能拉开 3.5 m 以上，以利于并肩战斗。当同伴移动到自己区域截击时，自己应迅速补位；当同伴退到底线接高球时，自己也不应继续留在网前，而应后退，使两人处于最佳防守位置。当对方上网时，自己可以挑进攻性高球，迫使对方退回后场。同时，比赛中还要分析双方的情况，制定战术，灵活机动地变换战术，出奇制胜。

七、网球运动竞赛规则简介

（一）场地规定

一块标准网球场地的占地面积不小于 36.60 m（长）× 18.30 m（宽）。在这个面积内，双打场地的标准尺寸是 23.77 m（长）× 10.97 m（宽），在每条端线后应留有空余地不小于 6.40 m，每条边线外应留有空余地不小于 3.66 m。如果是两片或两片以上相邻而建的平等网球场地，相邻场地边线之间距离不小于 4 m。全场除端线可宽至 10 cm 外，其他各线的宽度应在 2.5~5 cm 的范围之内，场地上的线均为同一颜色。全场各区的丈量除中线外，都从各线的外沿计算，如图 5-6-11 所示。

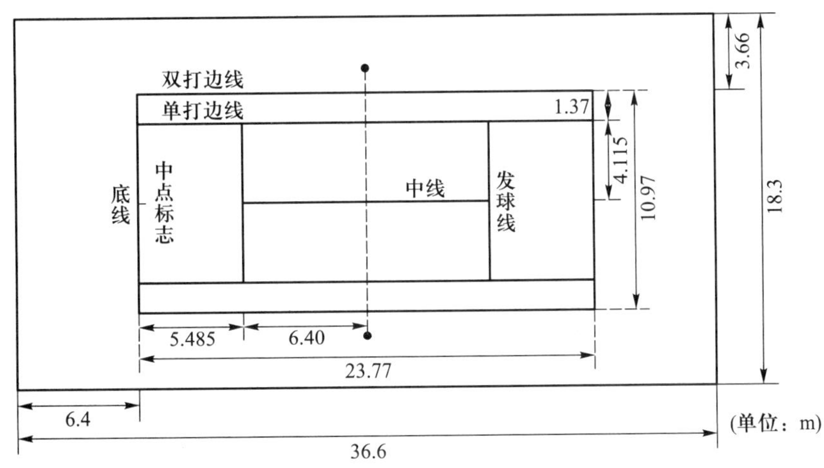

图 5-6-11 网球场示意图

（二）竞赛规则简介

网球比赛分为单打和双打两种形式。球员用网球拍将球击过网，落入对方的场地上。每位球员的目的都是尽力将球打到对方的场地上去，就这样一来一回，直到有一方将球打出界、落网或没接到球为止。在正式比赛前，需要确定比赛由谁先发球。整个比赛中，双方球员轮流发球。发球员在发球前应先站在端线后、中点和边线的假定延长线之间的区域里，发出的球应从网上越过，落在对角的对方发球区内。

1. 发球规则

(1) 发球前的规定。发球员在发球前应先站在端线后、中点和边线的假定延长线之间的区域里，用手将球向空中任意方向抛起，在球接触地面以前，用球拍击球（仅能用一只手的运动员，可用球拍将球抛起）。球拍与球接触时，就算完成球的发送。

(2) 发球时的规定。发球员在整个发球动作中，不得通过行走或跑动改变原站的位置，两脚只准站在规定位置，不得触及其他区域。

(3) 发球员的位置。每局开始，先从右区端线后发球，得或失一分后，应换到左区发球。

发出的球应从网上越过，落到对角的对方发球区内或其周围的线上。

(4) 发球失误。未击中发出的球；发出的球在落地前触及固定物(球网、中心带和网边白布除外)；违反发球站位规定。发球员第一次发球失误后，应在原发球位置上进行第二次发球。

(5) 发球无效。发出的球触网后，仍然落到对方发球区内，或对方接球员未作好接球准备，均应重新发球。

(6) 交换发球。第一局比赛终了，接球员成为发球员，发球员成为接球员。以后每局终了，均依次互相交换发球，直至比赛结束。

2. 基本通则

(1) 交换场地。

① 双方应在每盘的第 1、3、5 等单数局结束后，以及每局结束双方局数之和为单数时，交换场地。

② 在抢 7 分比赛中，双方得分相加为 6 或者 6 的倍数时，交换场地。

(2) 失分。发生下列任何一种情况，均判失分。

① 在球第二次着地前，未能还击过网。

② 还击的球触及对方场区界线以外的地面、固定物或其他物件。

③ 还击空中球失败。

④ 故意用球拍触球超过一次。

⑤ 运动员的身体、球拍在发球期间触及球网。

⑥ 过网击球。

⑦ 抛拍击球。

⑧ 发球双失误。

⑨ 击球时球员的手或身体的任何一部分触网。

(3) 有效回击。

① 球触球网、网柱、单打支柱、绳或钢丝绳网边白布后，从网上越过落入对方场区内。

② 球从网柱或单打支柱以外还击至对方场区，不论还击的球是高于球网还是低于球网，或是触及网柱或单打支柱。

③ 合法击球后，球拍随球过网。

④ 合法击球后越过球网。

(4) 压线球。合法出击的球落在对方场区的线上都算界内球。

(5) 休息时间。

① 每盘的第一局结束后交换场地时不能休息。

② 单数局结束交换场地时休息时间为 90 s。

③ 每盘结束休息时间为 120 s。

3. 双打规则

(1) 双打发球次序。每盘第一局开始时，由发球方决定由何人首先发球，对方则同样地在第 2 局开始时，决定由何人首先发球。第 3 局由第 1 局发球方的另一球员发球。第 4 局由第 2 局发球方的另一球员发球。以下各局均按此顺序发球。

(2) 双打接球次序。先接球的一方，应在第 1 局开始时，决定何人先接发球，并在这盘单数局继续先接发球。对方同样应在第 2 局开始时，决定何人先接发球，并在这盘双数局继续先接发球。他们的同伴应在每局中轮流接发球。

(3) 双打还击。接发球后，双方应轮流由其中任何一名队员还击。如运动员在其同队队员击球后，再以球拍触球，则判对方得分。

4. 计分方法

(1) 胜一局。

① 运动员每胜一球得一分，记分 15；胜第二分记分 30，胜第三分记分 40，先胜四分者胜一局。

② 双方各得三分时为“平分”，平分后，净胜两分为胜一局。

(2) 胜一盘。

① 先胜 6 局为胜 1 盘。

② 各胜 5 局时，一方净胜两局为胜 1 盘。如果双方的局数打到 6 平时，就要以决胜局定胜负。

(3) 决胜局计分制。在每盘的局数为 6 平时，有两种计分制。

① 长盘制：一方净胜两局为胜 1 盘。

② 短盘制（抢七）：决胜盘除外，除非赛前另有规定。

- 决胜局先得 7 分者为胜该局及该盘（若分数为 6 平时，一方须净胜两分）。
- 首先发球员发第 1 分球，对方发第 2、3 分球，然后轮流发两分球，直到比赛结束。
- 第 1 分球在右区发，第 2 分球在左区发，第 3 分球在右区发。
- 每 6 分球和决胜局结束都要交换场地。
- 短盘制的计分：第一分球得分，报 1∶0 或 0∶1，不报 15∶0 或 0∶15。比分打到 5∶5，6∶6，7∶7，8∶8 等情况时，需连胜两分才能决定谁为胜方。但在记分表上则统一写为 7∶6。

(4) 胜一场。一场比赛男子最多打 5 盘，女子最多打 3 盘，比赛双方中先胜 3 盘（男子）或者 2 盘（女子）为胜一场。

复习与思考

1. 篮球运动中，进攻队员怎样做才能更好地突破对手？

2. 你认为自己适合本章球类运动中的哪一种或哪几种？根据目前掌握的基本理论知识，制订适合自己的锻炼计划。

第六章　游泳运动

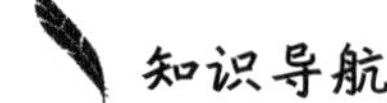

游泳运动是一项在室内外均可进行的水上运动项目，是一项古老而又现代的体育运动，是一种凭借自身肢体动作和水的作用力，在水中活动或前进的一项技能活动。人类的游泳是一种有意识的活动，一直与其生存、生产、生活紧密联系在一起，并随着人类社会的发展而逐渐成为体育运动项目。游泳不受年龄限制，不受地域限制，融健身与娱乐为一体，能充分利用日光、水和空气等自然条件进行身体锻炼，越来越多的人把游泳作为他们健身与娱乐的重要内容。

第一节　认识游泳运动

人类的游泳活动源远流长，从出现最早的人类开始，人们就在布满江、河、湖、海的地球上生活，在为生活、劳动与大自然斗争的过程中，逐渐学会了游泳。

一、游泳运动的起源与发展

游泳是人类最古老的生存手段之一。开始时，人们只是模仿水栖动物的姿势与动作，在水中移动，日积月累，便学会了漂浮、游动、潜水等在水中行动的技能，产生了各种游泳姿势。

我国最古老的诗歌总集《诗经·邶风·谷风》中就出现"就其深矣，方之舟之；就其浅矣，泳之游之"的诗句，表明那时候人们就懂得利用游泳来克服江河屏障。中国古代兵书《管子》《孙子》等，都把游泳作为一种军事训练项目。游泳活动能够得以不断发展，除了生产劳动和军事上的原因外，它的娱乐功能也是不可忽视的重要内容。

现代游泳运动则起源于英国。17 世纪 60 年代，英国不少地区的游泳活动开展得相当活跃。1828 年，英国在利物浦乔治码头修造了第一个室内游泳池，这种泳池到 19 世纪 30 年代，在英国各大市城相继出现。1837 年，伦敦当时已拥有六个人工游泳池，并成立了第一个游泳组织，同时举办了英国最早的游泳比赛。1869 年 1 月，在伦敦成立了大城市游泳俱乐部联合会（现英国业余游泳协会前身），并把游泳作为一个专门的运动项目正式固定下来。随后传入各英殖民地，继而传遍全世界。1893 年美国开始举行游泳锦标赛，其他国家的游泳运动也陆陆续续开展起来。1896 年第一届现代奥林匹克运动会在希腊雅典举行时，游泳就被列为九个比赛项目之一。在现代奥运会游泳比赛和世界游泳锦标赛中，有游泳、跳水、水球、花样游泳四个大项的比赛，本节所介绍和学习的内容仅指单纯的游泳（或游泳运动），不包括跳水、水球、花样游泳。

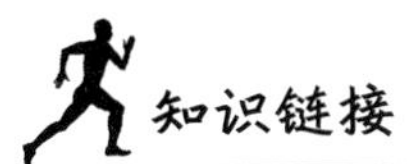

世界游泳运动重大赛事

1. 奥林匹克运动会游泳比赛。
2. 世界游泳锦标赛。
3. 国际泳联大奖赛。
4. 短池游泳世界杯。
5. 公开水域游泳锦标赛。

二、游泳运动在奥运会与中国

现代竞技游泳始于19世纪,在举行第1届现代奥林匹克运动会时,就把游泳列为竞赛项目之一。当时只有男子100 m、500 m、1 200 m自由泳三个比赛项目。比赛在雅典皮莱乌斯附近的齐亚湾海面上举行。用浮艇拉着缆绳作为起点和终点的标志线,比赛时运动员可采用任何一种姿势,是真正的“自由式”。第二届奥运会增加了仰泳、障碍泳和潜泳比赛,第三届只设了自由泳、仰泳两项比赛,比赛距离以“码”为单位。1908年在英国伦敦举行的第4届奥运会时,成立了国际业余游泳联合会International Swimming Federation,FINA,简称国际泳联,审定了各项游泳世界纪录,同时制定了国际游泳竞赛规则,规定比赛距离单位统一用“m”,增设了蛙泳项目。1912年,在瑞典斯德哥尔摩举行第五届奥运会时,增设了女子游泳项目。1952年第十五届奥运会,国际泳联决定以后增设蝶泳项目,把蛙泳和蝶泳分为两个项目比赛,竞技游泳发展成四种游泳姿势。在第十六届奥运会上,国际泳联决定以后蛙泳比赛禁止采用潜水蛙泳技术。随着游泳技术的发展,游泳规则进行了多次修改,比赛项目逐渐增加。在奥运会比赛项目中游泳仅次于田径成为金牌大户。

在我国,随着社会的发展,游泳在各个历史时期都有一定的发展。但作为一个体育运动项目开展成为竞技游泳,直到近代才形成和发展起来。我国近代游泳运动是在19世纪中叶由欧美传入的。

新中国成立后,群众性游泳活动发展得很快,1952年9月在广州市举行了新中国首次全国游泳竞赛大会。这时,我国运动员由于经常参加国际性比赛和出国访问比赛,游泳运动实力不断提高。1953年在布加勒斯特举办的第一届国际青年友谊运动会,我国选手吴传玉获得了男子100 m仰泳冠军。1957年至1960年,我国的戚烈云、穆祥雄、莫国雄3人先后五次打破男子100 m蛙泳世界纪录。1980年8月1日,国际泳联恢复了中国合法地位。20世纪90年代以来,中国游泳健儿在各项世界大赛中取得了优异成绩,特别是女子游泳运动员的成绩,形成了持续上升和飞速发展的局面,涌现出如杨文意、庄泳、钱红、林莉、罗雪娟、齐晖、焦刘洋、刘子歌等优秀运动员,近几年来我国的男子游泳运动员的成绩也得到了较大幅度的提高。

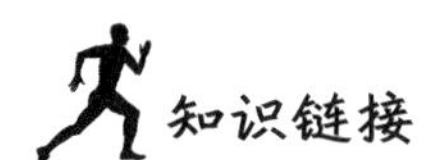

知识链接

刘 子 歌

刘子歌，辽宁本溪人，中国女子游泳运动员，奥运会冠军，世锦赛冠军。1996 年进入本溪市体校游泳队，2004 年入选上海市游泳队，2007 年入选中国国家游泳队。2004 年，世界杯短池游泳赛（俄罗斯）200 m 混合泳第一名；2008 年北京奥运会女子 200 m 蝶泳比赛中以打破世界纪录的成绩勇夺冠军；2009 年国际泳联短池世界杯瑞典、德国站女子 200 m 蝶泳冠军，并打破短池世界纪录；2010 年短池游泳世锦赛 4×100 m 混合泳接力冠军；2013 年巴塞罗那世锦赛女子 200 米蝶泳冠军。2013 年，刘子歌成了集奥运会冠军、世锦赛冠军、世界纪录保持者于一身的"大满贯"选手。

三、游泳运动的健身价值

游泳是一种可以享用一生的健身方式，游泳时，由于水的压力、阻力、浮力和较低水温的作用，使人体的各部分器官都得到了锻炼，是所有体育运动项目中对身体各部位的锻炼最为全面的运动。大众游泳活动，可以不拘形式和内容，不受年龄和性别限制，越来越多的人把游泳作为他们健身与娱乐的重要内容。室外游泳使人体得到广阔的视野、自然的水温以及新鲜的空气，是日光浴、空气浴、水浴三合一的锻炼方式，有利于增强体质和免疫力。

（一）游泳的健康功能

游泳是提高呼吸系统功能的一项很有效的运动。经常参加游泳锻炼，可以使呼吸深度增加，吸气肌和呼气肌得到锻炼，肺活量提高；可以提高对水温、气温的适应能力，增强体质。游泳时，人体处于水平姿势，下肢、腹部与心脏基本上位于同一水平，减小了重力对血液循环的影响，再加上水的挤压作用，促进下肢及腹部静脉血液回流，有利于心室充满回心血液，提高血液循环系统功能。游泳是一种全身运动，不仅能使人体颈、肩、脊柱、髋、膝、踝各关节及全身肌肉都得到锻炼，而且有利于矫正和改善身体姿势，使人体匀称协调地发展，塑造人的健美体型。游泳时，水流对身体的摩擦和冲击，形成一种特殊的按摩方式，这种自然的按摩，不仅使肌肉得到放松，还会使紧张的神经顿时松弛下来，把那些消极的、对身体产生副作用的心理因素排泄散发出去，恢复积极、健康的心理状态。

（二）游泳的其他功能

经常参加游泳锻炼，可以使血管壁的弹性增加，毛细血管数量增加，使血压状况良好，脉压差明显加大。游泳能有效地消耗体内脂肪。在 20 摄氏度水温中游泳，热量的散发是基础代谢条件下的 5 倍。游泳运动加上适当地控制饮食，无疑是一种减肥的好方法。游泳时各种姿势都要求脊柱充分伸展，可以防止驼背和脊柱侧弯。因而，游泳也是防病治病的一种手段，对治疗某些慢性疾病有明显疗效。游泳不但是良好的健身手段，还是一种娱乐、休闲和交友的活动方式，人们以家庭、团体，或与亲朋好友到泳池、水上世界或海滩进行游泳、游戏或纳凉消暑，不但健身、放松心情，还可以增进感情、话叙友情。游泳也是一种基本生存技能、必要的生产技能和重要的军事技能，人类的生活离不开水，掌握一定的水中活动基本技能，在发生险情时，就可以镇定地自救或互救；现代社会分工也使部分工作需要一定的游泳技能，如抗洪抢险、打捞救助、水下科学考察、水文、地质、渔业生产等；而游泳在军事上的作用历来受到重视，至今仍是军事训练的一个重要科目。

四、游泳比赛的观赛礼仪

游泳比赛是一项很具有观赏性的竞技运动，很能激发人们的参与欲望。但在观看体育比赛时，要遵守公共道德，自觉维护赛场秩序。观看比赛，应该准时入场，以免入座时打扰到他人。入场后，应该对号入座，不要因为自己的座位不好，而占别人的座位。在观看比赛的过程中，要表现出公道和友好，遵守赛场工作人员安排和要求，注意自己的言行举止，需做到：

(1) 游泳馆严禁吸烟，防止烟气融入水中被运动员吸入体内；不可使用闪光灯，以免刺激运动员特别是仰泳运动员的眼睛。

(2) 裁判员发令时，不可鼓掌欢呼或发出噪音，以便运动员听清发令声；游泳馆内一般温度较高，可以穿得单薄些，但不要袒胸露臂。

(3) 观看跳水比赛与观看游泳比赛的礼仪基本相同。在运动员走上跳板或跳台时，应保持安静，以免干扰运动员的起跳和比赛节奏。当运动员漂亮地完成动作后，可以大声喝彩和热烈鼓掌；若运动员不慎动作失误，也应给予鼓励的掌声。

(4) 观看水球比赛，既要看运动员如何克服水中阻力进攻防守，也要观察运动员之间的战术配合。比赛进行中不应随意走动，在每场比赛结束后，方可走动。

(5) 作为女子项目的花样游泳，由自由泳、技巧、舞蹈和音乐编排而成，是一种艺术性很强的项目，有“水中芭蕾”之称，观赛时，观众可以将其作为艺术表演来欣赏。当运动员完成一个漂亮动作时，可以鼓掌欢呼，表示赞赏。

(6) 不要在比赛中起哄、乱叫、向场内扔东西，鼓倒掌、喝倒彩的行为是违背体育精神的，更是没有教养的表现。

(7) 在比赛的紧要关头或结束时，尽量不要因一时激动而从座位上跳起来，挡住后面的观众。

(8) 尽量不要在体育场馆内吃零食，如果很喜欢吃零食的话，记得不要把果皮纸屑随地乱扔。能产生较大噪音的零食最好别吃，因为大的噪音会影响身边其他观众的情绪。

(9) 看比赛的时候，尽量不要带年龄太小的孩子去。小孩子往往只有三分钟热度，很快就会对比赛失去兴趣，若来回奔跑甚至哭闹，会影响到周围的观众。

(10) 观赛者要遵守赛场纪律和规定，不得使用粗鲁的、不文明的、带有故意的甚至侮辱性的语言来攻击裁判员或运动员。

第二节　游泳运动基本动作解析

游泳运动是在水中这一特定环境中进行的，对于初学者来说他们并不了解水的环境。人体在水中，首先要受到水的阻力、浮力和压力的作用，使人在水中有失重、无固定支撑、呼吸不随意等感觉，会有害怕水的心理影响。因而，熟悉水性是学会游泳的必经之路。

一、熟悉水性

熟悉水性是初学游泳的一个重要环节，是初学游泳者入门必经的阶段。通过熟悉水性的练习，其主要目的是让初学者了解水的特性，逐步适应水的环境，消除怕水的心理，培养对水的兴趣；让初学者体会水的阻力、浮力、压力，水的黏滞性、流动性和难以压缩性；学会维持和控制身体在水中平衡和呼吸的方法，为学习和掌握各种竞技游泳姿势打下良好基础。

水中行走

（一）水中行走

在齐腰深的水里，做各种方向的步行或奔跑动作练习，通过双手掌拨水维持身体平衡来克服怕水的恐慌心理，以及加快在水中走、跑等动作的速度。熟悉后可以在水中进行走、跑、接力、追逐等游戏。

（二）浸水憋气与呼吸

图 6-2-1　浸水憋气与呼吸

两手扶池边（槽）或在同伴的帮助下，深吸一口气，屈膝下蹲缓慢将头部全部浸入水中，憋一口气，再用口慢慢将气呼出，然后站起，当头部离开水面后吸气重复进行。憋气时间可以逐渐延长，在水下要尽量睁开眼睛，如图 6-2-1 所示。

（三）浮体与站立

学习水中的漂浮技术，主要是体会水对人体的浮力，提高和控制身体在水中的平衡能力。

① 抱膝浮体：原地站立，深吸气后，下蹲低头团身，双手抱住小腿近踝关节处，人体会自然飘浮水中。身体松开，双脚下垂，双手前伸下压水并抬头，两脚下伸，触池底站立，如图 6-2-2 所示。

图 6-2-2　抱膝浮体

漂浮滑行

② 漂浮展体：抱膝浮体后，手臂和腿伸直成俯卧姿势，站立方法同抱膝浮体。

（四）蹬壁滑行

背向池壁，两脚站在池底，或一脚蹬在池壁上。一手前伸，一手拉池壁或水槽，深吸一口气头浸入水中。收起站立腿，两腿屈膝，臀部靠近池壁。两脚用力蹬离池壁，两臂前伸成俯卧式，身体展直向前滑行，如图 6-2-3 所示。

（五）摸池底

练习时可先在浅水区再过渡到深水区。练习者站于水中或一手扶池边（槽），以身体和头部全部浸入水中，并屈膝下蹲团身用单手去触池底。完成后，可用双手去触池底，也可潜入后身体倒过来用手去触池底，如图 6-2-4 所示。

图 6-2-3　蹬壁滑行

图 6-2-4　摸池底

二、游泳运动的基本技术与练习方法

(一) 蛙泳

蛙泳是比较古老的一种泳式，在民间广为流传，由于模仿青蛙的游泳动作而得名。蛙泳游速缓慢，节奏稍慢，游进时身体俯卧，支撑面积大、间歇性强，能充分利用水的浮力，省力、呼吸方便，是竞技游泳四种泳式中比较容易学会的一种，所以很适合初学者学练。蛙泳时身体俯卧在水中，两肩与水面平行，其推进力主要是靠两手臂对称而弧形地向后划水，两脚对称向后蹬、夹水动作而获得，如图 6-2-5。

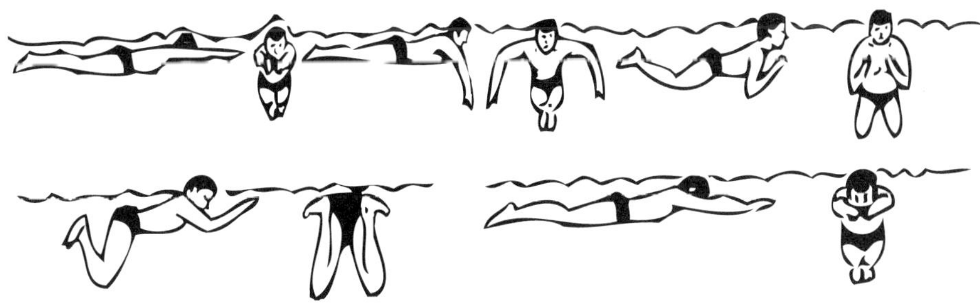

图 6-2-5　蛙泳

1. 蛙泳的动作技术结构

(1) 身体姿势。蛙泳时，在完成手臂和腿部动作后，身体俯卧在水中，两臂向前、两腿向后伸直并拢。头略低，水齐前额，脸下部浸入水中，稍收腹、微塌腰，身体纵轴与前进方向成5°~10°，保持身体的流线性，如图6-2-6。

图6-2-6 蛙泳的身体姿势

蛙泳臂部动作

(2) 臂部动作。蛙泳臂划水可以产生较大的推力，现代蛙泳更加强调臂划水的作用。蛙泳的划水动作路线呈非常典型的螺旋状轨迹，手臂的动作类似桨叶的转动。蛙泳的臂部动作分为抓水、划水、收手和伸臂四个连贯动作。

① 抓水。肩保持前伸，两臂内旋使两臂和掌心转向外，斜下方屈腕，两手分开向侧斜下方压水，当手掌和前臂有压力时开始划水，如图6-2-7。

图6-2-7 蛙泳抓水

② 划水。紧接抓水的是开始加速划水，划水的方向是向侧、下、后、内方。划水时肘部保持较高的部位，前臂和上臂屈的角度在整个划水的过程中不断变化，划水主要阶段肘关节弯曲度接近90°，如图6-2-8。

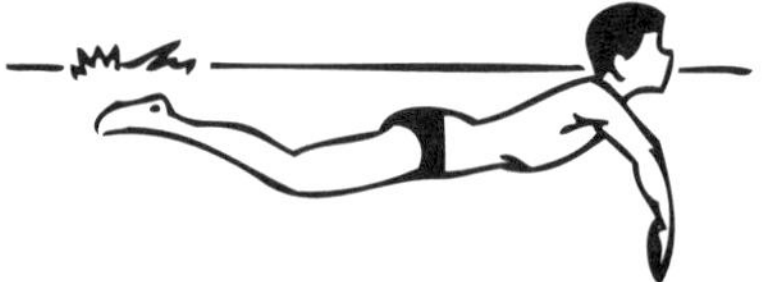

图6-2-8 蛙泳划水

③ 收手。收手是划水的继续，能产生上升和前进动力。当划水至肩的延长线时，两臂快速地向里、向上收到下颌的下前方，掌心由后转向内，肘低于手。尽量把臂收在身体的投影之中，减少水对伸臂的阻力，如图6-2-9①。

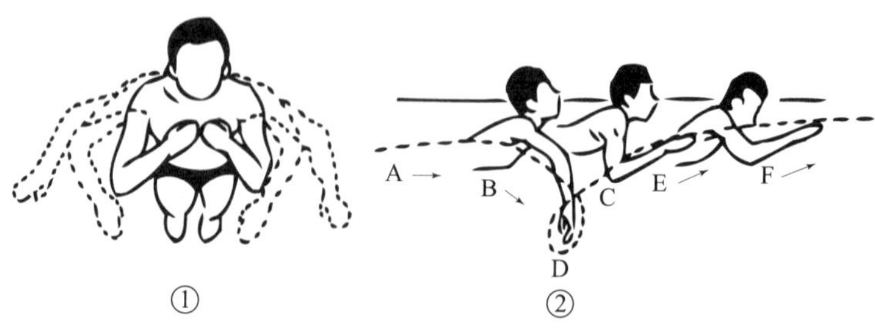

图6-2-9 蛙泳收手、伸臂

④ 伸臂。紧接收手动作，继续推肘伸臂，掌心转向下，两臂放松，先伸肩后伸肘，两臂先向前上方向再向前伸，身体保持流线性，伸臂结束后两臂恢复滑行姿势，如图 6–2–9 ②。

(3) 腿部动作。蛙泳的腿部动作较其他泳式重要，不仅起到保持平衡的作用，还可以产生较大推进力。蛙泳的腿部动作分为滑行、收腿、翻脚和蹬水四个连贯动作。

① 滑行：蹬夹水结束时身体借助惯性向前滑行，两腿（包括脚尖）并拢向后伸直，臀部和腿部肌肉适当紧张，身体成水平俯卧姿势，为收腿做好准备，如图 6–2–10。

图 6–2–10　蛙泳滑行

② 收腿。紧接滑行，两腿稍内旋、脚跟分开，小腿和脚尽量靠近臀部，膝关节随腿的下沉向前边收，收腿结束时，大腿与躯干之间成 130° ~140° ，如图 6–2–11 ①。

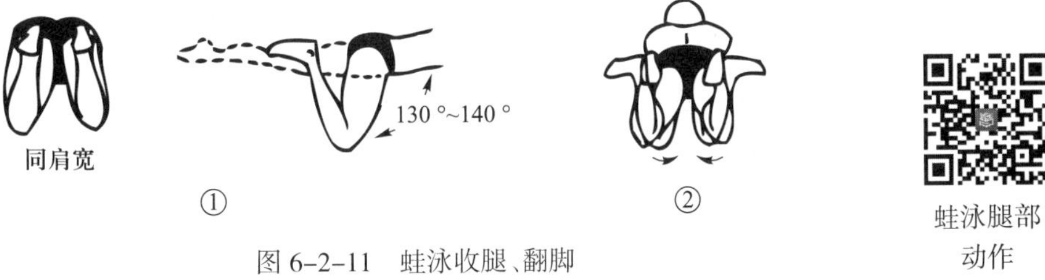

图 6–2–11　蛙泳收腿、翻脚

③ 翻脚（腿）。翻脚是收腿的继续，蹬水的开始。随着收腿的结束，两脚继续向臀部收紧，大腿内旋、屈膝的同时，小腿向外翻，脚尖也同时向两侧外翻，使脚掌内侧正对蹬水方向，如图 6–2–11 ②。

④ 蹬水。蹬水是在翻脚后由髋部发力，带动膝、踝相继伸直，以大腿、小腿内侧的脚掌向后做急速有力的蹬夹动作。在蹬夹过程中，当两腿逐渐并拢时略向下压，以形成最后的鞭打水动作，如图 6–2–12。

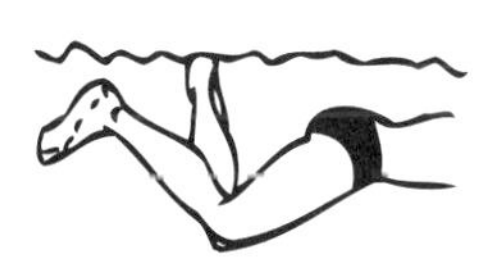
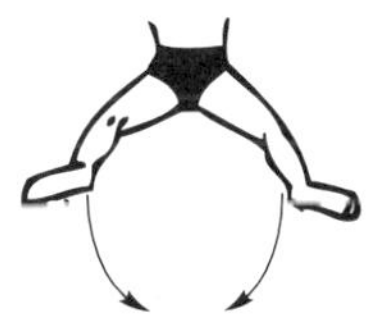

图 6–2–12　蛙泳蹬水

(4) 呼吸与臂、腿的完整技术配合。呼吸是掌握游泳完整技术的关键，一般一个动作周期呼吸一次，都是用嘴吸气，用嘴、鼻呼气。呼吸分为早呼吸和晚呼吸两种方式。早呼吸是在两臂开始划水时即抬头吸气，完成两臂的动作后低头呼气。晚呼吸是在划水将近结束时才开始抬头，两臂划至胸前使身体达到最高点时吸气，继而伸臂低头闭气，当两臂开始外划时逐渐呼气，如图 6–2–13。

图 6-2-13 蛙泳呼吸

2. 蛙泳的练习方法

(1) 臂部动作。

① 陆地手臂动作模仿练习：身体站立前倾，手臂接近水平向前伸直，手心向下，手指稍分开，稍向外侧以肘为轴，两手向后侧下划水，然后大臂带动小臂两手向内侧划水并收拢至胸前，两手做钻洞样向前伸出至伸直，如图 6-2-14。

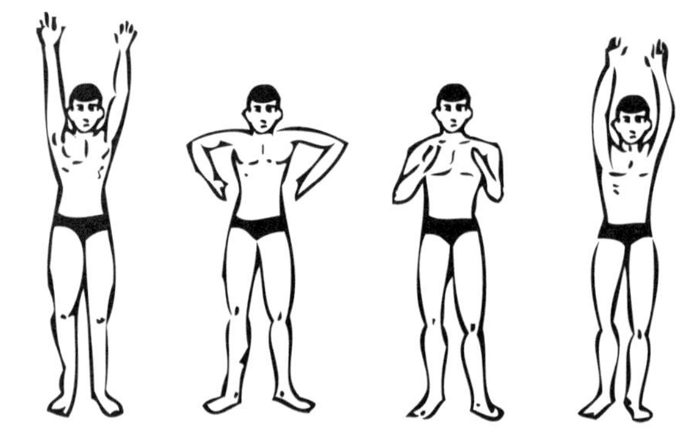

蛙泳完整动作

图 6-2-14 蛙泳臂部动作

② 水中划水练习：站立于齐腰或齐胸深的水中，上体前倾，低头，两臂前伸，练习抓水、划水、收手和伸臂动作，划水不要用力，主要体会两臂划水的方向和路线。在上述练习的基础上，利用两臂划水的前进力，边划水边向前走动。可以配合呼吸练习，如图 6-2-15 ①。

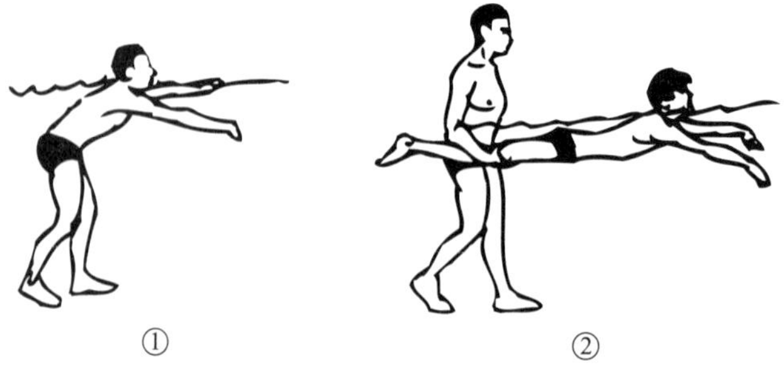

① ②

图 6-2-15 蛙泳水中练习

③ 水中双人配合练习：练习者俯卧在水中，同伴站立于练习者两腿之间抱住练习者的腰部或大腿，练习者练习臂划水动作，可以配合呼吸练习，如图 6-2-15 ②。

④ 蹬壁滑行划水：利用池壁，蹬壁成俯卧状向前滑行，当滑行前进的速度逐渐缓慢、身体上浮至后脑或背露出水面时，以大臂带动小臂两手向内侧划水并收拢至胸前，手臂顺势伸直做完整手臂划水动作。一次划水动作完成后，保持一段滑行，如此动作反复练习，如图 6–2–16。

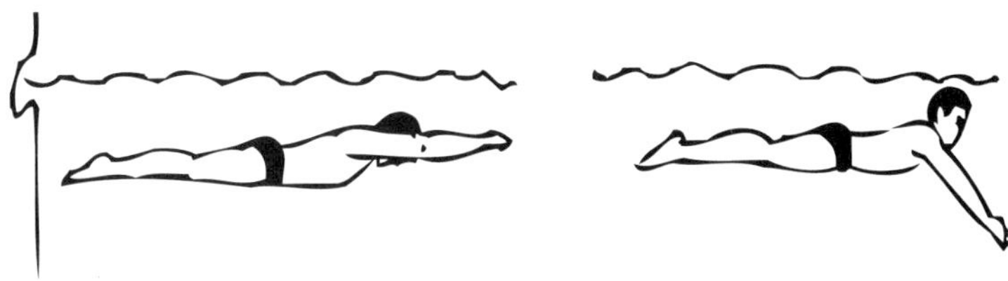

图 6–2–16　蛙泳的蹬壁滑行划水

(2) 腿部动作。

① 陆地腿部动作模仿练习：身体自然站立，两臂伸直上举。以右脚为例，屈膝向前上抬起约60°，踝关节、脚心尽量向外翻转，紧接着用力向下蹬夹，如图 6–2–17；或在池边或条凳上成俯卧姿势，练习腿的收、翻、蹬夹和停的动作，如图 6–2–18；或坐撑模仿蛙泳腿部动作练习，如图 6–2–19。

② 水中固定蛙泳腿部动作练习：手扶池槽或池边，身体俯卧于水中，练习蛙泳收腿、翻腿、蹬夹水动作，或由同伴握住其脚，双人协助练习腿部动作，如图 6–2–20。

图 6–2–17　蛙泳的陆地腿部动作模仿练习一

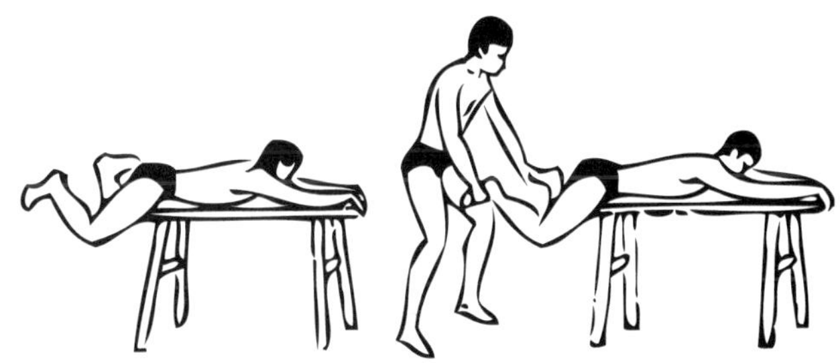

图 6–2–18　蛙泳的陆地腿部动作模仿练习二

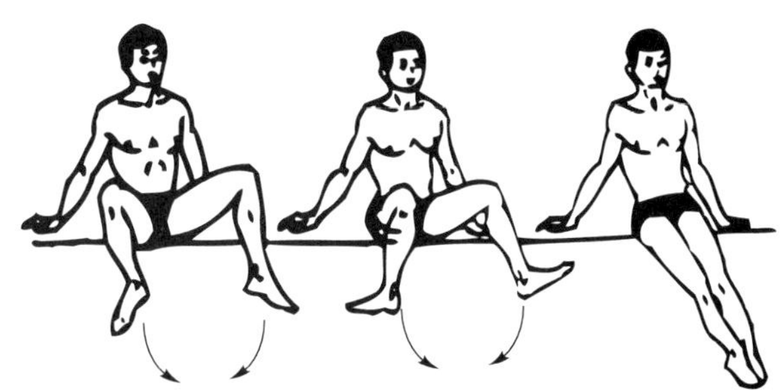

图 6–2–19　蛙泳的陆地腿部动作模仿练习三

③ 滑行腿部蹬夹水练习：俯卧姿势蹬壁或蹬池底，手臂伸直，低头闭气向前滑行。随即收翻腿结束后大腿立即用力向外、向后再向内做弧形蹬夹水动作，保持一段滑行，如此动作反复练习，如图 6-2-21 ①。

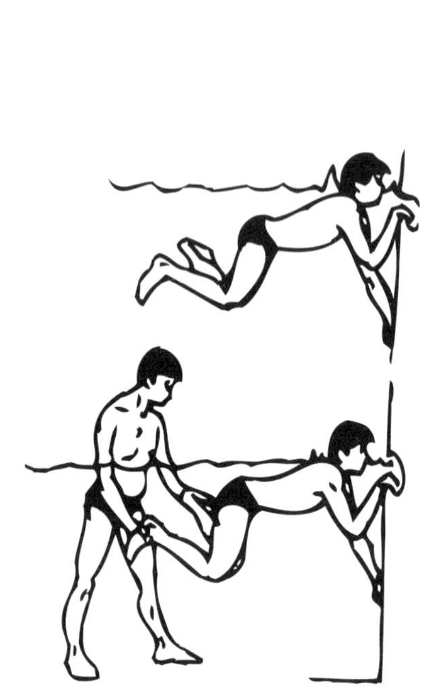

图 6-2-20　水中固定蛙泳腿部动作练习

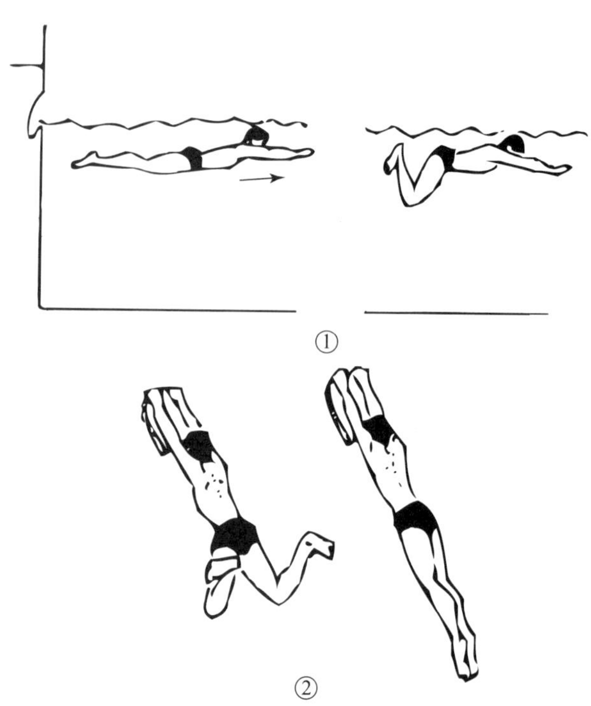

图 6-2-21　蛙泳的滑行腿部蹬夹水练习

④ 利用水中辅助训练器材浮板进行腿部蹬夹水练习，双手持浮板一端，两臂伸直，面部浸入水中，练习蛙泳腿部动作，如图 6-2-21 ②。

(3) 臂、腿与呼吸的配合练习

① 臂、腿的分解配合练习：在蹬壁滑行后，做 1 次划臂动作，接着做 1 次腿部动作，交替进行。

② 臂、腿的连续配合练习：在臂、腿的分解配合练习的基础上，做臂、腿的连续配合练习，可在屏气的情况下练习。

③ 划水吸气练习：在蹬壁滑行动作的基础上，当身体滑行上浮时，手臂开始划水，嘴一露出水面，抬头吸气，或在划水结束和收手过程中，身体达到最高点时吸气。吸气结束手、腿仍伸直滑行，如图 6-2-22 所示。建议初学者在划水结束和收手过程中，身体达到最高点时吸气。

④ 呼气练习：初学者用早呼气比较有利，因手臂划水时有较大支撑面使头露出水面进行吸气，可避免因没掌握呼吸方法时出现的呛水现象。划水吸气动作结束后，在收手过程中闭气低头，伸臂滑行慢慢呼气，在水中把气呼完，或在划水将近结束后才开始抬头呼气，如图 6-2-23。

⑤ 呼吸与完整动作配合练习：蛙泳在一个动作周期里一般采用 1 次呼吸、1 次划臂、1 次蹬腿的配合方式。呼吸与腿、臂的配合，体现在划水时两腿微收，抬头吸气，收手时继续收腿，开始闭气，推肘伸臂时两腿蹬夹，滑行吐气。此练习可先臂、腿配合 2~3 次，呼吸 1 次，逐

图 6-2-22　蛙泳的划水吸气练习

图 6-2-23　蛙泳的呼气练习

渐过渡到臂、腿配合 1 次，呼吸 1 次的完整配合练习。

（二）自由泳

游泳时人体在水中采取俯卧姿势，两腿上下交替打水，两臂轮流划水，动作很像在爬行，所以又被人们称作“爬泳”。现代竞技游泳比赛中并没有“爬泳”这个项目，而设有“自由泳”项目。自由泳动作合理，阻力小，是当前速度最快、最省力的一种游泳方式。

1. 自由泳的动作技术结构

(1) 身体姿势。自由泳时身体俯卧在水面成流线型，髋部略低于肩部，背部和臀部的肌肉保持适当的紧张，眼睛看前下方，身体纵轴与水面成锐角。在游进中保持头部平稳，躯干围绕身体纵轴有节奏地自然转动，转动角度 40° 左右，如图 6-2-24。

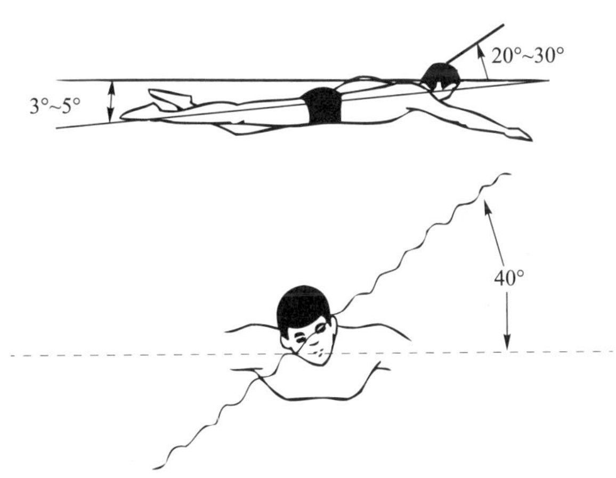

图 6-2-24　自由泳的身体姿势

(2) 臂部动作。自由泳的臂部动作是推动身体前进的主要动力，一个周期内分为入水、抱水、划水、出水和空中移臂五个阶段。

① 入水：手的入水点一般在身体纵轴和肩关节的前方延长线上。入水时手指自然伸直并拢，臂内旋掌心斜向外下方，手指先入水。

② 抱水：手臂入水后积极向下方插入，手掌转向斜内后方，并开始屈腕、屈肘，肘高于手，整个手臂像抱着一个大圆球似的为划水做好准备，如图 6-2-25 ①-⑥。

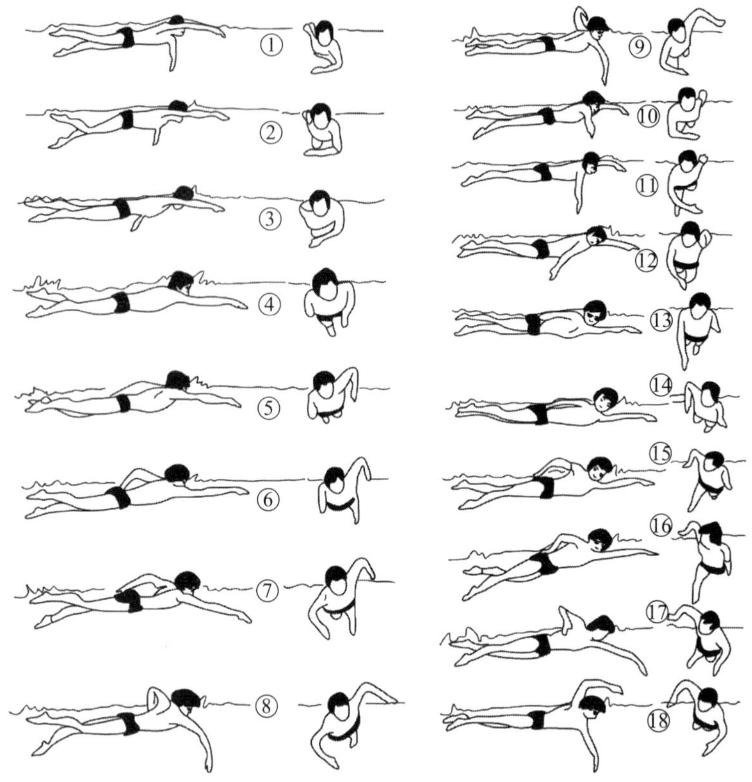

图 6-2-25 自由泳的臂部动作

③ 划水和推水：划水分为拉水和推水两个部分，抱水后进入拉水，即手掌和前臂向后拉水（划）。当拉水时手至肩的呈垂直平面时，进入推水阶段，即肘关节的屈度基本最大，保持大臂的内旋姿势带动小臂，用力向后推水，如图 6-2-25 ⑦ – ⑬。

④ 出水和空中移臂：推水结束后，肘外旋，掌心转向大腿，出水时小指向上。借助动作惯性由上臂带动肘部向外上方提拉，出水后动作迅速不停顿，立即摆臂前移，肘高于手，由肘带动前臂和手向前上方移动准备入水，如图 6-2-25 ⑭ – ⑱。

⑤ 两臂配合：自由泳中两臂划水时的配合，因发生的交叉位置不同分为前交叉、中交叉和后交叉。前交叉适合初学者掌握，一般指一臂开始入水时，另一臂已前摆至肩前方。

（3）腿部动作。自由泳的腿部动作主要起平衡身体作用，保持身体的稳定和协调，并配合划水产生一定的推进力。自由泳腿打水分为向下打水和向上打水两部分交替构成。打水时两脚稍内扣，踝关节放松，以髋关节为支点发力，传至大腿带动小腿和脚，两腿交替做鞭状打水，动作有力而富有弹性，如图 6-2-26。

（4）呼吸与臂的配合动作。自由泳时，一般是在两臂各划水一次的过程中进行一次呼吸。以向右侧转头呼吸为例，当左手入水后开始吐气，右手划水向后推水时，身体向右上方侧转，头随身体右转，右臂抬肘出水要及时吸气。随着右臂向前移动，身体和头向左转动，顺势还原，准备下一次呼吸。

2. 自由泳的练习方法

（1）臂部动作。

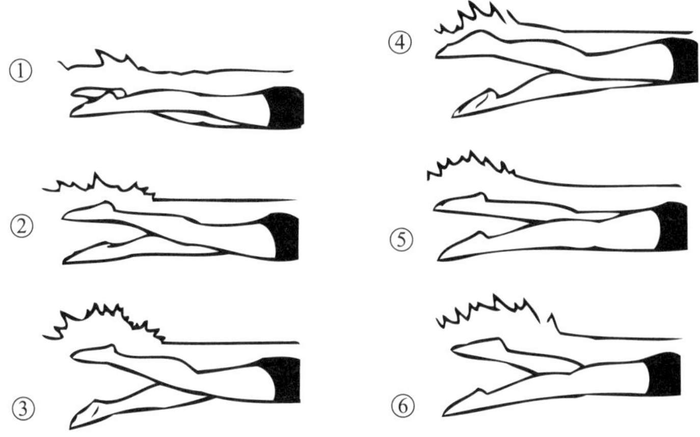

图 6–2–26　自由泳的腿部动作

① 陆地手臂动作模仿练习：站立后身体前倾，以右臂为例，右臂向前伸直开始，手心向下，手指略分开并稍向外侧，向下向后按“s”形的方向由外经腹下、人体中线后向体侧后推伸直，提肘，由大臂带动小臂经空中向前伸展。先单臂后双臂配合练习，如图 6–2–27。

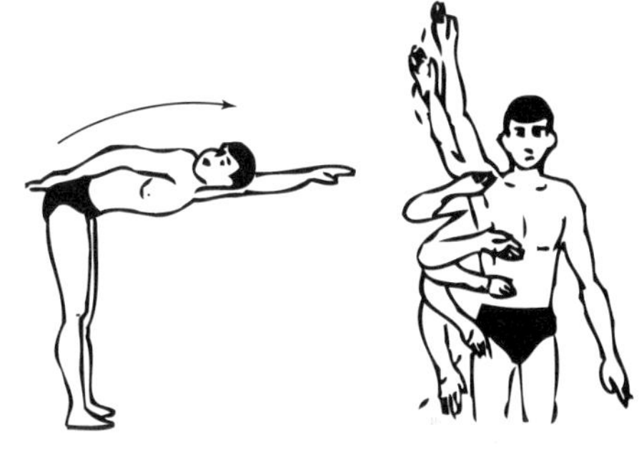

图 6–2–27　自由泳的陆地手臂动作模仿练习

② 水中划水练习：站立水中，上体前倾，肩浸入水中，手臂前伸，先单臂练习完整划水动作，再双臂配合练习划水动作，依次交替。行进中划水练习，划水手心要对水作用。可以结合呼吸进行练习，如图 6–2–28 ①。

③ 双人水中协助练习：同伴扶住练习者的双腿，练习者俯卧于水面练习手臂划水动作，在此基础上可结合呼吸进行练习。

④ 蹬壁滑行划水练习：蹬壁滑行后闭气，与两臂配合练习划水动作。

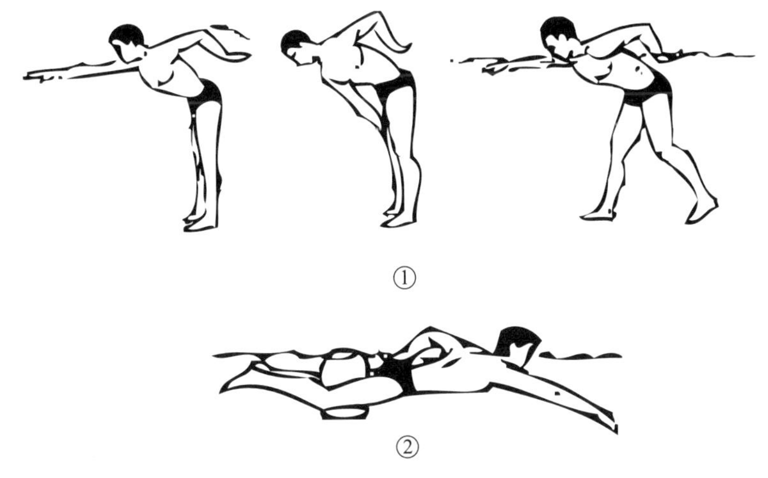

图 6–2–28　自由泳的臂部练习

⑤ 浮板两腿夹板划水练习：利用水中辅助训练器材浮板进行两腿夹板划水练习，如图6–2–28 ②。在此基础上，可结合呼吸进行练习。

(2) 腿部动作。

① 陆上坐姿打水：坐在池边或地上，两手后撑，两腿伸直，膝盖、踝关节、脚背均需伸直，腿内转，脚跟分开成内八字，以大腿发力带动小腿模仿打水动作，上下运动，如图 6–2–29。或采用卧姿打水，俯卧在长凳上，做两腿上下交替打水练习。

② 水中俯卧打水：两手扶池边（槽），或由同伴托住腹部，身体俯卧成水平姿势，两腿伸直做打水腿动作练习，要求上、下交替打水练习，如图 6–2–30 ①。也可在浅水区两手支撑池底，身体俯卧成水平姿势，练习打水动作。

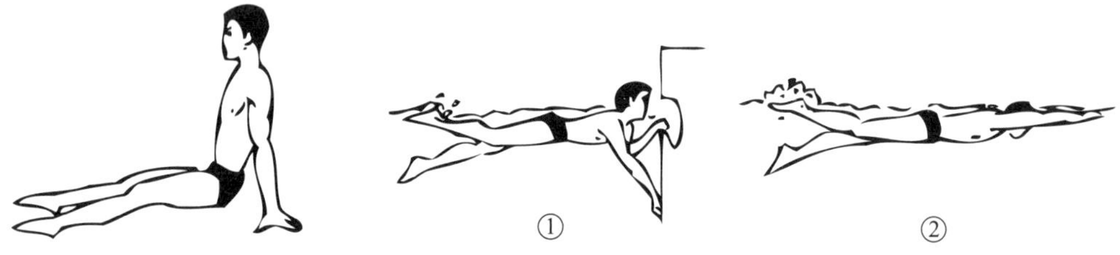

图 6–2–29 陆上坐姿打水

图 6–2–30 自由泳的腿部练习

③ 蹬壁滑行打水练习：注意练习时要闭气，两臂伸直，头夹于两臂之间，如图 6–2–30 ②。

④ 水中辅助训练器打水练习：可以利用水中辅助训练器练习打水，即手臂伸直下握住浮板进行上下打水练习，练习时两臂伸直，放松浮板，手不要用力下压，肩浸入水中。

(3) 自由泳呼吸与完整动作配合练习。自由泳配合技术中的 6 : 2 : 1 是较常见的一种，腿打水 6 次，两臂各划水一次，一次呼吸。还有 4 : 2 : 1 和 2 : 2 : 1 等多种配合呼吸的技术。对初学者学习 6 : 2 : 1 的配合方式比较合适。

① 陆地俯卧臂、腿配合练习：陆地俯卧长条凳上，做臂、腿配合动作练习，在此基础上配合呼吸练习。

② 水中划臂、呼吸配合练习站立水中上体前倾，肩浸入水做划臂和呼吸配合练习，或边划水边前移边配合呼吸练习，如图 6–2–31 ①。在此基础上，借助用力划水向前移动，接着蹬离池底，两腿打水形成完整配合动作。

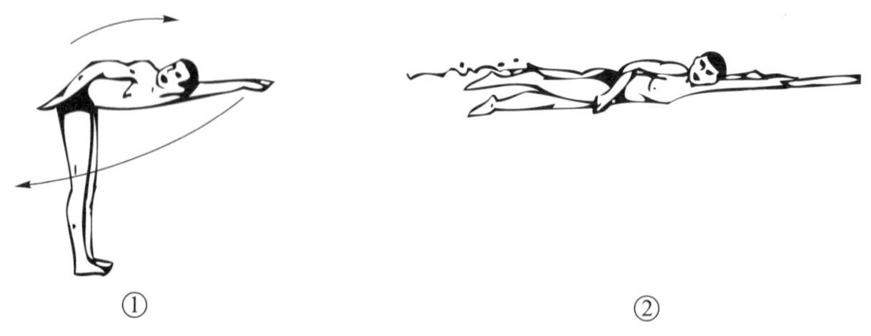

图 6–2–31 自由泳呼吸与完整动作配合练习

③ 双腿打水漂浮练习：边蹬边滑行双腿打水漂浮，做两臂划水与呼吸配合练习，如图 6–2–31 ②。

（三）蝶泳

蝶泳是游泳比赛项目之一，是四种竞技游泳姿势中最后发展起来的一种泳式，是从蛙泳技术中发展而来。开始时的蝶泳实际上是手臂做蝶式划水，而腿仍是蹬蛙泳腿的蝶式蛙泳。蝶式蛙泳手臂动作外形好像蝴蝶飞舞，故称作蝶泳。随着游泳技术的不断进步，蝶泳技术得到了迅速发展。蝶泳是技术最复杂、最难掌握的一种游泳方式。

（四）仰泳

仰泳是游泳比赛项目之一，是人体仰卧在水中游进的一种泳式。仰泳历史悠久，最早的仰泳是在游泳中用来仰卧休息的，后来发展为两臂同时向后划水，两腿做蛙式蹬夹水，被称作为"蛙式仰泳"或"反蛙泳"。爬泳出现后，有人采用了两手爬式打水技术，称之为"爬式仰泳"。再后来发展为两腿上下踢水技术，并在游泳技术不断发展的基础上，形成了现在的仰泳。仰泳的配合动作与自由泳相同，仰泳时人体仰卧水面，利用腿、臂轮流交替划水和打水推动身体前进。仰泳的动作和呼吸配合比较容易掌握，是民间比较受欢迎的一种游泳姿势。

三、游泳运动的基本规则

游泳规则是运动员在游泳比赛中遵守的基本准则，不仅规定运动员和裁判员按照公正的竞赛规则进行比赛，其演变还反映着竞技游泳技术、训练方法的发展方向。

（一）出发规则

自由泳、蛙泳、蝶泳的各项比赛都必须从出发台上出发，运动员在"出发"信号后必须用跳水形式出发。仰泳在水中出发，两端抓住握手器，两脚（包括脚趾）应处于水面下，禁止蹬在水槽内、水槽上或用脚趾钩住水槽边。运动员在出发信号发出前出发，即算犯规。

（二）比赛中的规则

运动员必须在自己的泳道内完成比赛，否则算犯规。比赛中运动员转身时必须使身体某一部分触及池壁。转身必须从池壁完成，除自由泳可在池底站立外，其他泳式（包括自由泳）均不得跨越或行走，否则算犯规。比赛中，运动员不得使用或穿戴任何有利于其速度、浮力的器具（如手、脚蹼等，但可戴护目镜），否则算犯规。每一个接力队应有四名队员，每名队员在一次接力比赛中只能参加一棒比赛。接力比赛中任何一名队员犯规，如本队的前一名运动员尚未触及池壁，而后一名运动员即离台出发，应算犯规。

1. 自由泳

自由泳比赛中可采用任何泳式，当转身或到达终点时，自由泳参赛者可以用身体的任何部分触及池边。

2. 仰泳

仰泳比赛的出发和转身后，运动员应蹬离池壁，并在整个游进过程中呈仰卧姿势。除在做转身动作外，运动员必须始终仰卧。仰卧姿势允许身体做转动动作，但必须保持与水平面小于 90° 的仰卧姿势。头部位置不受此限。在整个游进过程中，运动员身体的某部分必须露出水面。转身触池后，手可以做出任何转身动作，但在脚离开池边前，身体要回复仰泳的正确位置。

3. 蛙泳

从第一次手臂动作开始，运动员出发和每次转身后，身体必须保持俯卧姿势，双肩应与水面成水平。两手应同时在水面、水下或水上由胸前伸出，并在水面或水下向后划水。除出发和转身后的第一次划水动作外，向后划水不得超过臂线，不允许有其他泳姿的腿部打水动作。在每次转身和到达终点时，两手应在水面、水上或水下同时触壁，触壁前两肩应与水面平行。

4. 蝶泳

除在做转身动作时，运动员的身体必须始终成俯卧。比赛时，运动员两臂必须在水面上同时向前摆动，并同时在水下向下划水，两脚的动作必须同时进行，允许两腿和两脚在垂直面上同时做上下打水动作。两腿或两脚可不在同一水平面上，但不允许有交替动作。在出发和每次转身后，允许运动员在水下做一次或多次腿部打水动作，但两手只可一次划水动作。在每次转身和到达终点时，两手应在水面、水上或水下同时触壁，触壁前两肩应与水面平行。

5. 混合泳

包括个人混合泳和混合泳接力。个人混合泳按照蝶泳、仰泳、蛙泳、自由泳（仰泳、蛙泳及蝶泳以外的任何泳式）的顺序进行比赛。每种泳姿各游 1/4 距离。混合泳接力按照仰泳、蛙泳、蝶泳、自由泳（仰泳、蛙泳及蝶泳以外的任何泳式）的顺序进行比赛，四名运动员也必须分别使用不同的泳姿。在个人混合泳和混合泳接力项目的仰泳转蛙泳过程中，运动员转肩动作超过垂直面之前必须呈仰泳姿势触及池壁。

第三节 游泳安全与救护

游泳是深受人们喜爱的一项体育活动，也是与水打交道的运动，因此，安全是游泳需要强调的首要原则。游泳时要确立安全第一的思想，不能麻痹大意，要在保证安全的前提下游泳；要自觉遵守游泳安全和卫生守则，防止发生意外事故和传染疾病。

一、游泳的安全卫生常识

游泳的安全卫生常识是该运动参与者所必须掌握的，内容有很多，但基本常识如下。

（1）游泳时不应该相互嬉水，或捉弄对方。如果有人提前上岸，要告诉同伴，一起去游泳应该一起回家。要注意休息，不要长距离游泳，不要远离伙伴。如果感到身体不适，要告诉同伴并上岸休息，在岸上观看同伴游泳，留心他们的安全。

（2）未成年人，特别是儿童必须在家长（监护人）的带领下去游泳。中小学生不游潜泳，更不能相互攀比潜水的时间谁更长，潜水的距离谁更远。

（3）选择安全卫生的游泳场所，不要到不熟悉的水域进行游泳，如江河、水塘、水库游泳。

（4）患有中耳炎、严重心脏病、皮肤病、癫痫、精神病、红眼病及其他相关传染病患者不能游泳，女生月经期间也不宜游泳。

（5）被污染的（水质不好）河流、水库和有急流、两条河流的交汇处以及有落差的河流湖泊，均不宜游泳。恶劣天气如雷雨、刮风或天气突变等情况下，也不宜在室外游泳。

（6）酒后、饱食后和饥饿、过度疲劳时不宜游泳。在进行剧烈运动或强体力劳动后，不能立即跳进水中游泳，应休息一会儿，待体力恢复正常后再游泳。

（7）在游泳之前一定要充分做好准备活动。游泳前慢跑、跳跃使身体发热但不出汗，2~4 min 后再游泳，其目的是使身体内各个器官进入活跃状态。通过做徒手操充分活动身体

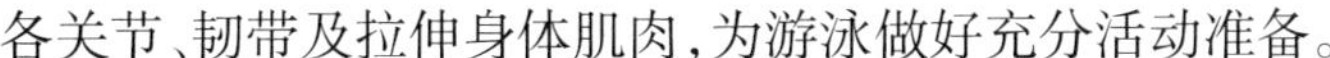
各关节、韧带及拉伸身体肌肉，为游泳做好充分活动准备。

（8）忌长时间曝晒游泳。长时间曝晒会产生晒斑，或引起急性皮炎，亦称日光灼伤。上岸后最好用伞遮阳，或到有树荫的地方休息，或用浴巾裹在身上保护皮肤，或在身体裸露处涂防晒霜。

（9）游泳后，要用干净水把全身再冲洗一遍，以免传染疾病。游泳过后可以通过补充运动饮料、放松训练、调试呼吸、催眠暗示、心理调节、按摩、水中漫游等手段恢复体力。

（10）遵守公共卫生，文明游泳。游泳时着装讲究文明，自觉遵守公共卫生，以免污染水质，损害自身和他人的健康。

二、"游泳病"的预防及处理

所谓"游泳病"指的是在游泳时，由于水环境、公共设施或游泳者本身的原因引发的人体疾病。游泳病主要有：眼耳鼻疾病、皮肤疾病、妇科疾病。

（一）"游泳病"的产生

（1）水环境。在被污染的水中游泳，是导致各类游泳病的主要原因。游泳池水或自然水域的卫生状况不佳必将对游泳群体的健康构成威胁。

（2）人体污染。人体污染系指在游泳池中活动时本身的分泌物、排泄物等给水体造成的污染，包括患有某种传染性疾病或带菌（毒）者进入泳池后，将致病因素带入游泳池内造成的污染。

（3）公共设施污染。公共游泳池的更衣室通常都比较简单，拖鞋、凳子、马桶、储物柜都是公用的，卫生状况有待提高，而公用扶梯、公用水龙头以及池边的躺椅等更容易被人们忽视。因此，疾病传染场所往往是在更衣室、淋浴室、卫生间、休息间，以及扶手、躺椅、健身器材等设备上。

（4）游泳者的不良行为习惯。如不顾身体患病的状况、游泳时间过长和自身不讲究卫生等。

（二）"游泳病"的预防及处理

（1）不要到水源受到污染的水中去游泳，如果在海边、江河或者小溪里游泳，要做好防晒工作。

（2）游泳时做好个人卫生防护，不要将贴身衣物直接放在公用的衣柜；不要使用公用的拖鞋、浴巾、毛巾、脸盆等。游泳时戴上泳帽、泳镜、耳塞等，勿用手揉眼或用不清洁毛巾擦眼睛。

（3）患有各种传染病或其他一些不适宜游泳的疾病时，如慢性中耳炎等，不适宜参加游泳。

（4）女性不宜经前、经期游泳，因为这个时期机体免疫力差，很容易感染，因此要尽量避开。

（5）游完后及时沐浴，洗掉身上残留的细菌，以免传染。如果有可能还可用一些含碘的洗液稀释后擦拭皮肤，然后冲洗掉。

（6）游泳时耳朵进水，不要用火柴杆或其他锐利的东西掏耳朵，以免因刺伤外耳道或鼓膜而引起感染。游泳后将外耳道内残留的水用干净棉条拭干，以免细菌生长繁殖。

（7）呛水后，不要同时捏住两侧鼻孔用力擤鼻，以防止病菌进入中耳；水呛入鼻腔，进入耳内,也可引发中耳炎。一旦鼻腔进了水,正确的擤鼻排水法是手指紧压一侧鼻孔,另一侧鼻孔缓缓擤出水液,左右反复几次。不要用力过猛,以免引发中耳炎及鼻窦炎。

(8) 游泳场所应采取严格的卫生管理措施,要经常对各种接触到的公共设施、设备进行消毒。

三、游泳的救护常识

加强游泳救生、救护工作,贯彻"以防为生,以救为辅,防救结合,有备无患"的精神,重视安全教育以避免游泳事故发生。游泳安全意识的培养对保障游泳者的生命安全具有重大意义。

(一) 自我救护常识

1. 皮肤过敏

在游泳中,出现皮肤过敏、头昏、眼花、头晕等现象,应及时上岸,洗净并擦干身体,穿好衣服,注意保暖。若情况严重,应请医生诊治。

2. 抽筋

下水前的准备活动应当充分,在水里时间别太长。出现抽筋现象,保持冷静,不要慌乱。如脚趾抽筋,那就马上将腿屈起,用力将足趾拉开、扳直;小腿抽筋,先吸足一口气,仰卧在水面,用手扳住足趾,并使小腿用力向前伸蹬,让收缩的肌肉伸展和松弛;手指抽筋时,手握成拳头,然后用力张开,如此反复,即可缓解;一个手掌抽筋时,另一手掌用力压抽筋的手掌,并做振颤动作;上臂抽筋时,握拳,并尽量曲肘,然后用力伸直,反复几次;大腿抽筋时,吸一口气,仰卧水上,弯曲抽筋的大腿,并弯曲膝关节,然后用两手抱着小腿用力使它贴在大腿上,并加振颤动作,最后用力向前伸直。不管发生什么样的抽筋,都先向同伴或其他游泳者呼叫,千万不要慌张。

3. 呛水

呛水有两种,鼻呛水和口呛水。要从根本上避免呛水,应多练习水中呼吸,掌握呼吸的要领。一定要用口吸气,用口、鼻呼气。呛水时不要紧张,可先憋住气,把口中的水吐出或咽下,然后再调整呼吸。一般来说,坚持一会儿,呛水引起的难受感觉就会逐渐消失。

4. 耳朵进水的处理

游泳时耳朵进水是正常现象。但如果水滞留耳中,不仅会带来不舒服的感觉,影响听力,还容易引起中耳炎。所以,游泳时应及时将耳内的水排出。

(1) 跳空法:上体和头偏向耳内有水一侧,使进水的耳朵朝下,同时用手往下拉耳郭,口微张开,用同侧腿在原地连跳数次,水就会被震出来。

(2) 甩头法:先把头偏向进水耳的异侧,然后迅速甩向进水耳一侧。重复几次,即可将耳内积水甩出。

(3) 压吸法:将头偏向进水耳一侧,用同侧手掌紧压在耳郭上,不留空隙,屏住呼吸,然后迅速拉开手掌。重复几次,水就会被吸引出来。

(4) 引流法:上述方法无济于事时,可用此法。将头和上体侧向无水耳一侧,使有水耳的耳口向上,再撩水灌进耳内;稍停,再用跳空法或压吸法清除。

(二) 游泳的急救常识

(1) 发现溺水情况后应立即拨打 120 急救电话请求医疗帮助,尽最大努力用最少的时间将溺水者救上岸。可将救生圈、竹竿、木板等物抛给溺水者，再将其拖至岸边；若没有救护器材，在熟练游泳情况下可以入水直接救护。接近溺水者时要转动他的髋部，使其背向自己然后拖运。拖运时通常采用侧泳或仰泳拖运法。特别强调：未成年人发现有人溺水，不能贸然下水营救，应立即大声呼救，或利用救生器材呼救。

(2) 当溺水者被救上岸后，应立即将其口腔打开，首先清除溺水者口鼻淤泥、杂草呕吐物等堵塞物，并打开气道。如果溺水者牙关紧闭，要从其后面用两手的拇指由后向前顶住他的下颌关节，并用力向前推进。同时，两手的食指与中指向下扳颌骨，即可搬开他的牙关。

(3) 根据溺水者情况进行控水处理。救护者一腿跪地，另一腿屈膝，将溺水者的腹部压在屈膝的大腿上，一手扶住他的头部，使他的嘴向下，另一手压他的背部，这样即可将其腹内水排出。如果溺水者昏迷、呼吸和心跳已停止，要立即进行人工呼吸，和胸外心脏按压，进行心肺复苏，并在急救的同时，其他人要迅速拨打急救电话，或拦车送往医院。

复习与思考

你喜欢游泳运动吗？请根据学习和掌握的知识，制订一份适宜的游泳健身计划。

第七章 武 术 运 动

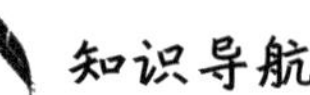

中华武术，有着悠久的历史和广泛的群众基础，是中华民族在生活与斗争实践中逐步积累和发展起来的一项宝贵的文化遗产。武术的内容丰富多彩，形式多样，风格独特。它具有强身健体、防身自卫、锻炼意志、陶冶性情、竞技比赛、娱乐观赏、交流技艺、增进友谊的功能。通过习武，人们不仅能增强体质，得到美的享受，同时也能受到中国文化的熏陶。

第一节 认识武术运动

一、武术的起源

武术，是以踢、打、摔、拿、击、刺等技击动作为基础，遵照攻守进退、动静疾徐、刚柔虚实等矛盾的相互变化的规律编成的徒手或器械的各种套路的组合。武术是一种增强体质、培养意志、训练格斗技能的民族形式的体育运动。

武术是我国传统的民族体育项目。武术起源于生产和生产劳动。早在五六十万年前的旧石器时期，人们为了生存，用石器、木棍等打猎、捕鱼，又同野兽格斗，这样，人们逐渐获得了使用武器和格斗的技能，它是武术运动的萌芽。原始生产工具的进化为后来的武术技术“劈、刺、砍、扎”等奠定了基础。

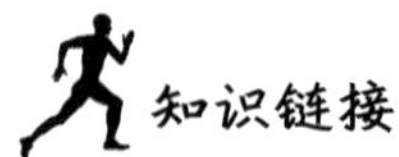

武术的发展

中华人民共和国成立以后，党和政府十分重视民族体育文化遗产的继承和发展，1956年国家体委把武术列为竞赛项目，同时整理出版了《简化太极拳》《初级长拳》《初级剑术》《初级刀术》《初级枪术》《初级棍术》等书籍和挂图，并有了全国武术统编教材。1982年召开了全国武术会议，1990年将武术列入全运会的竞赛项目，并多次举办国际武术邀请赛。从此，武术在国内外得到了快速发展。

二、武术的特点、作用及分类

（一）特点

1. 寓技击于体育之中

中国武术的最大特点是：既有相击形式的搏斗运动，又有舞练形式的套路运动，武术是由军事技能发展为搏斗运动的体育项目。

2. 具有内外合一、形神兼备的民族风格

所谓内，指的是心、神、意、气等内在的心志活动和气息运行。所谓外，指的是手、眼、身、法、步等外在的形体运动。这种练功方法，对内能够理脏腑、理经脉、调精神。对外能够利关节、强筋骨、壮体魄，使身心得到全面的锻炼。

3. 具有广泛的适应性

武术运动锻炼价值高，内容丰富，形式多样，不同的拳术和器械有着不同的动作结构、技术要求、运动风格和运动量。武术运动不受年龄、性别、体质、时间、季节、场地和器材的限制，人们可以根据自己的需要和条件，选择适合自己的项目进行锻炼。

（二）作用

1. 提高素质，健体防身

中国人民千百年的习武实践和多年的科学研究，都表明武术由于注重内外兼修，对身体有着多方面的良好影响，经常练习能起到壮内强外的效果。

2. 锻炼意志，培养品德

武术在长期的发展中，继承和发扬了中华民族重礼仪、讲道德的优良传统。“习武以德为先”，说明武术练习历来十分重视武德教育。尚武崇德的精神可以培养青少年尊师重道、讲礼守信、宽以待人、严于律己等高尚的道德情操。同时，在武术的练习过程中，需要吃苦耐劳、坚持不懈的精神，这不仅能培养坚韧不拔、自强不息的意志品质，也是一种修身养性的重要手段，有益于人的全面发展。

3. 竞技观赏，丰富生活

武术运动具有很高的观赏价值：套路运动动静结合的节奏美；踢、打、摔、拿、跌巧妙结合美；内外合一、形神兼备的和谐美。

4. 交流技艺，增进友谊

人们通过习武的共同爱好，可以切磋技艺，扩大交往，交流思想，增进友谊，丰富人民群众的业余文化生活。

（三）分类

武术按其运动形式可分为套路、格斗和功法三大类。套路运动按练习形式可分为单练、对练和集体演练。格斗运动包括散手、推手和短兵。

三、武术基本功

（一）手型

1. 拳

四指并拢卷握，拳面要平，拇指紧扣食指和中指的第二指节。

要点与要求：拳握紧，拳面平，直腕（图 7-1-1）。

2. 掌

四指并拢伸直，并向后伸张，拇指弯曲靠于食指一旁（图 7–1–2）。

3. 勾

（手）五指第一指节捏拢在一起，屈腕（图 7–1–3）。

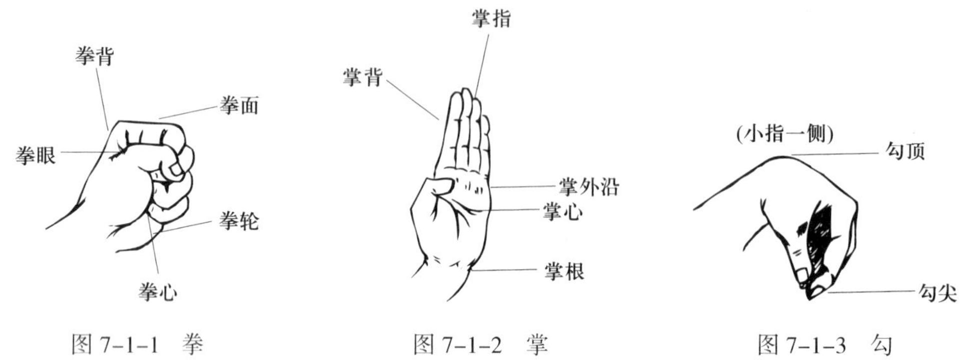

图 7–1–1 拳　　图 7–1–2 掌　　图 7–1–3 勾

（二）手法

1. 冲拳

预备姿势：两脚左右开立，两拳抱于腰间，拳心朝上（图 7–1–4）。

动作说明：右拳从腰间旋臂向前猛力冲出，力达拳面，目视前方（图 7–1–5）。

要点：挺胸、收腹、直腰、出拳快速有力，做好拧腰、顺肩、急旋前臂的动作。

2. 架拳

预备姿势：同冲拳（图 7–1–4）。

动作说明：右拳向右上方架起，拳眼向下，目视左方（图 7–1–6）。

要点：松肩、肘微屈、前臂内旋，力达前臂外侧。

图 7–1–4 预备姿势　　图 7–1–5 冲拳　　图 7–1–6 架拳

3. 推掌

预备姿势：同冲拳（图 7–1–4）。

动作说明：右拳变掌，以掌外沿为力点向前猛力推出，目视前方（图 7–1–7）。

要点：同冲拳，注意沉腕、翘掌、力达掌外沿。

4. 亮掌

预备姿势:同冲拳(图 7–1–8)。

动作说明:抖腕亮掌,臂成弧形举于头上,目视左方(图 7–1–9)。

要点:抖腕、亮掌与转头要同时完成。

图 7–1–7　推掌

图 7–1–8　预备姿势

图 7–1–9　亮掌

(三) 步型

1. 弓步

要点及要求:前腿弓,后腿绷,挺胸,沉胯;前腿同后腿成一直线(图 7–1–10)。

武术基本步型

2. 马步

要点及要求:两脚平行开立(约为本人脚长 3 倍),脚尖正对前方,屈膝半蹲,两大腿与地面平行,挺胸,塌腰(图 7–1–11)。

3. 虚步

要点及要求:两脚前后开立,后脚(支撑腿)外展 45°,屈膝半蹲;前腿膝微屈、稍内扣,脚面绷平、脚尖内侧虚点地面(图 7–1–12)。

4. 仆步

要点及要求:两脚全脚着地,左右开立,一腿屈膝全蹲,另一腿向体侧伸直,挺胸抬头(图 7–1–13)。

5. 歇步

要点及要求:前后腿交叉下蹲。臀部坐于后脚接近脚跟处,挺胸抬头(图 7–1–14)。

图 7–1–10　弓步

图 7–1–11　马步

图 7–1–12　虚步

图 7–1–13　仆步

图 7–1–14　歇步

（四）腿法

1. 正踢腿

预备姿势：并步站立，两臂侧平举（图 7–1–15）。

动作说明：左脚上步直立，右腿挺膝，脚尖勾起向前额处猛踢；目向前平视（图 7–1–16）。

要点：挺胸、收腹、立腰。踢腿时，迅速收髋、收腹，脚尖勾起绷落，过腰后动作加快，要有寸劲。

2. 斜踢腿

预备姿势：同正踢腿（图 7–1–15）。

动作说明：向异侧耳际猛踢，动作同正踢腿；目向前平视（图 7–1–17）。

要点：同正踢腿。

图 7–1–15 预备姿势

图 7–1–16 正踢腿

图 7–1–17 斜踢腿

3. 侧踢腿

预备姿势：同正踢腿（图 7–1–15）。

动作说明：右脚上步，脚尖外展；左脚跟稍提起，身体略右转，两臂后举（图 7–1–18）。随着，左腿勾脚向左耳际踢起，右臂上举亮掌，左臂立于右肩前；目向前平视（图 7–1–19）。

要点：开髋、侧身、猛收腹。

4. 外摆腿

预备姿势：同正踢腿（图 7–1–15）。

动作说明：右脚上步；左脚尖勾紧，向右侧上方踢起（图 7–1–20），经面前向左侧上方摆动，直腿落在右脚旁；目向前平视，可用掌在面前依次迎击脚面（图 7–1–21）。

要点：展髋，腿成扇形外摆，幅度要大。

图 7–1–18 上步摆臂

图 7–1–19 侧踢腿

图 7–1–20 外摆腿一

5. 里合腿

预备姿势：同正踢腿（图 7–1–15）。

动作说明：同外摆腿，唯由外向内合（图 7–1–22、图 7–1–23）。

要点：除要求合髋，要点同外摆腿。

图 7–1–21 外摆腿二

图 7–1–22 里合腿一

图 7–1–23 里合腿二

6. 拍脚

预备姿势：并步站立（图 7–1–24）。

动作说明：左脚上步；右腿挺膝、脚面绷起向上猛力踢摆。同时右拳变掌，于前上方迎击右脚面；目向前平视（图 7–1–25）。

要点：收腹、立腰。踢腿高度过胸，击拍脚面要准确、响亮。

7. 弹腿

预备姿势：同拍脚。

动作说明：支撑的腿直立或稍屈，另一腿由屈到伸同时向前弹出。脚面绷平，力达脚尖（图 7–1–26、图 7–1–27）。

要点：收髋，弹击有寸劲，力达脚尖。

图 7–1–24 并步站立

图 7–1–25 拍脚

图 7–1–26 弹腿一

图 7–1–27 弹腿二

8. 蹬腿

预备姿势：同弹腿。

动作说明：同弹腿，唯脚尖勾起，力达脚跟，要点同弹腿（图 7–1–28）。

9. 侧踹腿

预备姿势：成插步（图 7–1–29）。

动作说明：右腿伸直支撑；左腿由屈到伸，脚尖里扣，用脚掌猛力踹出，高与腰平，上体倾斜；目视左侧方（图 7-1-30）。

要点：挺膝、开髋、猛踹，脚外侧朝上、力达脚掌。

图 7-1-28 蹬腿

图 7-1-29 成插步

图 7-1-30 侧踹腿

第二节 长 拳

长拳，是一种拳术流派的总称。新中国成立后，原国家体委把群众中流传广泛的查、华、炮、洪、少林等拳种，根据其风格特点，综合整理创编了长拳。长拳是以套路为主的拳术，既适合基础武术训练，又适用于竞赛，长期训练可提高技术水平。长拳的共同特点是：姿势舒展、动作灵活、快速有力、节奏鲜明，并多起伏转折、蹿蹦跳跃、跌扑滚翻等动作技术。

经常从事长拳锻炼，能有效地增强体质，促进内脏器官的健康。一套长拳动作要在很短的时间里完成，动作又多起伏转折，节奏多变，因此运动强度和运动量很大，从而有效地提高了循环系统、呼吸系统和消化系统的机能；要求每一动作都能做到"手、眼、身法、步、精神、气、力、功"八法协调，对神经系统大有裨益，支配各肌肉群活动的运动中枢和内脏器官活动的神经系统能很好地配合工作；运动节奏的变化，增强了中枢神经系统的灵活性。

一、练习长拳的基本技法与风格

（一）姿势准确

长拳套路是由许多动作有机地衔接组成的，无论是动态还是静态，对身体各部分的姿势要求都有一定的规格，拳谚上要求做到"式正招圆"。

（二）劲力顺达

要有劲力，首先要做到用力顺达，讲究发力顺序。除了讲究发力的顺序外，还要做到发劲的刚柔变化，肌肉的松紧配合要得当。通常动作开始时要放松，逐渐加速，力达末端时达到最高速，这种劲力既迅速、敏捷，又有弹性。

（三）节奏鲜明

一个套路由几十个动作组成，形成不同的运动节奏。长拳中主要表现为动与静、重与轻、快与慢、起与伏、长与短的变化。

（四）精神饱满

武术中通常称作为"精、气、神"。练套路时，首先，要精神饱满，严肃认真，思想集中，充满信心，要有假设性的攻防双方和击打形象，表现出勇敢、机智和无所畏惧。其次，在每个动作中，要注意手与眼的严谨配合，通过眼睛的传神会意来表现动作的攻防变化。

(五) 呼吸得法

练习长拳时,动作和呼吸的配合,讲究"提、托、聚、沉"四种方法。一般情况下,由低动作进入高动作或跳跃动作时,应该运用"提"法(吸气,提高重心);当静止性动作出现时,应该运用"托"法(短暂地停止呼吸,稳定重心);当刚脆、短促发力动作出现时,应该运用"聚"法(呼气过程);由高动作转入到低动作时,应该运用"沉"法(呼气后短暂停吸,下降重心)。这些呼吸随动作变化,运用时要在自然呼吸的基础上,慢慢体会,从反复实践中逐步掌握。

二、初级长拳(套路)

(一) 起势

1. 预备势

两脚并步站立,两臂垂于身体两侧,五指并拢贴靠腿外侧,目视前方(图 7-2-1)。

要点:挺胸、收腹、立腰、头正、下颌微收。

2. 并步抱拳

并步抱拳

两脚并步站立,两手握拳,屈肘抱于两腰侧,拳心向上,拳面向前,目视前方。

要点:挺胸、收腹、立腰,两肘向后牵拉(图 7-2-2)。

(二) 马步双推掌

左脚向左侧横开一步,两腿屈膝半蹲成马步。同时两拳变掌,两前臂内旋向前立掌推出,两臂与肩平,目视前方(图 7-2-3)。

要点:马步两脚尖微扣,两膝微扣,大腿呈水平。

提示:推掌与马步要完整一致;推掌要有力,开步成马步要迅速,一次完成。

图 7-2-1 预备势

图 7-2-2 并步抱拳

图 7-2-3 马步双推掌

(三) 半马步格打

重心稍右移,左脚尖外展。同时右掌变拳收抱于右腰侧;左掌变拳,竖前臂向左格打,拳面向左,目视左拳(图 7-2-4)。

要点:左转,格打要同时完成,力点于前臂外侧。

(四) 弓步冲拳

弓步冲拳

右脚跟外蹬,膝部随之挺直成左弓步。同时左拳收抱于左腰侧;右拳自腰间平拳向前冲出,高于肩平,拳心向下,力达拳面,目视右拳(图 7-2-5)。

要点：弓步右腿蹬直，脚跟不得离地；冲拳时要拧腰、顺肩。

提示：蹬腿、转髋、拧腰、顺肩与冲拳要连贯协调，快速有力。

（五）弹腿冲拳

弹腿冲拳

重心前移，左腿挺膝立起，右腿随之屈膝提起，绷脚面猛力向前弹出，高与腰平。同时右拳收抱至右腰侧；左拳自腰间向前平拳冲出，高与肩平，目视左拳（图 7-2-6）。

要点：弹腿时，当膝提至接近水平时迅速绷脚前弹，力达脚尖。

提示：把弹腿分为两部分，提膝、前弹。

图 7-2-4 半马步格打

图 7-2-5 弓步冲拳

图 7-2-6 弹腿冲拳

（六）弓步推掌

右脚向前落步，屈膝半蹲成右弓步。同时左拳收抱至左腰侧；右拳变掌自腰间向前立掌推出，臂与肩平，力达掌外沿，目视右掌（图 7-2-7）。

要点：推掌时要拧腰、顺肩，快速有力。

提示：前落步与推掌不能同时完成，要在蹬腿成弓步的同时推掌。

（七）换跳步马步压肘

重心后移，左腿稍屈，右脚随之后撤半步，前脚掌着地。同时右手向左，左拳变掌向右，左手内右手外在腹前交叉，目视右手（图 7-2-8）。

右腿屈膝提起，同时左手经腹前向后摆至斜平举；右手自左经头上绕至头前方做掳手，目视右手（图 7-2-9）。

图 7-2-7 弓步推掌

图 7-2-8 换跳步马步压肘一

图 7-2-9 换跳步马步压肘二

左脚蹬地跳起，身体在空中右转约 100° 同时右掌下落至体右侧；左手握拳举至头上方，目视前下方（图 7-2-10）。

右、左脚依次落地，并屈膝半蹲成马步。同时右手握拳收抱于右腰侧；左拳屈肘下压至胸前，前臂平，拳心朝上，目视左拳（图 7–2–11）。

要点：两臂抡绕成立圆，马步与压肘要同时完成，压肘的力点达前臂接近肘关节处。

提示：起初练习时可以不做腾空，先做原地手脚配合，待协调后再完整进行。

（八）马步抓肩

两脚不动，左拳变掌抓按于右肩上，目视左手（图 7–2–12）。

要点：左手按肩要紧，肩部肌肉要紧张，有上顶之势，切记不可耸肩。

图 7–2–10　换跳步马步压肘三

图 7–2–11　换跳步马步压肘四

图 7–2–12　马步抓肩

（九）震脚栽拳

重心移至左腿，右脚随之提起收至左腿内侧用力向下跺踏。同时右拳自腰间向右后绕至头右侧后翻前臂向下栽拳，拳心向后，拳面朝下，目视右方（图 7–2–13）。

要点：栽拳要自上而下垂直，力达拳面。

提示：栽拳与震脚要同时完成。

（十）弓步顶肘

身体立起，左腿支撑，右脚跟提起。同时左臂向左摆起，高与肩平；右臂向上摆至胸前屈肘，目视左手（图 7–2–14）。

弓步顶肘

体稍右转，右脚向右前方上步，屈膝半蹲，左腿随之挺膝蹬直成右弓步。同时左掌心附于右拳拳面，向右前推送，使之肘尖向前顶出，目视肘尖（图 7–2–15）。

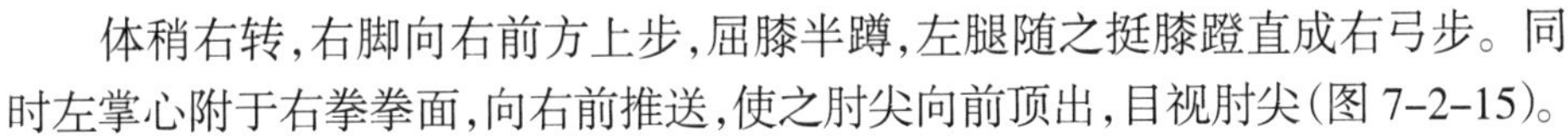

要点：顶肘时前臂始终保持水平，肩要松，力点要达于肘尖。

提示：先向左侧预摆，再向右侧顶肘；后蹬左腿、顺肩顶肘要协调一致。

图 7–2–13　震脚栽拳

图 7–2–14　弓步顶肘一

图 7–2–15　弓步顶肘二

(十一) 提膝穿掌

重心左移,身体左转,右脚尖内扣,身体立起。同时左掌变拳收抱于左腰侧,拳心向上;右拳变掌,向下经右向上绕至面前做按掌,屈肘,掌心向下,掌外缘向前,目视右掌(图 7–2–16)。

提膝穿掌

左腿挺膝伸直,右腿随之屈膝提起。同时左拳变掌,自腰间经右手背向前上方穿出,右掌顺势收于左腋下,掌心朝下,目视左掌(图 7–2–17)。

要点:提膝与穿掌要同时完成,穿掌的力点要达于掌指尖。

提示:按掌、穿掌可以分解练习。

(十二) 仆步穿掌

左腿屈膝全蹲,右腿随之向右侧伸出落步成仆步。同时右掌经腹前,沿右腿内侧穿至右脚面,目视右掌(图 7–2–18)。

要点:穿掌时两臂成一条直线,力点要达于掌指尖。

提示:穿掌时眼随手走,身体也随之前俯。

图 7–2–16 提膝穿掌一

图 7–2–17 提膝穿掌二

图 7–2–18 仆步穿掌

(十三) 震脚掳手

右脚尖外展,重心前移,右腿稍屈膝,左腿蹬直、提踵。同时左手向下经身体左侧摆至身前,掌心朝外,掌指朝右,虎口朝下;右手上摆后抓按于左手腕处,目视左手(图 7–2–19)。

左脚提起前落并震脚,屈膝脚尖外展,右脚随之脚跟提起。同时左前臂外旋掳手后,握拳收至左胯旁,拳心向上,目视右前方(图 7–2–20)。

要点:掳手时要旋臂拧握;左拳回收与震脚要同时完成。蹬腿、拧腰、顺肩、冲拳要协调连贯,力达拳面。

提示:可以采用上下肢分解练法。

(十四) 右蹬脚

右脚勾脚尖提起后向前猛力蹬出,力达脚跟,目视右脚(图 7–2–21)。

图 7–2–19 震脚掳手一

图 7–2–20 震脚掳手二

图 7–2–21 右蹬脚

要点：脚尖勾紧，膝部尽量上提后再向前蹬出。

提示：先勾脚屈膝上提收紧，然后再做前蹬。

（十五）弓步冲拳

右脚向前落步屈膝成弓步。同时右手握拳收抱于右腰侧；左拳向前冲出，高于肩平，目视左拳（图 7–2–22）。

提示：落步蹬后腿的同时做冲拳动作。

（十六）马步冲拳

上体左转 90°，右脚尖内扣，重心左移，屈膝半蹲成马步。同时左拳收抱于左腰侧；右拳自腰间向右平拳冲出，高于肩平，目视右拳。

要点：挺胸、塌腰，两脚、两膝微内扣（图 7–2–23）。

提示：转腰冲拳，要充分运用腰力。

（十七）震脚砸拳

重心左移，右腿屈膝提起，收至左腿内侧后，用力向下跺踏，并步半蹲。同时左拳变掌向前伸出；右拳经上向下砸于左掌上，拳心朝上，目视右拳（图 7–2–24）。

要点：砸拳、震脚要完全一致，要干脆有力。

提示：震脚砸拳时配合呼吸（运用聚气）。此动作可以在原地重复进行，用以练习手脚的协调配合，练习动作与呼吸的协调配合。

图 7–2–22 弓步冲拳

图 7–2–23 马步冲拳

图 7–2–24 震脚砸拳

（十八）收势

1. 并步抱拳

两腿挺膝立起，同时左掌变拳收抱于左腰侧，目视前方（图 7–2–25）。

要点：挺胸、立腰；挺膝立起与两拳收抱要同时完成。

2. 还原

两拳变掌，下落于两大腿外侧，掌心向内，目视正前方（图 7–2–26）。

图 7–2–25 并步抱拳

图 7–2–26 还原

要点：挺胸、收腹、立腰，头正，下颌微收。

第三节 太 极 拳

一、二十四式简化太极拳简介

二十四式简化太极拳是在杨式太极拳的基础上，删去了繁难和重复的动作，加以简化、改编的太极拳普及套路。

练习太极拳时要求做到：精神贯注，上下相随，虚实分明，连贯圆活，速度均匀，动作运行路线处处带有弧形，如行云流水，连绵不断。

二、动作说明

预备势：

要点：两脚并拢，自然直立，表情自然，精神集中；要做到“三对、三要”，即鼻尖对肚脐，中指对裤缝，尾闾对脚跟；下颌要微收，腋下要空，脊背要直。

第一段：

1. 起势（图 7–3–1）

起势

该势包括：向左开步、两臂前平举、两臂下按、屈蹲下按四个分解动作。

要点：左脚开步时，重心要先移向右腿，左脚跟要先离地，随之前脚掌再离地；向左开步落脚时，前脚掌要先着地，随之全脚掌逐渐踏实；要体现“轻起轻落、点起点落”。两手臂前平举和屈蹲下按掌时，要保持沉肩垂肘，切勿掀肘耸肩；两掌下按与屈膝要协调一致，须展掌、舒指（不可翘指坐腕），精神贯注。

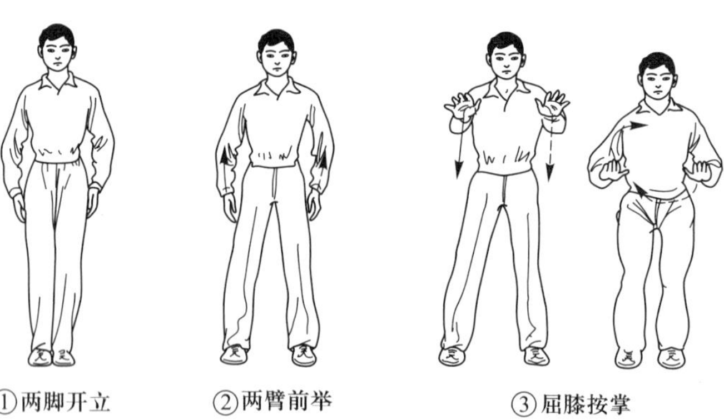

图 7–3–1 起势

2. 左右野马分鬃（图 7–3–2）

左右野马分鬃

该势包括：丁步抱球、弓步分靠两个分解动作。

要点：上体不可前俯后仰，胸部必须宽松、舒展；两臂分开时要保持弧形，身体转动时要以腰为轴，弓步动作与分手的速度要均匀一致；弓步时，两腿的横向距离应保持在 10~30cm 范围内；应按踏掌、弓腿、转腰、蹬腿成弓步的顺序缓慢进行，分手时前手臂要有“靠”意，后手要有“探”意，双臂要有“掤”意；

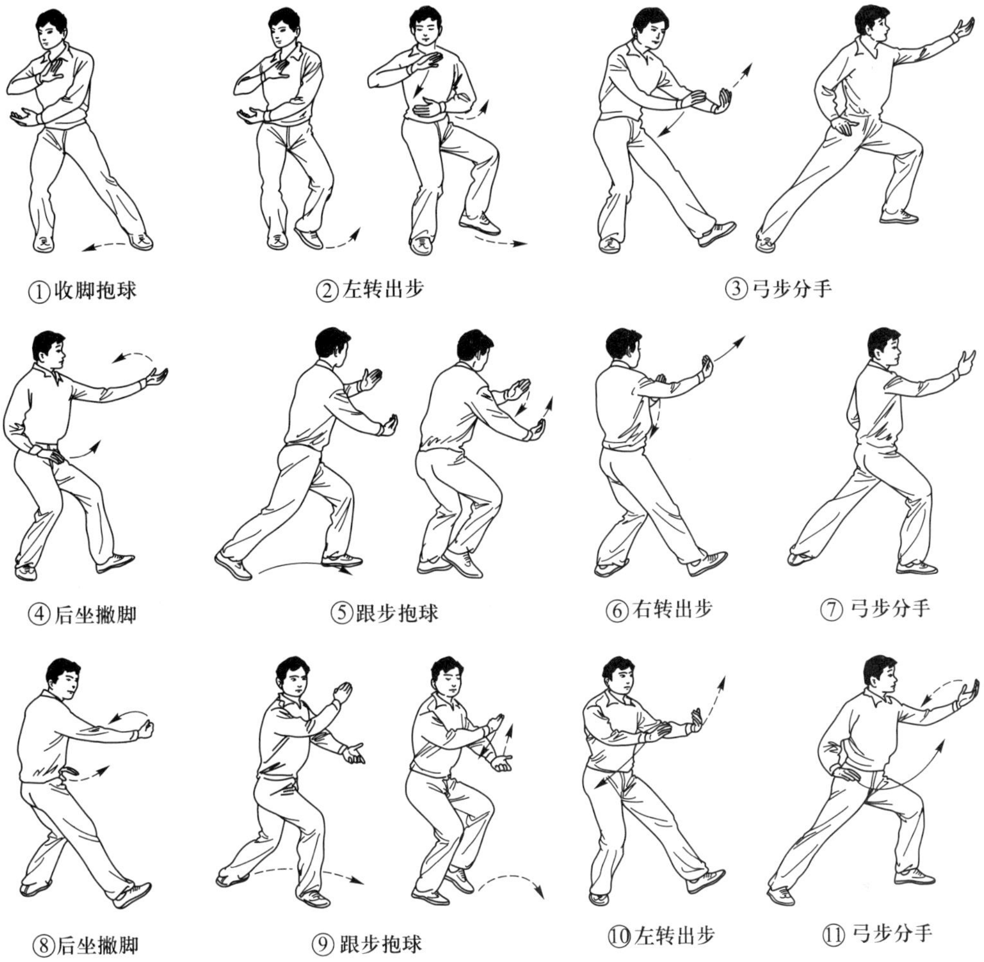

①收脚抱球　②左转出步　③弓步分手

④后坐撇脚　⑤跟步抱球　⑥右转出步　⑦弓步分手

⑧后坐撇脚　⑨跟步抱球　⑩左转出步　⑪弓步分手

图 7–3–2　左右野马分鬃

转换势子时上体要保持正直，身体不可起伏，移动幅度不必过大，以避“断劲”脱节。

3. 白鹤亮翅（图 7–3–3）

该势包括：转体后坐、虚步分手两个分解动作。

图 7–3–3　白鹤亮翅

白鹤亮翅

要点：步法转换应在腰部旋转带动下协调进行，跟步时要微左转，后坐时要微右转，虚步时要圆正；右手上提、左手下按、分开应注意身体重心后移，头虚领上顶，腰松胯沉，协调一致；定势时要含胸拔背，目视远方，两腿要虚实分明，两臂上下都要保持半圆形。

4. 左右搂膝拗步（图 7-3-4）

搂膝拗步

该势包括：后坐跷脚、丁步托掌、弓步搂推三个分解动作。

要点：要求身体正直、肩平、胯平，以腰转动带动“搂”“推”；推掌时要由虚而实——舒指、屈掌、虎口撑圆、掌根前顶、腕肘下沉，领劲于食、中指。搂手动作要体现“探劲”“搂”“推”与松腰、弓腿要上下协调一致；上步时，脚跟要先着地，重心要稳；弓步时，两脚跟的横向距离应为 30 cm 左右。

①左转落手 ②右转收手举臂 ③出步屈肘 ④弓步搂推

⑤后坐撇脚 ⑥ 跟步举臂 ⑦出步屈肘 ⑧弓步搂推 ⑨后坐撇脚

⑩ 跟步举臂 ⑪出步屈肘 ⑫马步搂推

图 7-3-4 左右搂膝拗步

5. 手挥琵琶（图 7-3-5）

该势包括：跟步松手、后坐挑掌、虚步送手三个分解动作。

要点：身体要平稳、自然，沉肩垂肘，胸部放松；左手上起时要由左向上、向前，微带弧形；右脚跟进时，脚掌要先着地，再全脚踏实；身体重心后移松腰沉胯和左手上起、右手回收形成

①跟步展手

②后坐挑掌

③虚步合臂

图 7–3–5 手挥琵琶

手挥琵琶

合劲要协调一致。

第二段：

6. 左右倒卷肱(图 7–3–6)

该势包括：转体撤手、虚步推掌两个分解动作。

倒卷肱

要点：要“点起点落”“轻起轻落”，由实到虚、由虚到实要逐渐变转，步幅、落点、指向要适当，应避免两脚落在一条直线上，身体不歪斜、不俯仰、不起伏，两腿虚实分明；两脚横向距离应在 10 cm 左右；卷肱不可做成卷腕，两臂要始终保持弧形，手的速度要一致；前推到顶点时要坐腕、展掌、舒指，体现由虚到实劲力变化。

7. 左揽雀尾(图 7–3–7)

该势包括：丁步抱球、弓步掤臂、后坐下捋、弓步前挤、后坐收掌、弓步按掌六个分解动作。

左揽雀尾

要点：上、下肢要协调配合，掤、挤、按要与弓腿一致；捋和引力要与屈腿后坐一致，重心移动要充分；上体要松正、舒展，不可前俯后仰，弓腿要顶头沉肩、竖脊、展背；坐腿时要松腰、屈膝、落胯；弓步时，两脚跟横向距离应不超过 10 cm。

8. 右揽雀尾(图 7–3–8)

右揽雀尾

要点：过渡动作中要右手随身体右转平行向右划弧，左手不可向右摆动，两臂要注意微外撑，成侧平举状。以下与“左揽雀尾”相同，唯左右相反。

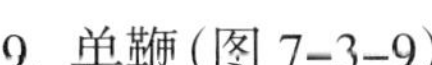
9. 单鞭(图 7–3–9)

该势包括：扣脚云手、丁步勾手、弓步推掌三个分解动作。

单鞭

要点：定势时上体要保持正直，松腰；右肘部要稍下垂，左肘要与左膝上下相对，两肩要下沉；左手指尖、鼻尖要相对；两臂之间夹角约 120°，两脚横向宽度约 10 cm，弓步正前偏左 15°~30°；左手向外翻掌前推时，要以前臂旋转带动，要随转体边翻边推出，不要翻掌太快或撮手“要腕花”；勾手时腕部也不要故意绕转成“腕花”；上下要协调一致。

第三段：

10. 云手(图 7–3–10)

云手

该势包括：转体松勾、扣脚云手、收脚云手、开步云手、收脚云手、开步云手、收脚云手七个分解动作。

图 7-3-6 左右倒卷肱

图 7-3-7　左揽雀尾

①后坐扣脚
②右转分手
③收脚抱球
④右转出步
⑤弓步掤臂
⑥后坐右转下捋
⑦右转出步搭腕
⑧弓步前挤
⑨后坐分手
⑩弓步推掌

图 7-3-8 右揽雀尾

图 7-3-9　单鞭

图 7-3-10　云手

要点：身体转动要以腰脊为轴，要转腰带手，身手合一，自然圆活，速度缓慢均匀；要松腰、松胯，身体不可忽高忽低；脚步移动要轻柔渐进，不可突然；步幅要合度；两脚掌要轮流踏实，脚尖向前，此落彼起，虚实分明；视线要随左右手而移动，要有强弛变化，不可死盯移动的手掌。

11. 单鞭（图 7–3–11）

要点：与前“单鞭”相同。

图 7–3–11 单鞭

12. 高探马（图 7–3–12）

该势包括：跟步翻掌、虚步探掌两个分解动作。

要点：上体要自然正直，双肩要下沉，右肘要微下垂，手指高要与眼平；跟步转换重心时，身体不要有起伏；后坐翻掌时，头要随身体稍右转，眼睛要向右前方扫视，不要过分转头看侧后方右手；定势时要看右手，由近及远。

图 7–3–12 高探马

高探马

右蹬脚

13. 右蹬脚（图 7–3–13）

该势包括：穿手提脚、上步翻手、弓步分手、收脚抱手、翻手提腿、蹬脚分手六个分解动作。

要点：手臂动作在“穿掌—分手—合抢—撑开”的整个过程中，双手要两次交叉和分开；手臂动作与收脚上步、过渡弓步和提腿蹬脚要协调配合，上下一致；定势时身体要稳定，不可前俯后仰；两手臂要撑开，腕与肩齐平；向右前 30° 蹬脚时，左腿要微屈，右脚尖要回勾，力点在脚跟，右臂和腿上下相对；眼要随左、右手转视，定势时要看右

图 7-3-13 右蹬脚

远方。

14. 双峰贯耳(图 7-3-14)

该势包括:屈膝并手、上步落手、弓步双贯拳三个分解动作。

双峰贯耳

要点:并手、落手、贯拳与屈膝、落脚、弓步要协调一致;定势时,头、颈、上体要正直,要松腰松胯,两拳松握,拳眼相对,沉肩垂肘,两臂均保持弧形;弓步和身体方向要与右蹬脚方向相同;弓步的两脚横向距离应为 10~20 cm。

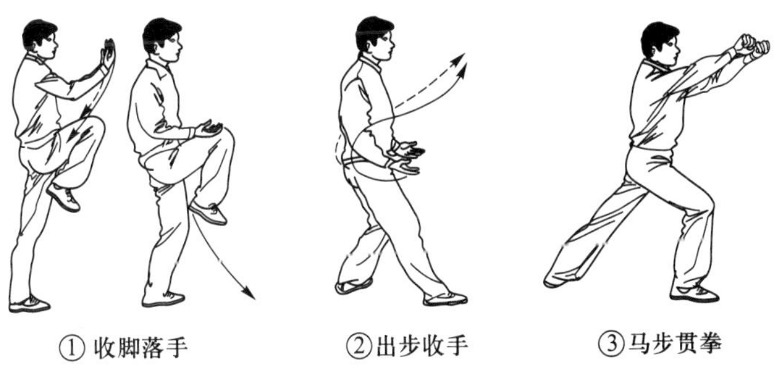

图 7-3-14 双峰贯耳

第四段:

15. 转身左蹬脚(图 7-3-15)

转身左蹬脚

要点:与"右蹬脚"式相同,唯左右相反;左蹬脚方向要与右蹬脚方向成 180°。

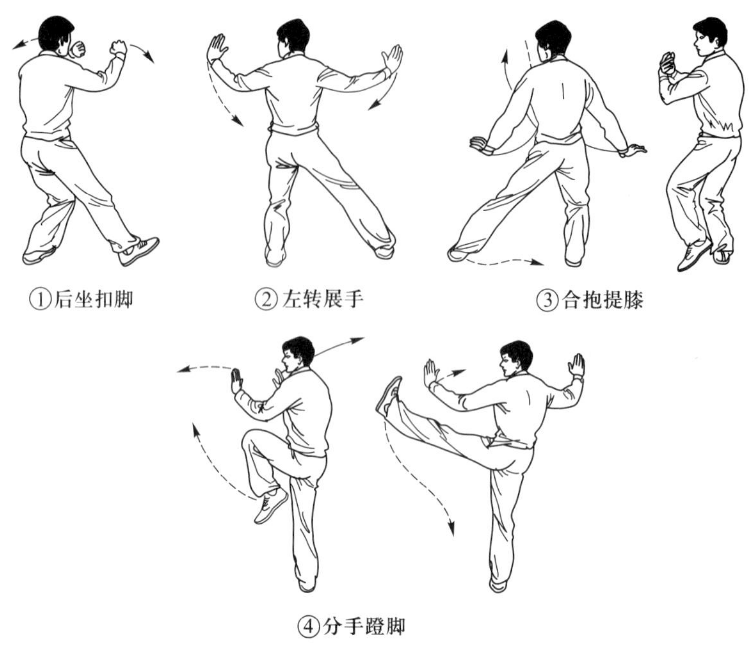

图 7-3-15 转身左蹬腿

左下势独立

16. 左下势独立(图 7-3-16)

该势包括:收脚勾手、屈蹲开步、仆步穿掌、起身弓步、提膝挑掌五个分解动作。

要点:下势、仆腿时不要擦着地面仆出,上体不要过于前倾;左腿要伸直,

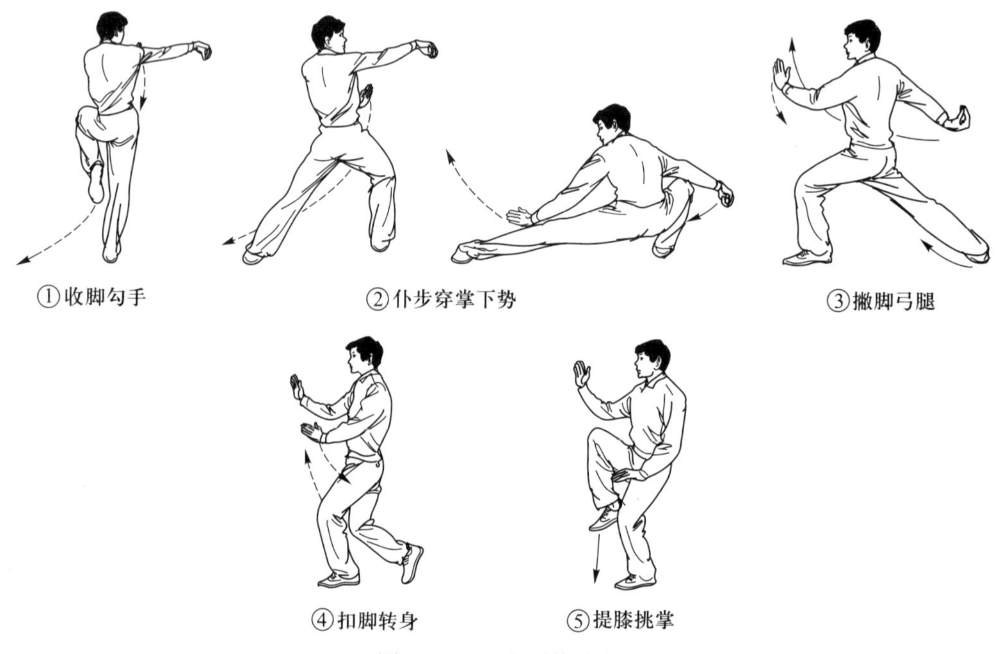

图 7-3-16 左下势独立

脚尖须向里扣，两脚脚掌要全部着地；左脚尖与右脚跟踏要在中轴线上；起身独立时，上体要直立，独立的腿要微屈，右腿提起时脚尖要自然下垂；眼视右手，由近而远。

右下势独立

17. 右下势独立（图 7–3–17）

要点：右脚触地后必须稍微提起，然后再向下仆腿；其他均与“左下势独立”相同，唯左右相反。

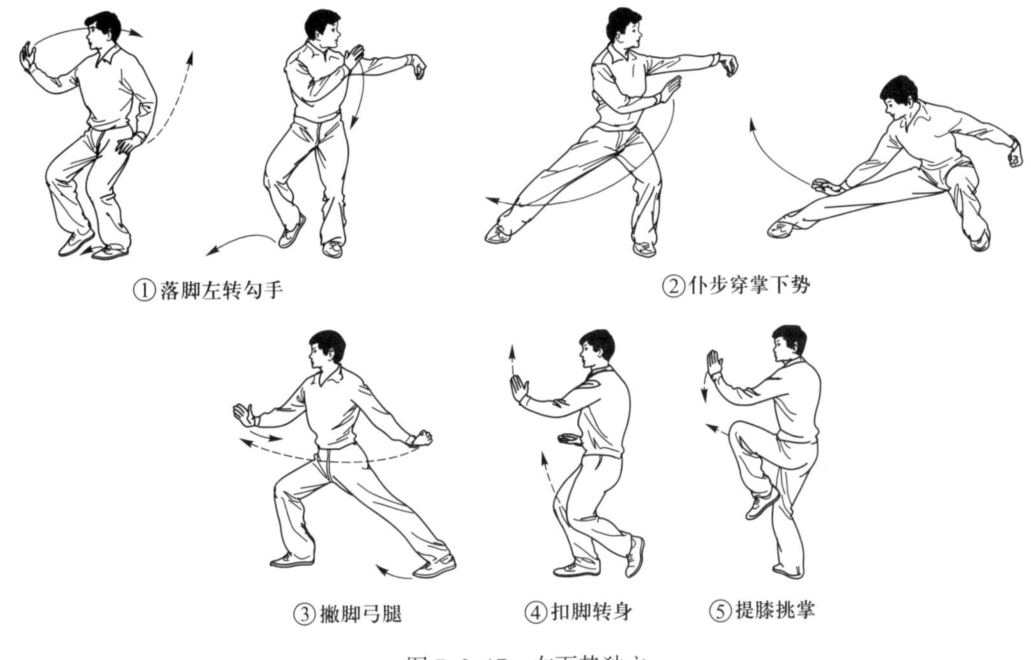

图 7–3–17　右下势独立

18. 左右穿梭（图 7–3–18）

该势包括：丁步合抱、上步错手、拗步架推三个分解动作。

左右穿梭

要点：左右穿梭是拗弓步推掌，弓步应斜向右（左）前方约 30°，横向距离约 30 cm，保持上体松正，不可歪扭；两手的动作路线要恰如把胸前的“球”向右（左）上方翻转滚动，然后右（左）手开始上架，左（右）手收至肋侧，再上撑、推掌；手架上举时，要防止耸肩翻肘；架举、前推要与弓腿松腰上下协调一致。

19. 海底针（图 7–3–19）

该势包括：后脚跟步、后坐提手、虚步插手三个分解动作。

海底针

要点：身体要先向右转，再向左转；上体要舒展伸拔，不可太前倾，切勿弯腰驼背、耸肩、缩脖、凸臀，左腿要微屈；右手插掌不要做成“劈”“砍”状；眼要视前下方地面。

20. 闪通臂（图 7–3–20）

闪通臂

要点：完成姿势上体要自然正直，松腰松胯；左臂不要完全伸直，背肌要伸展开；推掌、引举手和弓腿的动作要协调一致；弓步时，左手臂与左腿要上下相对，两脚跟横向距离应不超过 10 cm。

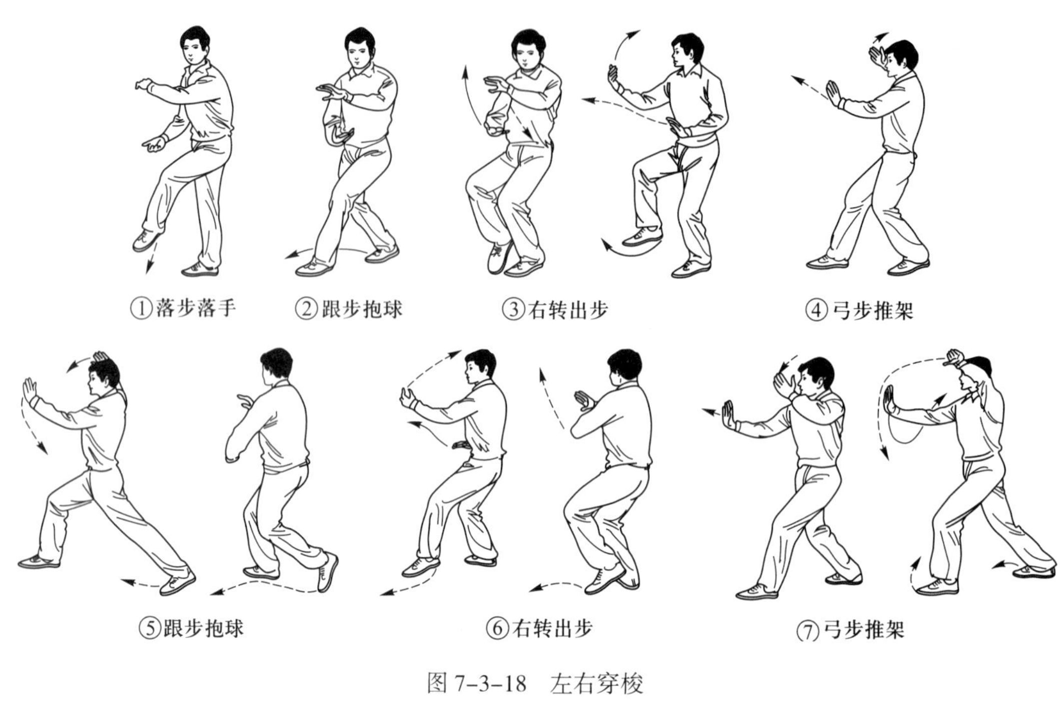

图 7-3-18 左右穿梭

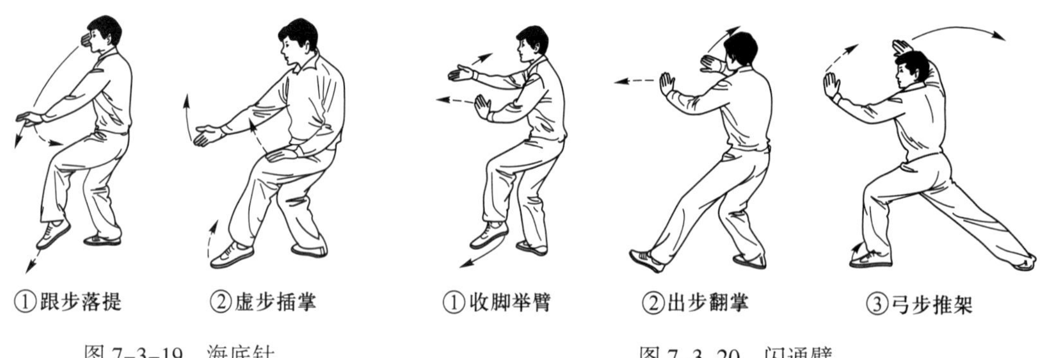

图 7-3-19 海底针

图 7-3-20 闪通臂

21. 转身搬拦捶(图 7-3-21)

该势包括:转身扣脚、转体握拳、踩脚搬拳、转体收拳、上步拦掌、弓步出捶六个分解动作。

转身搬拦捶

要点:转身动作要虚实清楚,转换轻灵,重心平稳;注意脚的扣转、腿的屈伸,切忌转身时后腿不屈坐,挺膝挺髋,重心升高,上体歪扭或后仰;右拳不要握得太紧,回收时前臂要慢慢内旋划弧,然后再外旋停于右腰旁,拳心向上;左手拦掌与收脚上步、身体右转要协调一致;向前打拳时,右肩要随拳略向前引伸,沉肩垂肘,右臂要微屈;弓步时,两脚横向距离约 10 cm。

如封似闭

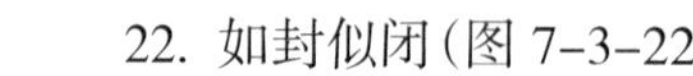

22. 如封似闭(图 7-3-22)

该势包括:穿手翻掌、后坐收掌、弓步按掌三个分解动作。

要点:身体后坐时,要含胸缩髋,避免后仰,臀部不可凸出;两臂随身体屈肘

图 7-3-21 转身搬拦捶

图 7-3-22 如封似闭

旋臂后引时，不可前臂上卷，两肘夹肋；肩、肘部应略向外松开，不要直着回抽；前按时两掌要平行向前，宽度不要超过两肩；不可分合或上挑。

十字手

23. 十字手（图 7-3-23）

该势包括：转体扣脚、弓步分手、转体落手、收脚合手四个分解动作。

图 7-3-23　十字手

要点：转体扣脚与外撇弓腿分手动作要连贯圆滑，一气呵成，不可停顿断劲；两手分开和合抱时，上体要保持端正，不要前俯，合抱要撑圆；站起时，身体要自然正直，头要微向上顶。

24. 收势（图 7-3-24）

该势包括：翻掌分手、垂臂下按、并步还原三个分解动作。

要点：两手左右分开下落时，要由两前臂内旋带动手掌翻转向下，不可太松弛“折腕”或“耍腕花”翻掌；全身要放松，同时气也徐徐下沉；呼吸平稳后，再收左脚做走动休息。

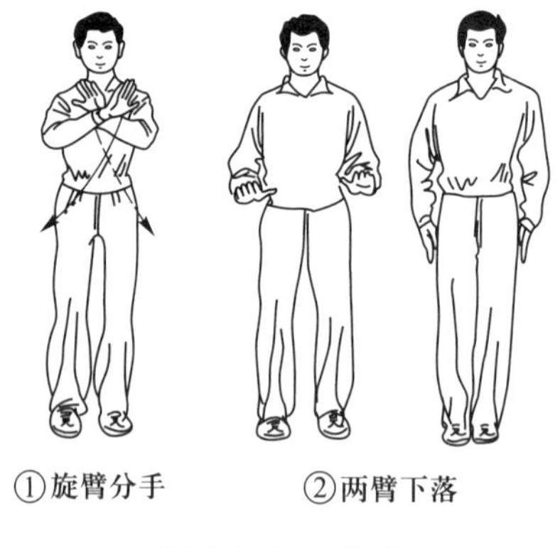

收势

图 7-3-24　收势

第四节　散　　打

一、散打的概念

散打，又称散手。散打是两个人在规则的制约下，以踢、打、摔等徒手攻防手段，通过攻、防、进、退、还击和反还击进行格斗的对抗性运动项目。

散打运动是较技、较力、斗智、斗勇、对抗性强的运动项目。它对提高人体的速度、力量、柔韧、耐力等能力，维持内脏器官的正常机能，改善神经系统的灵活性等方面有较大的促进作用，并且能有效地提高人的应变能力，发展思维的敏捷性，增强竞争意识，还能培养顽强果断、勇于进取的意志品质和尊师爱友、讲礼崇德的良好风尚。

二、散打基本技术要求

(一) 实战姿势

实战姿势分为左实战式和右实战式,以个人偏好而定。下面以左实战式为例:两脚前后开立,前脚跟与后脚尖距离约同肩宽。左脚全脚掌着地,右脚跟稍抬起,前脚掌着地,两膝稍弯曲,自然里扣,身体重心右移。上体含胸、收腹、扭臀,左臂内屈约 90°,拳眼与鼻尖平行。右臂内屈约 45°,拳置于脖前,两肘自然下垂并稍向里合,下颌内收,目视对方面部(图 7–4–1)。

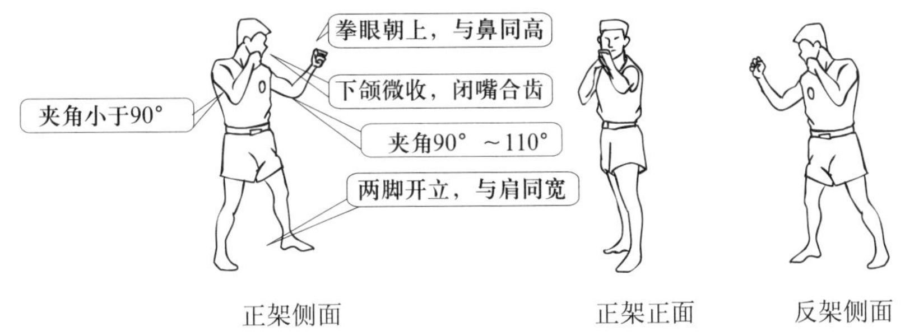

图 7–4–1 实战姿势

(二) 常用的步法

步法是散打格斗中身体向前后左右移动的方法。以下步法均以左实战势为例。

进步:左脚提起,向前进步,右脚迅速蹬地,跟进同样距离。

退步:右脚向后退一步,左脚用力蹬地,迅速后退同样距离。

侧跨步:左脚向左侧横跨一步,右脚脚掌内侧蹬地,迅速向左侧横跨跟进同样距离。

盖步:右脚经左脚前上步,脚尖外摆,两腿成交叉状,随即左脚向前上步,还原成实战式。

插步:右脚经左脚后向前上步,脚跟离地,两腿略成交叉状,随即左脚向前上步,还原成实战式。

垫步:右脚蹬地向左脚并拢,同时左脚屈膝提起向前落步,还原成实战式。

击步:双脚蹬地起跳,随即左脚落地,右脚稍后提膝落步,还原成实战式。

换步:前脚与后脚同时蹬地并前后交换,同时两拳也前后交换成右实战式。

(三) 步法的练习方法

1. 步法的单独练习

学完一种步法以后,必须通过自己的反复揣摩练习,才能找到要领。熟悉技术并由单一练习逐渐过渡到连续练习,在步法的单独练习熟练后可以把几种步法组合起来进行综合练习。

2. 结合信号练习

教练员应用掌心掌背的朝向或规定的某一信号,要求练习者按信号做出相应的步法,这种练习既可以巩固步法技术,又可以提高反应能力。两人配合练习,规定一方运用多种步法,移步闪退等,而另一方做出相应的移动,使双方距离尽量保持不变。

3. 结合攻防动作的练习

(1) 把步法和各种攻防动作结合练习,提高整体协调配合能力以适应实战的需要。

(2) 配对练习,规定一方单招或组合连招进攻,另一方移动摆脱,并寻机予以反击,提高步法的实效性。

(四)拳法

拳法技术在散打运动中常用的有直拳、摆拳、勾拳、鞭拳等拳法。

1. 直拳

以左直拳为例,左势站立,右脚微蹬地,身体重心稍向左脚移动,同时转腰送后肩,左拳直线向前击出,力达拳面,右拳自然收回颌前。

实战范例:左右直拳抢攻对方头部。当对方侧弹腿进攻时,左手外挂防守,同时右直拳反击对方头部(图 7-4-2、图 7-4-3)。

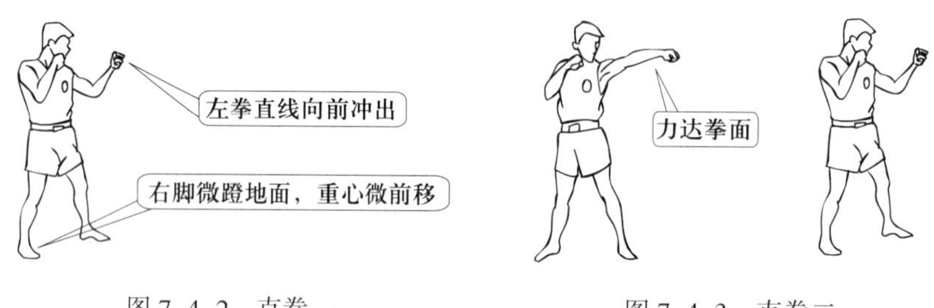

图 7-4-2 直拳一　　图 7-4-3 直拳二

2. 摆拳

以左摆拳为例,左势站立,上体微向右扭转,同时左臂稍抬起时,前臂内旋向前里弧形出击,力达拳面,大小臂夹角约 130°,右拳自然收回颌前。

实战范例:左拳虚晃,右摆拳抢攻对方头部。当对方右蹬腿攻击我中盘时,左手里挂防守,随即用右摆拳反击对方头部(图 7-4-4)。

图 7-4-4 摆拳

3. 勾拳

以左上勾拳为例。左势站立,上体稍向左侧倾,重心略下沉,左拳微下落,随即左脚蹬地,上体右转,挺腹前送左髋,左拳由下向上曲臂勾击,力达拳面,大小臂夹角 90° 左右,右拳自然回收于颌前。

实战范例:假动作虚晃,忽然上部靠近对方用上勾拳击其下颌。当对手欲上前抱摔时,迅速后退用左勾拳反击其头部(图 7-4-5)。

4. 鞭拳

以右鞭拳为例,左势站立,以左脚前脚掌为轴,身体向后转 180°,右脚经左腿后插步,身体继续右后转,同时以腰带动右臂向右侧横向鞭击,力达拳轮,左拳自然收于颌前。

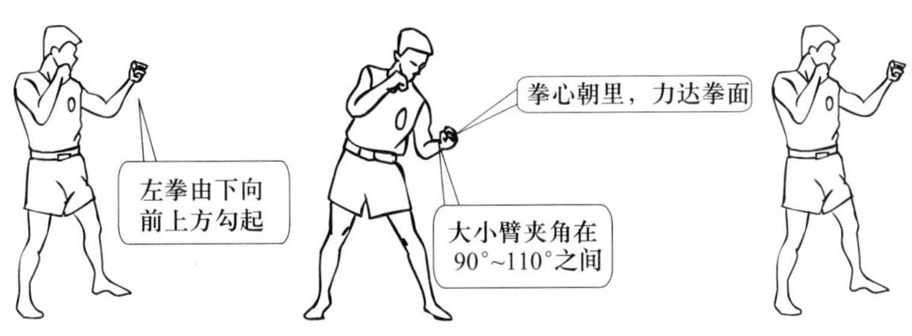

图 7-4-5 勾拳

实战范例:左直拳假装进攻,随即突然用右鞭拳抢攻其头部,对手用左侧弹腿攻我中盘时,左手里挂防守,同时以右鞭拳反攻其头部(图 7-4-6、图 7-4-7)。

图 7-4-6 鞭拳一　　图 7-4-7 鞭拳二

(五) 腿法

腿法内容丰富,分屈伸性、直摆性、扫转性三大部分。

1. 正蹬腿

以左正蹬腿为例。左势站立,身体重心稍后移,同时左腿屈膝提起,屈肩向前,脚尖上勾,随即从脚跟领先向前蹬出,力达脚跟。

实战范例:用正蹬腿攻击对方上盘,当对方运用侧弹腿攻击时,突然用右正蹬腿抢先攻击对方上盘(图 7-4-8)。

图 7-4-8 正蹬腿

2. 侧踹腿

以左侧踹腿为例,左势站立,身体重心后移,上体稍右转,同时左屈膝提起,脚尖勾起,随即展髋,使脚掌正对攻击方向,使之迅速由屈到伸,向前踹出,力达脚跟。

实战范例：以左侧踢踹腿，假装攻击对方下盘，随即用力踹腿实攻对方上盘，左侧弹腿假装攻对方下盘，然后转身踹腿攻击对方上盘（图 7-4-9）。

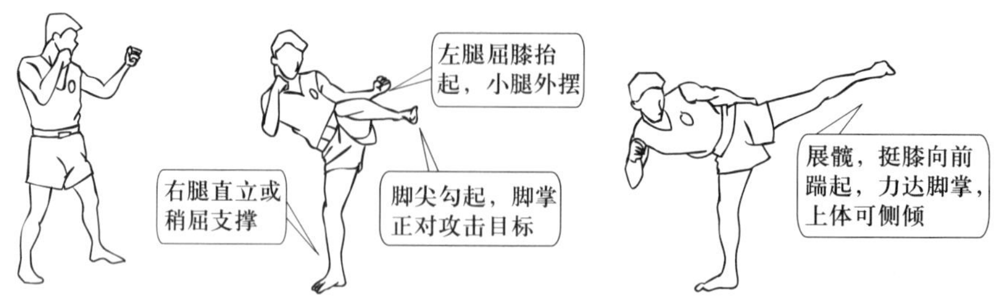

图 7-4-9 侧踹腿

3. 鞭腿

鞭腿的腿法运用范围很广，按照高度可分为高、中、低三种。

高鞭腿（图 7-4-10）。从预备姿势开始，重心后移，上体微向右后转动并向后侧仰，两手臂下落，同时屈膝提腿，并向内扣膝翻胯，大小腿夹角大约保持在 30° 左右。上动不停，由转体翻胯带动大小腿向外侧前上方摆踢，在击打到物体的瞬间，小腿由于加速甩出与大腿基本成直线。在翻胯出腿的同时，支撑腿以脚前掌为轴跟着转体，脚跟斜向前。

图 7-4-10 鞭腿

4. 截腿

以右截腿为例。左势站立，重心移到左腿，上体稍左转，同时右摆旋提起，脚尖勾起并外翻，随即向前下方截击。

实战范例：当对方抬腿用腿法攻击时，抢先出腿截击其小腿（图 7-4-11）。

图 7-4-11 截腿

（六）摔法

摔法是在竞技里的格斗中使用巧妙的技法，将对方打倒在地的方法，在格斗中，用摔法必须做到快速果断，不能给对方留下喘息的机会。

1. 夹颈过背摔

右屈臂夹对方颈部，背向对方，两腿屈膝用右侧髋部紧贴对方前身，然后两腿蹲深向下，弓腰低头，将对方背起后摔倒（图 7–4–12）。

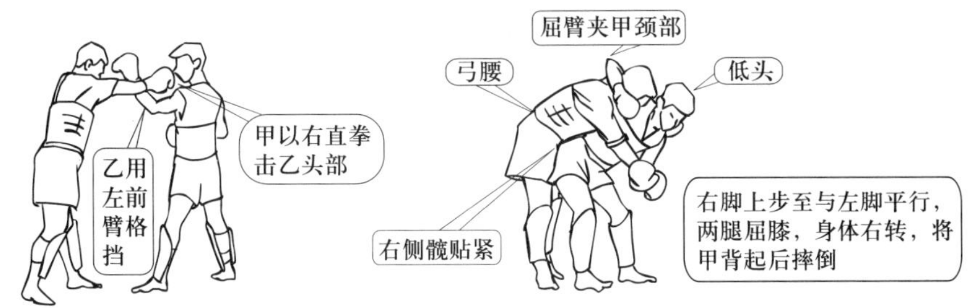

图 7–4–12　夹颈过背摔

2. 抱腿前顶摔（图 7–4–13、图 7–4–14）

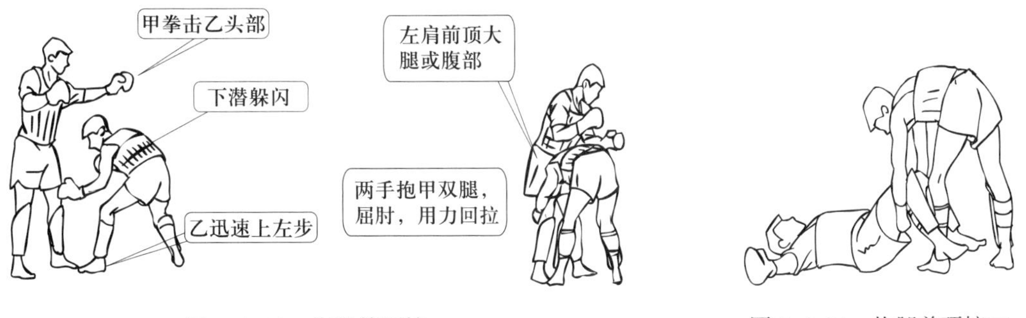

图 7–4–13　抱腿前顶摔一

图 7–4–14　抱腿前顶摔二

3. 抱单别腿摔

抱对方前腿后，左手迅速前伸，别其后支撑腿，同时右手后拉左边前顶对方将对方拉倒（图 7–4–15）。

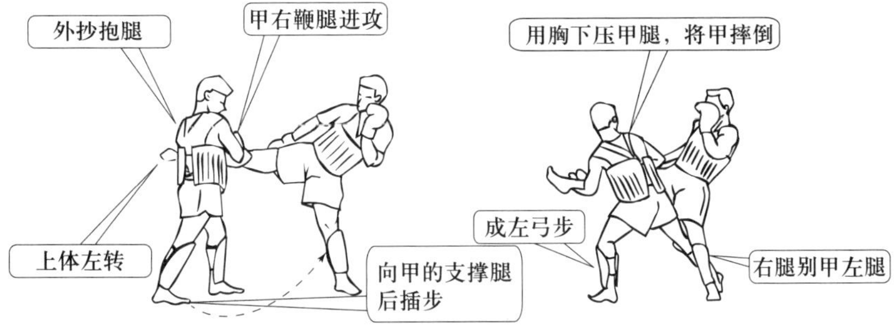

图 7–4–15　抱单别腿摔

4. 接腿勾腿摔

当对方用右侧弹腿踢击时，左手抄抱其小腿，右手由对方右肩上穿过，下压其颈部，同时左手上抬，右脚向前上方向踢其支撑腿将对方摔倒（图 7–4–16）。

图 7–4–16 接腿勾腿摔

5. 接腿涮摔

当对方用右侧弹腿踢击时，双手抓握对方右脚，双手向左拉其右脚，随即向下，向右上方成弧形摆荡将其摔出（图 7–4–17）。

图 7–4–17 接腿涮摔

（七）防守法

防守是一种可以节制和削弱对方的攻击，保护自己并能处于反击位置的方法，最终目的是防守后反击，准确、巧妙地防守，不但能保护自己，而且能为攻击创造更好的条件。

拍挡防守：以左拍挡为例，左手掌心向里贴，向里横拍并稍右转体（图 7–4–18）。

挂挡防守：左右手屈臂向同侧头部或肩部挂挡（图 7–4–19）。

图 7–4–18 拍挡防守　　图 7–4–19 挂挡防守

里抄防守：左右手臂微屈并外放，紧贴腹前，手心向上，同时左右手屈臂，紧贴胸前立掌，掌心向外（图 7–4–20）。

外抄防守：左右手臂外旋弯曲，上臂紧贴肋部（图 7-4-21）。

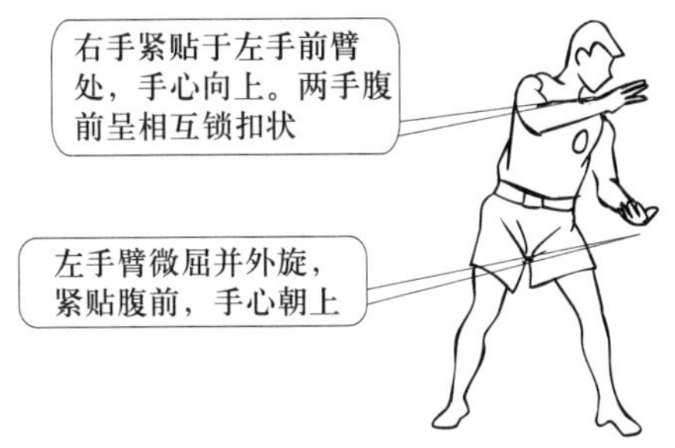

图 7-4-20　里抄防守

图 7-4-21　外抄防守

提膝防守：重心右移，前腿屈膝起，后腿支撑，上体姿势不变（图 7-4-22）。

后闪防守：重心后移，上体略后仰闪躲（图 7-4-23）。

下潜防守：屈膝降低重心，同时低头缩颈向下闪，两手护头（图 7-4-24）。

图 7-4-22　提膝防守

图 7-4-23　后闪防守

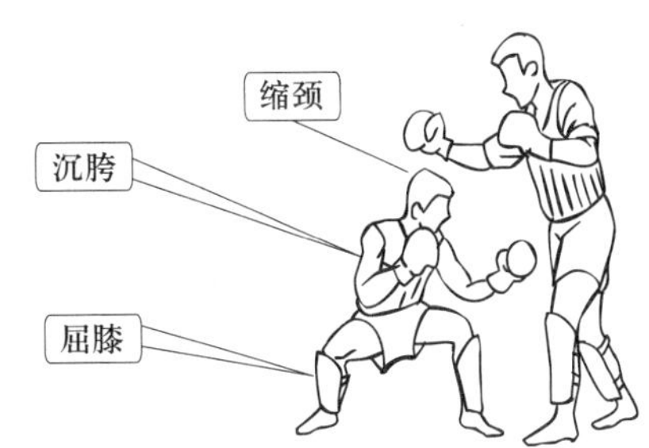

图 7-4-24　下潜防守

复习与思考

1. 如果你决定把武术作为自己终身体育锻炼的运动项目，如何结合职业规划和现实生活制订有效的锻炼计划？

2. 了解自身状况，确定学期武术锻炼目标，制订适合自己的阶段性训练计划和学期武术锻炼内容。

第八章　时尚运动

知识导航

有些人存在这样一种误区：只有想获得更好的运动表现或运动成绩的人才需要接受专业指导。其实不然。运动也是生活的一部分。时尚的运动不一定非得是时尚的人才能做。对不少人来说，运动和健身已成为时尚生活的“消遣”。本章介绍的台球运动、滑板与轮滑运动、健美运动、自行车与小轮车运动、有氧运动、体育舞蹈，都兼具休闲性、娱乐性、运动性、时尚性的特点，深受年轻人的喜爱。通过本章对时尚运动基础知识的介绍，有助于进一步加深对这些项目的理解，在运动中培养对生活的热爱，激发身体活力，扩大社交圈，让自己成为一个更有魅力的人。

第一节　台球运动

台球是一种用球杆在球台上击球、依靠计算得分确定比赛胜负的高雅室内娱乐体育项目。作为一种大众休闲体育运动，在国际上广为流行。

一、台球运动的起源与发展

台球也叫桌球、弹子球，最早起源于欧洲。大约在 14 世纪，由伦敦一家名叫 Billsyard 的当铺老板为消遣娱乐而发明的。1504 年台球运动传入美国，1510 年传入法国。经过几百年的发展，台球运动逐渐在欧美国家盛行起来。1903 年，英国台球协会制定了正式的斯诺克台球规则。1916 年英国业余台球协会成立。1919 年，英式台球和斯诺克台球联合会成立。

台球运动传入中国是在 20 世纪初。当时我国的上海、天津、北京等城市，都成立了台球协会。1960 年举行过一次全国性的台球比赛。20 世纪 80 年代，先后在天津、上海和北京又举办过三次全国性的比赛。中国台球协会于 1986 年正式成立。21 世纪初，各类台球在我国再度兴起，并取得了长足的进步。目前在中国最流行的是斯诺克和美式八球、九球等玩法。与此同时，我国顶尖球手潘晓婷（图 8–1–1）、丁俊晖（图 8–1–2）等在世界顶级比赛中也取得了良好成绩。

图 8–1–1　潘晓婷

图 8–1–2　丁俊晖

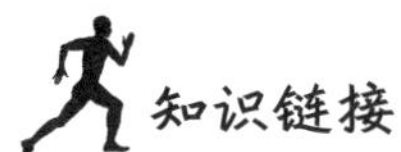

知识链接

潘晓婷

潘晓婷,1982年出生于山东,中国职业台球花式九球选手,是中国台球界第一位获得世界锦标赛冠军的选手。她1997年开始接触台球,2002年在第35届日本大阪九球公开赛上荣获女子组冠军。2013年在CBSA国际美式台球冠中冠女子精英赛中加冕冠军。职业生涯共获得10个世界比赛冠军头衔、首枚亚运会九球金牌、全国体育大会三连冠及大满贯,被誉为中国的"九球天后"。

丁俊晖

丁俊晖,1987年出生于江苏,中国男子台球队运动员,著名斯诺克选手,被英媒体称作"东方之星"。他8岁半接触台球,13岁获得亚洲邀请赛季军,从此"神童"称号不胫而走。职业生涯共获得11次排名赛冠军、2次PTC(世界斯诺克球员巡回锦标赛)分站赛冠军以及1次温布利大师赛冠军,共打出5次单杆147满分。2014年12月3日,丁俊晖在斯诺克世界排名榜上跃居世界第一,成为台联有史以来第11位世界第一,同时也是首位登上世界第一的亚洲球员。

二、台球运动的分类及特点

(一)台球运动的分类

台球运动分类有很多,但按玩法、规则可分为两大类:落袋式台球和撞击式台球。按地区可分为:英式台球、法式台球、美式台球。英、美属于落袋式,法国属于撞击式。

美式台球即花色号码台球(图8-1-3)。有8球制、9球制台球等,盛行于美国,并流行于日本等国。英式台球又叫斯诺克(图8-1-4)。有15颗红球、6颗彩球、1颗白球,共22球,流行于英国及以前是其殖民地的国家,国际大赛一般多指英式斯诺克台球。目前,这两种台球在世界上最为流行。

图8-1-3 美式台球

图8-1-4 英式斯诺克

(二)台球运动的特点

首先,台球运动对场地要求小,摆放球桌时外框四周一般留出1.5 m的打球区域就可以了。其次,台球运动是室内运动,不受季节、天气、时间等因素影响。再次,台球的运动量不大,受众广泛，老少皆宜。最后，台球运动不仅健身，而且益智。

三、台球运动的基本技术、练习方法及注意事项

（一）台球运动的基本技术

1. 握杆

拿到球杆时，首先要了解球杆的重心位置，然后由重心点向杆尾处移动 20~30 cm，这段距离内握住球杆是比较合适的。握杆的方法正确与否直接影响到出杆的好坏。正确的握法是：拇指和食指在虎口处用轻力握住球杆，其余 3 个手指要虚握。

2. 架杆

台球击球前，为了架稳球杆，在瞄准时用非持杆手作支撑，把球杆放在其上的一个动作。目前流行的基本架杆方法：掌心向下，先将四指伸开，使指肚按在台面上，手掌略呈拱形，大拇指翘起，靠紧食指根部之间形成"V"形，然后将球杆架在"V"形槽内，击球时使球杆在槽内作直线滑动（图 8-1-5）。

图 8-1-5 "V"形架杆

3. 站位

正确站位有利于完成正确击球动作。右手握杆，以右脚为轴，左脚略向侧前方迈出一步，两脚分开不宜过大，身体保持平衡。身体位置与球杆的关系保持上体前倾，脸的中心保持在球杆之上，架杆的手臂肘关节充分伸展。

4. 击球动作

以肘部作为支点，像钟摆一样前后晃动，球杆向前移动时要平稳，直线前移，不宜上下左右晃动。肘部的动作要像一条链，前臂像一个钟。击球时以肘部作为支点，像钟摆一样前后晃动。击球时球杆要平稳，直线前后移动。

5. 出杆击球

架杆的手臂肘关节充分伸展，架杆手的位置应与白球保持 15~20 cm 距离。小臂与地面完全垂直，自然摆至舒适的位置，杆头距手架处不要过远或过近，以出杆不晃动为准击球。

（二）台球运动的练习方法

首先，要经常练习推白球，这一点无论是台球高手，还是新手都应该做。注意观察白球的走位和力量的运用。其次，要练习进球的准确性以及进球后白球的走位。

（三）台球运动的击球注意事项

首先，每次击球前要对球杆的皮头轻轻擦上一层壳粉，要均匀不要太多，以免影响杆头摩擦性能。其次，要保持球杆的光滑，以免出杆时受阻，影响击球的准确性；同样做支架的手也要保持光滑，易出汗时可以佩戴较光滑的手套。再次，击球时身体要保持平衡，重心在前腿，球杆稍微贴着身体的侧面，保持击打的一致性。最后，出杆时全身要尽量放松，头脑要清醒、冷静，保持平静、自然地击出，出杆不宜过猛。

第二节 滑板与轮滑运动

滑板与轮滑都是国际性体育运动，其运动内容丰富，既不受年龄、性别、身体条件的限制，又具娱乐性、刺激性的特点，是很好的时尚休闲健身项目，颇受广大青少年的欢迎与喜爱。

一、滑板运动

（一）滑板运动的起源与发展

滑板运动是冲浪运动在陆地上的延伸，起源于20世纪50年代的美国，由爱迪生后裔发明了世界上第一代滑板，即一块木板固定在轮滑的铁轮子上。60年代第二代滑板出现，由橡木多层板压制而成的板面、轮滑转向桥和塑料轮子组成。70年代，第三代聚氨酯轮子的滑板诞生，并得到了飞速的发展。80年代末，由于滑板运动本身的发展和滑手们对滑板技巧要求的提高，以及为了适应“U”形池双向滑行的需要，一种两头翘起、形状对称的滑板出现了，这就是第四代滑板（图8-2-1）。第四代滑板改用硬岩枫，重量更轻、弹性更好，滑板轮硬度高、弹性好，更适合高速滑行。由于重量平衡，第四代滑板更适合各种翻转动作。90年代初，滑板运动走入了一个低谷时期。由于正处于滑板换代的初期，这个时期是滑板运动的技巧性动作时代。滑手们发明了很多新的动作，同时为了使滑板更容易翻转，做出复杂的动作，滑板板面则变得很窄，轮子也变得很小。

图8-2-1 第四代滑板

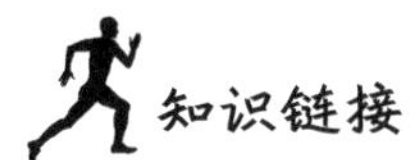
知识链接

鲍勃·伯恩奎斯特

鲍勃·伯恩奎斯特，1976年出生于巴西，著名滑板运动员，被称为世界滑板运动圈里的“教父”。他11岁开始玩滑板，14岁就转为职业滑板运动员，到现在几乎拿遍了滑板运动的所有奖项，是第一位获得体育劳伦斯奖提名的滑板运动员。2007年，鲍勃获得了ESPN（Entertainment and Sports Programming Network，即娱乐与体育节目电视网）年度体育人物提名。他首创了在全封闭的“O”形管道里循环滑滑板的玩法，并创造了滑板最大单圈循环的吉尼斯世界纪录。

（二）滑板运动的技术分类及种类

滑板运动大致可分为街式、碗池花式、U形槽式、平地自由花式、下山速降式五种。其中，街式最为流行，且不乏许多爱好者和优秀滑手。其种类一般分为玩具板和专业板。玩具板一般指仅供滑行的滑板，价钱便宜，初学者也可以用。专业板则是供真正玩滑板且高水平滑手使用的滑板，其价格较贵。

（三）滑板运动技巧及注意事项

首先，初学者对滑板还很陌生，重心很难控制好，容易摔倒。上滑板前先找一些滑板运动的基础动作视频进行学习，使其有基本了解。其次，初学时一般摔倒都是重心不稳，若滑行时失去重心，干脆随重心，脚使劲压板端或板尾，使板端或板尾擦地急停。再次，若做技巧性的动作，如腾空落地等，摔倒是难以避免的，可尽量蜷身屈体，颈部绷紧，向上伸远离地面。切忌摔下时用一只手掌抑或肘关节部位撑地，容易发生骨折。最后，建议初学者玩滑板前，最好带上头盔、手套、护膝、护腕、护肘等护具保护自己，以免受伤。

二、轮滑运动

(一) 轮滑运动的起源与发展

轮滑运动是由滑冰运动发展而来的。据有关资料记载,18 世纪一位不知名的荷兰人发明了用"轮子鞋"滑冰,从此轮滑便在欧洲诞生了。1884 年,发明滚珠轴承的轮子后,轮滑运动得到了蓬勃发展。1892 年,国际轮滑联盟在瑞士成立,轮滑运动向正规化、国际化发展迈出坚实的一步。1924 年,英、法、德、瑞士四国代表在瑞士蒙特勒成立了国际轮滑联合会。1926 年举办了有 6 个国家参加的第一届欧洲轮滑锦标赛。

在 1930 年前后轮滑运动传入我国,运动开展也仅限于上海、广州、香港等沿海城市。1980 年中国轮滑协会成立,并加入了国际轮滑联合会,全国各地也相继修建了轮滑场馆。1989 年,在吉林白河举行了第一届全国轮滑锦标赛。1999 年,在上海举办的亚洲轮滑锦标赛上,我国选手获得了男、女花样轮滑第一名的好成绩。近几年我国的轮滑运动技术水平飞速提高,还出现了极限轮滑,更是将速度、旋转、腾空等技巧融为一体,展现了这项时尚运动的风采。与此同时,我国极限轮滑选手张弛,在世界顶级比赛中也取得了良好成绩。

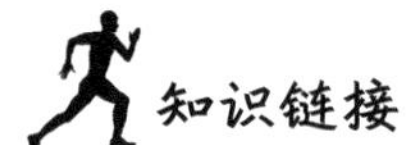

张　弛

张弛,1983 年出生于北京,中国极限轮滑第一人,中国极限运动十佳运动员。他从 1999 年开始接触极限直排轮滑,2006 年从业余玩家转成职业极限轮滑手,多次在国内赛事中夺得冠军。2010 年被美国著名轮滑品牌 razors 公司赞助,成为该公司唯一赞助的中国区形象大使。2011 年至 2012 年赴美国进修。2014 年加入 SEBA 极限街区轮滑队。

(二) 轮滑运动的分类

1. 极限轮滑

极限轮滑也叫特技轮滑,深受现在年轻人的追捧,主要分为街式和专业场地。专业场地分道具赛和半管("U"形池)(图 8-2-2)。

2. 速度轮滑

速度轮滑是以单排、双排轮滑鞋为比赛工具的竞赛项目,分场地跑道和公路比赛两种(图 8-2-3)。

图 8-2-2　极限轮滑

图 8-2-3　速度轮滑

3. 花样轮滑

花样轮滑的鞋是双排轮滑，分为规定图形滑、自由滑、双人滑和双人舞四个项目（图 8-2-4）。

4. 自由式轮滑

最具代表性的就是过桩的平地花式单排轮滑。平地花式讲究过桩的足部花式技巧，同时也要有全身性的节奏感，具有非常高的观赏性（图 8-2-5）。

图 8-2-4　花样轮滑

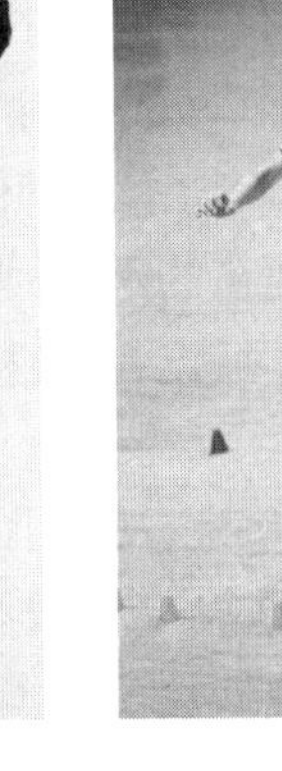

图 8-2-5　自由式轮滑

5. 休闲轮滑

以休闲健身为目的，穿着单排轮滑鞋，在各种场地、环境中无拘无束进行各种滑法。最主要的表现形式就是“刷街”，即慢慢地滑行，浏览着街景，沐浴着阳光，呼吸着新鲜空气，全身心放松。

（三）轮滑运动的基本动作

1. 站立姿势

（1）“丁”字站立。脚穿轮滑鞋，扶物成丁字步站立，前脚跟卡住后脚的脚弓，上体稍前倾，双膝自然弯曲，身体重心落在后脚上。然后两脚交换位置，再成“丁”字步站立，到站稳为止（图 8-2-6）。

平衡站立

（2）“八”字站立。站立时两脚跟靠近，脚尖自然分开，上体稍前倾，双膝自然弯曲，身体重心落在两脚之间（图 8-2-7）。

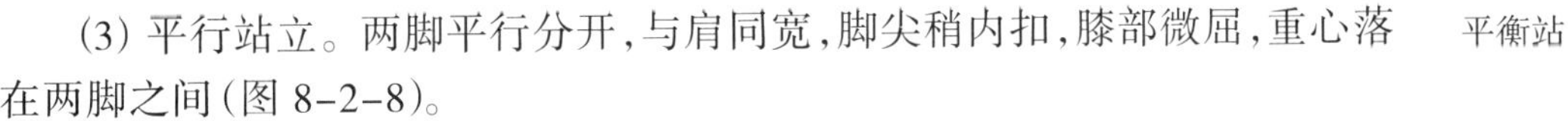

（3）平行站立。两脚平行分开，与肩同宽，脚尖稍内扣，膝部微屈，重心落在两脚之间（图 8-2-8）。

图 8-2-6　“丁”字站立

图 8-2-7　“八”字站立

图 8-2-8　平行站立

基础动作展示

2. 基础姿势

基础姿势简称“静蹲姿势”，即两脚平行且两脚尖向前，两脚打开约一拳宽；膝关节弯曲下蹲，大腿与小腿角度 110°~120°，小腿与地面角度 60°~70°，膝关节之间的距离与脚保持同宽；弯腰俯身抬头向前，脊椎自然弯曲不僵直，保持身体后背与地面平行，头抬起目视前方 7~10 m 处地面；双臂自然弯曲背于体后。

3. 重心移动

重心移动

以静蹲姿势开始，在保持身体原地不动的基础上，向身体的一侧横向蹬出该侧的腿，蹬出的腿要蹬直，此时一定要保持身体的重心完全放在没有蹬出去的那条腿上，且上身的姿势仍保持静蹲姿势不变。然后，上身保持静蹲姿势不变的情况下，向蹬出的腿的方向平行移动，切记两脚仍在原地保持不动，上身移动至蹬出的腿的上方，刚才的支撑腿就是现在的蹬出腿，平移的过程中从头部至臀部的轴线要始终保持朝向正前方，以静蹲姿势平移过去。如此反复练习，直至熟练掌握。

直道滑行

4. 直道滑行

（1）单脚蹬地双脚滑行。右脚用内侧蹬地，将重心推送至向前滑行的左腿上，右脚蹬地后迅速与左脚并拢成双脚滑行。接着用左脚蹬地，将重心推送至向前滑行的右腿上，左脚蹬地后迅速与右脚并拢成双脚滑行。

（2）单脚蹬地单脚滑行。上体前倾，两臂自然下垂，两脚稍分开，成外“八”字站立，重心移至右腿上，用右脚内侧蹬地，左脚用力向前滑出，随着蹬地动作结束，把重心推送至左腿上，左腿成半蹲支撑惯性滑行，接着向前收右腿，同时左脚蹬地，随左腿蹬地动作结束，把重心推送至成半蹲支撑滑行的右腿上。

（3）直道滑行的摆臂动作。两臂要顺着身体纵轴前后加速摆动，当两臂向上摆动时，可增加蹬地腿的蹬地力量。如果两臂摆动加快，身体重心的移动也要随之加快。如果要提高滑动的频率，就必须减小摆臂的幅度，加快摆臂的频率。

5. 弯道滑行

弯道滑行

弯道滑行技术特点在于练习者用交叉步滑行。由于自身体重造成的离心力，上体在过弯道时，就要向弯道内侧倾斜，而且转弯半径越小的弯道，身体倾斜度就得越大。

（1）左脚支撑、右脚连续蹬地的滑行。从站立姿势开始，右脚蹬地后迅速与左脚并拢，接着右脚再做一次蹬地动作，左脚继续做前外曲线滑行。

（2）在圆弧上做不连贯的交叉步滑行。在圆弧上用直线滑行步法，中间插入弯道交叉步。当左脚有稳定的平衡时，右脚向左脚左侧前方迈一小步；只要右脚有短暂的滑行之后，左脚就迅速从右腿后方收回，同时右脚蹬左脚直线滑进。

6. 停止法

制动方法

在滑行中，有时需要及时停止滑行，所以在初步掌握滑行基本动作的同时，就要学会停止滑行的方法。常用的停止法有脚跟停止法、“T”形停止法和双脚平行停止法。

（1）脚跟停止法。在慢速滑行时将有制动胶的脚前伸，脚尖抬起使后跟上的制动胶着地，前腿用适当力量压地，使制动胶与地面摩擦，逐渐减速停止（图 8-2-9 ①）。

(2) “T”形停止法。当左脚支撑滑行时，上体抬起直立，右脚外翻并横放在左脚后面，左脚成“T”字形，使右脚的轮子横向与地面摩擦。两腿弯曲，重心下降并逐渐移向右脚加大摩擦，使之减速而停止(图 8-2-9 ②③)。

(3) 双脚平行停止法。在快速滑行时，双脚略靠近，身体迅速旋转 90°，同时带动两脚转体 90°，重心快速降低，腿弯曲，用双脚的轮子与地面摩擦使之减速停止(图 8-2-9 ④⑤)。

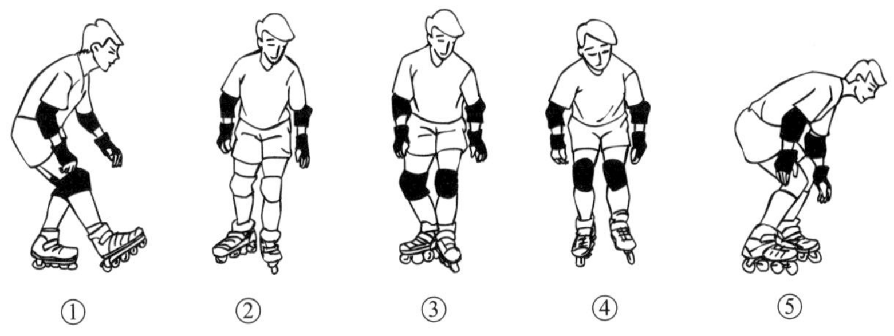

图 8-2-9 停止法

(四) 轮滑运动的练习方法及注意事项

1. 轮滑运动的练习方法

(1) 做下蹲起立练习。

(2) 扶栏杆进行重心移动练习。

(3) 扶栏杆进行行走练习。

(4) 在同伴帮助下做牵手行走练习。

(5) 滑行走过渡到滑行练习。

(6) 单足、双足交替滑行。

(7) 在帮助下进行停止技术练习。

(8) 站立、滑行、停止的完整练习。

2. 轮滑运动的注意事项

(1) 练习滑轮前应做好准备活动，尤其是手腕和下肢各关节及韧带要充分活动开。

(2) 检查轮滑鞋的螺丝等紧固部件及其专用护具，以免受伤。

(3) 初学者最好在有熟练滑行经验的同伴陪同下进行，尽可能在人少的地方练习，不要任意滑行。

(4) 禁止做危险或妨碍他人的动作，特别是在人多的公共轮滑场所。

(5) 要学会在摔跤时做好自我保护。

第三节 健美运动

自古以来健与美都是结合在一起的，健美运动就是这样一种强调肌肉健壮与美的体育活动，它巧妙地把体育和美育有机地融为一体。

一、健美运动的起源与发展

19 世纪晚期，德国人尤金·山道首创了通过各种姿态来展示人体美，为现代健美运动的发展奠定了基础，被公认为“国际健美运动的创始人”和“世界上第一位健美运动员”。20世纪40年代初，加拿大人本·韦德兄弟周游90多个国家和地区，宣传推广健美运动，于1946年创建了国际健美联合会，现有169个协会会员。1969年，国际健美联合会加入国际单项体育联合会总会。

20世纪30年代，现代健美运动由欧美传入我国，并在上海兴起。1949年后，上海先后建立了“健美体育馆”“强华体育社”等近十个健美场所。1983年，在上海举办了第一届“力士杯”男子健美邀请赛。1984年，在广州体育馆举行了第二届“力士杯”男子健美邀请赛。1985年底，我国正式加入国际健美联合会。自1994年以来，中国健美协会成功举办了多次国际重要健美赛事和会议。随着全民健身计划的实施，中国健美运动也以日新月异的面貌在各地蓬勃开展。

二、健美运动的分类

（一）职业健美

健美界中“职业”一词一般是指健美运动员在有晋升资格的业余比赛中获胜并取得国际健美联合会的职业认证。职业运动员则有资格参加一些更高级别的比赛，并根据这些比赛的名次决定“奥林匹亚先生”的参赛权，“奥林匹亚先生”则是职业健美领域最高头衔（图8-3-1）。

图8-3-1 职业健美

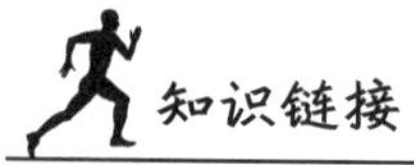

知识链接

阿诺德·施瓦辛格

阿诺德·施瓦辛格，1947年生于奥地利，前美国加州州长、政治家、健美运动员、好莱坞男演员。自幼练习健美，19岁在欧洲健美锦标赛上，获得“欧洲先生”称号。20岁获得“环球先生”称号。在1970—1975年和1980年七次登上“奥林匹亚先生”宝座。1983年，加入美国籍的他参加国际健美比赛，第一次获得了“健美先生”称号。1997年，国际健美联合会授予施瓦辛格“20世纪最优秀的健美运动员”金质勋章。

（二）自然健美

在自然健美比赛中，健美选手例行违禁药品检查，一旦发现违规，则取消今后的参赛权。自然健美运动员声称他们的方法相比其他形式的健美运动，更注重竞技和良好的生活方式。

（三）女子健美

20世纪70年代，女性开始参加健美比赛，并风靡了一段时间。然而许多女性害怕力量训练会使她们身体膨胀，认为力量只是针对男性。最近几年，健身和形体比赛开始兴起。这些比赛并不像健美比赛那样对肌肉的发达水平有严格的要求，为女性提供了另外一种选择。1980年首届“奥林匹亚小姐”比赛就像今天的健身形体比赛（图8-3-2）。

（四）青少年健美

健美运动中还有很多专门针对年轻参赛者的健美比赛（图8-3-3），很多职业选手都是从青少年时期就开始力量训练，例如阿诺德·施瓦辛格、李·普瑞斯特和杰·卡特。

图 8-3-2　女子健美

图 8-3-3　青少年健美

三、健美方法及技巧

(一) 发展身体主要肌肉群的锻炼方法

1. 胸大肌

胸大肌是人体大肌肉群之一,相对来说比较好练。基本动作:仰卧飞鸟,即脸朝上平躺在宽凳上,两手各执一只哑铃,双手上举,手肘关节锁死然后慢慢向身体两侧展开,就好像鸟儿在拍打翅膀飞行一般。

2. 腰腹肌

腰腹肌是比较难练的肌肉,要下苦功。基本动作:两头起,即平躺在长凳上,上臂与双腿都伸直,直臂摆动,以臀部为支点,上体与腿同时折起,用双手去触上举的脚尖。

3. 肱二头肌

上臂前面凸起的就是肱二头肌。基本动作:两臂弯举,即正反握哑铃、杠铃多种方法。此动作可站也可坐,但要求两只上臂必须紧贴两腋,利用肱二头肌收缩的力量使两手向胸前尽力弯起。

4. 肱三头肌

上臂后面凸起的就是肱三头肌。基本动作:有正、反握两个动作,即脸朝上平躺在宽凳上,双手与肩同宽,紧握杠铃上举,或以肘关节为支点,慢慢向后弯屈到头顶,然后用肱三头肌的收缩力把杠铃恢复到原位。

5. 三角肌

肩膀上的肌肉就是三角肌,分成前束、中束、后束。前束基本动作:手握哑铃或杠铃在身前,握距与肩同宽,用力抬起手臂前平举,使手臂与身体成 90°。中束基本动作:手握哑铃在身旁,把手臂侧平举从两侧抬起至头顶。后束基本动作:两手握杠铃与肩同宽,把杠铃放在颈后,向上伸臂推起杠铃,然后缓缓屈臂,将杠铃置于颈后肩部原位。

6. 大腿肌

基本动作:颈后负重深蹲,把杠铃横担在肩上,两脚开立与肩同宽,深蹲并呼吸,再以股四头肌的力量站起。另外,同时采用颈前负重深蹲,提取杠铃置于胸前锁骨部位,徐徐屈膝下蹲到大小腿折叠靠紧为止。为加大负荷,可在脚后跟垫上一块 5~6 cm 的砖或木头。

7. 小腿肌

小腿肌的健美标准是练成如菱形"钻石"。基本动作:提踵,即两脚尖站在高出地面 5~10 cm 的木板或砖上,先将脚跟慢慢下沉到地面,然后用力提脚跟踮起脚尖,提高身体重心位置,收紧臀部和大腿肌肉。

8. 背阔肌

有了发达的背阔肌后,人的躯干呈现出"V"字形,像一把打开的扇子。基本动作:引体向上,即宽握颈后引体向上,身体不要摇晃,然后屈臂上拉,此动作最有效。

(二) 发展身体主要肌肉群的技巧

一般情况下发展身体肌肉群主要有以下多种技巧,如大重量、低次数、多组数、长位移、慢速度、高密度的锻炼方式,锻炼时要保持运动一致、顶峰收缩、持续紧张的状态,多练大肌群,每组动作完成后适当放松。训练完后进食蛋白质高的食品,休息 48 小时。具体技巧以个人情况而定。

第四节 自行车与小轮车运动

自行车运动是指以自行车为工具比赛骑行速度的体育运动。目前在全国火热开展,所到之处皆能掀起一股运动狂潮。而小轮车则是在自行车的基础上演化而来,车身结构不同于一般自行车,能够做出多种花样特技动作。小轮车因其独有的运动魅力更是年轻人的挚爱。两者作为目前比较流行、时尚的运动项目,恰恰满足了人们的健身需求,因而备受人们的欢迎与青睐。

一、自行车运动

(一) 自行车运动的起源与发展

自行车,又称脚踏车或单车,是一种以人力驱动的简便交通工具。据资料记载,早在 1642 年,一位意大利橱窗设计师就绘制了自行车的雏形图案,但没有造出实物。近代自行车的鼻祖法国人希布拉克,他在 1790 年制成了一辆木制自行车。这辆车没有驱动轴,也不能转向,但这是一个伟大的发明和贡献。从此,便揭开了自行车时代的序幕。

1884 年,自行车从欧洲传入中国上海等通商口岸,当时自行车主要是作为交通工具使用。1930 年,潘德明骑自行车环游世界,途经 40 多个国家和地区,历时 7 年多返回中国。1940 年后,中国各地在田径场里举行了不同形式的中小型自行车比赛。1947 年,上海举行了第一次全国性的自行车表演赛。新中国成立后,自行车运动得到了全面、迅速地发展。近年来,我国相继举办了环青海湖国际公路自行车赛、环海南岛国际公路自行车赛以及多次场地赛、山地赛,给我国的自行车运动带来了长足发展。

(二) 自行车运动的分类

1. 公路自行车

公路自行车运动,是运动员从一地出发,沿公路骑行,最先到达目的地的为获胜者。公路自行车的特点是轮胎比普通自行车窄,在行驶过程中摩擦阻力相对较小,再加上飞轮与牙盘的直径比例很大，所以公路自行车的骑行速度要比普通自行车快很多。如图 8-4-1 所示。

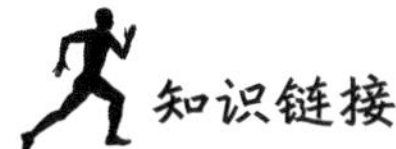

环法自行车赛

环法自行车赛是知名的年度多阶段公路自行车运动赛事，主要在法国举办，但也经常出入周边国家。自从 1903 年开始以来，每年于夏季举行，每次赛期 23 天，平均赛程超过 3 500 km。完整赛程每年不一，但大都环绕法国一周。比赛全程分成许多段，从一个城镇到下一个城镇，每一段分别计时排名。所有分段成绩累计起来决定每一位赛手的总成绩。冠军为各分段时间累计最少者。

2. 场地自行车

场地自行车是在场地内进行的自行车运动。场地自行车比赛称为"圆形场地"，场地赛中采用的自行车只配有一个齿轮，且无刹车。自行车使用先进的技术和器材，目的就是让自行车能够骑得越来越快。如图 8-4-2 所示。

图 8-4-1 公路自行车

图 8-4-2 场地自行车

3. 山地自行车

山地自行车是专门为越野（丘陵、小径、原野及沙土碎石道等）行走而设计的自行车。1997 年诞生于美国西部的旧金山，在 1996 年亚特兰大奥运会上首次列为竞赛项目。如图 8-4-3 所示。

4. 自行车越野

自行车越野比赛场地设在野外。它集山地自行车和越野跑于一身，充分地利用场地的崎岖不平和设置的障碍为参赛者制造不同的困难。越野赛自行车的车架更加粗壮，车轮也更宽。一辆优质的越野自行车几乎可以应付任何路况。

（三）自行车运动的健身价值及注意事项

1. 自行车运动的健身价值

图 8-4-3 山地自行车

首先，自行车运动可以使人心肌发达、心肌收缩有力，血管壁的弹性增强，从而使肺通气量增大，肺活量增加，肺的呼吸功能提高。其次，自行车运动可以预防大脑老化，提高神经系统的敏捷性，防止早衰及偏废。再次，自行车运动可以减肥，塑造美好形体，预防高血压及血管硬化。最后，自行车运动可以使人心胸开阔、精神愉悦、缓解压力、清醒大脑，达到释放心灵的功效。

2. 自行车运动的注意事项

首先，要掌握好自行车技术要领，以节省体力、保证安全。最重要的是要保证自行车车座的高度，以骑行时大腿和自行车踏板垂直为最佳，这样既省力又骑得快。其次，自行车骑行速度以及途中休息时间，应根据个人体力及路面状况科学、合理地选择。最后，骑行时应量力而行，选择合适的道路，尽量避免走坡道和土道，以免发生意外伤害。

二、小轮车

（一）小轮车概述

小轮车，又称越野单车，是一种车轮直径为 20 英寸（0.508 米）的自行车，如图 8-4-4 所示。这类车是专门用于极限运动的自行车，为了更适合特技表演而做出了不少改造，比如更轻的车身、没有刹车、车把可 360° 旋转等。它起源于 20 世纪 60 年代的加利福尼亚，在很短的时间里，便以其独特的魅力征服了全美国。1981 年国际小轮车联盟正式成立，1982 年举行了第一届小轮车锦标赛。2008 年北京奥运会，小轮车成为奥运会正式比赛项目。对于青少年而言，这项运动可以使他们体会到在自建的越野跑道上驾车飞驰的美妙感觉。虽然使用的是自行车，但这毫不妨碍他们充分体会瞬间撞击所带来的刺激与兴奋。如图 8-4-5 所

图 8-4-4 小轮车

图 8-4-5 腾空旋转

示为小轮车腾空旋转瞬间。

（二）小轮车玩法分类

一般有五种玩法：平地花式、“U”形池、街式、泥地跳跃、泥地竞速。平地花式是最基础，也是最重要的形式，它的动作有上百种，其中最基本的是车上静平衡，如后轮点地跳、前轮点地跳、擦轮、定车、飘、过桥等。初学者在提高静平衡能力后才能练习更高难度的动平衡，即在自行车运动中做动作。

（三）小轮车技巧练习

1. 前轮站立

首先，场地最好选择在没有小石子的平路或干草地里进行。其次，检查前刹车性能是否良好，一定要能锁定车轮。再次，在进行练习时，先进行慢速骑行，速度如走路一样。站在踏板上，尽量让曲柄成水平状态。找到刚好使车能锁定的刹车点，然后让身体的重心略微前移，使后轮能够抬起，接着马上把重心移向后轮。如果即将失去平衡，就把刹车放开，或让另一条腿越过车把。最后，为了更好地体会这种感觉，开始练习时可以让一个朋友站在一旁扶住车座。

2. 前轮离地骑行

首先，选择一个小的坡度，以降低身体的重心，双腿尽量伸直，以保持平衡。注意不要使用带脚套的踏板，以保证自己随时可以下车。其次，练习时稍微踏一下踏板，身体向前越过车把，接着猛蹬踏板，拉住车把，身体后倾。如果感觉到自己要向后倒下，注意用力握一下后刹车，就会重新找到平衡的机会；如果前轮开始下落，就要在踏板上用力，以促使前轮回升。最重要的是要充分重视后刹车的作用，因为它决定着骑行者的速度控制与平衡。

3. 转动平衡练习

首先，这种练习最好是在上坡的地形条件下进行。其次，刚开始练习时，在身体离开车座的情况下，要尽可能慢地骑行，并保持习惯领骑的腿在向前的位置。当自己觉得快要失去平衡时，再蹬一下踏板。保持平稳后，把车把转 45°，上身也跟着转过去，与车把平行，同时身体的重心大幅前倾，几乎越过前轮的轴线。先稍微蹬一下踏板，握紧前、后刹，然后松开。如果骑行者处于平衡状态，可以前、后移动一下。

4. 前轮站立转向

练习这种技巧，首先要求骑行者要熟练掌握“前轮站立”动作。因为这两个动作的起始动作完全相同，只是在骑行方向上要转 45°。如果把车把转向左侧，骑行者就要尽量向右摆动自己的背部，即车把转动方向要与背部的摆动方向相反。在开始跳动时，要把自己的优势腿放在前面，然后转动车把。当背部转过后，脚要猛踩踏板。后轮落下后，要马上蹬踏板。

第五节 有 氧 运 动

随着现代社会物质生活水平的提高、生活节奏的加快，许多健身爱好者希望通过运动来达到健美身材、锻炼身体的目的。而有氧运动已逐渐成为被社会大众所接受的一种运动形式。它既可以改善人体的健康状况，又可以培养人良好的生活方式。因此，选择一项适合自身的有氧运动并长期坚持下去至关重要。

一、有氧运动概述

有氧运动也叫有氧代谢运动，是指在氧气供应充分的情况下进行的体育锻炼，即在运动中人体吸入的氧气与需求相等，达到生理上的平衡状态。简单来说，有氧运动就是指任何富有韵律性的运动，其运动时间较长，运动强度在中等或中上的程度。

是不是“有氧运动”，衡量的标准是心率。心率保持在120~130次分钟的运动量为有氧运动，因为此时血液可以供给心肌足够的氧气。心率大于130次/分钟，并逐步升高，则缓慢向无氧运动过渡。有氧运动的特点是强度低、有节奏、不中断、持续时间较长，而且方便易行、容易坚持。要求每次锻炼的时间不少于1小时，每周坚持3~5次。这种锻炼，既可以提升氧气的摄取量，充分燃烧体内的糖分，还可以消耗体内脂肪，增强和改善心肺功能，预防骨质疏松，调节心理和精神状态，是健身的主要运动方式。所以说，如果体重超标，要想通过运动来达到减肥的目的，建议选择有氧运动。

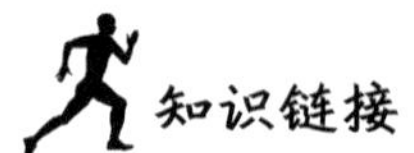

无氧运动

无氧运动是指肌肉在“缺氧”状态下高速剧烈的运动。当从事剧烈或是急速爆发的运动时，如举重、百米冲刺等，机体瞬间需要大量的能量，正常情况下有氧代谢满足不了身体需求，所以糖就加速地进行无氧代谢，以迅速产生大量的能量，这种状态下的运动就是无氧运动。其特点是负荷强度高、节奏快、难以持续较长时间、身体易疲劳，且疲劳消除时间缓慢。

二、有氧运动的健身价值

（一）控制高血压

高血压病人不单纯是血压增高，还常常伴随着糖尿病和血脂增高。坚持有氧运动，不仅有益于控制血压，而且有利于减肥、降血脂和控制糖尿病。现控制了体重又能促进了降血压，从而进入良性循环。

（二）增强和改善心肺功能

有氧运动能使锻炼者的呼吸加深、加快，从而提高肺活量和吸入氧气的能力，使心脏变得强壮，跳动得更有力。这样，心脏每次跳动就能挤压出更多的血液供应全身，同时也改善了心脏本身的血液供应。

（三）减少体内多余脂肪

有氧运动配合适当的饮食控制，能最有效地除去体内多余的脂肪，而且是在不损害身体健康的前提下，最为科学的瘦身方法。体重下降了，由肥胖所产生的并发症，如冠心病、脑梗死等心脑血管疾病的发病率也就相应降低，从而达到预防和保健的功效。

（四）调节和改善心理状态

有氧运动可以减缓情绪紧张，产生内啡肽效应。许多和跑步、有氧运动有关的健康舒适者，都与体内分泌的激素——内啡肽有关，内啡肽具有镇痛作用，因而与吗啡类似。

三、有氧运动与肥胖症运动处方

当今社会上多数后天继发性肥胖者，都是因物质生活水平的提高、交通工具的发达和运动的减少所造成的营养过剩、多余的脂肪得不到消耗而导致的。持续长时间的有氧运动所消耗的能量物质，正是来自体内的糖原与脂肪。所以要减肥瘦身改变肥胖体型，有氧运动是不二的选择。

（一）肥胖基础知识

1. 界定

一个人的胖瘦与否是可以测定的。目前国际社会常用的衡量人体胖瘦程度的方法是身体质量指数，简称体质指数（BMI）。BMI（体质指数）= 体重（kg）/ 身高^2（m），即用体重公斤数除以身高米数平方得出的数值。它是衡量人体肥胖的量化公式。

2. 标准

(1) 偏瘦　　BMI<18.5

(2) 正常　　18.5≤BMI<24.9

(3) 超重　　BMI≥25.0

(4) 偏胖　　25.0≤BMI<29.9

(5) 肥胖　　30.0≤BMI<34.9

(6) 重度肥胖　　35.0≤BMI<39.9

(7) 极重度肥胖　　BMI≥40

（二）减肥瘦身基础知识

1. 理想减肥标准

明确通过有氧运动来达到减肥瘦身目的的量化指标，通常以一个月能减多少公斤为标准，并非是越多越好。一般在饮食没有变化的情况下，以每月瘦身 2~3 kg 为宜，这样减下来的体重不易反弹。而且，此标准也是在不损害人体健康前提下所获得的理想减肥标准。

2. 运动减肥目的

很多初次减肥瘦身者，不是很清楚运动目的，特别是年轻女性，认为减肥瘦身是为了美而不是健康。恰恰相反，运动减肥的目的应当是减轻体重，增强和保持体力，预防肥胖并发症，其实就是以个人健康为最终目的。只有健康的人，才是最美的人。

（三）肥胖症运动处方及注意事项

肥胖症运动处方就是对从事体育锻炼的肥胖者，按其健康、体力及心血管功能状况，用处方的形式规定运动种类、运动强度、运动时间及运动频率，提出运动中的注意事项。它是指导肥胖者有目的、有计划和科学锻炼的一种方法。

1. 综合检查

包括一些常规的临床检查、机能检查、运动试验、体力检查。其检查结果是科学、合理地制定肥胖症运动处方的基础依据。因为肥胖程度不同，体能状况也因人而异，所以必要的综合检查是不可或缺的。

2. 运动种类

耐力性有氧运动当然是最佳选择项目。常见的耐力性有氧运动种类繁多，如长距离步行、慢跑、走跑交替、长时间游泳、骑自行车、滑冰、划船、跳绳、上下楼梯、健身操以及多种球类活动等，锻炼项目的可选性比较丰富。

3. 运动强度

一般情况下，进行有氧运动时心率控制在120~130次/min为最佳。但是，也要因人而异，个别体能健康状况较好者，可适当调整心率，达到140次/min，最高不超多150次/min。否则由有氧运动转变成无氧运动，便失去了锻炼的初衷。

4. 运动时间

一般情况下，要求有氧运动持续时间达到30~45 min。因为运动前15 min所消耗的能量物质，主要是体内储存的糖原。脂肪供能在运动15~20 min后才开始启动，这时正是糖原即将消耗殆尽开始向脂肪燃烧的过渡时期，所以一般要求有氧运动持续30 min以上。如持续时间达到1 h，则会燃烧消耗更多的脂肪。

5. 运动频率

一般情况下，要求有氧运动的运动频率达到每周3~4次，即隔天一次。如果时间允许，以每天进行一次有氧运动为最佳，其瘦身效果比较显著。

6. 注意事项

（1）锻炼时应加强自我监督。感觉轻松或吃力，可以适当地调节运动强度或时间。

（2）每周适当增加运动量，身体有不适感时应停止运动，以免疲劳积累造成运动损伤。

（3）锻炼时应适当控制饮食，注意平衡膳食。例如：饮食一日三餐，可按照早餐吃好，午餐吃饱，晚餐吃少的原则，宜吃清淡食物。特别注意晚上睡觉前，不能吃高热量的食物，如巧克力、糖果等。

（4）如果减肥瘦身达到个人理想目标体重，不宜立即停止有氧运动锻炼。为保持体形不反弹，应坚持每周做1~2次的有氧运动。

第六节 体育舞蹈

体育舞蹈又称国际标准交际舞，简称国标舞，来源于各国的民间舞蹈，是在古老的民间舞的基础上发展演变而成的。它将形体美、舞蹈美、音乐美、服装美等多种美的因素融为一体，是一项艺术与运动高度结合并兼具娱乐性、健身性、竞技性和表演性的体育项目。体育舞蹈不仅具有文化的内涵，也有竞技的特点，其动作规范，姿势优美，因而深受广大群众的喜爱，是现代人喜闻乐见的一种锻炼方式。

一、体育舞蹈的起源与发展

体育舞蹈起源于古代土风舞，经历了对舞、圈舞、集体舞等演变过程，最终成为流传广泛的社交舞蹈。1924年，英国皇家舞蹈教师协会对原舞种、舞步、舞姿等进行了规范整理，制定了比赛方法，形成了最早的国际标准交谊舞，并于1947年在德国柏林举行了第一届世界标准交谊舞锦标赛。

国际标准交谊舞于20世纪30年代传入中国，但后来没有得到更高的竞技和艺术发展，而是逐渐成为一种自娱性较强的普通交谊舞。1986年，我国正式引进体育舞蹈。1987年，举办首届全国国际标准交际舞锦标赛，此后每年举办一次。1991年，成立中国体育舞蹈协会。1993年，举办了中国上海·北京世界杯体育舞蹈锦标赛，这是我国首次获得世界体育舞

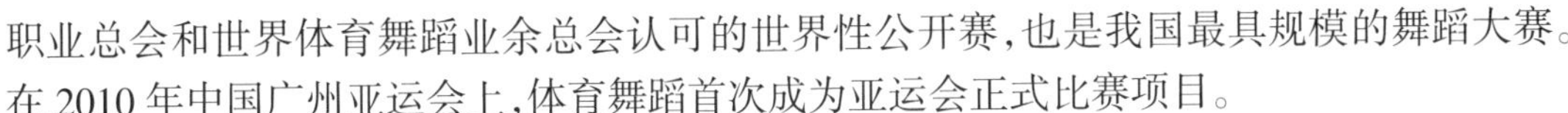
职业总会和世界体育舞蹈业余总会认可的世界性公开赛，也是我国最具规模的舞蹈大赛。在2010年中国广州亚运会上，体育舞蹈首次成为亚运会正式比赛项目。

二、体育舞蹈的分类及风格特征

(一) 体育舞蹈的分类

体育舞蹈按舞蹈风格和技术结构，可以分为现代舞（又称摩登舞）和拉丁舞。现代舞包括华尔兹、探戈、狐步舞、快步舞和维也纳华尔兹5个舞种。拉丁舞包括桑巴、恰恰、伦巴、斗牛舞和牛仔舞5个舞种。体育舞蹈按竞赛项目可分为3类：现代舞、拉丁舞和团体舞。团体舞是现代舞和拉丁舞的混合舞，由8对选手组成，伴随舞蹈音乐的节奏，选手们不断变换队形，组合成丰富多样的图案。它将现代舞或拉丁舞舞蹈的音乐、舞姿、队形、图案及选手们和谐地融为一体，达到完美的统一，充分展示了体育舞蹈的风格特点。

(二) 体育舞蹈的风格特征

体育舞蹈的10种舞蹈之间有着各自不同的风格和特征。

现代舞除探戈舞之外，都起源于欧洲。跳舞时，男女舞伴交手跳舞，并按逆时针方向行进，具有端庄、含蓄、稳重、典雅的风格和绅士风度。现代舞舞步流畅，轻柔洒脱；舞姿优美，起伏有序；音乐节奏清晰，舞蹈富于技巧性。跳舞时，男性挺拔刚健、站立端庄、气宇轩昂；女性婀娜轻盈、柔美洒脱、高贵典雅，是老少皆宜的舞蹈类型。

拉丁舞除斗牛舞之外，都起源于非洲和拉丁美洲。跳舞时，男女舞伴时交时分，若即若离，除了桑巴舞和斗牛舞有移动之外，其他基本是在原地舞动。拉丁舞具有热情、奔放、浪漫的风格特点，舞蹈动作豪放粗犷，速度多变，手势和脚步内容丰富，充满激情，音乐节奏鲜明热烈，尤其被中青年人所喜爱。

三、体育舞蹈之华尔兹

体育舞蹈包括现代舞和拉丁舞两大类10个舞种，本节仅介绍华尔兹。

(一) 华尔兹概述

华尔兹是体育舞蹈中历史最悠久的舞蹈，起源于奥地利的民间舞蹈。舞蹈过程中男女舞伴如圆形转体，绕着圆形的舞池，循着圆形的舞程线进行，旋转成圆是其最大的特色，故华尔兹又称为“圆舞”。华尔兹舞姿庄重、典雅，舞步潇洒飘逸、圆润柔和，尽显其委婉优雅、自然流畅的舞蹈风格，因此华尔兹也被誉为“舞中之皇”，如图8-6-1所示。

①

②

图8-6-1 华尔兹舞

华尔兹是五种现代舞中最基础的一种舞，也就是通常人们所说的“慢三步”。它的音乐是 3/4 拍，舞步基本上是一拍一跳步，每小节跳三步，但在各舞步中也有不同的变化。音乐速度为每分钟 30~32 小节，重拍在音乐的第一拍，音乐的基本节奏是：蓬（强）嚓（弱）嚓（弱）|蓬（强）嚓（弱）嚓（弱）。

（二）华尔兹基本步法练习

在学习华尔兹舞之前，为了掌握正确的运步方法、基本的升降规律和节奏感，必须先进行基本步的练习，以男伴为准。

1. 前进、后退并换步

前进并换步以男士为例，分为左足前进并换步和右足前进并换步；后退并换步以女士为例，分为右足后退并换步和左足后退并换步。

预备姿势：闭式位舞姿（泛指男女舞伴相向而立，双手扶握的身体位置）。

(1) 男士步法练习

① 左脚前进，结尾时重心开始上升。

② 右脚经左脚向侧稍向前一步，重心继续上升。

③ 左脚并向右脚，重心继续上升，结尾时下降。

④ 右脚前进，结尾时重心开始上升。

⑤ 左脚经右脚向侧稍向前一步，重心继续上升。

⑥ 右脚并向左脚，重心继续上升，结尾时下降。

注：男士完成前进并换步的同时，女士完成后退并换步。

(2) 女士步法练习与男士步法相同，但方向相反。

2. 左转步

预备姿势：闭式位舞姿。

(1) 男士步法练习

① 左脚前进，身体有反身动作，开始左转。

② 右脚经左脚横步，同时左转 1/4 周。

③ 左脚并向右脚，同时左转 1/8 周。

④ 右脚后退，身体有反身动作。

⑤ 左脚经右脚横步，继续左转 3/8 周。

⑥ 右脚并向左脚，身体完成转动。

(2) 女士步法练习

① 右脚后退，身体有反身动作，开始左转。

② 左脚经右脚横步，同时左转 3/8 周。

③ 右脚并向左脚。

④ 左脚前进，身体有反身动作，继续左转。

⑤ 右脚经左脚横步，同时左转 1/4 周。

⑥ 左脚并向右脚，同时左转 1/8 周。

3. 右转步

预备姿势：闭式位舞姿。

右转步的男士和女士步法同左转步，不同的是右转步时，男士右脚前进开始右转，女士左脚后退开始右转,即左右方向不同。

4. 拂步

预备姿势:闭式位舞姿。

(1) 男士步法练习

① 左脚前进,身体稍有反身动作。

② 右脚向侧稍向前。

③ 左脚在侧行位置交叉于右脚后。

(2) 女士步法练习

① 右脚后退,身体稍有反身动作。

② 左脚斜向后,同时右转 1/4 周。

③ 右脚在侧行位置交叉于左脚后。

5. 侧行追步

预备姿势:闭式位舞姿。

(1) 男士步法练习

① 右脚前进,并交叉于反身动作位置及侧行位置。

② 左脚经右脚横步稍前。

③ 右脚并向左脚。

④ 左脚向侧且稍向前。

(2) 女士步法练习

① 左脚前进,并交叉于反身动作位置及侧行位置。

② 右脚经左脚横步稍后,同时左转 1/8 周。

③ 左脚并向右脚,继续左转 1/8 周。

④ 右脚向侧且稍向后。

复习与思考

1. 结合瑜伽练习的特点谈谈初学者练习瑜伽的注意事项。
2. 根据个人情况,制订一份个人强身健体或减肥瘦身的运动处方,并付诸行动,以观其效。
3. 公路和山地自行车运动,你比较青睐哪种,为什么?
4. 简要评述小轮车运动的项目特点。
5. 简述华尔兹舞的起源及舞蹈风格。

第九章　跆拳道运动

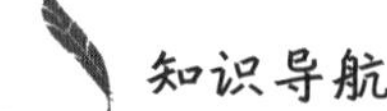

跆拳道，是以脚踢为主，手脚并用的一项体育运动。“跆”意为踩、踏、踢；“拳”即用拳击打；“道”主要指道理、道德、修养。练习者身穿专用的白色跆拳道道服，腰系代表不同段位的腰带进行训练和比赛。跆拳道运动要求练习者不仅学习跆拳道的技术，更注重对跆拳道礼仪、道德修养的学习，每一次练习均要求“以礼始，以礼终”。

目前世界上有两大跆拳道组织，即 1966 年成立的“国际跆拳道联盟”（ITF）和 1973 年成立的“世界跆拳道联盟”（WTF）。“世界跆拳道联盟”已有 177 个成员国，成为世界上最大的体育组织之一。跆拳道已被列为奥运会项目。跆拳道，能修身养性，磨炼意志；能提高身体素质，健体防身；能提高人体的速度、力量、耐力、灵敏和柔韧等身体素质；能提高内脏器官的机能，特别是对提高神经系统的灵活性都有较大的帮助和明显的作用。

第一节　认识跆拳道运动

跆拳道虽然在世界上全面发展的时间较短，但是作为一项民族传统体育项目，在朝鲜半岛有着悠久的历史。这项运动对促进身体健康和培养精神意志都有很大的帮助。经过长期的发展，跆拳道形成了自己的特色，拥有完善的体系，受到了世界人民的喜爱。

一、跆拳道的历史与发展

跆拳道运动是一种主要使用脚及手进行格斗的运动，是朝鲜族特有的运动形式。跆拳道的“跆”意思是脚踢，“拳”意思是用拳头击打，“道”既可理解为一种方法，也可以理解为跆拳道的精神。由于跆拳道在一定程度上吸收了中国武术的运动形式，所以，近现代某些时期跆拳道也曾经被称为唐手道等。1955 年 4 月 11 日在朝鲜民族武术的名称制定委员会上，崔泓熙将军提名的跆拳道名称获得通过，唐手道等武术形式都统一改名为跆拳道，此时朝鲜半岛的武术也基本得到统一，跆拳道正式诞生。

跆拳道主要有两个官方组织，一个是国际跆拳道联盟（ITF），首届主席为崔泓熙将军，另一个是世界跆拳道联盟（WTF），首届主席为金云龙。1980 年国际奥委会正式承认了世界跆拳道联盟。跆拳道这一运动项目发展迅速，深受各国人民的喜爱，1994 年国际奥委会正式通过把跆拳道列为 2000 年奥运会比赛项目。

1995 年 8 月我国正式成立了中国跆拳道协会，魏继中当选为第一任跆拳道协会主席。之后我国的跆拳道运动迅速发展。1998 年贺璐敏在第 13 届亚洲跆拳道锦标赛中获得了第一枚亚洲比赛金牌。1999 年在加拿大的世界跆拳道锦标赛上，我国女运动员王朔获得了 55

公斤级冠军，成了我国第一个跆拳道世界冠军。2000 年悉尼奥运会上，陈中为我国赢得了第一枚跆拳道奥运金牌。后来，吴静钰、朱木炎、朱国等运动员的名字都逐渐为人们所熟悉。如今，在我国各个城市的大街小巷，随处可见跆拳道馆，跆拳道运动已经成为一种被我国人民广泛接受的运动项目。

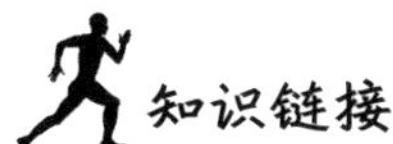

跆拳道重大赛事

1. 奥运会跆拳道比赛。
2. 世界跆拳道锦标赛。
3. 亚运会跆拳道比赛
4. 全运会跆拳道比赛。
5. 各省省运会跆拳道比赛。

二、跆拳道的功能

跆拳道具有防身健身、修身养性、娱乐观赏等多方面的作用，是人们增强体质，培养意志品质的一种较好的手段。其功能主要有以下几方面。

（一）改善和增强体质

跆拳道的技术动作是由全身协调配合，主要通过各种各样的腿法来表现。它能很好地促进人体的力量、速度、灵敏、耐力、协调等身体素质的全面发展，具有强身健体的作用。

（二）提高防身和自卫的能力

跆拳道是武技中的一项。通过跆拳道练习，不仅可以掌握各种踢法和拳法，提高身体的灵活能力和反应能力，还可以经过长时间训练后形成一定的技能，具备防身和自卫的能力。

（三）培养高品格的修养

跆拳道推崇“礼始礼终”的尚武精神。其宗旨是礼义廉耻，忍耐克己，百折不挠，尤其讲究“未曾学艺先学礼，未曾习武先习德”。通过跆拳道的训练，可以培养练习者坚忍不拔、勇敢无畏、顽强坚毅的意志品质。

（四）娱乐观赏

跆拳道是一项很具有观赏性的运动项目。在功力测验中，练习者轻松击破木板、砖瓦，使人为之惊叹。而竞技跆拳道则是两人激烈的对抗，双方选手斗智斗勇，比赛中常有凌空飞腿和组合腿法，具有极高的观赏价值。

三、跆拳道的特点

（一）以腿法为主，拳脚并用

由于竞赛的需要、规则的限制和跆拳道进攻方法的特点，使得跆拳道是以腿法攻击为主。据统计，在跆拳道技术当中，腿法约占总技法的 70%。腿击无论在攻击范围、攻击力量等方面都远远超过拳法的攻击，而拳法的招式，一般偏重于防守和格挡。

（二）动作追求速度、力量和效果，以击破为测试功力的手段

跆拳道不讲究花架子，所有动作都以技击格斗为核心，要求速度快，力量大，击打效果好。在功力的检测方面，则以击破力为测试的手段。就是分别以拳脚击碎木板等，以击碎的厚度来判定功力。

（三）强调呼吸，发声扬威

在跆拳道的练习当中，要求在气势上给人以威严的感觉，练习者常以洪亮并带有威慑力的声音来显示自己的威力。据日本有关研究资料证明，人在无负荷工作时，10% 的肌肉会由于发声使它们的收缩速度提高 9%，在有负荷工作时更是可以提高 14%。这就是为什么在比赛当中运动员会发出响亮的喊叫声的原因。在发声的同时停止呼吸，可以使人体内部的阻力减小，提高动作速度，集中精力，使动作发挥出更大的威力。

（四）以刚制刚，方法简练

受跆拳道精神影响，运动员在比赛当中多是直击直打、接触防守，躲闪技术运用得比较少。进攻都采用直线连续进攻，以连贯快速的脚法组合击打对手。防守多采用格挡技术，或采取以攻对攻，以攻代防的技术。

（五）礼始礼终，内外兼修

在任何场合下，跆拳道练习者始终以礼相待。以礼始，以礼终，以养成谦虚、友好、忍让的作风，在道德修养方面不断地提高。

四、跆拳道的级别

跆拳道根据练习者的情况不同分为十级九段。不同颜色的色带代表跆拳道学习者不同的学习阶段，完成色带阶段者可考核黑带，其标准等级如下：

白带：白带代表空白，练习者没有任何跆拳道知识和基础，一切从零开始。

白黄带：白、黄带之间，代表练习者已经开始接触跆拳道并学习了一些初级内容。有的小朋友考黄带，动作还不是特别标准，所以晋级白黄带。

黄带：黄色是大地的颜色，就像植物在泥土中生根发芽一样，这个带位代表着练习者已经学习了一些入门级别的技术，就像大地一样，处在最底层。在此阶段要打好基础，并学习大地厚德载物的精神。

黄绿带：介于黄带与绿带之间的水平，练习者的技术在不断上升。

绿带：绿色是植物的颜色，代表练习者的跆拳道技术开始枝繁叶茂，跆拳道技术在不断完善。

绿蓝带：由绿带向蓝带的过渡带，练习者的水平处于绿带与蓝带之间，水平有了提高。

蓝带：蓝色是天空的颜色，随着不断的训练，练习者的跆拳道技术逐渐成熟，就像大树一样向着天空生长，练习跆拳道已经完全入门。

蓝红带：练习者的水平比蓝带略高，比红带略低，介于蓝带与红带之间，代表练习者已经开始接触高级水平内容，已经有了一些攻击能力。

红带：红色是危险、警戒的颜色，练习者已经具备相当的攻击能力，对对手已构成威胁，要注意自我修养和控制。

红黑带：经过长时间系统的训练，练习者已修完 1 级以前的全部课程，开始由红带向黑带过渡。

黑带：黑带代表练习者经过长期艰苦的磨炼，其技术动作与思想修为均已相当成熟。也象征跆拳道黑带不受黑暗与恐惧的影响。同时黑色表示白色的对立,相对白色技术已经熟练,意味着其在黑暗中也够能发挥自身的能力,有着不怕黑暗、无惧艰辛的意思。系上黑带的运动员,已经进行过长期、刻苦的训练,而且技术、动作和思想十分成熟。黑带是跆拳道高手的象征,是实力的体现,更是一种荣誉和责任。

黑带段位分一段至九段。一段至三段是黑带新手的段位,四段至六段是高水平的段位,七段至九段只能授予具有很高学识造诣和对跆拳道的发展做出重大贡献的杰出人物。

黑带一段以上选手有资格参加国际比赛。

在国际跆拳道联盟(ITF)体系里面:黑带一至三段称为“副师范”,四至六段称为“师范”,七段称为“师贤”,八段称为“资深师贤”,九段称为“师圣”。黑带四段以上有资格申报国际师范、国际裁判。

在世界跆拳道联盟(WTF)体系里面:黑带四段、五段可以称为三级师范,六段、七段可以称为二级师范,八段、九段可以称为一级师范。

在世界跆拳道联盟(WTF)体系里,黑带一段至三段的段位,由中国跆拳道协会或其注册认可的团体分会考核颁发。晋升四段至六段,须由世界跆拳道联盟(国技院)晋级委员会考核。晋升七段至九段,须由 WTF 特别委员会进行评审。

在国际跆拳道联盟(ITF)体系里,黑带段位,均由国际跆拳道联盟总部亲自颁发,地方组织或道馆无权颁发。晋升七段至九段,须有 ITF 代表大会审核通过。

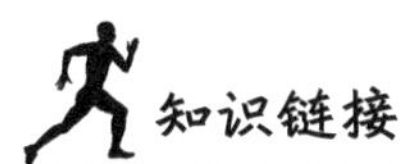

吴 静 钰

吴静钰,江西景德镇人,中国跆拳道优秀运动员,先后就读于苏州大学、天津理工大学。2006 年吴静钰夺得了中国亚运会历史上第一块跆拳道金牌,2007 年又成为世锦赛冠军,2008 年获得北京奥运会 49 公斤以下级冠军。2012 年 8 月 8 日,吴静钰在伦敦奥运会上卫冕女子 49 公斤级金牌。

五、跆拳道精神和礼节

(一) 跆拳道精神

跆拳道精神归纳起来共有 12 个字:礼仪、廉耻、忍耐、克己、百折不屈。这十二个字高度总结了跆拳道精神的内涵和跆拳道的作用。

(二) 跆拳道礼节

跆拳道练习虽然是以双方格斗的形式进行,但是不管它怎样激烈,由于双方都是以提高技艺和磨炼意志品质为目的,所以在双方各自内心深处都必须持有向对方表示敬意和学习的心理。因此在练习或比赛前后都一定要向国旗、裁判、教练或者对手敬礼。

第二节 跆拳道基本动作

跆拳道的使用部位包括拳、掌、贯手、手臂、肘、膝和脚;基本步型有并立步、开立步、马步、弓步、三七步、虚步、屈立步和交叉步等。

跆拳道基本技术包括实战姿势、步法、主要进攻技术、基本防守技术、基本防守反击技术、基本迎击技术、假动作技术和组合技术等。

一、跆拳道击打部位和步法步型

(一) 跆拳道的基本拳法和掌法

1. 基本拳法

(1) 左冲拳(图 9-2-1)。

动作方法:实战姿势站立;右脚蹬地,左脚以前脚掌为轴,脚跟外旋,重心移至左脚,转腰,上体催动左臂将左拳从胸前向前旋臂直线冲出;冲拳的同时右臂做下格动作;接触目标的瞬间拳心向下,目视前方,动作完成后按原路线返回,成实战姿势站立。因左冲拳与右冲拳基本相同,因此,动作要领在右冲拳动作后统一阐述。

图 9-2-1 左冲拳

(2) 右冲拳(图 9-2-2)。

动作方法:实战姿势站立;右脚蹬地;同时,以前脚掌为轴向外扣转,重心移至左脚,右脚随之转动扣膝;转腰,上体催动右臂将右拳从胸前向前旋臂直线冲出,冲拳的同时左臂做下格动作;接触目标的瞬间拳心应向下,目视前方,动作完成后按原路线返回,成实战姿势站立。

图 9-2-2 右冲拳

动作要领:冲拳时,应充分利用蹬地、转髋、转腰、顺肩和旋臂的力量,力点应在拳面;冲拳时,发力要果断,整个动作要协调流畅;击打瞬间,肩、肘、腕、指各关节应紧张用力,动作完成后迅速放松,将拳收回。

2. 基本掌法

跆拳道的掌法特点是攻击速度快,变化莫测,进攻的部位往往是人体薄弱地方,杀伤力较强。常用的有推掌、劈掌、横切、背刀、插掌等。

(1) 推掌，发力类似俯卧撑，力点是掌侧跟，攻击下巴、面部、胸腹等。

(2) 劈掌，以小指下侧的多肉处为力点。

(3) 横切，以小指下侧多肉处为力点。横向砍击对手颈动脉、软肋、喉咙、太阳穴等。

(4) 背刀，以食指侧为力点，反向横砍击的手刀。

(5) 插掌（戳指），着力点在指尖，主要插对手眼睛、喉咙、心窝、肋骨、肩窝等薄弱处。

（二）跆拳道的基本移动步法

(1) 前进步。标准实战姿势开始，两脚成斜马步，两手握拳置于胸前。前进时后脚蹬地向前迈步，身体侧转成另一侧斜马步，可连续进行。这是前进步的一种——上步。注意拧腰转髋。前进时，后脚蹬地，前脚向前滑行称为前滑步；后蹬地，前脚向前跳跃为前跃步。前滑步和前跃步都属于前进步，是主动进攻时采用的步法。也可用于假动作，配合手臂动作进行，便于快速接近对方（图 9-2-3）。

(2) 后退步。由标准实战姿势，前脚掌用力蹬地，后腿先退后一步，前脚随即后退，两脚以及身体仍保持原来姿势。若前脚掌蹬地后，后脚沿地向后滑行一步，前脚随即同样向后滑行一步，两脚以及身体仍保持原来姿势，叫作后滑步退。这种步法可以拉开和对手的距离，避开对方的进攻，准备做反击动作（图 9-2-4）。

(3) 后撤步。从标准实战姿势开始，以后脚前脚掌为轴，前脚抬起向后经后脚内侧向后撤一步，形成和原来相反的实战姿势。后撤步可根据实战需要左右变化，调整与对方的相对距离，准备进行攻击或反击（图 9-2-5）。

图 9-2-3　前进步

图 9-2-4　后退步

图 9-2-5　后撤步

(4) 侧移步。由标准实战姿势开始，两脚前脚掌同时向左、右侧蹬地，离开原来的位置。向左移叫左移步，向右移叫右移步。侧移步的作用是避开对方有力的攻击，移动到对方的侧面，准备进行反击（图 9-2-6）。

(5) 跳换步。由标准实战姿势开始，两脚同时蹬地使身体腾空，空中两脚前后交换，同时转体；落地时身体姿势成另一侧的准备姿势。跳换步的腾空不宜高，略离地面即可；换步时要拧腰转髋，迅速敏捷，其目的是干扰对方的攻防思路，选择适宜自己进攻的方位和转换自己身体的得分部位使对方不能得分。同时争取反击的空间和时间，马上转入进攻（图 9-2-7）。

(6) 弧开步。由标准实战姿势开始，前脚的前脚掌原地蹬辗地面，后脚同时向左（右）蹬地后右（左）跨移一步，成为和原来准备姿势不同方向的准备姿势。向左跨一步为左弧形步（或左环绕步），向右跨步为右弧形步（右环绕步）。

图 9-2-6 侧移步

图 9-2-7 跳换步

(7) 前(后)垫步。由标准实战姿势开始。后(前)脚向前(后脚)脚并拢的同时,前(后)脚蹬地向前(后)迈(退)步,仍成原来的实战姿势。垫步动作的要点是后脚(前)向前(后)要迅速,不等后(前)脚落定,前(后)脚就要蹬地移动。前(后)脚移动的距离要适当,既能照顾与对方的位置关系,又便于自己后面的连接动作。垫步动作要迅速、轻捷、连贯,要快速接近或远离对方。 后面的连接动作,无论是进攻还是防守,都要连续、迅速,可在垫步过程中做动作,不给对方任何机会。

(8) 前冲步。由实战姿势开始,后脚向前迈进一步,身体姿势同时转正,随即前脚向前冲一步仍成为实战姿势。可连续冲几步成实战姿势。前冲步的动作要点是两腿要连贯、快速,类似加速冲刺。要步幅小、频率快,灵活多变,是主动追击对方的有效步法。连续动作要轻捷快速,给对方造成慌乱。

(9) 组合步。是指各种步法的不同组合。实际上,跆拳道技术在实战运动的过程中,无不通过各种步法的运用和变化而得到实施,而且使用的步法都是有意或无意地组合起来综合运用的。运用步法目的是调整距离,使自己的动作更加快速、灵活,进而达到进退自如、控制节奏、有效攻击、有效防守的目的,步法的组合应根据实际情况的变化而改变,把攻击和反击的技术与步法紧密结合起来,做到在移动中进攻,在移动中防守,在移动中反击,使步法的运用和拳法、腿法融为一体,成为进攻、防守、反击的有机连接技术,从而达到取得实战胜利的目的。

(三) 跆拳道的基本步型

跆拳道的基本步型是指在跆拳道的练习和实战过程中,站立位置姿势有脚步形状。基本步型有多种,每一种站法都和随后的步法动作有着直接的联系,是练习跆拳道必要的和最基本的姿势。练习者一定要按规则要求练习每一种步型。

(1) 并步。两脚并拢,身体直立,两脚内侧贴紧并拢。

(2) 开立步。亦称自然站立。两脚左右开立与肩同宽,两脚尖微外展,两臂自然下垂于体侧,两手轻握拳,身态自然。

(3) 准备势。两脚分开与肩同宽,两脚尖微外展,两手握拳抱于腹前,拳面相对,拳心向内。

(4) 马步。亦称骑马式站立。两脚左右开立大于肩宽,两脚平行,挺胸立腰,上体正直;两膝关节屈下蹲,重心在两脚之间。

(5) 侧马步。亦称半月立。由马步站法为基础,上体向侧(左或右)转,屈膝略内扣,身体重心偏重于前脚。

(6) 弓步。亦称前屈立步。两脚前后开立，相距约一步半；前腿屈膝，后腿伸直，后脚前后开立与前脚的延长线成 30°；前腿膝关节和脚面垂直，重心偏于前脚。

(7) 前行步。亦称高前屈立。两脚前后开立，姿态和平时向前走路时相似，步幅不大，重心偏于前脚。

(8) 三七步。亦称后屈立。两脚前后相距一步，后脚尖外展约 90°，后膝屈曲，前腿膝微屈，脚尖朝前。

(9) 虚步。亦称猫足立。身体姿势和三七步相似，只是前脚的脚尖点地，脚跟提起，两膝关节微内扣，重心落于后脚。

(10) 独立步。亦称鹤立步。一腿直膝站立，脚尖外展约 90°；另一腿屈膝上提，脚贴于支撑腿内侧或膝窝处。

(11) 交叉步。亦称交叉立。有两种形式：一种是一脚向另一脚的后面插步，脚掌着地，两腿膝关节交叉，叫后叉步。一种是一脚向另一脚前面插步，脚掌着地，两腿膝关节交叉，叫前交叉步。

二、跆拳道的主要腿法

(一) 前踢

1. 动作规格

以左势实战姿势开始，右脚向后蹬地，身体重心前移至左脚；右脚蹬地顺势屈膝提起，左脚以前脚掌为轴外旋约 90°；同时，右腿迅速以膝关节为轴伸膝、送髋、顶髋，把小腿快速向前踢出，力达脚尖或前脚掌。踢击目标后右腿迅速放松弹回，落回原地仍成左势实战姿势(图 9-2-8)。

图 9-2-8 前踢

2. 动作要领

(1) 膝关节上提时大小腿折叠，膝关节夹紧，小腿和踝关节放松，有弹性。

(2) 踢击时顺势往前送髋；高踢时往上送髋。

易犯错误：直腿上撩，大小腿没有折叠，膝关节不夹紧。上体后仰过大，失去平衡。踢击目标时向前用力，与推踢动作混淆。

3. 进攻部位

腹部、肋部、胸部、颏部。

4. 分解教学

(1) 从右势实战姿势开始。

(2) 左脚蹬地重心前移至右脚，右脚支撑，左脚随蹬地屈膝上提膝关节，上体略后仰。

(3) 右脚以脚掌为轴外旋约 90°，同时，左腿迅速伸膝向前上踢击，左腿上直，力达脚尖或前脚掌。

(4) 踢击目标后小腿快速放松回收，左脚落回成左势实战姿势。

(二) 横踢

1. 动作规格

右脚蹬地，重心移到左脚，右脚屈膝上提，两拳置之于胸前；左脚前脚掌辗地内旋，髋关节左转，左膝内扣；随即左脚掌继续内旋转 180°，右脚膝关节向前抬至水平状态；小腿快速向左前横踢出；击打目标后迅速放松收回小腿。右脚落回成实战姿势(图 9-2-9)。

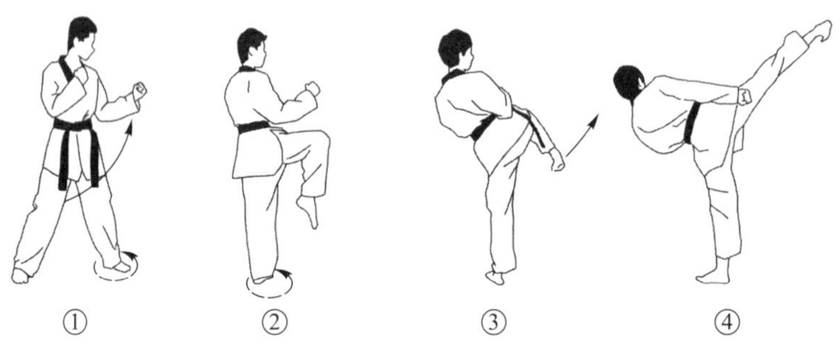

图 9-2-9　横踢

2. 动作要领

膝关节夹紧，向前提膝，尽量走直线；支撑脚外旋 180°；髋关节往前顺，身体与大小腿成直线，严格注意击打的力点正脚背；踝关节放松，击打的感觉是“鞭梢”。横踢攻击的主要部位有头部、胸部、腹部和肋部。

易犯错误：膝关节不夹紧，大小腿折叠不够；外摆的弧形太大；上身太直、太往前，重心往下落；踝关节不放松，脚内侧击打(应为正脚背)。

(三) 推踢

1. 动作规格

实战姿势开始。右脚蹬地，重心前移，右脚以髋关节为轴提膝前蹬，用右脚脚掌向前蹬推，力点在脚掌，推力向正前方(图 9-2-10)。

图 9-2-10　推踢

2. 动作要领

提膝后尽量收紧膝关节；重心往前移，利用身体的重量为力量；推的时候腿往前伸展、送髋；推的路线水平往前。推踢的攻击目标是腹部。

易犯错误：收腿不紧，直腿起，容易被阻截；上身太直，重心往下落，腿不能水平前推。

（四）后踢

1. 动作规格

左脚掌为轴内旋约 90°，上身旋转重心移到右脚，屈膝收腿，直线踢出，重心前移落下（图 9-2-11）。

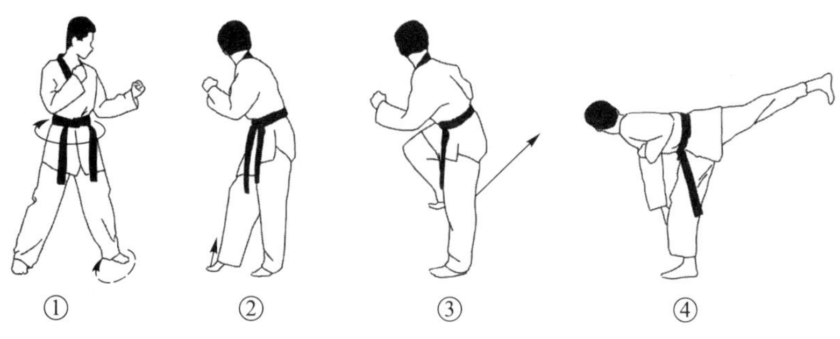

图 9-2-11 后踢

2. 动作要领

起腿后上身与小腿折叠成一团。转身、提膝、出腿一次性完成，不能停顿。击打目标在正前方稍偏右。

易犯错误：上身、大小腿不折叠，直腿往上撩；转身、提腿有停顿，不连贯；击打成弧线，旋转发力；肩、上身跟着旋转，容易被反击。

（五）劈腿

1. 动作规格

实战姿势开始。右脚蹬地，重心前移至左脚；同时，右腿以髋关节为轴屈膝上提，两手握拳置于胸前；随即充分送髋，上提膝关节至胸部，右小腿以膝关节为轴向上伸直，将右腿直举于体前，右脚过头。然后放松向下以右脚后跟（或脚掌）为力点劈击，一直到前面，成实战姿势（图 9-2-12）。

图 9-2-12 劈腿

2. 动作要领

腿尽量往高、往头后举，要向上送髋，重心往高起；脚放松往前落，落地要有控制；起腿要快速、果断；踝关节要放松。劈腿的主要攻击部位有头项、脸部和锁骨。

易犯错误：起腿不够高，不够充分，重心不往高起；踝关节紧张，往下压太用力；重心控制，腿控制不好，落地太重；上身后仰太多，应随重心一起前移，保持直立。

（六）摆踢

1. 动作规格

从左势实战姿势开始。右脚向后蹬地，身体重心前移至左脚，左脚支撑，右腿屈膝提起；左脚以前脚掌为轴，脚跟向内旋转约 180°，右腿膝关节内扣，右腿向左前方伸出，伸直后用脚掌向右侧用力屈膝鞭打，然后右腿顺势放松屈膝回收，落回原地成实战姿势。

2. 动作要领

起腿后右腿屈膝抬过水平，然后内扣。右脚要随转体尽量向左前伸展；右脚掌向右鞭打时要屈膝扣小腿；鞭打后顺势放松。

3. 易犯错误

提膝后直接向前方伸直右腿，没有做膝内扣动作；鞭打后不放松，落地姿势改变。

4. 进攻部位

头部、面部、胸部。

5. 分解教学

(1) 从左势实战姿势开始。

(2) 右脚向后蹬地，身体重心前移至左脚，左脚支撑，右脚屈膝前提。

(3) 左脚以前脚掌为轴，脚跟向内旋约 180°，同时，右膝稍内扣。

(4) 右腿伸膝，右腿向左前方伸直。右脚在屈膝扣小腿动作的带动下，向右用前脚掌做鞭打动作。

(5) 右脚鞭打结束后，放松屈膝回收，落回原地成左势实战姿势。

（七）后旋踢

1. 动作规格

实战姿势开始。两脚以两脚掌为轴均内旋约 180°，身体向右转约 90°，两拳置于胸前。上体右转，与双腿拧成一定角度。右脚蹬地将蹬地的力量与上体拧转的力量合在一起，将右腿向后上以髋关节为轴直腿摆起，右腿继续向右后旋摆鞭打，同时上体向右转，带动右腿弧形摆至身体右侧，右腿屈膝回收；右脚落至右后成实战姿势（图 9-2-13）。

图 9-2-13 后旋踢

2. 动作要领

转身、旋转、踢腿连贯进行，一气呵成，中间没有停顿；击打点应在正前方，呈水平弧线；屈膝起腿的旋转速度要快；重心在原地旋转 360°。后旋腿攻击的主要部位有面额和胸部。

易犯错误：转身、踢腿中有停顿，二次发力；起腿太早，最高点不在正前方；上身往前、往侧、往下，推动平衡。

（八）旋风踢

1. 动作规格

两人从实战姿势开始。攻方左脚向右脚右侧前方跨一步，左脚内扣落地，身体向右旋转180°；左脚落地的同时右腿随身体继续右转向右后摆起，此时身体已转动360°，左脚蹬地起跳，顺势在空中用左横踢击打对方腹部后头部，右脚落地支撑（图9-2-14）。

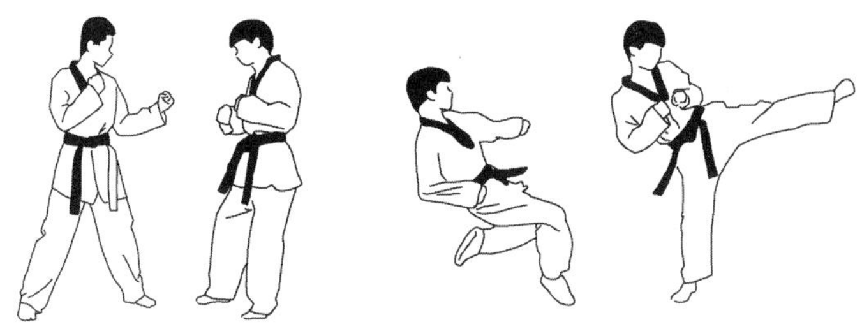

图9-2-14　旋风踢

2. 动作要领

攻方上步转体动作要迅速、果断，左脚内扣落地时脚跟对敌。右脚随身体右转向后右侧摆起时不要太高，以能带动身体旋转起跳为宜；左脚蹬地起跳，身体腾空，但不过膝，目的是快速旋转出腿；左脚横踢时，右腿向下落地，要快落站稳，即横踢目标的同时右脚落地。

易犯错误：左脚上步内扣落地角度过大，使后面的动作改变方向；上步、转体、摆腿、起跳动作不连贯，动作幅度过大；左腿横踢没有利用转提轻跳的顺势力量，打击力度不够大。

（九）双飞踢

1. 动作规格

两人从实战姿势开始。攻方先用右横踢攻击对方左肋部，同时，左脚蹬地起跳，身体腾空右转，腾空高度在膝关节以上，但不宜过高；左脚起跳后在空中用左横踢迅速踢击对方胸部或腹部；左右脚交换，右脚落地支撑，左脚横踢目标后迅速前落，成左势实战姿势（图9-2-15）。

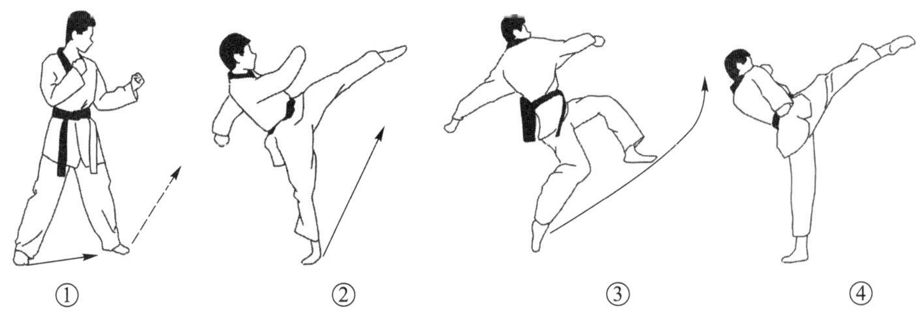

图9-2-15　双飞踢

2. 动作要领

右腿横踢目标的同时,左脚蹬地跳。左脚起跳后迅速随身体右转横踢目标;两腿在空中交换,右脚先落地。

易犯错误:①右横踢和左脚起跳时机或早或晚。应该先利用踢击沙袋练习右横踢同时左脚起跳的动作,熟练后再起左腿横踢。②右横踢和左横踢之间间隔过长。可利用原地右横踢起跳左横踢空击练习,提高出腿和起跳的速度。

3. 进攻部位

肋部、胸部、腹部、头部。

4. 分解教学

(1) 攻方起右腿向前横踢攻击目标。

(2) 左脚同时起跳,在空中顺势交换两腿。

第三节 跆拳道基本战术

运动员在比赛中,根据自己和对手的情况,充分发挥己方特长,限制对方特长,为战胜对手而采取的计策和方法,即为战术。跆拳道战术的实质在于使运动员能在跆拳道比赛中依据各种可能发生的情况,运用自己平时训练中所练就的各项技能,最有效地发挥自己的优势去战胜对手。

运动员在临场复杂多变的环境下,根据比赛的规律和各方面的情况随机应变,通过判断决定自己对付对手的策略。符合自己特点的战术容易掌握和运用,并可以达到有效使用的目的。战术要先进,充分了解战术本身优点和缺点以及对方的适应情况,挖掘、发展潜力大的战术,不断地创新战术。

一、利用假动作或假象战术

用逼真的假动作或假象欺骗对手,引其上当,分散其注意力,使其露出破绽,利用这个机会猛烈攻击而得分。

二、心理战术

比赛开始前,利用情绪、动作和表情等震慑对手,比赛中用气势压倒对手,或利用规则允许和基本允许的各种手段,干扰对方情绪,给对方造成心理负担,使对手技能战术发挥失常,挫伤对方的锐气,发挥自己的优势。

三、破坏战术

用技术破坏对手技术,控制其动作发挥,使对方进攻无效并且消耗体力,丧失信心,导致比赛的失败。

四、先得分战术

比赛时利用对方立足未稳或未适应比赛的机会,主动先得分,然后,立刻转入防守,以静制动,利用防守反击战术与对方对抗,既节省体力,更保住得分。

五、防守反击战术

即利用防守好的特点,在防守的基础上利用反击技术打击对方。

六、抢分战术

比赛中得分落后的情况下,利用各种手段有效地组织进攻,力争得分。这种情况下,要主动出击,不能与对方静耗或纠缠,要打破对方的保分意图,以动制静。

七、体力战术

对于耐力好的运动员来说,要充分发挥体力比对方要好的优势,让对手和自己一直处于运动之中,与对方比拼体力,耗掉对方的体力而战胜对手。

八、规则战术

在竞赛中,有对攻击部位和攻击方法的限制,但也有规则限制模糊的地方,可以利用规则允许或基本允许使用的各种制胜办法攻击对手,利用规则的漏洞。

九、击倒战术

利用自己的得意技术或对方失误的机会,重击对手头部,使对方被击倒不能继续比赛,自己获得比赛的胜利。

十、体格战术

同样级别内,不同运动员有身材高矮和粗壮之分,你可以利用身材高或矮、粗或壮的优势,发挥自己的特长,抑制对手而取胜。

十一、语言战术

教练员和运动员达成默契的配合,用语言引诱对手上当受骗。但要注意语言的隐蔽性和合理性,既能够使对方上当,又不要触犯规则。

十二、乱打战术

在得分落后而且比赛时间不多的情况下,乱打偶然得分。但一定要注意利用技术和战术,注意防守;在乱打中偶然有机会击倒对手,利用这种偶然性得分或取胜。

十三、步法战术

比赛中利用自己步法灵活和动作敏捷的优势,围绕对手游斗,引对手上当或扰乱其情绪。待对方反击时又迅速撤退或靠近对手,扰乱对手的情绪和攻防意图,破坏对手进攻而战胜他。

十四、优势战术

在比赛平分的情况下,利用规则上允许的技术,主动进攻和使用高难技术而取胜。规则中规定,在比赛平分的情况下,由裁判员根据双方主动进攻的次数和使用高难技术的多少判定胜负，进攻次数或使用高难技术多的一方为胜方。

第四节 跆拳道基本规则简介

跆拳道比赛规则的制定是为了增强跆拳道比赛的观赏性和公正性，保证竞赛公平顺利地进行，包括对运动员体重级别的划分、比赛场地的规格和比赛时间、如何判定得分等。

跆拳道比赛时，双方运动员都要穿道服和护具，戴头盔，用脚或直拳击打对手的合法部位。即只能击打对手被护具包裹的锁骨以下、髋骨以上的躯干部位和头部(禁止用拳击打对手头部)。比赛开始前，双方运动员互相敬礼以表示尊重。场上裁判发出"准备"(Joon-bi)和"开始"(shi-jak)后，比赛正式开始。

一、体重级别的划分

比赛按体重划分级别：男子分 54 kg 以下、58 kg、62 kg、67 kg、72 kg、78 kg、84 kg、84 kg 以上 8 个级别；女子分 47 kg 以下、51 kg、55 kg、59 kg、63 kg、67 kg、72 kg、72 kg 以上 8 个级别。

二、比赛场地和时间

跆拳道的比赛场地为正方形平地。边长为 12 m，中间边长为 8 m 的正方形平地是比赛区，以外区域为警戒区。场地内画有双方运动员、教练员、1 名主裁判、4 名副裁判的站立位置(图 9-4-1)。

跆拳道比赛分为 3 局，每局 2 min，局间休息 1 min。蓝方和红方选手使用规则允许的技术动作，努力击败对手。比赛结果根据双方运动员三局的得分总和来计算，得分多者为胜者。

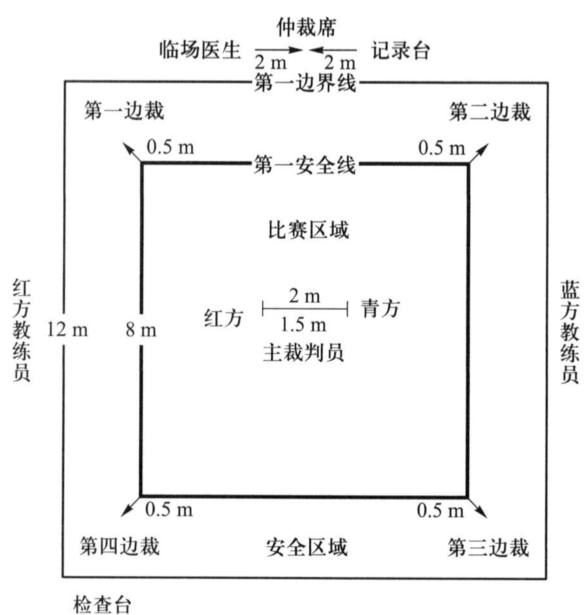

图 9-4-1

三、允许攻击的部位

跆拳道竞赛规则允许攻击的部位只有两个:一是头部,二是躯干。在对抗中,允许使用拳和脚的技术攻击躯干被护具包裹的部分,但禁止攻击后背脊柱。允许使用脚的技术攻击对手头部,但不能攻击对手的后脑部位。即可以用脚踢击对手头部和被护具包裹的躯干部位,但不能用脚踢击对方后脑部分,同时禁止用拳击打头部。运动员可以使用拳的技术击打被护具包裹的躯干的前面和侧面部位。

四、得分

在比赛中,用脚踢击对手躯干部位一次只能得1分,而用脚击打到对手头部则可以得2分;如果击倒对手,裁判员读秒后再加1分。因此,虽然用脚踢技术击打对手头部的难度比较大,但许多运动员在比赛中也还是千方百计地使用脚击打头部的技术以尽可能地多得分。比赛由一名主裁判员在场上主持,其他4名边裁判员根据运动员的技术使用情况负责评判并打分。

五、如何判断得分

在比赛中,判断一名运动员是否得分,关键要看运动员的技术是否准确、被允许、有力及有效。跆拳道赛场上加油声、呐喊声总是不断,判断一方运动员是否得分,可以看双方运动员的进攻和反击时的动作,并随时看一下计分板;一个运动员如果得分了,在1 s内裁判员会按压手中的采分器,该运动员的得分也就及时公布在计分板上了。

六、警告和扣分

现在的跆拳道规则对运动员倒地的判罚比较严厉。一般来说,运动员故意倒地就有可能被裁判员判罚一个警告。但如果是意外滑倒和被对手重击倒地或是技术性倒地(即在使用动作时无法控制身体平衡而倒地)则不被判罚。如果一名运动员被对方合理技术击中而身体摇晃或摔倒(一般是被击中头部),裁判员要数秒数到八。如果数到八时,该运动员站起来表示能继续比赛,则比赛继续进行;如果运动员没有站起来,则另一方赢得比赛。

在比赛中,如果一方采用搂抱、推拉对手,消极逃避比赛,用肘、膝顶击对手,摔倒对手、故意用拳攻击对手面部等犯规动作则会被判罚警告或扣分。

场上的教练员打断比赛进程或使用过激言语、行为,严重违犯体育道德也会被主裁判警告或扣分。如果一名运动员累计被扣掉4分,则要被判“犯规败”,也就意味着输掉了这场比赛。

在一场比赛中,如果双方打满3局而出现平分的情况时,要进行加时赛。加时赛实行“突然死亡法”,即先得到1分的一方获胜。比赛结束后,运动员在比赛区域内相对而站,听到裁判员的口令后互相行礼,等候裁判员的判定。裁判员举起哪一侧的手臂,就说明哪一侧的运动员获胜。

复习与思考

1. 了解跆拳道运动的发展历史、国际国内重大跆拳道赛事、中国跆拳道运动的发展，取得的成绩对你参加跆拳道锻炼有什么启发？当中国跆拳道运动员在国际赛场上升国旗、奏国歌时你的心情与感受?

2. 跆拳道运动可以作为终身体育锻炼的运动项目，如何结合职业规划和现实生活制订有效的锻炼计划?

3. 了解自己目前的运动水平，制订锻炼计划，刻苦训练。

4. 掌握跆拳道运动的规则与裁判法，组织小型跆拳道比赛。

第十章 瑜伽运动

知识导航

瑜伽是印度古老智慧的结晶，其发源可追溯到公元前三千年以前，是印度文化的一个重要组成部分。至7世纪开始瑜伽传入我国西藏，但当时的练习者秘而不宣，直到19世纪以后，瑜伽才开始发扬光大。

瑜伽虽起源于宗教繁复的印度，但又并非是某种宗教仪式，其发展一直与印度的生活方式和认知体系密切相关。

古印度人秉持天人合一理念，并以不同的瑜伽修炼方式融入世俗生活：梵音绕耳、思悟省身、道德思考、肢体动作、宗教责任、无欲无求、冥想乃至对整个宇宙自然的思考。也可以说，瑜伽是基于印度文化某些行为准则的生活礼仪。其目的是使身心得到完美的平衡发展，达到个体与外部之间的高度和谐。它是一种超世俗的探求，是对生命的真诚期望和深入体验。

瑜伽是由印度梵语“yug”或“yuj”得来，意为“一致”“结合”或“和谐”，即是宇宙万物和谐共处的一种艺术与学问。瑜伽的释义有很多，如“系统化了的一种特别心灵境界”“一种把自身的演变压缩为一个肉体存在的一生(几个月甚至几个小时)”“努力通过发展个体存在的潜在能力，从而实现完美自我的一种方法论”，等等。概括而言，瑜伽是通过提升意识，帮助人们充分发挥潜能的哲学体系或在其指导下的运动体系。不过历史上想要达到以上境地，均脱不开苦修苦练。

今天的瑜伽则不再局限于苦行，而是使自己更好适应现代城市生活的调理方式。它已成为一门科学，即指导人们在体质、精神、道德和心灵方面修行、锻炼的生活艺术。其在世界范围的广泛流行，更是将它修正为一种完全不受种族、年龄、性别、宗教、信念等限制，强调和谐、平等、博爱，针对一切生命的现代修行方式。宗旨就是将现代人从一切精神怨愤中解脱出来，从一切由此而产生的精神、心理和生理疾病中解放出来，在瑜伽的境界中进行气息调理和精神冥想，促进身心和谐，从而提高生命质量。

第一节 瑜伽主要练习方法

(一) 瑜伽坐式

1. 简易坐

双腿交叉，左脚压在右腿下方，右脚压在左腿下方。挺直脊背，收紧下巴(图 10–1–1)。

2. 金刚坐

屈起双腿，将臀部坐在脚跟上；放松肩部，收紧下巴，挺直脊背，减轻腿部的压力(图 10–1–2)。

简易坐

图 10–1–1 简易坐

金刚坐

图 10–1–2 金刚坐

3. 莲花坐

坐正，双腿向前伸直。屈起右腿，将右腿放在左大腿上，脚心朝上；再屈起左腿，将左腿放在右大腿上放，脚心朝上；挺直脊背，收紧下巴（图 10–1–3）。

莲花坐

图 10–1–3 莲花坐

（二）瑜伽呼吸方法

1. 腹式呼吸

以肺的底部进行呼吸，感觉只是腹部在鼓动，胸部相对不动。

2. 胸式呼吸

以肺的中上部分进行呼吸，感觉是胸部在鼓动，腹部相对不动。

3. 完全呼吸

肺的上、中、下三部分都参与呼吸运动。腹部、胸部乃至全身都感觉在起伏张缩。通常在瑜伽练习中要保持使用这种呼吸方法。

腹式呼吸

胸式呼吸

完全呼吸

第二节 瑜伽体位及练习方法

（一）初步练习

1. 山式

双腿并拢站直，背部伸直，收腹挺胸；两手十指相交，双臂上伸举过头顶，大臂靠近耳根；收紧大腿、臀部、腰腹、后背、双肩、双臂的每一块肌肉。翻转掌心向上，两臂尽量往高处伸展，同时由仰头缓慢过渡到低头，下巴靠在胸骨上，保持呼吸平稳（图 10–2–1）。

山式

图 10–2–1 山式

2. 树式

（1）双脚并拢直立，双臂自然下垂于体侧，均匀呼吸；

（2）左腿站立，右腿侧弯上抬，脚跟踩在左腿内侧；

（3）双手于胸前合十，吸气时将双手举过头顶，使大臂靠近耳根，整个身体自下而上极度伸展（图 10–2–2）。

3. 新月式

双膝跪立，抬起臀部，上身直立成全跪立姿势；先吸气，呼气时右腿向前伸直。吸气，手臂经前举起，然后把手举过头顶；呼气，弯曲右膝成弓步，左臀放低，身体向上舒展，身体可以轻微地向后靠（图 10–2–3）。

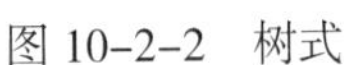
图 10–2–2　树式

树式

4. “战士”三式

(1) 第一式：身体直立，任意一脚向后退一大步，并向外转动 30°，保持髋部正直。弯曲前腿，使膝盖在脚踝正上方，双手伸过头部上方，前臂平行或双手合十（图 10–2–4）。

(2) 第二式：两腿分开约两倍肩宽，左脚向内转 30°；吸气，两臂向两侧伸展至平行地面，五指并拢伸向远方；呼气，屈右膝，尽量使大腿平行于地面，保持膝盖不超过脚尖，上体正直；转动头部注视右手（图 10–2–5）。

(3) 第三式：双腿并拢站立，脊柱挺直，双臂自然垂于体侧。吸气，双臂经两侧向上抬起，于头上合掌，手指交叉握紧，食指合并伸直，肘伸直，上臂贴耳，手臂尽量向上伸展，呼气；再吸气，左脚向前迈一大步，右腿抬起；再呼气，上身下压，保持髋部水平，从手到脚成一条直线，让身体与地面平行，两腿膝关节伸直（图 10–2–6）。

图 10–2–3　新月式

图 10–2–4　战士一式

图 10–2–5　战士二式

图 10–2–6　战士三式

（二）模仿动物形态练习

1. 三角式

吸气，双手向身体两侧绷直抬起，与肩同高，保持在一条直线上，掌心朝下；呼气，右手向下触及地面，左手举起指向上空。头部转向左侧，左腿膝盖绷直，不要弯曲（图 10–2–7）。

图 10–2–7　三角式

三角式

2. 猫式

四肢撑地跪在地面上，两臂垂直于地面，双膝位于臀部正下方，两腿稍分开；做两次呼气、吸气后，慢慢抬起头和前胸，保持脊椎平直，头上抬；呼气，缓慢放低尾椎骨并向上拱起脊柱，尽量低头，用力把手和双膝向下压（图 10–2–8）。

图 10–2–8　猫式

猫式

3. 下犬式

跪立，双手放在地上，抬高臀部；吸气时，伸直双腿，尽可能伸直双手臂，保持你的手掌压在地面上；呼气时，脚跟和肩膀下压，脚跟尽量踩到地板上，注意保持背部伸直（图 10–2–9）。

图 10–2–9 下犬式

4. 上犬式

俯卧，双腿向后伸展，脚趾向后，弯曲肘关节，把双手放在腰侧的地板上，手指向前；吸气，双手平稳地用力推地，呼气；再次吸气时，完全伸展手臂并与地面垂直，抬起上身，收紧双腿肌肉，使两腿伸直并将两膝离地；夹紧臀部，腿部绷直，身体的重量应该放在脚趾和手掌上；稳固两肩，肩胛骨内收，向上挺胸，直视前方（图 10–2–10）。

5. 蝗虫式

俯卧，双手置于身旁两侧，手心向上，头保持在正中位置，双脚并拢向后伸展，收紧臀部及大腿肌肉，吸气；呼气，头、胸部、双手及双脚同时慢慢向上提起，只剩下盆骨和腹部在地上支撑身体（图 10–2–11）。

6. 鱼式

仰卧，吸气，手肘做支点，背部拱起离地，颈部向后弯，头顶放在地面上，脸部尽量与地面垂直（图 10–2–12）。

图 10–2–10 上犬式

图 10–2–11 蝗虫式

图 10–2–12 鱼式

（三）较高难度练习

1. 弓式

两腿弯曲，两手分别在背后抓住两脚脚背，做深呼吸；吸气，上身离地，双腿也拉高离开地板，头部上抬（图 10–2–13）。

2. 犁式

仰卧，双腿伸直绷紧，脚尖绷直；吸气，两腿向上抬起，一直抬到和身体垂直的位置，双手掌保持原位；呼气，同时双腿向头部下放，努力使脚趾触及头部前方地面，接触点的距离尽量向前，保持正常呼吸（图 10–2–14）。

弓式

图 10–2–13 弓式

犁式

图 10–2–14 犁式

3. 骆驼式

跪下，小腿平放在地上，脚心朝上，大腿及躯干成一直线，与地面成 90°；吸气，慢慢把身体向后弯曲，收紧大腿、臀部和腹部，面朝天花板；呼气，依次把右手、左手放在右脚跟上，手掌向下；吸气，双手往脚掌方向用力，借力向上挺胸，大腿与地面保持垂直（图 10–2–15）。

4. 鸽式

跪坐，伸展左腿向正后方；弯曲左膝、左手肘内侧环抱住左脚，双手提前交握；吸气，双臂向后绕过头部，头向右转；保持均匀的呼吸；还原时，呼气，双手回到胸前，松开双手，放落左腿，放松；进行对侧练习（图 10–2–16）。

5. 苍鹭式

基本坐姿坐好，上体立直，头、颈成一直线，左腿屈膝，小腿内侧紧贴大腿外侧；右腿屈膝提起，双手握着右脚掌，吸气；呼气，然后慢慢提起右腿向上伸直，保持大腿、膝盖和脚拇趾成一直线（图 10–2–17）。

图 10–2–15　骆驼式

图 10–2–16　鸽式

图 10–2–17　苍鹭式

6. 霹雳坐牛面式

基本坐姿坐好，双膝弯曲，膝盖重叠，脚尖向后，脚背着地。吸气，右手肘弯曲，慢慢由右肩向背后上举，手掌贴在背后，左手由下方绕到背后，与右手交握，十指紧扣，上方的手肘尽量置于颈后，背部挺直，眼望前方，呼气（图 10–2–18）。

7. 坐角式

基本坐姿坐好，分开两腿，两手放于体前地面，屈肘，将上身躯体尽量贴近地面；两手分开，慢慢抓住脚尖（图 10–2–19）。

8. 乌鸦式

蹲在地上，双脚分开，双臂弯曲，双手支撑地面；踮起脚尖，抬高臀部，让双腿膝盖架在大臂上，保持平衡（图 10–2–20）。

图 10–2–18　霹雳坐牛面式

图 10–2–19　坐角式

图 10–2–20　乌鸦式

第三节　瑜伽比赛规则

（一）规则

1. 选手每 10 人一组，共 6 组为例，6 组选手共同完成规定动作。规定动作完成后，每组前 5 位展示自选动作，其他同组选手原地等候，自选动作依次全部结束后共同退场。每组比赛规定动作拜日式一遍，限 5 分钟内完成。自选动作 6 个，限 8 分钟内完成。

2. 每组比赛结束后评委亮分，记分员收取亮分牌，计算每人得分并做记录。

3. 第二组选手进行比赛，同时公布第一组选手个人得分，结束后评委亮分，记分员收取亮分牌，计算得分并做记录。

4. 6组选手全部结束后，记分员统计总分排名前12名的选手进入到最后一轮的决赛。

5. 进入决赛的选手每6人一组，每人展示3个自选动作，动作可重复。限时5分钟内完成，第一组动作结束后，下一组进行展示，两组都完成后，由选手抽取理论问答题并在一分钟内做答。

6. 主持人宣布分数，记分员收取亮分牌，计算每人得分并记录。

7. 第二组选手进行比赛，结束后评委亮分，记分员记分，同时主持人公布第一组选手个人得分。

8. 比赛全部结束后，评委综合给选手打分。

（二）评分标准及评分细则

1. 规定动作（3.0分）

（1）要求：完成瑜伽的向太阳致敬式（又称“拜日式”）一遍，要求选手体位完成准确、到位，呼吸正确，整体连接流畅、自然。

（2）评分细则

① 体位完成分1.5分——呼吸错误每处扣0.5分；体位细节错误每处扣0.5分；整体错误、失误或无法完成每个体位扣0.5分。

② 整体连接分1.5分——根据选手整套动作的完成情况是否流畅自然，可以给予0.5分的加分。

2. 自选动作（6.0分）

（1）要求：选手自行选择6个参赛体位，所选体位应能充分展示选手个人实力。要求体位完成得准确、到位，呼吸正确。

（2）评分细则（共6个体位，每个体位满分1.0分）

① 体位规范分1.2分：呼吸错误每处扣0.6分；体位细节错误每处扣0.6分；整体错误、失误或无法完成，每个体位扣0.6分。

② 体位难度分1.2分：根据选手所选动作的难易程度予以评分。

③ 体位力度分1.2分：根据选手对肌肉、肢体控制能力和力度予以评分。

④ 体位节奏分1.2分：根据选手的体位停留时间是否具有整体、统一的节奏评分。

⑤ 选手表现分1.2分：表演顺畅，充分表现出瑜伽之美以及选手的个人风采。

3. 理论部分（1.0分）

（1）要求：该部分考核选手个人的瑜伽理论素养、对瑜伽历史的了解程度以及对瑜伽的认识与理解。

（2）评分细则：要点阐述清晰，0.5分；论述说明充分，0.5分。

（三）备注

1. 按照动作的技巧、难度、平衡、柔软、协调、美观、力度，表演时的精神状态，呼吸与动作的配合，单个姿势的起势和收势，各个姿势连接的科学性和顺序、节奏来综合打分。最高分为10分。评委打分后，去掉一个最高分，去掉一个最低分，然后取平均分，最后为个人得分。

2. 第一轮比赛为规定动作拜日式和6个自选动作，不设问答题。拜日式不要求一致，只做一遍。规定动作5分钟，自选动作8分钟，超出时间扣0.5分。

3. 第二轮比赛为3个自选动作和1道问答题，动作展示5分钟内完成，问答题1分钟，超出时间扣0.5分。

第四节　瑜伽的锻炼价值及项目欣赏

一、瑜伽的锻炼价值

瑜伽健身法有助于治疗高血压和心血管疾病，还可有效锻炼身体其他各项机能。

1. 预防慢性病

和肌肉及骨骼一样，人体的脏器也会产生疲倦之感。借助瑜伽各种体位法的姿势，可使腺体分泌平衡，强化神经系统功能，远离慢性疾病。

2. 消除紧张和疲劳

通过有意识地呼吸，排除体内的废气、虚火，以消除紧张和疲劳。

3. 按摩内脏

配合腹式呼吸法练习，可提升内脏功能，促进并调和循环、消化及内分泌系统机能。

4. 保持青春

能使人的心情常处于一种喜悦的状态，将对生命向上的活力原原本本地输入体内，使人常葆青春。

5. 减肥

能让不正常的食欲得以抑制，并能增强抵制暴饮暴食的意志力，从根本上改造人的体质，达到减肥的功效。

6. 训练注意力

持之以恒地练习瑜伽，能使人把注意力集中在一件事上，使身体按照内心的意志去行事。

7. 舒解忧愁和抑郁

当身心放松并专注于伸展肢体时，能释放人体的负面情绪，让人逐渐达到“身松心静”的状态。

尤其值得强调的是，瑜伽动作柔韧缓慢，讲求调息平稳和心情松弛，非常适合于高血压患者的保健，对于精神易紧张的人来说，瑜伽术更是理想的调理良方。但患有脊椎病、腰椎间盘突出等相关疾病的人，对瑜伽最好敬而远之。人们往往追求高难度动作更是对瑜伽健身的误解，练习者需要根据自身的年龄、身体状况等具体情况选择适宜自己的瑜伽练习方法。

二、瑜伽项目欣赏

近年来，瑜伽迅速成为我国都市女性推崇的一种时尚运动方式。美体、减肥、减压是其得以风光无限的最大卖点。正因为如此，正确地认识和看待瑜伽运动，是青年人必须认真思考的问题。

首先，要看瑜伽的动作是否完全符合运动医学的要求，许多匪夷所思的动作造型，如果违背了人体生理解剖结构，就只能称之为杂技而非瑜伽。欣赏合理、舒展、超乎人们想象的瑜伽体式，能使观赏者情绪舒缓、修养性情。

其次，要看练习的环境，欣赏瑜伽表演环境相当重要，要求光线柔和，氛围静谧，练习者服饰素雅，瑜伽垫最好为暖色调等。

再次，要看动作的规范，从呼吸、体位、洁净、原理、休息、冥想、收束、契合等，可以领略到瑜伽悠远的历史文化气息。

必须注意的是，我们不能一味最求瑜伽的高难度，因为作为健身手段的瑜伽与之其实是两回事，对瑜伽的实际效用也应有清晰的认识。只有这样，才能不受外界舆论的干扰，真正理解并欣赏瑜伽。

复习与思考

1. 谈谈你练习瑜伽时的感受和体会。
2. 了解瑜伽运动的基础动作和练习方法。

第十一章　健美操运动

知识导航

健美操是在音乐伴奏下，以身体练习为基本手段，以有氧运动为基础，达到增进健康、塑造形体和健身娱乐目的的一项新兴体育运动项目。它集音乐、舞蹈、体操、美学于一体，以其独特的价值和魅力，深受广大青年的喜爱。通过学习，了解健美操运动的起源与发展，了解健美操运动的特点和功能，掌握健美操运动的基本动作要求，培养人们积极参加健美操运动的兴趣，提高身心素质。

第一节　认识健美操运动

健美操是人类对人体健与美的追求，是艺术、舞蹈、音乐三者有机结合的产物。

一、健美操运动的起源与发展

健美操的起源可追溯到两千多年前的古希腊，那时候的人们出于朴素的唯物主义观点和乐观主义精神，把身体的健美、力量与生命联系起来，认为世界万事万物之中，唯有健美的人体才是最匀称、最和谐、最庄重、最有生气和最完美的。进入欧洲文艺复兴时期，已经被遗忘的古希腊和古罗马文化重新被人们重视，人体美也成了那个时期人们追求的潮流。许多教育家认为古希腊体操是健美人体最完整的体育系统，提倡开展体操运动。17 世纪，意大利医生墨库里奥斯在 1569 年出版的六卷《体操艺术》等著作中，详述了各种形式的体操动作。18 世纪，德国著名体育活动家艾泽伦开设了培训体育师资的课程，创造了哑铃、吊环等运动。这些形式的锻炼是现代健美操的起源。现代健美操于 20 世纪 60 年代末开始萌芽，并形成了具有独特体系的运动，很快风靡世界。80 年代初，健美操作为一项独立的运动项目兴起，其标志就是简·方达健美操的出现。健美操运动自兴起以来，以强大的生命力迅速在全世界流行起来。到目前为止，健美操不仅在欧美发达国家蓬勃发展，而且在一些发展中国家和地区也得到不同程度的发展。各种健美操俱乐部、健美操中心和健美操培训班如雨后春笋般到处涌现，人们选择健美操作为自己主要的健身方式，形成了世界范围内的“健美操热”。

二、健美操运动的分类

健美操运动的种类繁多，根据其目的和任务可以分成三类：健身性健美操、竞技性健美操和表演性健美操。

健身性健美操也称大众健美操，它有音乐节奏鲜明、旋律轻松愉快、动作简单、运动强度较低、动作形式多、场地要求不高、随意性大等特点，主要以健身、健美、健心为目的，是集健身、娱乐于一体的健身运动，其宗旨是“健康第一”。

竞技性健美操是根据竞赛规则与技术规程的要求，创编出的具有较高艺术性、展示运动员高水平专项技术能力的成套动作，以比赛取得优异成绩为主要目的的竞技运动。竞技健美操只进行自编动作比赛。每套动作有一定的时间限制，成套的动作要根据其基本步伐、特色、难度、完成情况、时间、体形等各种因素来评分。

表演性健美操是指根据不同目的、场合、要求、表演者等情况进行编排，并在各种节日庆典和宣传活动中表演的健美操。表演性健美操的主要目的就是“表演”。在表演性健美操中，竞赛规则、比赛人数、形式、规模及动作的设计和选择限制性较小，自由度较大，目的是使比赛更具观赏性，通过表演来展示健美操的魅力、价值和活力，使观众在观赏中陶冶情操、愉悦身心、净化心灵，同时起到宣传和推广健美操的作用。

三、健美操运动的特点与功能

（一）健美操运动的特点

健美操是一种有氧运动项目，通常采用徒手或轻器械进行练习，是在供氧充足的情况下，以人体有氧系统提供能量的一种运动形式。其运动特点是持续一定时间的、中低强度的全身性运动，主要锻炼练习者的心肺功能，是有氧耐力素质的基础。

1. 强烈的节奏感和韵律感

健美操是在节奏鲜明、欢快奔放的乐曲伴奏下进行的身体练习。所以其最主要的特点就是节奏感和韵律感强。几种主要的健美操节奏有音乐节奏、运动节奏、生理节奏、时空节奏、色彩节奏等。节奏感来源于音乐，它是健美操运动不可缺少的重要组成部分。

2. 广泛的群众性

健美操内容丰富，运动量可以灵活调控，它多以徒手形式进行锻炼，对场地、环境、气候等条件的要求不高，不同年龄段、不同体质、不同阶层和技术水平的人都能根据运动负荷和难度以及爱好选择参加锻炼，各种人群都能找到适合自己的练习方式。

3. 健身的安全性

健美操在多个方面都充分考虑了由于运动而产生的一系列刺激结果的可行性。它的运动负荷中等、运动强度处于中下水平、练习时间 30~60 min，属于有氧负荷范围内，因此，适合不同体质的人群进行锻炼。同时，人们在平坦的地面上，在节奏欢快的音乐声中进行运动，十分安全，并取得良好的锻炼效果。

4. 高度的艺术性

健美操融舞蹈、音乐、体操于一体，追求人体高强度运动能力和动作完美，是体育与艺术高度结合的运动项目，故表现出高度的艺术性。

5. 不断的创新性

健美操运动的创新性主要表现在技术风格、质量、动作组合形式、成套动作的编排、集体动作的配合、队形的变化、音乐的选配、健美操器械的灵活运用以及教学方法、手段的不断推陈出新。

（二）健美操运动的功能

健美操运动是具有实用锻炼价值的运动项目，对人的身体、心理、社会适应等方面的作用显著。健美操的功能主要有以下几个方面。

1. 强身健体的功能

健美操运动是以有氧运动为基础的。有氧运动能够很好地提高人体的心肺功能,长期参加健美操锻炼可以使人体心肌增厚、心脏容量增大、心输出量增加;使呼吸肌变得有力,增大肺部的容量和最大吸氧量,进而提高全身供氧能力和有氧代谢能力,可以有效地避免心血管系统疾病和呼吸系统疾病等。

2. 提高身体素质的功能

健美操运动前的准备活动以及运动时各种伸展性动作,都使肌肉处于充分拉伸或收缩的状态,能够提高肌肉、肌腱和韧带的弹性和柔韧性。健美操运动的一系列动作是上肢、下肢以及躯干协调完成的,要求动作优美、舒适、协调一致,因此对提高身体的协调性具有积极的作用。

3. 塑造形体的功能

塑造形体主要包括两个方面,即体态和体形。在塑造体态方面,健美操对站姿、坐姿、走姿都有严格的要求,如站立时要求头正直、两眼平视、下颌微收、两肩下沉、挺胸、收腹、立腰等。通过这样的要求,可以很好地改善人们在日常生活和工作中造成的脊柱弯曲、驼背、含胸等不良形态,表现出一种良好的气质和修养,给人以朝气蓬勃、健康向上的感觉。

在塑造体形方面,健美操既可以塑造肌肉的围度,还可以雕琢人体的曲线。通过健美操锻炼可以增粗肌纤维,增大肌肉体积,使肌肉围度发生变化,给人"力"的美。此外,健美操练习能够消耗体内多余的脂肪,维持人体吸收与消耗的平衡,有益于肌肉、骨骼、关节匀称、和谐,从而达到改善不良身体形态、形成完美体态的目的。

4. 调节身心的功能

随着时代的发展和社会的进步,人们在享受科学技术所带来的舒适生活和各种便利的同时,社会竞争所带来的精神压力也随之增强。研究表明,长期的精神压力不仅会引起各种心理疾病,而且会产生许多躯体疾病,如高血压、心脏病等。健美操运动动作优美、协调,能全面锻炼身体,同时有节奏强烈的音乐伴奏,可缓解精神压力,预防各种疾病的产生。人们在轻松、优美的健美操锻炼中,可排除心理上的紧张与烦恼,尽情享受健美操运动所带来的欢乐,得到内心的安宁,从而缓解精神压力,使人具有更强的活力与最佳的心态。

5. 医疗保健的功能

健美操运动不仅是科学、合理的健身形式,还是医疗保健的手段。健美操作为一项有氧运动,其特点是内容丰富、强度低、密度大、运动量因人而异,因此对健康的人具有良好的健身效果,对一些病人和老年人也是一种医疗保健的理想手段。

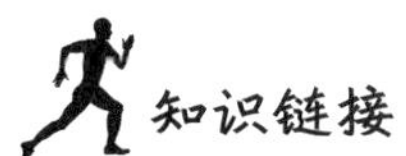

欣赏健美操

欣赏形体美和着装美:优美的身体形态、得体的着装是取得健美操比赛较好名次的必备条件。

欣赏音乐美:音乐是健美操的灵魂,音乐赋予健美操特有的活力。

欣赏动作美:动作的力度、幅度、准确性、协调性、熟练性及稳定性是健美操项目评判和欣赏的重要方面。

第二节 健美操基本动作

健美操的基本动作是健美操的基础,健美操的任何组合动作都是以健美操基本动作为基本元素进行编排的,其内容丰富,动作相对简单,初学者易于练习和掌握。通过基本动作的练习可以掌握正确的动作规格,使练习者尽快建立正确的动作技术概念,养成良好的基本姿势,为进一步学习健美操成套动作打下扎实的基础。

一、上肢基本动作

(一) 常用手型

健美操中手型多样,它是从芭蕾舞、现代舞、迪斯科和武术中吸收和发展来的。手型是手臂动作的延伸和表现,运用得好,会使健美操动作更加丰富多彩、生动活泼,更具有感染力。因此,在健美操中掌握好手型动作十分重要。下面是几种常见的手型。

(1) 掌型:五指伸直并拢。

(2) 拳型:握拳,拇指在外。

(3) 五指张开型:五指用力伸直,充分张开。

(4) 芭蕾舞手型:五指微屈,后三指并拢,稍内收,拇指内扣。

(5) 西班牙舞手型:五指用力,小指、无名指、中指自掌指关节处弯曲,拇指稍内扣。

(二) 上肢动作

(1) 侧举:臂伸直向两侧抬起。

(2) 前举:臂伸直向前抬起。

(3) 绕和绕环:直臂运动幅度在 180° 以上、360° 以内和直臂运动幅度在 360° 以上。

(4) 摆动:直臂摆动幅度在 180° 以内。

(5) 交叉:两臂重叠成一定角度。

二、基本步伐

健美操基本步伐是体现健美操练习者下肢动作基本姿态的主要练习手段。根据动作完成形式的不同,可将基本步伐分为五大类:交替类步伐、迈步类步伐、点地类步伐、抬腿类步伐和双腿类步伐。

(1) 交替类步伐:指两脚始终做依次交替落地的动作。分为踏步(原始动作)、走步、一字步、V 字步、漫步、跑步。

(2) 迈步类步伐:指一条腿先迈出一步,重心移到这条腿上,另外一条腿用脚跟、脚尖点地或吸腿、屈腿、踢腿等,然后向另一个方向迈步的动作。分为并步、迈步点地、迈步吸腿、迈步后屈腿、侧交叉步。

(3) 点地类步伐:脚尖点地、脚跟点地。

(4) 抬腿类步伐:吸腿、摆腿、踢腿、弹踢腿、后屈腿。

(5) 双腿类步伐:并脚跳、分腿跳、开合跳、半蹲、弓步、提踵。

三、健美操成套动作

1. 学习大众锻炼标准一级 1 组合(图 11-2-1)

图 11-2-1 中,①~②双臂胸前屈,③~④后摆,⑥上举,⑦胸前举,⑧放于体侧。

图 11-2-1

图 11-2-2 中,①~④右脚开始向前 3 步吸腿,①~③双肩经前举后摆至肩侧屈,④击掌;第五到八拍左脚开始向后退 3 步吸腿,手臂同①~④,动作相同,方向相反。

图 11-2-2

图 11-2-3 中,①~④右脚开始侧并步 2 次,①右臂肩侧屈,②还原,③左臂肩侧屈,④还原;⑤~⑧右脚向侧连续并步 2 次,⑤双臂胸前平屈,⑥还原,⑦~⑧同⑤~⑥动作。

图 11-2-3

图 11-2-4 中,①~④左脚十字步,自然摆动;⑤~⑧左脚开始踏步 4 次,⑤击掌,⑥还原,⑦~⑧同⑤~⑥动作,但方向相反。

图 11-2-4

2. 学习大众锻炼标准一级 2 组合

图 11-2-5 中，右脚开始前点地 4 次，①双肩屈臂右摆，②还原，③左摆，④还原，⑤右臂摆至侧上举，左臂胸前平屈，⑥还原，⑦～⑧同⑤～⑥动作，但方向相反。

图 11-2-5

图 11-2-6 中，①～④右脚开始向右弧行走 270°，自然摆动；⑤～⑧并腿半蹲 2 次，⑤双臂前举，⑥右臂胸前平屈（上体右转），⑦双臂前屈，⑧放于体侧。

图 11-2-6

图 11–2–7 中，①～④左脚上步吸腿右转体 90°，⑤～⑧右脚上步吸腿 2 步，①双臂前举，②屈臂后拉，③前举，④还原，⑤～⑧同①～④动作。

图 11–2–7

图 11–2–8 中，①②左脚开始向侧迈步后屈腿 4 次，屈臂前后摆动，第五到第八个八拍，动作相同，但方向相反。

图 11–2–8

3. 学习大众锻炼标准一级3组合

图11-2-9中，右脚向右交叉步，①～③双臂经侧至上举，④胸前平屈，左脚向侧迈步成分腿半蹲，⑤～⑥双臂前举，⑦～⑧放于体侧。

图11-2-9

图11-2-10中，右脚开始侧点地2次，①右臂左前举、左臂屈肘于腰间，②双臂屈肘于腰间，③～④同①～②动作，但方向相反；右脚连续2次侧点地，⑤～⑧同①～②动作，重复2次。

图11-2-10

图 11-2-11 中，左脚开始向前走 3 步接吸腿 3 次；①双臂侧屈外展，②胸前交叉，③同①动作，④击掌，⑤肩侧屈外展，⑥腿下击掌，⑦～⑧同③～④动作。

图 11-2-11

然后右脚开始向后走 3 步接吸腿 3 次，手臂动作同第三个八拍，第五至八个八拍，动作相同，但方向相反。

4. 学习大众锻炼标准一级 4 组合

图 11-2-12 中，①～④右脚开始 V 字步，⑤～⑧ A 字步，①右臂侧上举，②双臂侧上举，③～④击掌 2 次，⑤右臂侧下举，⑥双臂侧下举，⑦～⑧击掌 2 次。

图 11-2-12

图 11-2-13 中，①～④右脚开始弹踢腿跳 2 次，⑤～⑧右脚开始弹踢 2 次；①双臂前举，②下摆，③～④同①～②动作，⑤双臂前举，⑥胸前平屈，⑦同⑤动作，⑧还原体侧。

图 11-2-13

图 11-2-14 中，左脚漫步 2 次，双臂自然摆动。

图 11-2-15 中，左脚开始迈步后点地 4 次，①～②右臂经肩侧屈至左下举，③～④同①～②动作，但方向相反；⑤～⑧与①～④动作相同，但方向相反。

图 11-2-14

图 11-2-15

跳健美操时出现头昏、恶心等情况的原因及处理

有些练习者在进行健美操练习的过程中或者是练习结束后短时间内，会出现头昏、恶心等症状。发生这样的情况，一是因为准备活动不充分，身体没能及时适应突然的变化。这种情况不具备危险性，只要注意做好准备活动就可以了。二是运动量过大引起的。出现这样的现象要引起锻炼者，尤其是老年人的高度重视。如果跳操过程中出现头痛、胸闷、呼吸困难、恶心、眩晕、极度疲乏、心动过速、面色苍白、出冷汗、动作不稳等症状，都是身体发出的危险信号，这时应减小运动量，做一些整理运动来调整，或休息片刻进行观察。如果问题相当严重应停止锻炼，及时就医。

第三节 健美操的创编

健美操的创编是依照健美操的特点、规律，根据其目的、原则并在自身知识的基础上，将单个动作组织串联成健美操锻炼与竞赛套路的过程。健美操成套动作的编排是一件比较复杂的工作，要求创编者不仅要有丰富的体育知识和音乐、舞蹈、美学等方面的基本常识，还应了解健美操发展的最新信息、比赛的规则与裁判法则等。通过本节的学习，使学生基本掌握健美操编排的特点和方法，从而更好地进行健美操创编实践。

一、健美操的创编元素

（一）基本动作

健美操基本动作主要由下肢动作、上肢动作和躯干动作组成。健美操基本动作是健美操运动的基础，是最小的健美操基本元素，所有健美操的组合都是在基本动作的基础上发展和变化来的。

（二）健美操造型

健美操是一种动态的人体健美造型，然而无论是健身性健美操、竞技性健美操，还是表演性健美操，在其开始和结束时，往往都设有瞬间的静态造型，那些健美、独特的造型不仅给人以开始和结束感，而且是体现该项目艺术性、技巧水平、独特风格与创意的亮点部分。奇特的开始造型会激发人参加锻炼或观赏表演比赛的兴趣，精美的结束造型令人回味无穷。

（三）队形与场地空间

1. 队形

队形的变化是健美操集体项目比赛和表演的重要内容之一，丰富多彩的队形和巧妙流畅的队形变化会令健美操项目更具可观性。同一套规定动作，由于队形设计不同，会产生截然不同的效果。

2. 场地空间的使用

空间利用是健美操项目竞赛评分的重要依据之一，同时也是健美操艺术表现美的形式之一。健美操竞赛项目是在 10 m × 10 m 的场地内完成的，在比赛过程中，运动员应该注意以下几点：

(1) 在完成成套动作的过程中必须有效地利用比赛场地。

(2) 在整个成套动作中，线路必须展现所有方向和距离，尽量不重复路线与轨迹。

(3) 比赛场地的全部三层空间（地面、站立、腾空）都必须充分被利用，不允许任何空间过度集中地使用。

(4) 动作必须在赛场空间内均衡地分布。

(四) 时间

时间元素包含动作速度和持续时间，而动作速度和持续时间在很大程度上决定着动作的难易程度和运动强度，并影响锻炼效果。

1. 动作速度

直接影响着动作难易程度和运动强度，要根据健美操动作类型确定动作速度。

2. 持续时间

健身套路动作的时间为 2 min±10 s；有氧舞蹈成套动作和竞技性健美操竞赛套路时间均为 1 min30 s±5 s。

(五) 音乐

音乐是健美操的灵魂，健美操是音乐的形体再现，音乐直接影响身体的锻炼效果，激发情绪，增强表现力、感染力和号召力，启发创编构思。音乐的风格应与健美操动作的特点相统一，并适应不同年龄的对象。

(六) 难度动作

难度动作是竞技健美操的特殊规定动作，根据国际体操联合会《2013—2016 年竞技健美操竞赛规则》规定，难度动作由动力性力量、静力性力量、跳与跃、平衡与柔韧等 A、B、C、D 四类组成。

1. 动力性力量动作

包含的种类有：俯卧撑类、文森俯卧撑类、俯卧撑腾起类、提臀腾起类、分腿高直角支撑类、旋腿类、托马斯类、直升机类和开普类九种。

2. 静力性力量动作

包括的种类有：分腿支撑类、直角支撑类、锐角支撑类、文森支撑类、肘撑类、水平支撑类六种。

3. 跳与跃动作

包含的种类有：跳转类、自由倒地类、给纳类、燕式平衡成俯撑类、团身跳类、分腿跳类、科萨克跳类、屈体跳类、纵劈腿跳类、交换腿跳类、剪踢类、剪式变身跳类十二种。

4. 平衡与柔韧动作

包含的种类有：转体、平衡、高踢腿、纵劈腿、横劈腿、依柳辛、开普七种。

二、健美操创编的要求

(一) 合理的成套结构

健美操的结构基本分三个部分，即准备部分、基本部分、结束部分。我国健美操的形式多式多样，在学校体育中，我们常常见到 5~10 min 的短小健美操套路练习，但是它们在结构上依然包括准备、基本、结束三个基本部分，不论它们的形式差异如何，结构上的三个部分是基本不变的。

（二）鲜明的针对性

在健美操的创编中，创编者首先应该了解练习对象的具体情况，不同人群的具体情况与要求各不同，所以，在创编时要对接受者的具体情况进行了解、分析。编排大众健美操时应根据不同年龄层次人群的生理特点与体育基础，选择适宜的练习内容和方法，遵循运动规律，注重健身和娱乐效果。编排竞技性和表演性健美操时，其音乐、动作应符合比赛规则的要求，并根据运动员的实际情况设计动作组合，展现表演者健、力、美的身体姿态。

（三）动作有序性及流畅性

我们在创编动作时，要注意有顺序地安排动作，使动作与动作之间不连接，但是有一定的规律性和连贯性，这样便于锻炼者最快最顺利地掌握动作。与此同时，创编者还要充分了解动作的类型，如步法、手臂动作等；并且在创编中要有意识地对动作进行分析，分解复合性的动作，这样才更有利于健美操教学，使得锻炼者尽快掌握动作，以加强锻炼的时效性。

（四）运动负荷的合理性

通常，运动负荷受动作速度、重复次数、时间、动作幅度、肌肉力度等因素影响。为了达到最佳锻炼效果，应把负荷调控在能达到的最佳效果范围之内。所以，在设计健美操运动负荷时，应该注意使负荷逐渐上升与下降，并使之呈波浪式曲线上升与下降，总体呈正向曲线。

（五）注重艺术性和创新性

现代健美操起源于20世纪60年代末70年代初的美国。在70年代，迪斯科舞蹈盛行于美国，后风靡全球。它之所以很快被接受，正是由于它独有的娱乐性与健身性。它的特点之一是带有强烈的娱乐性与表现力，因此，有目的地吸收舞蹈与其他运动项目的动作，再加上一些独特的动作，是健美操创编中必不可少的环节。

三、健美操的创编过程

创编过程是指创编健美操时的先后步骤与流程。创编过程可以有很多种，但是主要有以下两种：

第一种：制定目标—音乐选择与剪辑—素材的选择与确定—建立基本结构—按创编原则组合动作与分段—按成套顺序完成成套动作的组合—评价与修改。

第二种：制定目标—构思成套动作—素材的选择与确立—按照原则组合动作与分段—按照成套顺序组合成套—音乐的创作与剪辑—评价与修改。

下面是第一种创编过程的具体步骤和流程，第二种在顺序上有所不同，内容类同。

1. 制定目标

创编的第一步是制定目标。在制定目标时，首先明确创编目的，其次分解各个动作具体的目的，然后构思套路的风格。有了比较清晰的思路后，就可以进行具体操作了。

2. 音乐选择与剪辑

有了整体构思，便可以有目标地选择音乐。音乐应该符合健美操的特点，节奏明显、热烈、蓬勃向上。选定音乐后，要反复聆听，感受、体味和感悟音乐，与此同时，着手划分音乐的段落，并进行筛选，做好这些段落的过渡和衔接，最后编辑和剪辑音乐。

3. 素材的选择与确定

目标确立之后，创编者要选择适合目标的动作，并把这些动作素材实际组合进行检验，初步确定创编中所需要的动作素材。其后，选择主体动作，再把这些动作组成组合，与音乐的段落相对应。其他段落依次类推。

4. 建立基本结构

健身性健美操的基本结构应遵循健身操的创编原则，而竞技性健美操的结构通常由开始、发展、结束三个基本部分构成，与健身操的目的有所不同。与此同时，创编时还需要考虑音乐对结构的制约，使音乐与成套结构紧密配合。

5. 按创编原则组合动作与分段

组合动作是指把两个以上的单动作串联起来的动作组。在连接动作时，遵循创编原则，可按照成套动作先后顺序，也可以打乱顺序按主次组合动作，还可以根据创编者个人感觉进行组合。

6. 按成套顺序完成成套动作的组合

当基本动作组合完成后，可按结构框架把动作组合排列起来，审视其中的连接是否顺畅。

7. 评价与修改

当动作初步完成后，先进行初步实践，由创编者自己或者请有关专家进行评价和修改，从而使得动作更加完善、合理。

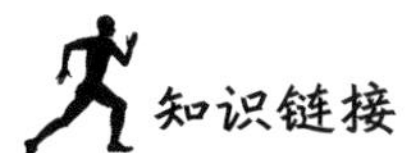

欣赏动作创新及编排

一套节奏感强，动作有独创性、有新意及编排立意新颖、风格独特、连接巧妙、流畅连贯，具有体育和艺术美、感染力的健美操动作，必然会牢牢地吸引观众，征服观众，使他们得到视觉、听觉和心理上的满足。

第四节　健美操运动竞赛规则与裁判

国际健美操竞赛规则的每一次变动和修改，都会对健美操的发展和与之相关的训练理念、方法带来重大的变革。为了体现健美操的健身、健美、健心的特点，必须对健美操运动竞赛规则与裁判进行深入了解。

一、健美操运动竞赛规则介绍

（一）比赛目的与宗旨

大力发展全民健身事业，着眼于百姓对生活品质的追求，深入研究新时代背景下群众体育需求的新特点、新要求和新思路，深层次挖掘多元健身形式，大力发展全民健身事业，大力推广科学健身方法，全面提高全民健康水平，激励广泛的健身人群参与，展示多元化的健身文化形式，提供科学的健身指导理论，弘扬时尚的体育健身思想，提升品位的健身文明生活。

（二）参赛组别

1. 年龄分组

(1) 学校组：幼儿组、小学组、中学组（初中组、高中组）、大学组（普通院校组、体育院校组)、精英组(高校高水平运动队及运动训练专业)。

(2) 社会组:青年组、中年组、老年组。

2. 内容分组

(1) 时尚健身操(舞)。

① 自选动作:有氧健身操、有氧健身舞、健身轻器械操、表演轻器械操、表演轻器械健身舞、有氧踏板操、有氧舞蹈。

② 规定动作:2010 年《全国普及组有氧健美操规定动作》、2011 年《全国普及性健美操全民推广套路》、2012 年《全国全民健身操等级推广规定动作》。

(2) 时尚健身课程。自选传统有氧操、健身舞蹈、有氧搏击、健身踏板、动感单车、健身球、健身杠铃等参赛项目。

(3) 大众锻炼标准。规定动作,少年 1~3 级《全国健美操大众锻炼标准》2 级、3 级、4 级、5 级、6 级套路。

(4) 广场健身操(舞)

① 规定动作:2013 广场健身舞规定动作。

② 自选动作:广场健身操,广场健身舞。

(5) 街舞

① 规定动作:2012 年健酷街舞规定动作、2013 年时尚街舞推广动作。

② 自选动作:传统街舞、流行街舞。

(6) 民族健身操(舞)。自选民族健身操、民族健身舞、民族器械健身操、民族器械健身舞等参赛项目。

(三) 参赛人数

参赛队员性别不限,人数分为:6~24 人。

(四) 比赛时间

自选动作成套比赛时间为 2 min±10 s,有氧舞蹈,有氧踏板比赛时间为 1 min30 s±5 s。

(五) 比赛场地

12 m×12 m。

(六) 着装仪容

男、女运动员着装款式不限,适合运动,可适量添加服装配饰,如飘带、亮片、适宜的设计图案等;男女运动员着装应整洁、美观,头发不遮脸,允许化淡妆,不得佩戴任何首饰和手表(民族健身操、民族健身舞例外);必须着合适内衣,不得过于暴露,不得显示文身,不得造型怪异;服装上不得出现描绘战争、暴力、宗教信仰或性爱主题的元素;着比赛服领奖。

二、健美操运动裁判

(一) 裁判的组成及职责

1. 高级裁判组

(1) 负责控制整个裁判工作,按照规则对裁判员和裁判长的评分进行调控,以保证最后得分的准确性。

(2) 记录各裁判员打分的偏差,如反复出现偏差,高级裁判组将有权警告或更换裁判员。

2. 裁判长

(1) 赛前组织裁判员学习竞赛规程和竞赛规则，负责裁判员分工、临场抽签等工作。

(2) 根据评分规则、依据相关违章情况进行裁判长减分。

3. 裁判员

(1) 严格遵守竞赛规程、评分规则和裁判员誓言。

(2) 按规定着装，如服装不符合要求时，取消其裁判员资格。

(3) 准时到达裁判地点，不能擅自离开，不得以任何方式同其他裁判员、观众、教练员和运动员说话或示意，如有违反，将给予警告或处罚。

(4) 保留成套动作评分记录，必要时递交高级裁判组或裁判长。

(5) 当裁判的评分与高级裁判组之间出现严重不一致时，要求给予合理的解释，并在赛后协助分析。

4. 计时裁判

按照规则记录成套时间的错误，填写减分表并及时向裁判长报告。

5. 记录长

按照规则对评分进行统计工作的组织与实施。

6. 检录长

按照赛程要求，组织运动员入场以及颁奖入场检录工作。

7. 放音员

负责开、闭幕式音乐的准备和播放；负责收集各队比赛音乐盘，并进行整理排序、播放音乐、保管、退回等工作。

8. 播放员

负责收集各队资料，在高级裁判组的指挥下，介绍全民健身操的竞赛规则，对参赛顺序以及比赛的结果进行播放。

（二）成套动作的评分（表 11-4-1）

表 11-4-1　成套动作评分参考表

评分因素	评分内容	分值
成套创编	成套编排主题突出，项目特征显著，动作内容新颖、多样，连接自然、流畅，操舞（或民族舞蹈）动作设计风格特点突出；充分挖掘器械属性，完美展示轻器械动作语汇；开始和结束动作创编应表现出艺术性和表演性	（2分）
场地空间与队形	成套动作需最大限度地使用比赛的场地，有效利用三维空间的变化，正确处理运动员与器械的关系；队形设计新颖、合理，变化清晰、流畅，体现团队配合意识	（2分）
音乐与表现	成套动作的设计与音乐的节奏、动效相吻合；运动员通过高规格的动作技巧，干净利落、娴熟地完成成套动作，表演热情洋溢，将运动、激情、表演融为一体，表现出运动员的健康自信与活力，彰显团队表演的感染力	（2分）
技术与技巧	运动员合理运用身体能力（力量、爆发力、柔韧、速度、耐力和灵敏性）表现出正确的动作技术、使用器械的娴熟性以及完美完成动作的能力；全体队员在完成成套动作过程中，必须表现出对动作的速度、方向及身体位置的整体控制能力	（2分）
一致性	集体动作整齐划一，即全体队员必须同步完成动作，主要体现在动作的幅度、速度、轨迹、合拍、队形移动变化的一致性与表演能力的一致性上	（2分）

(三)裁判长减分

(1)运动员在被叫到后60秒未出场视为弃权。

(2)被叫到后20秒未出场,减0.2分。

(3)时间偏差(时间在5秒内的时间偏差),减0.2分。

(4)运动员的着装、仪容不符合规定,减0.2分。

(5)运动员比赛时间掉物或者装束散落,减0.2分。

(6)托举的数量违例,每次减0.5分。

(7)器械种类超过两种,减0.5分。

(8)因动作失误器械掉地,运动员不捡起判为失去器械,减0.5分。

(9)托举违例,每次减1.0分。

(10)参赛人数不符合规定,违反安全特殊规定减1.0分。

(四)最后得分

(1)裁判员评分精确到0.1分,运动员最后得分精确到0.01分。得分高者名次列前,若得分相等,则名次并列。

(2)最后得分=裁判员平均分(去掉最高分,去掉最低分,取中间分的平均分)–裁判长减分。

(五)特殊情况处理

运动员在遇到以下特殊情况时,应立即停止动作并向裁判长反映,在问题解决后重新比赛,比赛结束后提出的要求将不被受理。

(1)播放音乐错误。

(2)由于设备问题而出现的干扰——音乐、灯光、舞台、会场等。

(六)运动员更换

确认报名后不得更换参赛选手。如确因伤病或特殊情况需更换,必须在比赛开始24 h之前持组委会医生证明或相关证明提出申请,由组委会同意后方可更换。

(七)参赛纪律处罚

(1)拒绝领奖者取消所有比赛成绩与名次。

(2)检录3次未到者取消该项比赛资格。

(3)对不遵守大会相关纪律、不尊重裁判和大会工作人员、有意干扰比赛者将视情节给予以下处罚:

① 取消比赛资格。

② 取消其获得的参赛项目相关的运动员、教练员、裁判员的等级资格。

③ 终身取消相关赛事资格。

复习与思考

1. 健美操运动的概念是什么?
2. 健美操运动有哪些特点?
3. 如何进行健美操动作的创编?
4. 谈谈自己通过学习健美操这项运动,有哪些收获?

第十二章　棋牌运动

知识导航

棋牌是棋类和牌类娱乐项目的总称，包括中国象棋、围棋、国际象棋、蒙古象棋(haobc)、五子棋、跳棋、国际跳棋(已列入首届世界智力运动会项目)、军棋、桥牌、扑克、麻将等诸多传统或新兴的娱乐项目。棋牌是一种游戏，也是一种竞技，大都简单易学，雅俗共赏，既有趣味，又颇具技巧，具有明显的益智健脑、健身作用。本章重点介绍中国象棋和围棋的基本知识和基本技战术。

第一节　中国象棋

象棋，又称中国象棋，在中国有着悠久的历史，属于二人对抗性游戏的一种，由于用具简单、趣味性强，成为流行极为广泛的棋艺活动。由于象棋不受年龄、性别和身体条件的限制，场地设备比较简单。因此，象棋具有较高的观赏价值和广泛的群众基础。通过学习、了解象棋的起源与发展，了解象棋的规则，掌握象棋的技战术要求，以及象棋对培养心智的作用。

一、象棋入门基础知识

(一) 象棋简史

中国象棋具有悠久的历史。战国时期，已经有了关于象棋的正式记载。象棋当在周代建朝(公元前 11 世纪)前后产生于中国南部的氏族地区。早期的象棋，棋制由棋、箸、局三种器具组成。两方行棋，每方六子，棋子用象牙雕刻而成。箸，相当于骰子，在棋之前先要投箸。局，是一种方形的棋盘。比赛时“投六箸，行六棋”，斗巧斗智，相互进攻、逼迫，而制对方于死地。早期的象棋，是象征当时战斗的一种游戏。在这种棋制的基础上，后来又出现一种叫“塞”的棋戏，只行棋不投箸，摆脱了早期象棋中侥幸取胜的成分。象棋于北宋末定型成近代模式：32 枚棋子，有河界的棋盘，将在九宫之中，等等。南宋时期，象棋成为流行极为广泛的棋艺活动。

(二) 现代象棋的情况

1956 年，原国家体委把象棋列为正式体育项目，并设立了专门办事机构。1962 年，中国象棋协会宣布成立。中国象棋协会宣布成立后，建立、健全了各种规章制度和等级制度，为象棋的普及与发展创造了良好的条件。

知识链接

中国象棋重大赛事

1. 全国象棋锦标赛、全国象棋个人赛、全国象棋公开赛。
2. 世界象棋公开赛、全国象棋甲级联赛。
3. 全国象棋青年锦标赛、全国大学生象棋锦标赛。

二、棋盘和棋子

(一) 棋盘

棋盘是指棋子活动的场所,是形式完全相同的两部分相对组成的,就一方来说,是由 5 条横线和 9 条直线交叉而成,共 90 个交叉点,棋子就摆在交叉点上。

中间部分,即棋盘的第五、第六两横线之间标注"楚河汉界"的地带称为"河界"。两端的中间,即两端第四条到第六条竖线之间的正方形部位,以斜交叉线构成的恰好有九个交叉点的"米"字方格,叫作"九宫"。

整个棋盘以"河界"分为相等的两部分。为了比赛记录和学习棋谱方便起见,现行规则规定:按九条竖线从右至左用中文数字一至九来表示红方的每条竖线,用阿拉伯数字 1~9 来表示黑方的每条竖线。对弈开始之前,红、黑双方应该把棋子摆放在规定的位置。任何棋子每走一步,进就写"进",退就写"退",如果像车一样横着走,就写"平"。

(二) 棋子

棋子共有 32 个,分为红、黑两组,各有 16 个,由对弈的双方各执一组。兵种是一样的,分为 7 种:帅(将)、仕(士)、相(象)、车、马、炮、兵(卒)。红方持有 1 个帅,5 个兵,仕、相、车、马、炮各两个。黑方持有 1 个将,5 个卒,士、象、车、马、炮各两个。注:其中帅与将;仕与士;相与象;兵与卒的作用完全相同,仅仅是为了区别红棋和黑棋而已(图 12-1-1)。

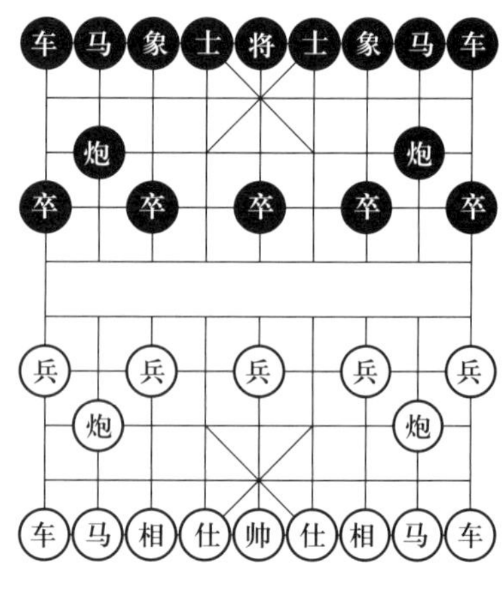

图 12-1-1 象棋棋盘

三、棋子的摆法、走法与吃子

(一) 棋子的摆法

即指对弈前的棋子位置,国际象棋将棋子摆在格内,而中国象棋是摆放在交叉点上。摆棋口诀:元帅大将放中央,卫士左右在两旁,然后再摆象和马,两个车儿放角上。将(帅)居底线之中,其余兵种对称分列两侧。

(二) 棋子的走法

帅(将)是棋中的首脑,是双方竭力争夺的目标。它只能在九宫之内活动,可上,可下,可左,可右,每次走动只能按竖线或横线走动一格。帅与将不能在同一直线上直接对面,否则走方判负。

仕(士)是将(帅)的贴身保镖,它也只能在九宫内走动。它的行棋路径只有九宫内的四条斜线。

相(象)的主要作用是防守,保护自己的帅(将)。它的走法是每次循对角线走两格,俗称“象飞田”。相(象)的活动范围限于河界以内的本方阵地,不能过河,且如果它走的田字中央有一个棋子,就不能走,俗称“塞象眼”。

车在象棋中威力最大,无论横线、竖线均可行走,只要无子阻拦,步数不受限制。因此,一车可以控制 17 个点,故有“一车十子寒”之称。

炮在不吃子的时候,移动与车完全相同。当吃子时,己方和对方的棋子中间必须间隔 1 个棋子(无论对方或己方棋子)。炮是象棋中唯一可以越子的棋子。

马走动的方法是一直一斜,即先横着或直着走一格,然后再斜着走一条对角线,俗称“马走日”。马一次可走的选择点可以达到四周的八个点,故有八面威风之说。如果在要去的方向有别的棋子挡住,马就无法走过去,俗称“蹩马腿”。

兵(卒)在未过河前,只能向前一步步走,过河以后,除不能后退外,允许左右移动,但也只能一次一步,即使这样,兵(卒)的威力也大大增强,故有“过河的卒子顶半个车”之说。

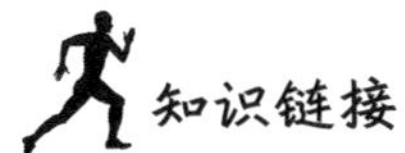
知识链接

口 语 歌

马走日字,象飞田。车走直路,炮翻山。士走斜路护将边。小卒一去不回还。车走直路马踏斜,相飞田子炮打隔,卒子过河了不得。

(三) 吃子的方法

任何棋子在走动时,如果一方棋子可以到达的位置有对方的棋子,就可以吃掉对方的棋子(吃掉的棋子拿出棋盘),并占领那个位置。炮的“吃子”方式与其他的走法不同:它和对方棋子之间必须隔一个子(无论是自己的还是对方的),具备此条件才能“吃掉”人家;帅和将被吃或不能动弹即输棋。

四、象棋术语

中线:棋盘中第五条直线。它是有关将、帅安危的生命线,亦为双方必争的战略要点。对局时,须力争控制该线,使之不被对方棋子侵入或牵制。

肋道:也称“两肋线”。棋盘中的第四、第六条直线。因在中线将位左右,形似人体的两肋,故名肋道。均为对局双方攻守的要道线,控制肋道,应以对方上士的动向为进攻目标。

兵线:也称“卒林”。棋盘中靠近河界线的第一条横线,供双方置兵、卒。兵、卒有巩固阵地、绊马阻子的作用,己方棋子如能占据对方的兵线,就能予对方以压力和威胁。

对局评注:在报刊或棋谱上,对比赛中一些著名棋手的实战对局,用复盘形式加以评述,分析双方战略战术中的优劣得失,与各种攻防着法的变化,以供爱好者欣赏、借鉴、参考,从中汲取有益的经验和技巧。

复盘:也称“复局”。指对局完毕后,复演该盘棋的记录,以检查对局中着法的优劣与得失关键。一般用以自学,或请高手给予指导分析。如按照棋排演,类如复盘,称“打谱”或“研阅棋谱”。

着:对局中轮到走棋的一方,把某个棋从一个交叉点走到另一个交叉点,或吃掉对方的棋子而占领其交叉点,即为走了一着。

回合:对局中,双方各走一着,称为一个回合。

强子:指车、马、炮等战斗力较强的各类子。兵、卒须视形势而定,一般以过河界的为强,在自界的为弱。

窝心马:也称“塞心马”“入宫马”。指马走入己方的九宫花心,此着走后受到对方子力的牵制,影响帅(将)和双士的活动,易受车、兵杀士、卧槽马、挂角马和中炮的威胁,常有被将死的危险,故素有“马入窝心,老将发昏”和“马入宫多遭凶”之说。

官着:从广义上讲,双方按棋局的必然发展正常应对的着法称为“官着”,也称“正着”。

先手:有二义:① 也称“先走”,开局时的先走者。② 也称“得先”,棋局形势中的主动者。

后手:有二义:① 开局时后者。② 也称“失先”“落后”,棋局形势中的被动者。

均势:也称“并先”。指对局中双方局势均衡,兵力相等。

五、中国象棋基本杀法

在基本杀法中,我们把控制将帅左右或者上下移动的子力称为控将子,直接将军的子力称为叫将子。完成一种基本杀法,往往需要控将子与叫将子相互配合才能实现。

(一) 侧面虎杀法

马与对方将(帅)之间相对位置状如双士连环,将(帅)在肋线一侧被将死称之为侧面虎杀法。

第一局如图 12-1-2 所示。

炮三进七,不逃中马反而进炮叫将引离黑中象,是发挥侧面虎威力不可或缺的前奏曲。象 5 退 7,落象去炮亦属无奈,因如将 4 进 1 则车七进五,红速胜。 车七进六,将 4 进 1。马五进七,将 4 进 1。车七退二,将 4 退 1。车七平八,平车让马犹如拔剑出鞘,有此一着,黑将无力再逃了,红胜。

第二局如图 12-1-3 所示。

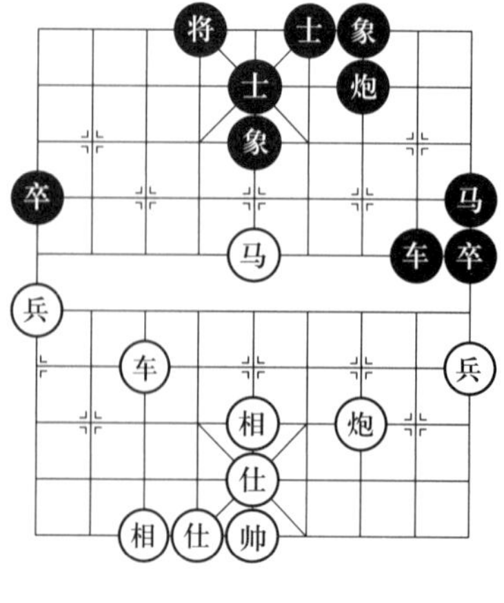

图 12-1-2

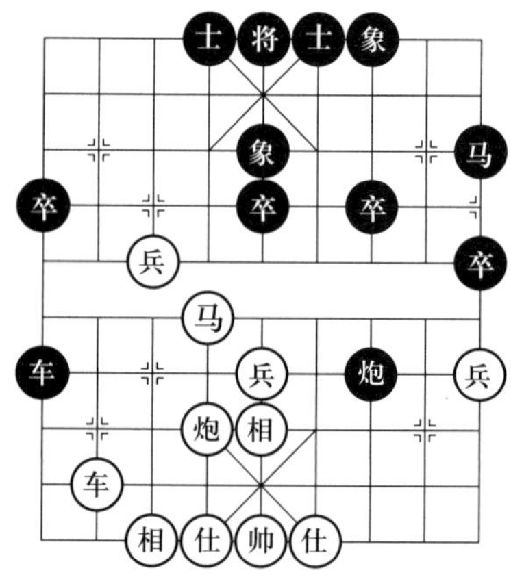

图 12-1-3

炮六进七,机不可失,时不再来,抓住时机挥炮击士,是步紧着。将5平4,出将是对侧面虎认识不足才走出的速败之着。车八进八,将4进1。车八平五,不再打将而先平中车制将,这是此局面下侧面虎发力擒王的关键所在。士6进5,已是徒劳。马六进七,将4进1。车五退一,车五平八亦是绝杀。象5退3,车八进八,象7进2,炮六退一,红胜。

第三局如图12–1–4所示。

车二退三,退车叫杀抢占佳位,为跃马将侧铺路搭桥,是形成侧面虎的重要着法。将6退1,车5平6则红马七退五得车。马七退五,车5平7。相五进三,扬相盖住黑车,红车、马可以任意地纵横驰骋了。士5进6,车二进三,将6退1。车二进一,将6进1。马五进三,将6进1,车二退二,红胜。

(二) 钓鱼马杀法

用处于棋盘3–8位或7–8位的马作为控将子,用车或兵等子力作将子而把对方将死的杀法,称为钓鱼马杀法。

第一局如图12–1–5所示。

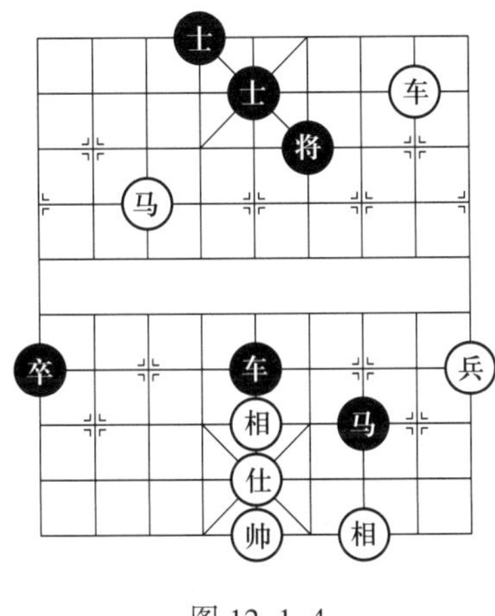

图12–1–4

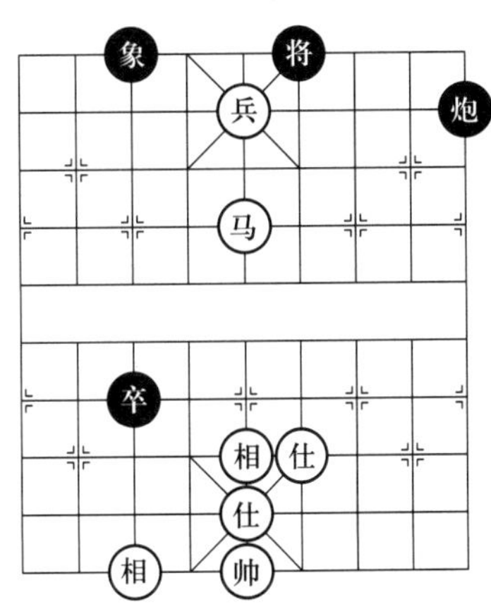

图12–1–5

兵五平四,红要取胜,只要钓鱼马甩开黑炮的羁绊即可。这着平兵,是甩炮计划的开始。将6平5,马五进三,炮9进3。兵四平五,将5平4(6),马三退五。几步巧妙腾挪之后,红马兵恰好回到原来位置,但黑棋已然面目全非。以下黑无法阻挡钓鱼马杀,红胜。

第二局如图12–1–6所示。

马四进六,乍看红马四(七)进五叫将可逼黑车换双马似乎不错,但稍作分析则发现交换后红无赢棋。现在红冒着被捉双的危险毅然策马过河跃进敌营,这才是取胜正途。车5退2,退车捉马导致速败,但即使防备红钓鱼马的杀棋走车2平3,红马六退五后黑亦无力回天。车九退一,将4退1,马六进七,将4平5,车九进一,士5退4,车九平六。

第三局如图12–1–7所示。

车八平五,弃车杀士摧毁黑将屏障,有胆有识,是迅速入局的佳点。将5进1,马五进三,将5退1。退将无奈,如将5平4(6)则车七平六(四)杀。车七平四,再充分利用就在黑棋车口的沉底炮对黑士的牵制,一着疾如闪电的平车,最终铸成了钓鱼马绝杀。

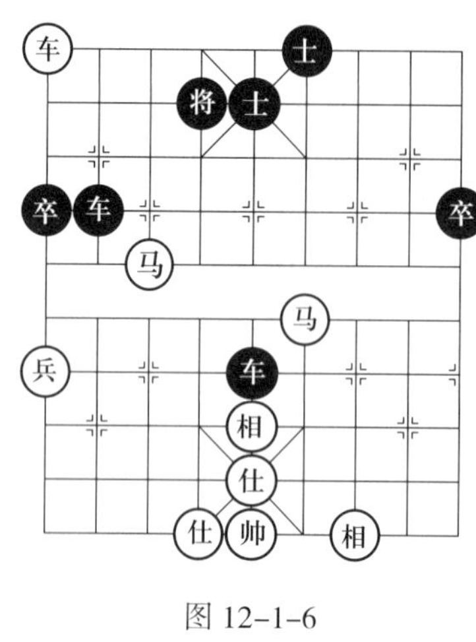
图 12-1-6

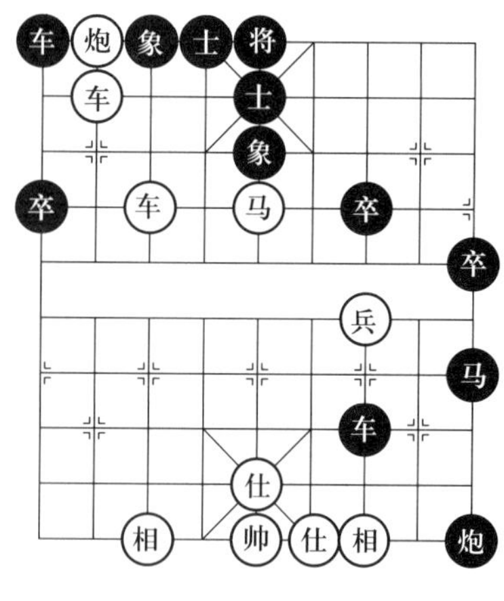
图 12-1-7

（三）重炮杀法

进攻方双炮在同一条直线上重叠，一炮在前充当炮架，一炮在后将军而把对方将死的杀法，称为重炮杀法。

第一局如图 12-1-8 所示。

炮一平四，平炮先避开黑炮长拦的纠缠，好棋。如直接走炮五退三，则炮 8 进 3，红一时不易取胜。炮 8 平 6，如马 3 进 5 不让红退炮，则炮四进三，红胜。炮五退三，退炮形成绝杀，红胜。

第二局如图 12-1-9 所示。

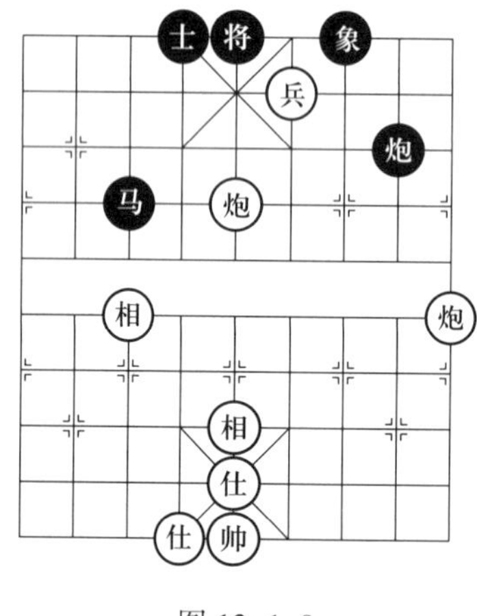
图 12-1-8

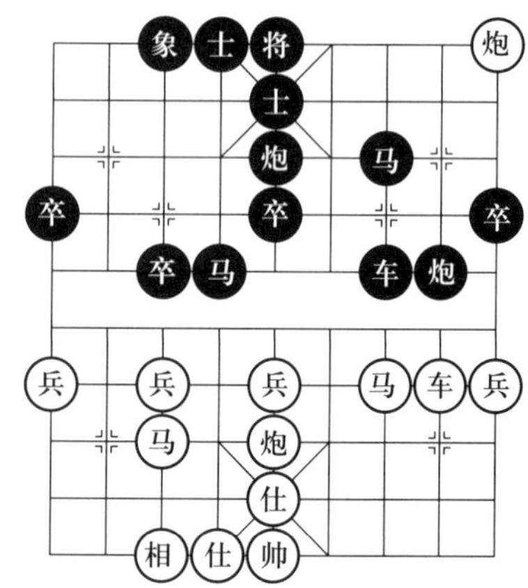
图 12-1-9

炮五平三，红平炮打车是正常而凶狠的着法。马 4 进 6，炮三进三，马 6 进 8。马三进二，兑车后红有重炮杀的威胁，黑 7 路马因此受到牵制而不可动弹。红趁势果断进马踩炮，着法精妙！马 8 退 7，马二进三，至此红得子胜定。

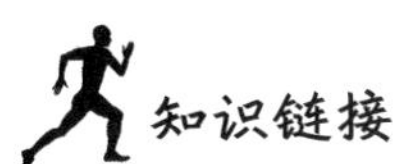

象棋比赛规则

第1条 胜、负、和

1.1 对局时一方出现下列情况之一，为输棋（负），对方取胜。

1.1.1 帅（将）被“将死”；

1.1.2 被“困毙”；

1.1.3 走棋后（已离手）形成“自杀”；

1.1.4 形成待判局面，单方“长将”；

1.1.5 形成待判局面，一方违反禁例，应变着而不变；

1.1.6 在规定时限内未走满规定着数或完成对局；

1.1.7 超过了比赛规定的迟到判负时限；

1.1.8 全国比赛一次，省级（含以下）和全国少年赛（含以下）比赛两次违反行棋规定；

1.1.9 两次现未走棋先按钟；

1.1.10 三次“犯规”；

1.1.11 在同一个“自然限着”阶段内，第二次提出“自然限着”和棋，经审核不属实；

1.1.12 宣布认输；

1.1.13 对局中拒绝遵守本规则或严重违反纪律。

1.2 出现下列情况之一时，为和棋。

1.2.1 一方提议作和，另一方表示同意；

1.2.2 双方均无取胜可能的简单局势；

1.2.3 棋局出现待判局面，符合“棋例”中“不变作和”的有关规定；

1.2.4 符合“自然限着”的回合规定，即在连续60回合中（可根据比赛等级酌减）均未吃过棋子。

第2条 摸子、落子、纠正错误

2.1 摸触己方的哪个棋子，就应走哪个棋子，除非所摸触的棋子，按行棋规定根本不能走，才可以另走他子。

2.2 摸触对方的棋子，就必须吃掉哪个棋子，只有当己方的任何棋子都无法去吃时，才可以另行走子。

2.3 先摸触己方棋子，后摸触对方棋子。

2.4 摆正棋子只能在自己行棋的时间内进行，且必须事先说明，否则按摸子论处。如系明显误碰某个棋子，不作摸子论处。

2.5 行棋后（以手离开棋子为准），只要符合行棋规定，即落子生根，便不得悔棋。如系无意中失手将棋子脱落在棋盘上，可不作落子论处。

2.6 在对局过程中，出现意外错误，无论出自何方，应及时纠止，过时不予受理。

2.7 对局中发现先后手颠倒，如在20分钟内发现则换先重赛；否则，视为双方认可，继续比赛，对局结果有效。

2.8 如发生一方乱碰棋子，应在自己的时限内恢复局面。

2.9 凡走棋并按钟后出现棋子走在两个点之间并且无法辨认位置，由对方指定其中一个点作为落点。

第3条 计时

正式比赛，采用具有两个钟面的数字式电子计时钟或指针式计时钟，分别计算双方走棋的时间。对局双方必须在行棋后用走棋的手按钟。比赛前，棋钟置放朝向应统一安排，原则上放在先手方左侧。赛前应根据比赛性质与规模，规定具体采用的棋钟和计时方案。

第4条 记录

4.1 在要求棋手记录的比赛中，双方应在对局过程中逐着认真记录，字迹应清晰、准确。每漏记1着判犯规一次；每漏记8着（含）以上，可直接判犯规两次。

4.2 如果记录无法辨认，经裁判员、裁判长确认后，可按4.1款精神予以判处。

4.3 对局终了，裁判如认为某份记录不够清晰、准确，有权要求该方在对局结束后誊清补正。

第5条 比赛办法

5.1 大循环制

在人（队）数不多而时间许可的条件下，可采用这一制度。通常采用一局制，人（队）数较少时也可采用两局制。循环赛对局秩序表参见附录一。

5.2 分组循环制

在人（队）数较多，不便采用大循环制的情况下，可以根据棋手（队）的最新等级分或比赛成绩排定“种子”，分成若干组进行循环初赛，从各组选出一定人（队）数进行决赛。

5.3 积分编排制

在人（队）数较多，赛程较短，而“种子”不易安排的情况下，可以考虑采用积分编排制。

5.4 淘汰制

参加比赛的人（队）数较多，时间较紧，可酌情采用单淘汰制、双败淘汰制或其他淘汰方式，并适当安排预选赛、附加赛。

第6条 名次确定

6.1 在一局循环制的个人比赛中，根据个人积分排列名次，积分多者列前。如积分相等，按以下顺序区分：小分（所胜对手的全部积分与所和对手积分的一半之和）、胜局、直胜、犯规、后走局数、对局时后走。

6.2 在两局或多局循环制个人比赛中，根据个人场分排列名次，场分多者列前。如场分相等，则按以下顺序区分：局分总和、胜局、直胜、犯规、后走胜局。

6.3 在一局积分编排制的个人比赛中，根据个人积分多少排列名次，多者列前。

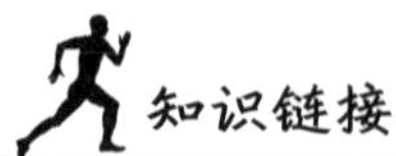

中国象棋名人小传

黄少龙，男，南开大学象棋研究中心教授，1977年获全国象棋个人赛第3名，被授予国家第一批象棋大师称号。1977年参加中国对菲律宾象棋赛，1985年参加中国对法国象棋赛，均取得优胜。1997年参加象棋名人国际邀请赛获国内组冠军。1982年起主持计算机象棋的研究，与别人合作制成国内第一个象棋软件。1986 年在香港设擂，获香港奥林匹克金奖。1990 年参加在伦敦举行的第二届世界计算机奥林匹克大赛，获第 3 名铜奖。曾出版《象棋开局战理》《象棋实战中局谱》《象棋对局论》《马炮争雄》《象棋战术大全》《象棋实战攻杀技巧》等 40 多部著作，并发表象棋论文 300 余篇。本人事迹入选 1998 年中国国际交流出版社出版的《世界名人录》。

第二节 围 棋

中国围棋是人们陶冶情操、修身养性的一项非常有意义的、高雅的文化活动，其历史悠久、源远流长。围棋不仅能益智、健身、娱乐，而且棋手在一招一式的博弈中，在开启心智的同时还能增进人们之间的友谊。通过学习、了解围棋的基本知识和规则，掌握围棋的技战术要求，可培养人们的心智技能。

一、围棋的起源和发展

(一) 围棋的起源

围棋，起源于中国，中国古代称为弈，可以说是棋之鼻祖。围棋至今已有 4 000 多年的历史。据先秦典籍《世本》记载，“尧造围棋，丹朱善之。”晋张华在《博物志》中继承并发展了这种说法：“尧造围棋，以教子丹朱。”或云：“舜以子商均愚，故作围棋以教之。”唐代诗人皮日休所作的《原弈》认为：“弈之始作，必起自战国，有害诈争伪之道，当纵横者流之作矣。”明朝陈仁锡在《潜确类书》中又提出“乌曹作博、围棋”。乌曹相传是尧的臣子，有的又说他是夏桀的臣子。后来，董斯张的《广博物志》、张英的《渊鉴类函》等也采录了这种说法。明朝林应龙《适情录》则认为，围棋是容成公发明的。据《列仙传》记载：“容成公者自称黄帝师，见于周穆王，能善辅导之事。”

(二) 围棋历史发展

1. 春秋战国时期

围棋这时已在社会广泛流传了。《左传·襄公二十五年》载：“卫献公自夷仪使与宁喜言，宁喜许之。太叔文子闻之，曰：呜呼……今宁子视君不如弈棋，其何以免乎？弈者举棋不定，不胜其耦，而况置君而弗定乎？必不免矣！”这是历史上第一次可靠的涉及围棋的记载，时间是公元前 548 年。

2. 秦汉三国时期

秦有关围棋的活动鲜有记载。到东汉初年，社会上还是“博行于世而弈独绝”的状况。直至东汉中晚期，围棋活动才又渐盛行。

3. 唐朝时期

从唐代始，昌盛的围棋随着中外文化的交流，逐渐走出国门。首先是日本，遣唐使团将围棋带回，围棋很快在日本流传。日本不但涌现了许多围棋名手，而且对棋子、棋局的制作也非常考究。如：唐宣宗大中二年(848)来唐入贡的日本国王子所带的棋盘就是用“楸玉”琢之而成的，而棋子则是用东夷国集真岛上手谈池中的“玉子”做成的。除了日本，朝鲜半岛上的百济、高丽、新罗也同中国有来往，特别是新罗多次向唐派遣使者，而围棋的交流更是常见之事。《新唐书·东夷传》中就记述了唐代围棋高手杨季鹰与新罗的棋手对弈的情形，说明当时新罗的围棋也已具有一定的水平。

4. 明清时期

明清两代，棋手的棋艺水平得到了迅速的提高。其表现之一，就是流派纷起。明代正德、嘉靖年间，形成了三个著名的围棋流派：一是以鲍一中（永嘉人）为冠，李冲、周源、徐希圣附之的永嘉派；一是以程汝亮（新安人）为冠，汪曙、方子谦附之的新安派；一是以颜伦、李釜（北京人）为冠的京师派。这三派风格各异，布局攻守侧重不同，但皆为当时名手。在他们的带动下，长期为士大夫垄断的围棋，开始在市民阶层中发展起来，并涌现出了一批“里巷小人”的棋手。他们通过频繁的民间比赛活动，使得围棋游艺更进一步得到了普及。随着围棋游艺活动的兴盛，一些民间棋艺家编撰的围棋谱也大量涌现，如《适情录》《石室仙机》《三才图会棋谱》《仙机武库》及《弈史》《弈问》等 20 余种明版本围棋谱，都是现存的颇有价值的著述，从中可以窥见当时围棋技艺及理论高度发展的情况。

5. 对外传播

到 19 世纪中叶后，日本的围棋水平赶上中国，并在其后的一百年间，将中国远远抛在后面。

中国和越南的交往可以上溯到秦汉时期，西汉时曾置交趾郡，辖境包括今天越南北部的大部分地区。此后，越南长期受中国文化的影响。围棋在越南流传的情况未见史籍记载，但估计不会晚于 12 世纪。

新中国成立后，陈毅元帅也是一个围棋爱好者。他大力推进中国的围棋事业发展，使新一代的围棋国手成长起来。代表人物有陈祖德、聂卫平、马晓春、常昊等。20 世纪 80 年代中后期，聂卫平在中日擂台赛中创造了八场不败的纪录，取得了前三届中日擂台赛的胜利，也在神州大地掀起了新的围棋学习的热潮。聂卫平九段成为全国众所周知的体坛明星。1983 年获国家体委颁发的“体育荣誉奖章”。

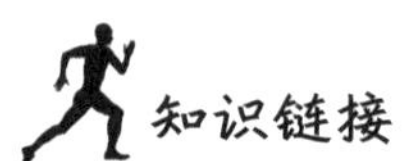

围棋重大赛事

1. 应氏杯：4 年一届，中国台北主办，奖金最高，被称为“围棋奥运会”。
2. 富士通杯：每年一届，日本主办，举办历史最悠久。
3. 丰田杯：2 年一届，日本主办，决赛三局两胜制。
4. LG 杯：每年一届，韩国主办，决赛五局三胜制。
5. 三星杯：每年一届，韩国主办，决赛三局两胜制。
6. 春兰杯：2 年一届，中国主办，决赛三局两胜制。

二、围棋的概念

一般来说，围棋是一种由两个人对抗的竞技游戏，它是以棋盘上占地多少来判定胜负的。

若是将棋盘的整个盘面看作一块土地，双方各用自己的棋子去开拓这片土地。由于每一方都想在棋盘上多占一些领地,这就首先要先去占领棋盘上的有利位置,并用棋子每隔一定的距离打下桩子,表示这就是你的领地。然后在不断地经营下巩固这些领地。棋盘上的地域完全划分完毕后,棋局就终了。这时我们可以计算一下双方的领地,谁占地多,谁就赢了。

三、围棋的棋具

围棋的棋具有棋盘、棋子、计时钟。在正规比赛中,这三样是不可缺少的,但一般的对局只需棋盘和棋子。

围棋棋盘:盘面有纵横各 19 条等距离、垂直交叉的平行线,共构成 19×19=361 个交叉点(以下简称为"点")。盘面上标有 9 个小圆点,称为星位。中央的星位又称"天元"。下让子棋时所让之子要放在星上。棋盘可分为"角""边"以及"中腹"。启蒙学习中,有 13×13、9×9 的棋盘。为了便于判定棋盘上各点的位置,采用坐标法进行编号,横线自上而下用汉字依次编为第 1~19 路,竖线从左至右用阿拉伯数字编第 1~19 路。记录、说明或教学的时候均以先竖后横的次序为准(图 12-2-1)。

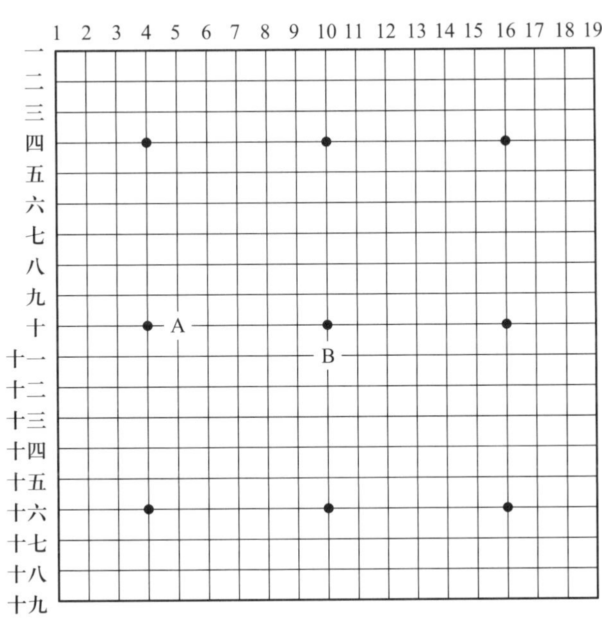

图 12-2-1 围棋棋盘

围棋棋子:棋子分黑、白两色,多为扁圆形(也有双面突起的应氏棋子)。棋子的数量以黑子 181、白子 180 个为宜[参见中国围棋规则(2004 版)]。中国一般使用一面平、一面凸的棋子,日本则常用两面凸的棋子。中国云南所产的"云子"为历来的弈者所青睐,已有 500 余年的历史。较为珍贵的棋子材料有蛤碁石、玛瑙、贝壳等。

围棋棋钟:正式的比赛中可以使用计时器对选手的时间进行限制。非正式的对局中一般不使用计时器。

棋盘上可分为九个部分,分别称为:左上角、左下角、右上角、右下角、上边、下边、左边、右边和中腹(图 12-2-2),棋盘上共有 9 个黑点称作"星",棋心的黑点称作"天元","天元"

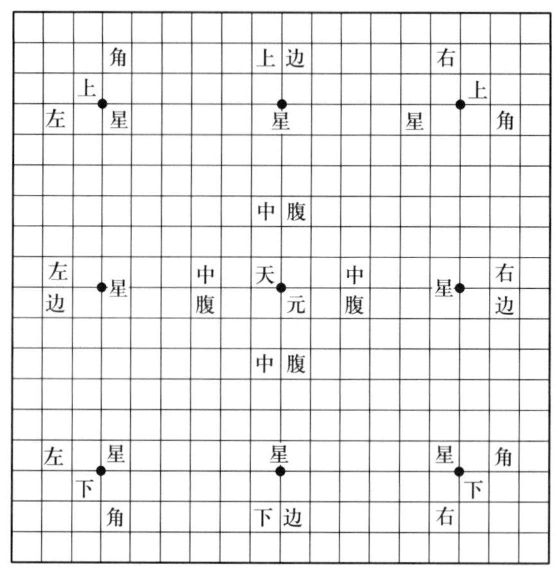

图 12-2-2 棋盘分布图

并没有其他特殊意义。棋盘上的 9 个部分只是大致的划分,并没有严格的界限,在这里只作笼统的说明。棋子下在星位上或天元上与棋的内容和规则都没有直接关系。"星"与"天元"只是棋盘的标位。棋盘的每条边线叫作第一线(或一路),紧靠第一线的那条线叫第二线(二路),再向中腹移动依次称为第三线(三路)、第四线(四路)等。

四、行棋规则与胜负计算

围棋的基本规则规定:对局者一方执黑子先行(让子棋除外),另一方执白子,双方轮流交替下一子到棋盘的交叉点上(已有棋子的交叉点不能下子,禁着点不能下子),棋子下定后不允许再挪动位置。这一点同中国象棋和国际象棋有着根本的区别。在双方行棋的过程中,运用吃子、打劫、作活、围地等技术直至终局。所谓终局就是棋盘上每一个交叉点的归属均已完全确定下来。

围棋对局中正确的拿子方法是:用食指和中指的指尖夹住棋子,准确地将棋子轻轻放在棋盘的交叉点上。业余棋手当中,有些人习惯于用拇指和食指夹住棋子,这种姿势不正确,难登大雅之堂(图 12-2-3)。

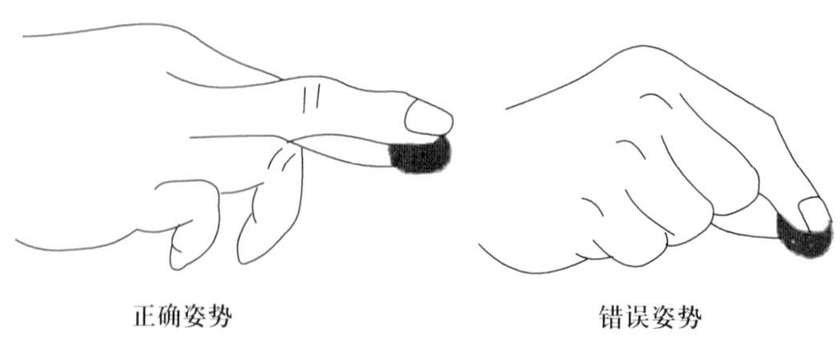

图 12-2-3

按照行棋的规则，由黑棋先走。黑 1 占右上角，白 2 占左下角，黑 3 占左上角，白 4 占右下角，黑 5 攻击白 4，双方一替一手地应接直至白 18，这就是所谓下围棋（图 12–2–4）。棋至终局后，怎样计算胜负呢？怎样判定谁输谁赢呢？简单地说围棋中的胜负可以概括为：谁围的地域大谁就是胜者；反之，就是败者。

围棋盘上共有 361 个交叉点，一盘棋的胜负就是由对局双方所占据的交叉点的多少所决定的。更精确地说就是由双方活棋所占据的地域的大小来决定的。一个交叉点为一子，每方以 180 又 1/2 子为归本数，超过此数者为胜，小于此数者为负。

如图 12–2–5 所示黑方占据了棋盘上左边的地域，白方则占据棋盘上右边的地域（实际上真正的对局是不会下成这样的），因为双方已把棋盘上所有的交叉点都各自占有，没有余下任何可争夺的地域，这盘棋可以计算胜负了。

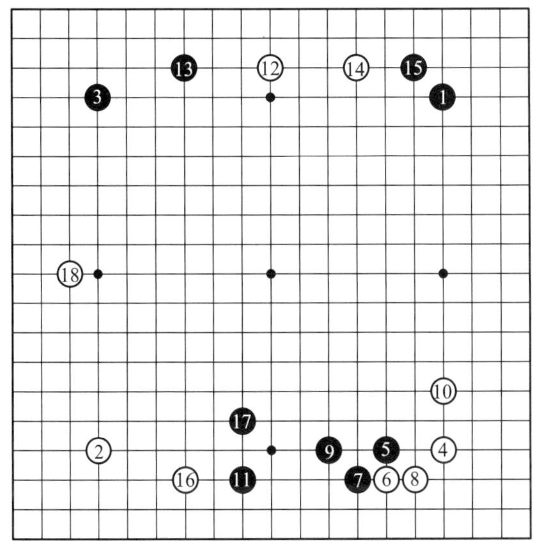

图 12–2–4 行棋规则

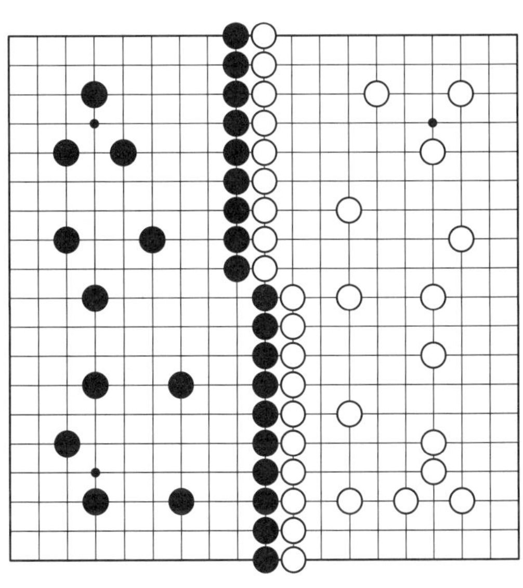

图 12–2–5 行棋规则

（一）分先

两方棋艺水平旗鼓相当，由双方轮流执黑先走。按我国现行的围棋规则规定，由于黑棋先走，有一定的先手威力，应由执黑的一方贴出 3（3/4）子。所以黑棋所占的地域必须超过 184（1/4）子（180（1/2）+3（3/4））才能取胜。比如黑棋数出来有 185 个子，即黑棋胜。而白方的地域只要超过 176（3/4）子（180（1/2）–3（3/4））即可获胜。在国际与国内的各种正规比赛中，都采用分先规则。

（二）让先

让先指水平略低的一方执黑先走，终局计算时不贴子。即各占 180（1/2）子为和棋，哪一方超过 180（1/2）即可取胜。非正式比赛或民间对局也采用此规则。让先规则运用于双方棋艺水平有一定差距的棋手之间的对局。

（三）让子

让子是棋艺水平有较大差距的对局双方所采用的对局形式之一，为了取得棋力的相互平衡，由水平低的一方执黑在棋盘的指定位置上连续放置若干黑子(水平差距大的子数增多，差距小的子数相对减少)。不同的让子数有不同的放子规定，对初学者，具有专业水平的棋手可让 25 子(图 12–2–6)。

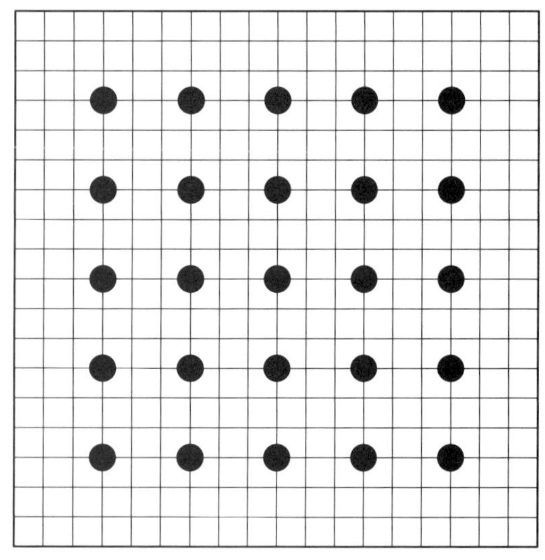

图 12–2–6 行棋规则

图 12–2–6 的这种情况，终局后黑方须贴还白方 12(1/2) 子，贴还后仍以各占 180(1/2) 子为和棋。

下面以具体例子详细介绍终局时数棋的方法(图 12–2–7)。

这是日本著名棋手桥本昌二九段执黑对坂田荣男九段执白的一局棋。图 12–2–7 是这盘棋终局的图形，棋盘上所有的交叉点已被双方各自占有。怎样来计算胜负呢？首先，把双方的死子拿掉，死子即在双方各自的包围中没有活力的棋子。如果做黑棋，就把黑势力中划有“△”的白死子拿出去，因为这些棋子已经没有价值了。其次，把一方(其实可以任选一方)的地域用棋子填满，只要数一数，便知胜负了(图 12–2–8)。

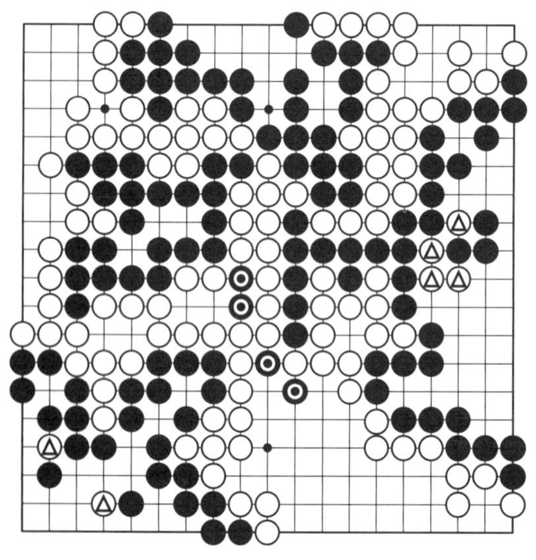

图 12–2–7 终局图形

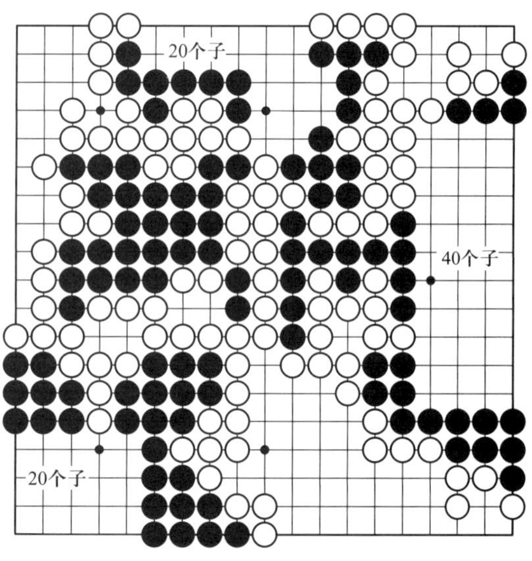

图 12–2–8 填子算胜负

为了简明起见，一般是把小块填满，把大块的地域做成整数，这样就不必把整个棋子都填到棋盘上了。这种整块做棋的方法，较为实用。民间对局和比赛中都采用这种方法，如图 12–2–8 所示。围棋规则中规定：在 361 个交叉点中，谁所占地域超过了 180(1/2) 子谁就算胜利，现代比赛有黑贴目的规定，所以黑地域须超过 184(1/4) 子才算获胜。而少于这个数字就算失败。所谓黑胜几子、白胜几子就是根据这个规则来确定的。

图 12-2-8 中的形状，是为了便于“做棋”而把散落的图形整齐化，右侧做了 40 个子，上方做了 20 个子，左下方又做子 20 个子，加起来共 80 个子，那么除去白棋围空中的黑死子外，盘面剩下的黑子加上 80 个做完的“空”，就是黑子的总数，这种方法，就是实战后或比赛后，所采用的计算胜负的方法。一般的民间对弈也采用这种方法计算胜负。

五、围棋的常用术语

术语是一种习惯性的特定名称。在围棋中几乎每走一步，都有它的特定名称，即术语。下面我们介绍一些经常遇到和经常使用的术语。

(一) 长、立

凡是在本方棋子的直线上向前延长一子，叫“长”，如图 12-2-9 中的黑 1。

图 12-2-10 凡是沿着本方棋子的直线，向边上下子，叫“立”，如白打吃，黑 1 叫“立”。

(二) 粘、提

图 12-2-11 白 1 打吃，黑 2 走一子，把被打吃之子同自己的子连起来，叫“粘”，可称为白 1 打，黑 2 “粘”。

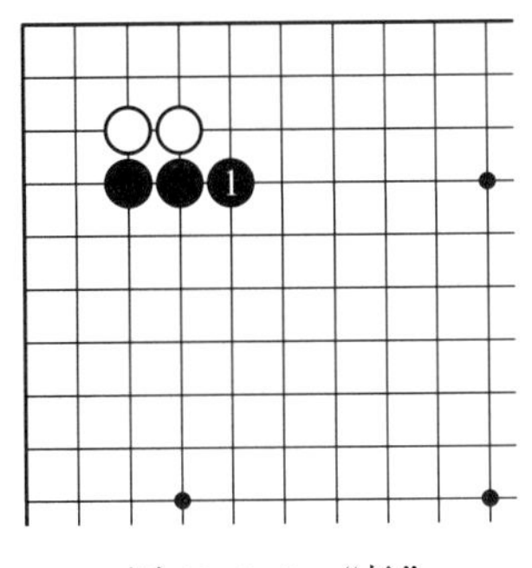

图 12-2-9 “长”

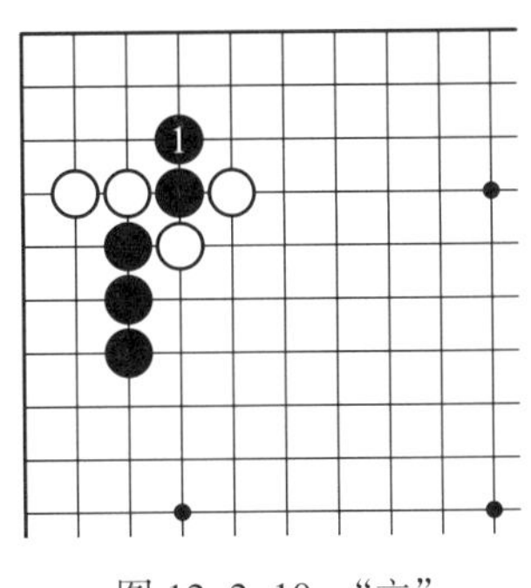

图 12-2-10 “立”

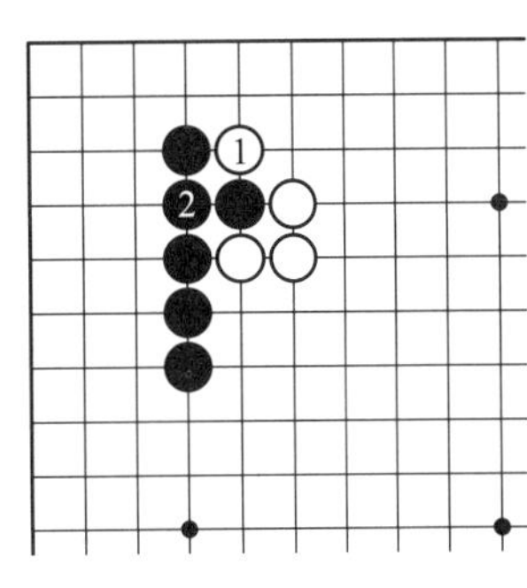

图 12-2-11 “粘”

图 12-2-12 棋子被打吃，如不应，另走他处，该棋子即被提去，白 1 打，黑 2 立，白 3 之举叫“提”，黑 0 一子即被拿走。

(三) 接、虎

图 12-2-13 下一子，把本方棋子连起来，称为“接”，如白 1 称为“接”。

图 12-2-14 走一子，使自己的三个子成为一个虎口状，对方在 a 处下子即被提掉，白 1 叫作“虎”。

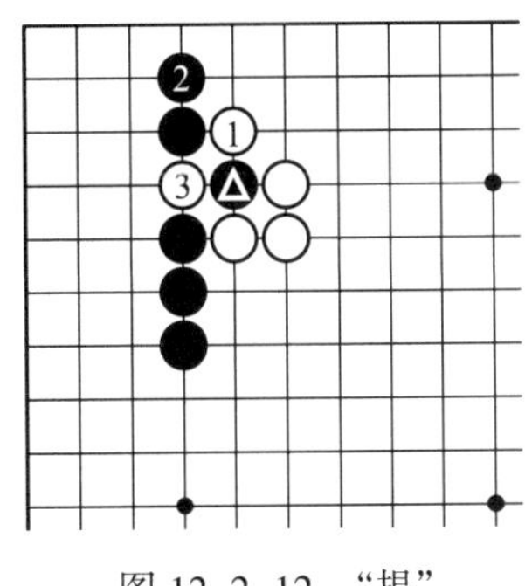

图 12-2-12 “提”

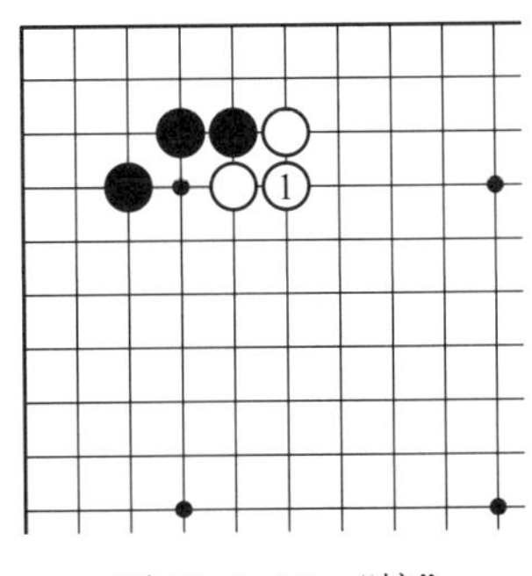

图 12-2-13 “接”

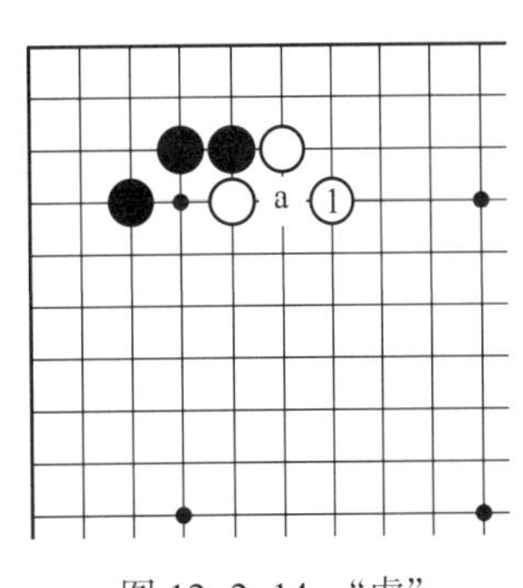

图 12-2-14 “虎”

(四) 冲、挡

图 12-2-15 中下一子,向对方的空隙处冲过去,称为“冲”,如图中白 1 之举。

图 12-2-16 中走一步,把对方冲过来的子迎头挡住,叫作“挡”,如图中黑 2。

(五) 扳、托、退

图 12-2-17 双方棋子靠紧。一方往对方棋子的直线上下子,改变平行的着法,称为“扳”。如图中黑 1、白 2 都叫“扳”,黑 3 也叫“扳”,但因为连着扳两下,黑 3 又叫“连扳”。

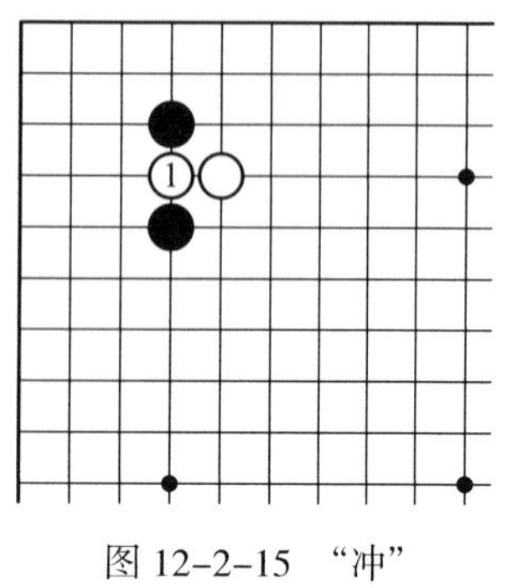

图 12-2-15 “冲”

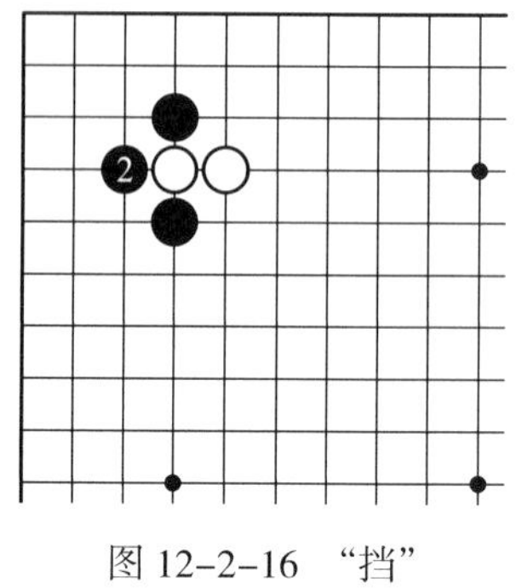

图 12-2-16 “挡”

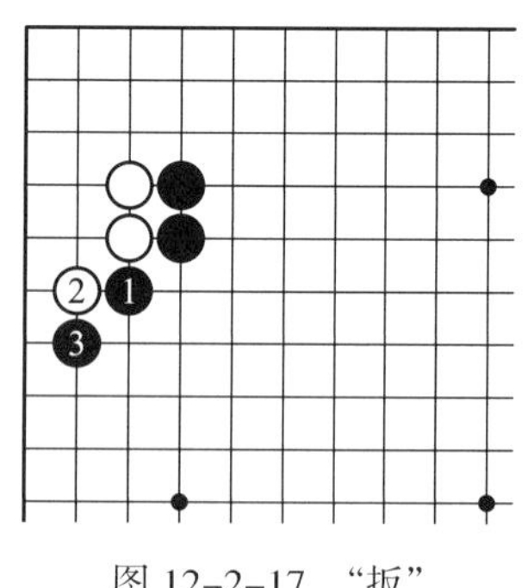

图 12-2-17 “扳”

图 12-2-18 在紧靠着对方棋子的下边走一子,叫“托”。黑 1 就叫“托”,白 2 叫“扳”,黑 3 往回沿直线退一步,叫“退”。

六、围棋中如何吃子

在围棋对局中,棋子在棋盘上是依赖“气”来生存的,若想学会如何吃子就必须先了解“气”。“气”是围棋基本术语之一,是指在棋盘上与棋子紧紧相邻的空交叉点(图 12-2-19)。

图 12-2-19 中角上的一子与它紧紧相邻的有两个交叉点,所以它有两“气”。边上的一子,与它紧紧相邻的有三个空交叉点,所以它有三“气”,中腹的一子。与它紧紧相邻的空交叉点有四个,所以它有四“气”。棋盘上单独一个棋子的气数不可能超过四“气”,但两个或两个以上相连的棋子则不同了,如图 12-2-20 所示。

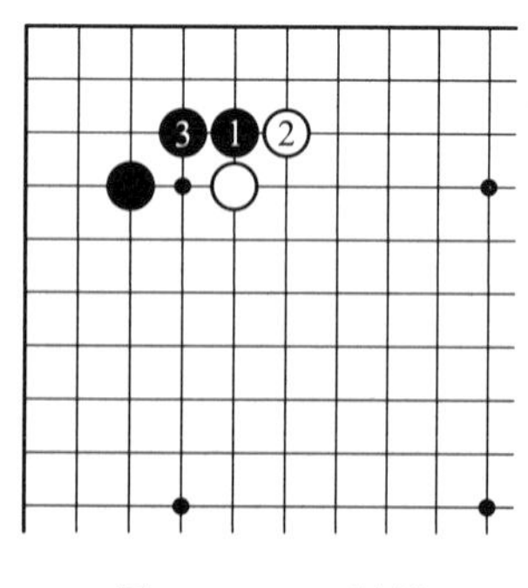

图 12-2-18 “托”

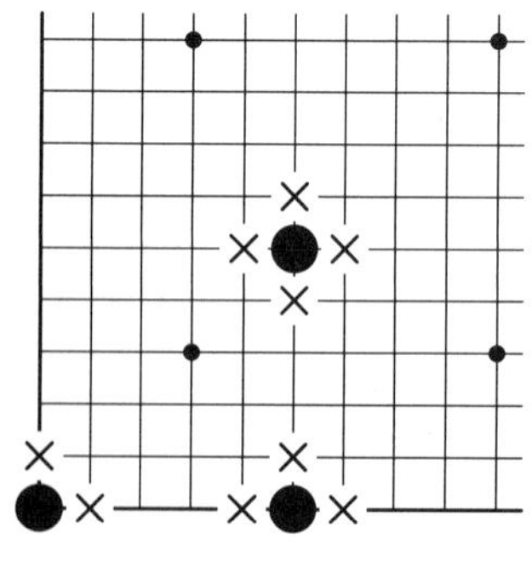

图 12-2-19 “气”

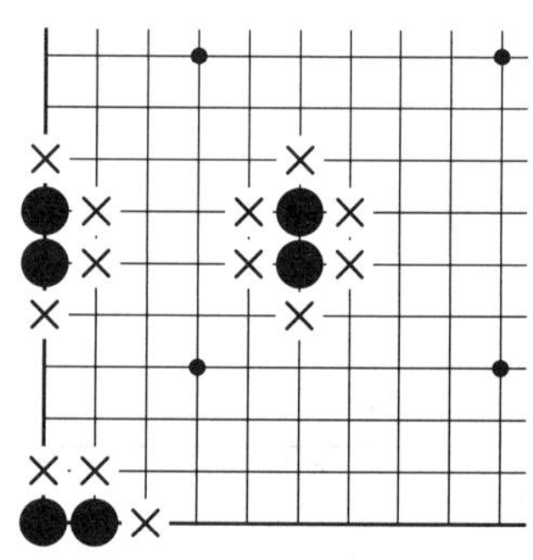

图 12-2-20 两子的“气”

角上的两子,有三“气”,边上的两子有四“气”,中腹的两子有六“气”。 从这个例子可以看出,棋子的气数要受棋子在棋盘上位置的影响。位于中腹的棋子气数较多,边上和角上的棋子气数相对减少。由于“气”是棋子赖以生存的条件。所以,气数少的棋子在将来双方交战中一旦受到包围,则容易处于被动地位。

在棋盘上相连接的两个或两个以上的棋子,它们的气数取决于棋子排列的形式和棋子所处的位置。如图 12-2-21 所示上方中腹的四子有八气,接下来方形排列的四个子是八气,下面中腹的五个子是十气,下边上的五个子是六气。

那么,下面中腹五子边上的 A 点为什么不算是棋子的气数呢?这是因为对于五个棋子来说:A 点并没有与它们紧紧相邻,所以不能算成气数。

围棋毕竟是两个人的对局,在行棋过程中双方所下的棋子并不是距离很远,彼此留出空交叉点给对方作“气”,而是相互接触,彼此围攻,这样一来“气”数的计算就变得复杂了。那么,被对方包围的棋子怎样算“气”呢?

图 12-2-22 中上面的黑三子周围只有两个与它们紧紧相邻的空交叉点,所以只有两气。图中间的黑四子周围有六个与它们紧紧相邻的空交叉点,所以它们有六气。图中下面的五个白子,与它们紧紧相邻的交叉点几乎全被黑方占有,只留有一个空位算成它们的“气”数,这样,白五子的“气”数为一“气”。

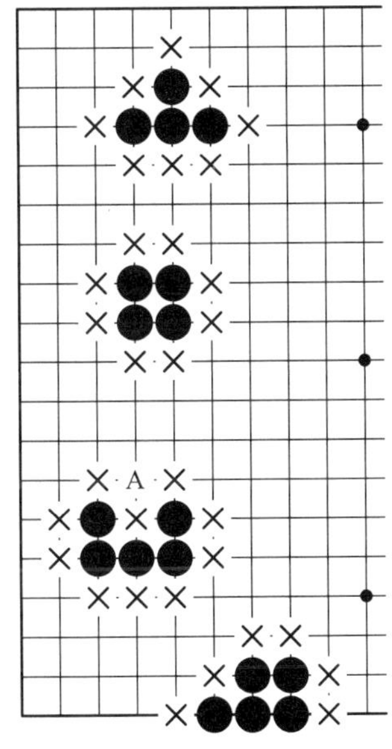

图 12-2-21 多子的“气”

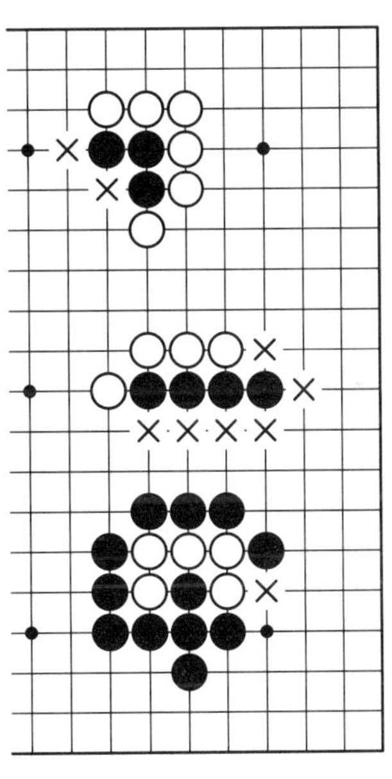

图 12-2-22 被对方包围棋子的“气”

在对棋子的“气”有一定了解的前提下,就可以学习如何“吃子”了。“吃子”作为围棋术语,也可称“提子”。在实战对局中,一方将另一方的一个或多个棋子紧紧包围,使其所有的气数被全部堵住(即其所有紧紧相邻的交叉点全部被占有),随后将无气的棋子从棋盘上拿掉,就叫“吃子”。

没有“气”的棋子是没有生命力的,也不允许在棋盘上存在,一旦棋盘上的棋子处于无气状态,即可提掉。

图 12-2-23 ①中的黑子不论是位于中腹、下边还是左下角,它们都是没有“气”的子,

都必须立即“提”出棋盘外。图 12-2-23 ②就是棋子被提后所呈现的棋形。

没有“气”的棋子叫“死子”，也就是说，只有无“气”的“死子”才可以被提，棋盘上任何一个棋子，只要它还有一口“气”数，那它就依然可以放置在棋盘上。

图 12-2-24 中，当白 1 走过之后，黑一子仅余一口“气”，这时是不能将黑棋拿掉的，但白 1 却为提掉黑棋作了准备，只要白方下一着棋落在 A 位，那么黑一子即可被“提”。

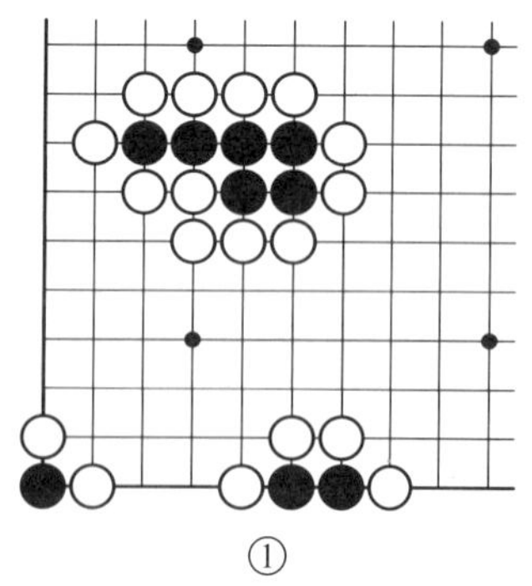
①

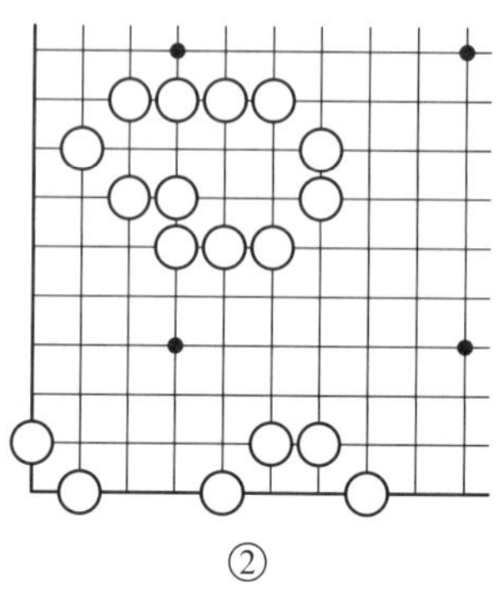
②

图 12-2-23 无“气”的棋子

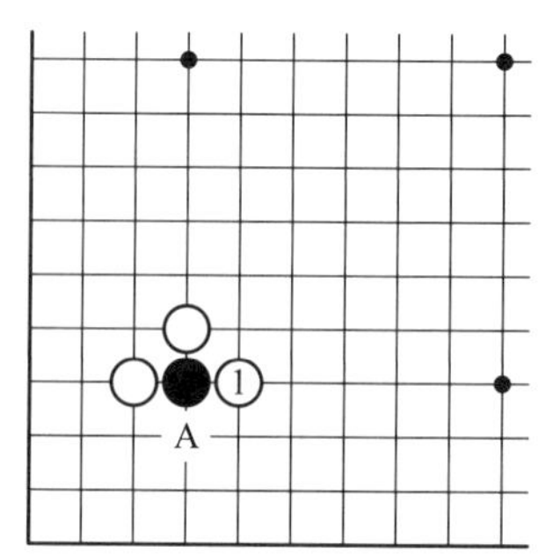

图 12-2-24 仅余一口“气”的棋子

在围棋中，我们把像白 1 这样的棋子，即下子后把对方一子或若干棋子包围成仅剩一口“气”的状态（如对方置之不理，再下一着即可将被围的棋子提取），称为“打”。通常也称为“打吃”。“打”与“吃”是两个根本不同的概念，为了更多地区分它们，请集中看几个例子（图 12-2-25~ 图 12-2-28）。

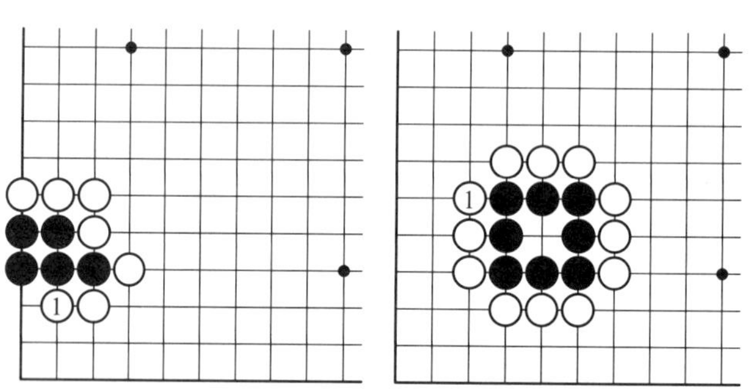

图 12-2-25 “打”

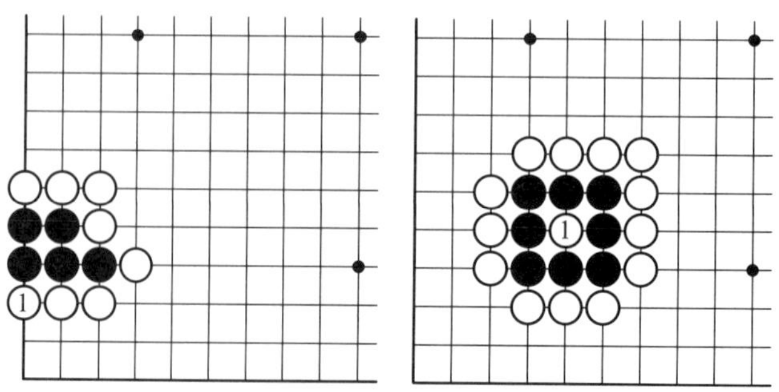

图 12-2-26 “吃”

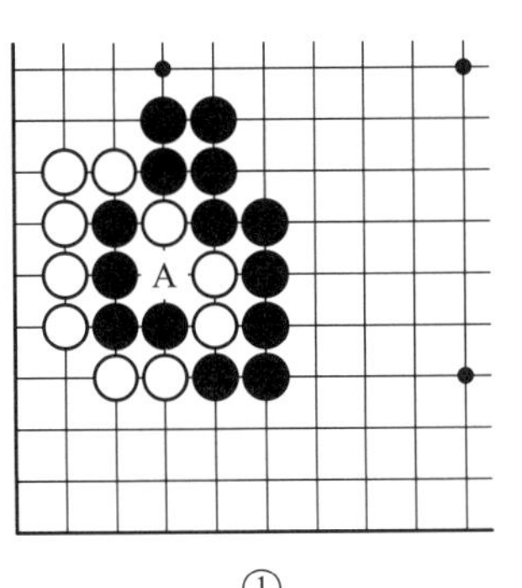

①

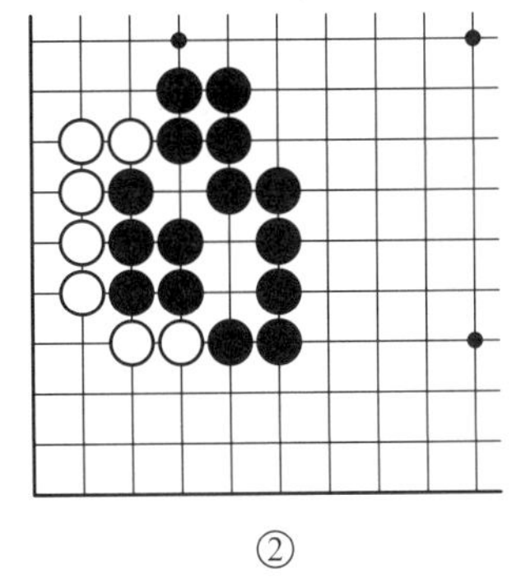
②

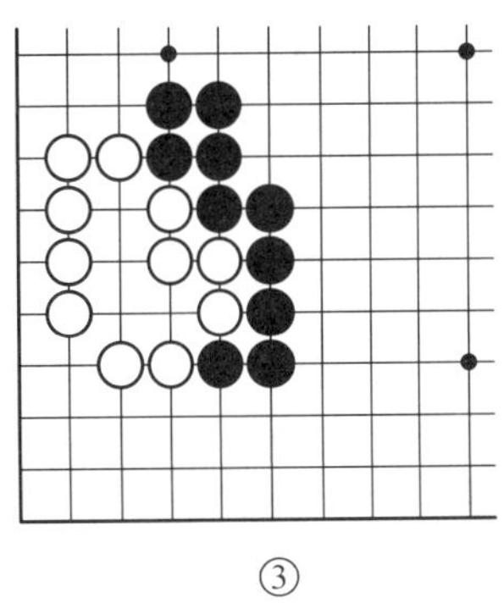
③

图 12-2-27 黑白双方提子后的图形

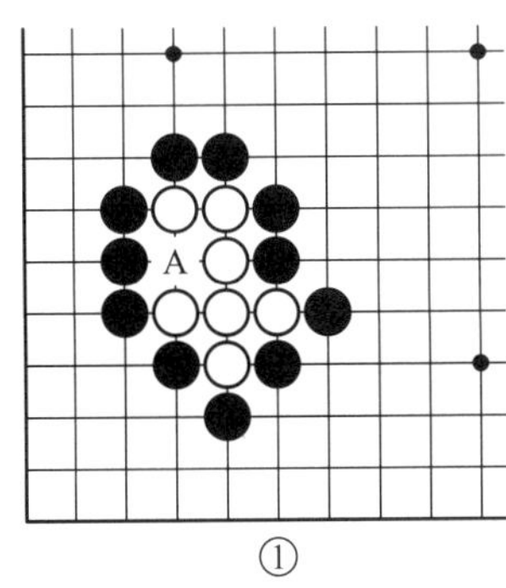

①

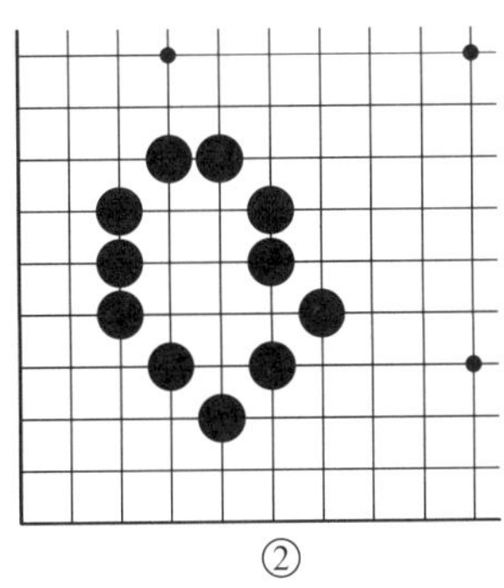
②

图 12-2-28 “自拔”

图 12-2-25 中的白 1 都是“打”的例子。

图 12-2-26 中的白 1 都是“吃”的例子。

有两种特殊的情况需要说明:一是如果在一方下子后出现了双方都无气的情况时,要由刚下子的一方将对方的无气棋子提掉。

图 12-2-27①中的 A 位是黑、白双方相争的要点,假若黑先放在 A 位,那么白三子将被提掉,见图 12-2-27②。反过来假若白先放在 A 位,则黑四子将被提掉,见图 12-2-27③。

还有一种情况:对局的一方下过一手棋后并没有使对方的棋子被吃,反将自己的“气”数变为零,这时,行棋的一方要自动将自己无气的棋子提掉,然后该轮对方行棋(这是围棋规则的规定)。

图 12-2-28 中,①图的白棋就是这种情况。假若白方将棋行在 A 位,则须立即将无气的白子自动提出棋盘。②图这是白方行在 A 位的结果,此后轮黑方行棋,这种情况对于白方来说也可叫“自拔”。

七、常见行棋的实战技巧

(一) 选择正确打入着点

打入最重要就是选择正确的着点。打入着点的正确与否,将直接关系到打入的结果。实战中由于棋风不同和棋力水平参差不齐等原因,会出现各种各样不同的局面。

（二）定式后打入的基本技巧

这里介绍定式以后的打入和常见布局中的各类打入。在普通、常见的局面打入后，只要双方局部用对正确，一般均能保持 2 分的结果。

当普通的定式完成后，随着周围子力的变化，例如，被对方拆逼后，局部就产生了打入。了解和掌握这类定式后的打入，有助于更进一步地正确运用定式，是了解打入所必须掌握的基础知识。

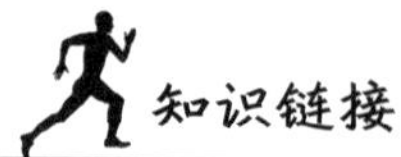

围棋名人小传

吴清源(1914—2014)，本名吴泉，字清源。现代围棋名家，日本退休职业棋士，又号“昭和棋圣”。出生于中国福建，7 岁开始学棋，数年后已难逢敌手，有“天才神童”之称。后来被旅华日本棋手井上孝平五段赏识，引荐给日本围棋长老濑越宪作七段。其后远赴日本，称雄日本棋坛数十年，开创新布局，被棋坛誉为“现代围棋第一人”。享年 100 岁。

复习与思考

1. 象棋最早起源于哪个国家？
2. 围棋基本打法有哪些？
3. 象棋、围棋有何实用价值？

第十三章　健 身 气 功

知识导航

气功作为民族传统体育项目，具有悠久的历史和深厚的文化底蕴，是中华民族的瑰宝，在全民健身和全民健康中发挥着不可替代的作用。本章诠释了气功的历史渊源、理论基础以及独特的养生价值，并介绍了由国家体育总局健身气功管理中心组织编创的健身气功·易筋经、五禽戏、八段锦等功法的主要技术动作和健身功效。

第一节　健身气功理论概述

一、气功的历时渊源

气功作为一种独特的身心锻炼方法，萌芽于远古时代，并逐渐从生产和劳作中发展而来。

据《吕氏春秋》记载，早在尧帝时代，洪水泛滥，许多人患上了关节凝滞等疾病，于是，人们“作舞以宣导之”。这种具有“宣导”作用的“舞”，正是气功的萌芽。在后来的发展进程中，气功曾被命名为“吐纳”“导引”“按跷”“行气”等。

到了春秋战国时期，气功不再单纯是一种保健方法，而是和修身、养性、悟道、立业紧密联系在一起，逐渐由方术进入了学术的殿堂，走进诸子百家。

战国至汉初，有一部非常重要的中医经典问世，它就是《黄帝内经》，这部书奠定了古老气功的医学基础。其中《素问·上古天真论》指出的“虚邪贼风，避之有时，恬淡虚无，真气从之，精神内守，病安从来”，成为后世气功锻炼的指导思想和原理。

到了两汉时期，气功有了进一步发展，在功法上更为具体，理论上更为丰富。这个时期有两部非常著名的典籍，一部是帛画《导引图》，图中绘有 44 个不同人物的导引姿势。另外一部是《引书》，全书抄写在一百多枚竹简上，由导引术和养生理论两大部分组成。

历史的车轮转眼到了魏晋南北朝时期，这一时期气功在士大夫中流行，并留有很多著作。比如著名的《黄庭经》，应用道教养生理论及医家学说，以韵文的形式，对气功修炼的人体生理依据和要诀做了阐述。

隋唐时期是我国气功发展的繁荣时期，最突出的特点是在辅助医疗上被广泛应用。导引按摩受到官方的重视，在太医署内设有专科，这一时期有一部著名的医学专著，是由太医巢元方主持编写的《诸病源候论》，该书所列的导引方法就有两百多种，有些内容至今仍有参考价值。

在隋唐时期，伴随着道教、佛教的发展，对气功的传承和研究也进一步深入。如佛教天台宗创始人智者大师所著的《童蒙止观》，对气功理论的发展影响很大，现在公认的练功三要素——调心、调息、调身，正是来源于该书的调五和，即：调饮食、调睡眠、调息、调身、调心。

进入宋代，随着印刷术和造纸术的发展，大量的医学和气功专著面世。中医学在这个时期也是流派兴起。同时，中医运用气功的研究也空前活跃，在理论和临床上都有所成果。突出的代表有金元四大医家。另外，一些脍炙人口的功法在民间广泛流行，如八段锦，该功法歌诀易记，动作简单，疗效良好，深受群众喜爱。

明清时期，气功的发展达到了一个新的高潮，出现了大量气功功法的专著。明初冷谦的《修龄要旨》收集了延年六字诀、长生一十六字诀、十六段锦、八段锦、导引祛病歌诀等多种功法。特别是这一时期整理的《赤凤髓》，书中以图文并茂的形式介绍导引功法，具有非常重要的历史价值。

1840 年鸦片战争至 1949 年中华人民共和国成立，整个民族的经济、文化备受摧残，气功的发展基本上处于停滞状态，但也有一些成果。这一时期的医家潘霨于 1858 年编成气功专著《卫生要术》。书中认为，对疾病要"防"重于"治"，而预防的方法即气功锻炼。《卫生要术》又经王祖源在 1881 年重摹，改称《内功图说》。

历史的车轮转瞬进入了 21 世纪。2001 年始，国家体育总局健身气功管理中心在继承传统的基础上，组织专家、学者整理编创了易筋经、五禽戏、八段锦等优秀功法。这些健身气功功法古朴、典雅、科学、有效，具有良好的修身养性、保健养生的效果。

可以说，中华气功在几千年的传承中，虽然经历了风风雨雨，但始终没有离开过追求健康的主线，并将在未来的发展中造福更多的民众。

二、气功的传统理论基础

千百年来，气功在其发展过程中，深深植根于传统文化的沃土中，中国古代哲学和中医学在气功中多有应用。

1. 整体观与气功

气功在运用整体观研究人的身心健康和延年益寿时，既重视人体自身的身心和谐，又重视人与外界环境的和谐统一。身和心是构成人体生命的两大要素，气功锻炼的基本要求是形神共养，从而达到形神两旺、内外兼修的整体效果。在整体观所重视的人与外界环境中，气功在注重"顺乎自然"的同时，强调要以积极、进取的态度利用自然规律，变通社会事理，使生命在自我调控过程中探索和追求健康长寿。

2. 脏象学说与气功

脏象学说是研究人体脏腑的生理功能、病理变化及其相互关系的学说。脏，是指人体内部器官，包括五脏六腑和奇恒之腑，统称脏腑；象，亦谓征象，指人体脏腑正常生理和发生病变时反映在外表的征象。气功锻炼离不开脏象学说的指导。气功的调心、调息、调身是通过意守、观想、导引、吐纳等方法，内练精、气、神，外练筋、骨、皮，从而协调各脏腑功能，达到调和人体阴阳平衡的目的。

3. 经络学说与气功

经络是经脉和络脉的总称，是运行全身气血、联络脏腑肢节、沟通上下内外的通路。经络系统的主要内容有十二正经、奇经八脉等。人体的气、血、津液等主要通过经络系统输布全身，发挥其营养脏腑组织器官，抵御外邪和保卫机体的作用。气功锻炼的一个重要方面是通过循经的导引行气等方法，或者通过意守和点、按、拍、打等方法作用于特定穴位，达到疏

通经络、协调脏腑、调畅气血、健康长寿的目的。

4. 精气神学说与气功

精是构成人体机能活动的基本物质，是人体各种营养物质的总称。气是推动人类生命活动的根本动力，人体的气有先天气和后天气两种。神是指人的思想意识活动和内在脏腑精气在外的表现。精、气、神三位一体，相互为用、相互转化。在气功锻炼中，一是通过导引、行气、按摩等方法激发和培补元气，二是结合各种方法来养护形体和调摄心神。长期锻炼，可以达到精盈、气充、神合的修身养性目的。

三、气功养生的独特之处

气功能够在千百年中流传不衰，受到那么多人的喜爱，它独特的健身养生之道在哪里呢？调身、调息、调心，三调合一，同时注重于心，正是气功养生的独特之处。

1. 调身是基础

调身，又称“身形合度”，主要是通过筋、膜、骨、肉之间的合理相对运动来实现的。凡是体育项目都有调身，方式方法大不相同。气功调身的与众不同之处在于它的引体令柔。它的动作柔和、缓慢，由躯干、四肢的运动，进而带动全身关节、骨骼的运动，尤其是平时难以活动到的脊柱、身体小关节和深层筋膜，进而牵动内脏各器官运动，从而起到柔筋健骨、疏通经络、调畅气血的作用。

2. 调息是机枢

一呼一吸谓之息，调息就是在自然呼吸的基础上，让呼吸的频率和深度逐渐和动作相匹配。调息的主要作用是行气活血，强壮脏腑。气为血之帅，血为气之母。呼吸是体内之气运行的主要动力，而体内之气又是血液运行的动力。调息可以促进全身血液的运行和输布，起到行气活血的作用。经常进行深长的呼吸锻炼，使腹腔内压形成规律性的变动，能按摩脏腑，从而提高脏腑功能。

3. 调心是宗旨

达摩西来无一字，全凭心意用功夫。在气功的三调中，调心是练功的第一要旨，通过调整人的心神意念活动，把散乱的、无序的意念活动变成有规律、单一的意念活动，并且向内作用于人体，这是气功锻炼和其他体育项目的本质区别。气功调心的主要特点是将养其神、意念归一。通过主动地、内向性地运用意识，调整人体内在潜力，从而改善和增进人的整体功能，达到强身健体的目的。

四、习练气功的注意事项

气功是一种形体活动、呼吸吐纳、心理调节相结合的健身方法，让人更快乐、更健康地生活在当下。学练气功时，要特别注意松静自然、动静相间、练养结合等事项。

1. 松静自然

松，包括形体的放松和精神的放松。习练气功强调放松，是一种松而不懈、紧而不僵的状态，使形体、呼吸、意念轻松、舒适。静，是指练功时情绪要平稳、安宁，排除杂念。怎样入静呢？开始时可以把意念集中于动作的姿势，也可以集中于身体部位上，并逐渐过渡到体会呼吸与肢体动作的配合上。这样就可以使练功者精神内守于自身而不外越，慢慢进入了“拳无拳，意无意，无意之中是真意”的境地。

2. 动静相间

气功锻炼的实质，就是通过肢体运动和呼吸的配合，改善人体的生理功能，从而起到祛病强身的作用。意识内静是指功法锻炼时精神活动的相对宁静，把发散、无序的思维活动逐渐内收，变成有规律的单一的意念活动，从而将养其神。这种动静相间、动中驭静的锻炼方法，把外练和内养有机地融合在一起，从而达到意气相随、疏通经络、调和气血、内安五脏、外壮筋骨的作用。

3. 练养结合

练，是指形体运动、呼吸调整与心理调节有机结合的锻炼过程，练是获得锻炼效果的主要途径。养，一方面是指练功时的调养，另一方面是指在生活中的调养。在进行气功锻炼时，练功者一方面要根据自己的具体情况，做到“练中有养”“养中有练”；另一方面要注重日常生活中的调养，把调身、调息、调心、调睡眠、调饮食贯穿到整个生活中，从良好的生活习惯中修炼出健康的体魄。

第二节 八段锦

一、八段锦功法源流

八段锦源于我国古代的导引术。这里的“八”，并不是指八个动作，而是表示其功法有多种要素，相互联系，循环运转。

八段锦在宋代就已流传于世，成为士大夫阶层修身养性的良方。

在其流传过程中，有坐势和立势之分，流传最为广泛的，还属立势八段锦。对立势八段锦功法内容的记载，最早见于南宋曾慥著《道枢·众妙篇》。到了明清时期，立势八段锦有了很大发展，并得到广泛传播。在清末《新出保身图说·八段锦》首次以八段锦为名，并绘有图像，形成一个较完整的功法。

新中国成立后，人民体育出版社先后出版了卓大宏、马凤阁、唐豪等人编著的《八段锦》。21世纪初，国家体育总局气功运动管理中心组织专家、学者编创了健身气功·八段锦。它吸取了传统立势八段锦的精髓，保留了主体动作不变，沿用了清代形成的歌诀。八段锦突出了身心共养，是一套集修身养性、娱乐观赏于一体的健身功法。

二、八段锦技术特点

1. 柔和缓慢，圆活连贯

习练时动作不僵不拘，身体重心平稳，轻飘徐缓，同时路线带有弧形，动作无停顿断续之处，既像行云流水连绵不断，又如春蚕吐丝相连无间。

2. 松紧结合，动静相兼

习练时心静体松，适当用力，松紧配合适度。动作轻灵活泼，节分处沉稳有序，在外观上看略有停顿之感，但内劲继续，动静相兼。

3. 神与形合，气寓其中

习练时内实精神、外示安逸，神形兼备，通过精神的修养和形体的锻炼，促进真气在体内的运行，以达到强身健体的功效。

三、八段锦基本功法及健身功效

（一）八段锦的基本功法

预备势		第五式	摇头摆尾去心火
第一式	两手托天理三焦	第六式	两手攀足固肾腰
第二式	左右开弓似射雕	第七式	攒拳怒目增气力
第三式	调理脾胃需单举	第八式	背后七颠百病消
第四式	五劳七伤往后瞧	收势	

1. 预备势

并步站立，左脚侧开半步，两脚与肩同宽。两掌向两侧摆起，然后慢慢屈膝，两掌合抱于腹前（图 13–2–1）。

2. 两手托天理三焦

两臂下落于腹前，两掌交叉（图 13–2–2 ①）。两掌缓慢上托，两腿慢慢伸直，当两掌上托到胸前时，翻掌向头上方托起，充分抬头，动作不停（图 13–2–2 ②）。两臂伸直，下颌微收，略停两秒。最后，两臂向身体两侧下落，松腰松胯，两膝微屈，两掌捧于腹前（图 13–2–2 ③）。重复上述动作。

图 13–2–1　预备势

图 13–2–2　两手托天理三焦

3. 左右开弓似射雕

右移重心，左脚侧开一步，直腿站立，两臂合抱于胸前，左掌在外（图 13–2–3 ①）。左掌立掌成八字掌，右掌屈指成爪，两腿半蹲成马步，两手分别向左右两侧拉爪推掌，犹如拉弓射箭，略停两秒，眼睛看八字掌方向（图 13–2–3 ②）。随后，重心右移，两手变自然掌，右手向右侧打开，眼睛看右掌（图 13–2–3 ③）。最后，左脚回收，并步站立，两掌分别由两侧下落，捧于腹前（图 13–2–3 ④）。重复上述动作，最后一遍时，收半步，成开步站立（图 13–2–3 ⑤）。

4. 调理脾胃需单举

两腿慢慢伸直，右掌斜向上托起，左掌慢慢转掌下按，两臂在上托下按的过程中，如怀抱

① ② ③ ④ ⑤

图 13-2-3 左右开弓似射雕

婴儿(图 13-2-4 ①)。右掌过胸之后,旋臂上托,上托之掌有托天之势,下按之掌有拄地之力,舒胸展体,拔长腰脊,略停两秒(图 13-2-4 ②)。随后,松腰沉髋,两膝微屈,右掌经面前下落至腹前,右掌转掌下按同时左掌经体前向左上方托起。重复上述动作(图 13-2-4 ③)。最后一遍时,右掌从体前下落,成伏案式(图 13-2-4 ④)。

① ② ③ ④

图 13-2-4 调理脾胃需单举

5. 五劳七伤往后瞧

两腿慢慢直立,两臂伸直,掌心向后,指尖向下(图 13-2-5 ①)。随之,两臂充分外旋,掌心逐渐转向上方,头向右后方转动,目视右斜后方,展胸夹背,略停两秒(图 13-2-5 ②)。然后,松腰沉髋,两腿微屈,含胸松背,两臂回旋按于髋旁,恢复成伏案式。向另一侧重复上述动作(图 13-2-5 ③),最后一遍时,两掌合抱于腹前(图 13-2-5 ④)。

6. 摇头摆尾去心火

右脚平开一步,两掌上托至头上方,目视前方(图 13-2-6 ①)。两腿慢慢半蹲成马步,两臂向两侧落下,掌指轻轻扶于大腿处(图 13-2-6 ②)。上体右倾,随之俯身,经体前旋至右侧,成右偏马步,向右侧顶髋,并向前、右、后旋转,同时向右仰面摇头至身体中位(图 13-2-6 ③)(图 13-2-6 ④)。最后,收下颌,敛尾闾,立身中正,目视前方。向另一侧重复动作,最后一遍时,右脚回收成开步站立,两掌经两侧上举下按到腹前,屈膝微蹲(图 13-2-6 ⑤)。

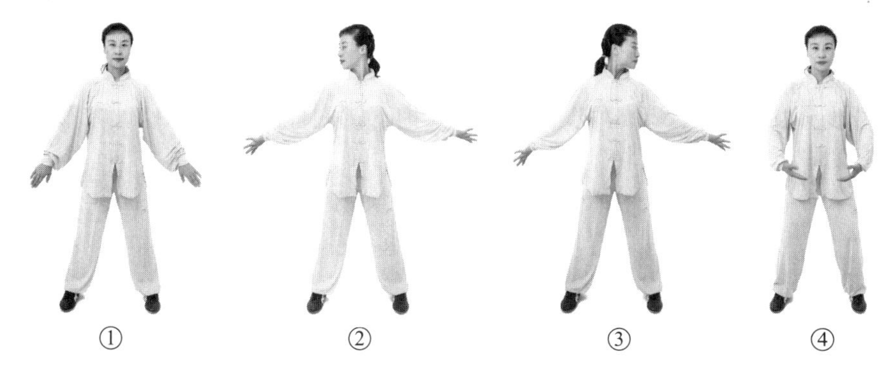

图 13-2-5　五劳七伤往后瞧

图 13-2-6　摇头摆尾去心火

7. 两手攀足固肾腰

两臂向前上举起，下按于胸前（图 13-2-7 ①②）。随之，弓身转掌心向上，顺势沿腋下向背后插掌，沿脊柱两侧向下摩运到臀部（图 13-2-7 ③）。上体前俯，头颈自然，两掌继续沿腿后摩运，经两脚外侧置于脚面，抬头，拔长腰脊，略停两秒（图 13-2-7 ④）。最后，两掌沿地面尽量前伸，以臂带身，慢慢起身，拉长腰身，回到开始时的动作(图 13-2-7 ⑤)。重复上述动作，

图 13-2-7　两手攀足固肾腰

最后一遍时，两掌向前下方落下，落于腹前，屈膝微蹲（图 13–2–7 ⑥）。

8. 攒拳怒目增气力

左脚开步，两腿屈膝半蹲成马步，两掌握固，抱于腰侧（图 13–2–8 ①）。左拳缓慢用力向前冲出，拳要握紧，力达拳面，脚趾抓地，眼睛逐渐圆睁，目视左拳冲出方向（图 13–2–8 ②）。接下来做旋腕，左拳变掌，转虎口朝下，旋绕一周后，变握固收回腰间（图 13–2–8 ③）。重复另一侧（图 13–2–8 ④）。最后一遍时，身体重心右移，左脚回收成并步站立，两拳变掌，自然垂于体侧（图 13–2–8 ⑤）。

图 13–2–8　攒拳怒目增气力

9. 背后七颠百病消

并步站立，两脚跟提起，脚趾抓地，提踵而立，同时提肛、收腹、松肩、垂肘、立项竖脊，略停两秒（图 13–2–9 ①②）。然后，脚跟徐缓下落，轻震地面，全身放松。重复上述动作。

10. 收势

两臂向两侧摆起，缓缓合抱于小腹，两掌相叠。静养片刻后，两臂自然下落。收势时，意念归一，宁心静养，感觉气沉丹田，小腹部温暖舒适（图 13–2–10）。

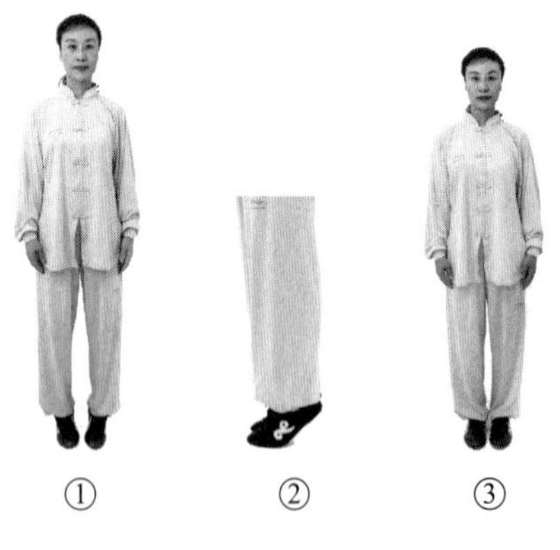

图 13–2–9　背后七颠百病消

图 13–2–10　收势

（二）八段锦的健身功效

八段锦功法简单易学，歌诀朗朗上口，健身效果明显，千百年来深受群众喜爱。长期习练八段锦，可以有效增强体质，尤其是对下肢力量、协调能力、身体形态等生理指标均有积极改善。八段锦可以优化脏腑功能，其每一式的歌诀都针对不同的脏腑，通过肢体导引、呼吸吐纳、意念运用等方法调节脏腑能力，优化脏腑功能。八段锦通过三调合一，身心合练，可以综合改善身心亚健康，提升整体健康水平。

第三节 易 筋 经

一、易筋经功法源流

易筋经功法源于我国古代的导引术。易筋经中的“经”，是指记载事物的经典；“易”，说的是变化之道；“筋”，指人体筋脉，人体四肢百骸，无处不是筋，联系周身，通行血脉。易筋经，就是运用各种方法，锻炼自身筋脉，使弱者变强，挛者变舒的经典。

在易筋经流传中，少林寺僧侣起到了重要作用。六朝至隋唐年间，在河南嵩山一带盛传武术及导引术。少林寺僧侣也借此活动筋骨，习武健身，并在这个过程中不断对其进行修改、完善、补充，使之成为一种独特的健身方式，最终命名为易筋经。到了清代，易筋经的功法套路得到了广泛流传。在清咸丰八年潘霨辑录的《内功图说》中，记载了易筋经十二势图文；清道光年间的来章氏本《易筋经》，在社会上的流传也很广泛。

21 世纪初，国家体育总局气功运动管理中心组织专家、学者编创了健身气功·易筋经。它继承了传统易筋经十二势的精要，保留了主体动作不变，沿用了传统歌诀。易筋经通过脊柱的旋转屈伸，配合呼吸吐纳，从而带动四肢百骸和内脏的运动，在松静自然、形神合一中达到身心共养。

二、易筋经技术特点

1. 伸筋拔骨

易筋经的每一势都要求有较充分的屈伸、外展、内收、扭转身体等运动，其目的就是要通过“拔骨”达到“伸筋”，以改善机体深层筋膜的气血循环，达到强身健体的目的。

2. 柔和美观

整套易筋经功法柔和缓慢，轻盈美观，以关节的自然活动角度为轴，引体令柔，动作之间如行云流水，彼此相随。同时在精神内含的神韵下，给人以美的享受。

3. 注重脊柱的旋转屈伸

易筋经主要运动形式是以腰为轴的脊柱旋转屈伸，通过前俯、后仰、侧屈、拔伸、扭转等，从不同方位锻炼脊柱，并通过脊柱的变化带动内脏的运动，从而达到健身、防病的目的。

三、易筋经基本功法及健身功效

（一）易筋经的基本功法

预备势		第七式	九鬼拔马刀势
第一式	韦陀献杵势第一势	第八式	三盘落地势
第二式	韦陀献杵势第二势	第九式	青龙探爪势
第三式	韦陀献杵势第三势	第十式	卧虎扑食势
第四式	摘星换斗势	第十一式	打躬势
第五式	倒拽九牛尾势	第十二式	掉尾势
第六式	出爪亮翅势	收势	

1. 预备势

并步站立，两手自然垂于体侧；下颌微收，头顶虚领，目视前方（图 13–3–1）。

2. 韦陀献杵势第一势

左脚侧开半步，约与肩同宽，两臂向前抬至前平举，掌心相对（图 13–3–2 ①）。然后屈臂回收，胸前合掌，目视前下方，略停两秒（图 13–3–2 ②）。

3. 韦陀献杵势第二势

两肘慢慢抬平，手指尖相对，两前臂于胸前伸展，掌心向下（图 13–3–3 ①）。随后再向两侧打开，平举，坐腕立掌，掌指上翘，略停两秒（图 13–3–3 ②）。

图 13–3–1 预备势　图 13–3–2 韦陀献杵势第一势　图 13–3–3 韦陀献杵势第二势

4. 韦陀献杵势第三势

松腕，同时两臂向前平举内收至胸前平屈（图 13–3–4 ①）。翻掌心向上，至耳下，两肘外展（图 13–3–4 ②）。然后两掌缓缓上托至头顶，同时提踵，咬牙，目视前下方，略停两秒（图 13–3–4 ③）。

5. 摘星换斗势

两脚跟缓缓落地，两手握拳（图 13–3–5 ①）。两臂下落至侧上举，随后两拳缓缓变掌。身体左转，屈膝，右臂经体前下摆至左髋外侧，左臂经体侧下摆至体后，手背轻贴命门，目视右掌（图 13–3–5 ②）。最后，慢慢直立，身体转正，右手经体前上摆至头顶右上方，掌心向下

(图 13–3–5 ③)。定势后，目视掌心，左掌不变，略停两秒。两臂向体侧自然伸展，掌心向下，做右摘星换斗(图 13–3–5 ④)。另一侧动作相同，方向相反(图 13–3–5 ⑤⑥)，重复上述动作。

6. 倒拽九牛尾势

左脚向左侧后方撤步，右腿屈膝成右弓步，左手向前下划弧后伸，右手向前上方划弧，两手变拳(图 13–3–6 ①)。随后，身体重心后移，左膝微屈，腰稍右转，以腰带肩，以肩带臂，两臂屈肘内收，像回拽牛尾一样，目视右拳(图 13–3–6 ②)。最后，身体重心前移，屈膝成弓步，两臂放松，前后伸展(图 13–3–6 ③)。左脚上步，重复上述动作(图 13–3–6 ④⑤)。最后一遍时，左脚收回，开步站立，两臂自然垂于体侧(图 13–3–6 ⑥)。

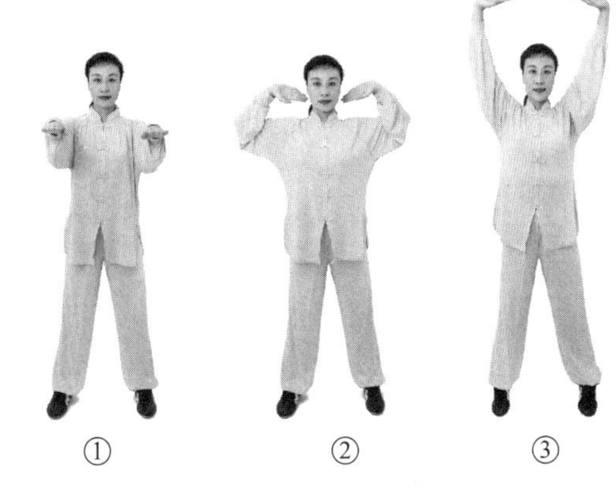

① ② ③

图 13–3–4 韦陀献杵势第三势

① ② ③ ④ ⑤ ⑥

图 13–3–5 摘星换斗势

① ② ③ ④ ⑤ ⑥

图 13–3–6 倒拽九牛尾势

7. 出爪亮翅势

右脚收回，开步站立，两臂摆至侧平举，掌心向前，然后环抱至胸前；随之屈臂内收，两掌自然立于胸前，掌心相对，指尖向上(图 13–3–7 ①)；接下来，展肩扩胸，两臂缓缓前伸，由自然掌慢慢变成荷叶掌，掌心向前，推掌逐渐加力，眼睛渐渐圆睁，略停两秒(图 13–3–7 ②③)。最后，松腕、屈肘、收臂，两掌自然立于胸前。重复上述动作。做最后一遍时，两掌自然立于胸前(图 13–3–7 ④)。

①　②　③　④

图 13–3–7　出爪亮翅势

8. 九鬼拔马刀势

上体右转，两掌收于体侧，掌心斜相对，左掌在上（图 13–3–8 ①）。然后左手经左腋下后伸，右手伸至前上方，上体左转，右手向前上摆至头前上方屈肘抱头，中指掩耳；左手下摆至后背，手背贴于脊柱，指尖向上，眼睛看左后方(图 13–3–8 ②)。随后向右上方抬头，展臂扩胸，两肘打开，动作稍停两秒（图 13–3–8 ③）。接下来，屈膝，上体左转，含胸，右臂内收，眼睛尽量看右脚跟，略停两秒（图 13–3–8 ④⑤）。再做左侧，重复上述动作（图 13–3–8 ⑥⑦）。最后一遍时，两臂向两侧打开（图 13–3–8 ⑧）。

①　②　③　④正面　⑤背面　⑥　⑦　⑧

图 13–3–8　九鬼拔马刀势

9. 三盘落地势

左脚向左侧开步，两脚距离宽于肩，脚尖向前，目视前下方。接下来，慢慢屈膝微蹲，两肩松沉，两肘微屈，掌心向下，两掌如按水中浮球，逐渐用力下按至胯旁（图 13–3–9 ①）。下蹲的同时，口中发声“嗨”。发音时，口微张，音从喉部发出。然后，翻掌，掌心向上，肘微屈，上托至侧平举，上托时，两掌如托千斤重物；同时，缓缓起身直立，目视前方（图 13–3–9 ②）。重复上述动作（图 13–3–9 ③④）。

10. 青龙探爪势

左脚收回半步，两手握固收至腰间（图 13–3–10 ①）。右拳变掌，向右侧伸展，掌心向上，随之，右臂屈肘、屈腕，右掌变龙爪，向身体左侧探出，躯干随之向左转，同时轻吐“嘘”音，目视右掌所指方向（图 13–3–10 ②）（图 13–3–10 ③）。右爪变掌，随之身体左前屈，掌心向下按至左脚外侧，躯干由左前屈转至右前屈，并带动右手体前划弧，手臂外旋，握固（图 13–3–10 ④⑤）。上体慢慢抬起，直立，右拳随上体抬起收于腰间，拳心向上（图 13–3–10 ⑥）。

图 13-3-9　三盘落地势

图 13-3-10　青龙探爪势

再做另一侧，重复上述动作。

11. 卧虎扑食势

右脚尖内扣约 45°，左脚收至右脚内侧成丁步，身体左转，两手握固在腰间（图 13-3-11 ①）。然后，左脚向前迈一大步，成左弓步，两拳提至肩前，拳心向内，随之变虎爪，掌心转向外，向前扑按（图 13-3-11 ②）。接下来，躯干由腰到胸逐节屈伸，重心随之前后适度移动，两手随躯干屈伸前绕环扑出（图 13-3-11 ③）。最后，上体下俯，两爪下按，后腿屈膝，脚趾着地，脚跟稍抬起，塌腰，挺胸，抬头，略停两秒（图 13-3-11 ④）。起身，双手握固收于腰间，身体右转 180°，右脚收回成丁步（图 13-3-11 ⑤）。再做另一侧，重复上述动作（图 13-3-11 ⑥⑦⑧）。

图 13-3-11　卧虎扑食势

12. 打躬势

起身，转正身体，收脚成开步站立，两臂放松平摆，经侧平举，屈肘，两掌掩耳，鸣天鼓 7 次（图 13-3-12 ①）。接下来，两掌掩耳，十指扶按枕部，身体前俯，由头经颈、胸、腰、骶椎，由上向下，依次逐节缓缓牵引前屈，两腿伸直，目视脚尖，略停两秒（图 13-3-12 ②）。最后慢慢起身，由骶椎至腰、胸、颈、头，由下向上，依次逐节缓缓伸直（图 13-3-12 ③）。重复上述动作，逐渐加大身体前屈幅度。

图 13-3-12 打躬势

13. 掉尾势

起身直立后，两掌先轻轻压按双耳，随之拔离双耳，两臂自然前伸，随之十指交叉，转掌心向内，屈肘内收(图 13-3-13①)。接下来，身体前屈塌腰、抬头，两手交叉缓缓下按，两腿伸直（图 13-3-13 ②）。然后，头向左后转，同时，臀向左前扭动，头尾相向运动，目视尾闾，略停两秒（图 13-3-13 ③）。两手交叉不动，放松还原至体前屈。再做右掉尾，重复上述动作（图 13-3-13 ④）。

图 13-3-13 掉尾势

14. 收势

两手松开，两膝微屈，慢慢起身，两臂外展成侧平举，掌心向上。随后两臂上抱至头顶上方，肘微屈，掌心向下，指尖相对（图 13-3-14 ①）。然后，松肩屈肘，两臂内收，两掌经胸前下引至腹部，上述动作重复三遍，引气归元，静养片刻（图 13-3-14 ②）。最后两臂自然垂于体侧，左脚收回，自然站立（图 13-3-14 ③）。

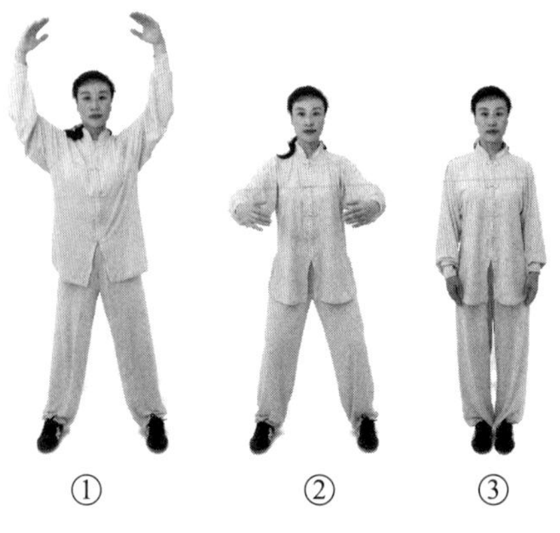

图 13-3-14 收势

（二）易筋经健身效果

易筋经以伸筋拔骨为特点，注重脊柱的旋转屈伸，可以改善全身筋骨，使弱者变强，挛者变舒，尤其是对脊柱侧弯、椎间盘突出、腰肌劳损等腰部疾病有很好的辅助康复作用。易筋经通过调身、调息、调心三调合一，不仅可以强筋壮骨、活络关节，还可以提升人体综合健康水平，调节心理状态，减缓压力，提高慢性病康复能力，促进身心全面健康。

第四节 五 禽 戏

一、五禽戏功法源流

五禽戏源于我国古代的仿生导引术。最早有关五禽戏的记载见于西晋时陈寿所著的《三国志·华佗传》："吾有一术，名五禽之戏，一曰虎，二曰鹿，三曰熊，四曰猿，五曰鸟。亦以除疾，并利蹏(蹄)足，以当导引。"

南北朝时，名医陶弘景所著的《养性延命录》中，最早用文字描述了五禽的具体动作："虎戏者，四肢距地，前三踯，却三踯，长引腰……"此后，在明代周履靖所著的《夷门广牍·赤凤髓》，清代曹无极所著的《万寿仙书·导引篇》和席锡蕃所著的《五禽舞功法图说》等著作中，都以图文并茂的形式，比较详细地描述了五禽戏具体的习练方法。

五禽戏发展至今，已形成不少流派。总的来看，都是根据"五禽"动作，结合自身练功体验所编的仿生导引法，有五禽戏、五禽气功图、五禽拳、五禽散手、五禽舞等。

21 世纪初，国家体育总局气功运动管理中心组织专家、学者编创了健身气功·五禽戏，它的动作编排按照《三国志·华佗传》的记载，顺序为虎、鹿、熊、猿、鸟；动作数量沿用了陶弘景《养性延命录》的描述，为十个动作，每戏两个动作。五禽戏突出了身心共养，是一套集修身养性、娱乐观赏于一体的健身功法。

二、五禽戏技术特点

1. 引伸肢体，注重对肢端末梢的导引

五禽戏以腰为主轴，带动躯干及上下肢向各个方向运动，对脊柱和脏腑进行了有效的锻炼。五禽戏还特别注重对肢端末梢的导引，如手指、脚趾等关节的运动，以加强远端末梢的气血循环。

2. 外导内引，形松而意充

五禽戏是以动为主的功法，根据动作的升降开合，以形引气。五禽之"形"显示于外，五禽心"意"系于内，整套功法以意引气，以气养神，舒适自然，养宜身心。

3. 动静结合，练养相兼

五禽戏柔和缓慢，动作衔接处松紧适度、动静结合。肢体运动时，形显示于外，但神韵贯注于动作中，思想达到相对静的状态，内养心神，从而使动与静、练与养有机结合，提高练功效果。

三、五禽戏基本功法及健身功效

（一）五禽戏基本功法

预备势		第六式	熊晃
第一式	虎举	第七式	猿提
第二式	虎扑	第八式	猿摘
第三式	鹿抵	第九式	鸟伸
第四式	鹿奔	第十式	鸟飞
第五式	熊运	收势	

1. 预备势

松静站立，左脚向左平开一步，稍宽于肩，两臂在体前向上、向前平托，肘微屈，手掌向上，与胸同高（图13-4-1 ①）。随后，两掌向内翻转，并缓慢下按于腹前，目视前方（图 13-4-1 ②）。重复三次后，两手自然垂于体侧（图 13-4-1 ③）。

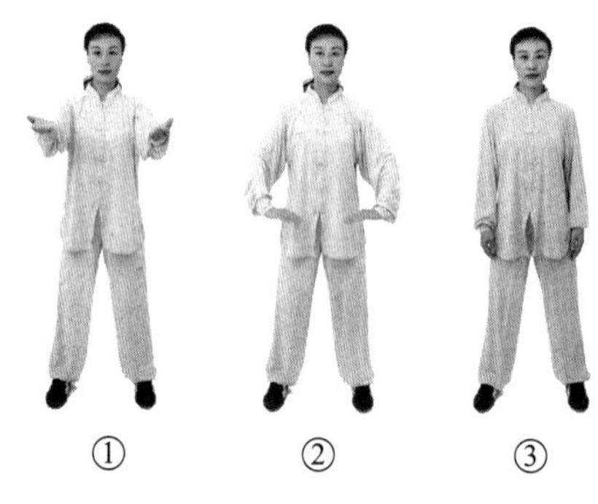

图 13-4-1 预备势

2. 虎举

两掌心向下，十指撑开，再弯曲成虎爪，随后，两手外旋，由小指依次弯曲握拳（图 13-4-2 ①②）。两拳沿体前缓慢上提，至肩前时，十指撑开，举至头上方再成虎爪状，目视两掌（图 13-4-2 ③）。然后，两掌外旋握拳，拳心相对，目视两拳，两拳下拉至肩前时（图 13-4-2 ④）。变掌下按，沿体前下落至腹前，十指撑开，掌心向下，目视两掌（图 13-4-2 ⑤⑥）。重复上述动作。

图 13-4-2 虎举

3. 虎扑

两手握空拳，沿身体两侧上提至肩前上方，两手向前上划弧，十指弯曲成虎爪，上体前俯，挺胸塌腰（图 13-4-3 ①②）。两腿屈膝下蹲，收腹含胸，两手向下划弧至两膝侧（图 13-4-3 ③）。两腿伸膝，送髋，挺腹，后仰；两掌握空拳，沿体侧向上提至胸侧（图 13-4-3 ④）。

图 13-4-3　虎扑

左腿屈膝提起，两手上举，左脚向前迈出一步，脚跟着地，右腿屈膝下蹲，成左虚步，两拳变虎爪向前下扑至膝前两侧，略停两秒（图 13-4-3 ⑤⑥）。左脚收回，两手自然下落于体侧，再重复另一侧。每一戏结束后要引气归元，两掌侧前方举起，与胸同高（图 13-4-3 ⑦），内合下按至腹前，两臂自然垂于体侧（图 13-4-3 ⑧⑨）。

4. 鹿抵

两腿微屈，重心移至右腿，左脚向左前方迈步，脚跟着地，两掌握空拳，向右侧摆起（图 13-4-4 ①）。身体重心前移，左腿屈膝，脚尖外展踏实，右腿伸直蹬实；同时，身体左转，两掌成鹿角，经上、向左后方划弧，掌心向外，指尖朝后，左臂弯曲，肘抵靠左腰侧，右臂举至头前，向左后方伸抵，目视右脚跟（图 13-4-4 ②）。身体右转，左脚收回，开步站立；同时两手经上、向右下方划弧，两掌握空拳下落于体侧（图 13-4-4 ③）。再重复另一侧（图 13-4-4 ④⑤⑥）。

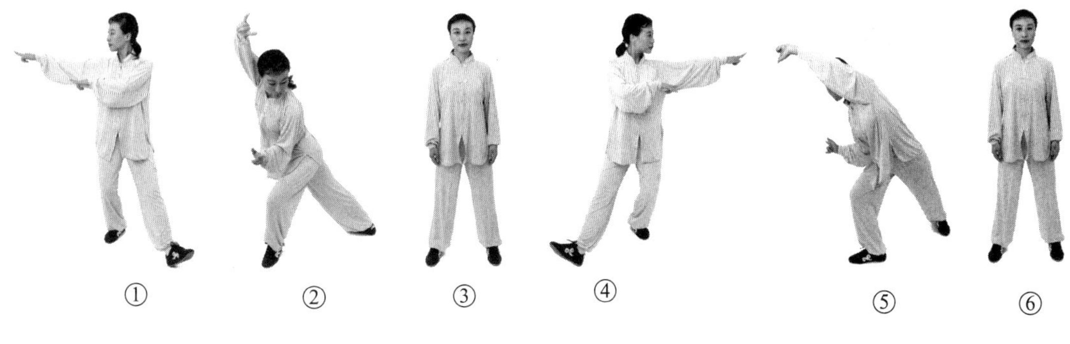

图 13-4-4　鹿抵

图 13-4-5 鹿奔

5. 鹿奔

左脚向前跨一步，成左弓步，两手握空拳，向前上划弧至体前，屈腕（图 13-4-5 ①）。然后，身体重心后移，左膝伸直，全脚掌着地，右腿屈膝，低头，弓背，收腹；同时，两掌前伸，掌背相对，拳变成鹿角（图 13-4-5 ②）。身体重心前移，上体抬起，成左弓步，鹿角变空拳，拳心向下（图 13-4-5 ③）。重心移到右腿，左脚收至右脚旁，从脚尖至脚跟依次落地，做换跳步（图 13-4-5 ④），右脚向前跨一步，成右弓步，做另一侧，重复上述动作（图 13-4-5 ⑤⑥）。鹿戏结束后做引气归元（图 13-4-5 ⑦⑧）。

6. 熊运

两掌握空拳，垂于下腹部，目视两拳（图 13-4-6 ①）。以腰、腹为轴，上体纵向做顺时针摇晃，两拳随腰腹的展、收，沿腹部被动划圆，摇晃时，上体成提拉、挤压状（图 13-4-6 ②③）。

图 13-4-6 熊运

上体摇晃两周后，再重复做另一侧（图 13-4-6 ④）。做完最后一遍，两拳变掌下落，自然垂于体侧（图 13-4-6 ⑤）。

7. 熊晃

重心右移，左髋上提，牵动左脚离地，两掌握空拳（图 13-4-7 ①）。左脚向左前方落地，全脚掌踏实，成左弓步，左臂前靠，拳心朝左，右拳摆至体后，拳心朝后（图 13-4-7 ②）。身体左转，重心后坐，右腿屈膝，左腿伸直；同时，拧腰晃肩，右拳前摆，左拳摆至体后（图 13-4-7 ③）。最后，身体右转，重心前移，成左弓步，两臂再前后摆动（图 13-4-7 ④）。右髋上提，向前迈右腿，再做另一侧，重复上述动作（图 13-4-7 ⑤⑥）。做完最后一遍，开步站立，引气归元（图 13-4-7 ⑦⑧）。

图 13-4-7 熊晃

8. 猿提

两掌位于体前，手指伸直分开，再屈腕撮拢，捏紧成猿钩（图 13-4-8 ①）。然后，两掌上提至胸，两肩上耸，收腹提肛；同时，脚跟提起，头向左转，目随头动（图 13-4-8 ②③）。头转正，两肩下沉，松腹落肛，脚跟着地；同时，猿钩变掌，掌心向下。两掌沿体前下按落于体侧，目视前方（图 13-4-8 ④）。随后再屈腕撮拢，捏紧成猿钩，向右侧转头，重复上述动作（图 13-4-8 ⑤）。当做完最后一遍时，两手自然垂于体侧（图 13-4-8 ⑥）。

9. 猿摘

左脚向左后方撤步，右腿屈膝，同时，左掌成猿钩，收至左腰侧，右掌向右前方自然摆起（图 13-4-9 ①）。重心后移，左腿屈膝下蹲，右脚收至左脚内侧，成右丁步，右掌经腹前向左上方划弧至头左侧，掌心对太阳穴（图 13-4-9 ②）。右掌沿体侧下按至左髋侧（图 13-4-9 ③）。随后，右脚向右前方迈出一大步，两腿伸直，左脚脚尖点地，右掌经体前向右上方划弧，变

图 13-4-8 猿提

图 13-4-9 猿摘

猿钩，稍高于肩，左掌向前上伸举，屈腕撮钩，成采摘势（图 13-4-9 ④）。最后，重心后移，成右丁步，左掌由猿钩变为握固，屈肘收至左耳旁，再将掌指自然分开，掌心向上，成托桃状，右掌经体前向左划弧至左肘下捧托（图 13-4-9 ⑤）。再向右后方退右脚，重复上述动作（图 13-4-9 ⑥⑦⑧）。做完最后一遍时，开步站立，引气归元（图 13-4-9 ⑨⑩）。

10. 鸟伸

接上式结束动作，两腿微屈下蹲，两掌在腹前相叠，掌心向下（图 13-4-10 ①）。两掌上

① ② ③ ④

图 13-4-10 鸟伸

举至头前上方，指尖向前；同时，身体微前倾，缩颈，塌腰（图 13-4-10 ②）。然后，两腿微屈下蹲，两掌相叠下按至腹前；紧接着，身体重心右移，右腿蹬直，左腿伸直向后抬起，两掌左右分开，掌成鸟翅，向体侧后方摆起，抬头，挺胸，塌腰，略停两秒（图 13-4-10 ③）。两腿再微屈下蹲，两掌在腹前相叠，向后抬右腿，重复上述动作。做完最后一遍，两脚开步站立，两手自然垂于体侧（图 13-4-10 ④）。

11. 鸟飞

两腿微屈，两掌合抱于腹前，掌心相对（图 13-4-11 ①）。接下来，右腿伸直独立，左腿屈膝提起，同时，两掌成鸟翅状，向体侧展翅平举，稍高于肩，掌心向下（图 13-4-11 ②）。然后，左脚下落在右脚旁，脚尖着地，两腿微屈，两掌下落合于腹前（图 13-4-11 ③）。紧接着，再提左膝，两掌经体侧，向上举至头顶上方，成鸟翅状，掌背相对（图 13-4-11 ④）。最后，左脚下落在右脚旁，全脚掌着地，两腿微屈，两掌合于腹前，掌心相对（图 13-4-11 ⑤）。再提右膝，重复上述动作。当做完最后一遍时，开步站立（图 13-4-11 ⑥）。

① ② ③ ④ ⑤ ⑥

图 13-4-11 鸟飞

12. 收势

接上式结束动作，两掌向上经体侧上举，上举置头顶时，掌心向下，沿体前缓慢下按至腹前，目视前方（图 13–4–12 ①②③）。引气归元共做三次。最后，两手在腹前合拢，虎口交叉，叠掌，眼微闭静养，调匀呼吸，意守丹田（图 13–4–12 ④）。数分钟后，两眼慢慢睁开，两手合掌，搓擦至热，掌贴面部，上下擦摩，浴面数遍。两掌向后沿头顶、耳后、胸前下落，自然垂于体侧，左脚回收（图 13–4–12 ⑤）。

图 13–4–12 收势

（二）五禽戏的健身效果

五禽戏以仿生导引为主要特点，注重对躯干和肢端末梢的锻炼，通过形神兼备、虚实相生的运动方式，可以通调气血，活络经脉，对人体生理、生化指标产生积极影响。五禽戏讲究入戏，习练过程中意动形随、形意神合一，从而对神经系统和心理机能产生良性刺激，能有效改善焦虑、紧张等情绪，提升身心健康水平。

复习与思考

1. 简述健身气功的传统理论基础。
2. 简述八段锦、易筋经、五禽戏的技术特点。

第三篇
职业实用体育

第十四章　职业体能训练

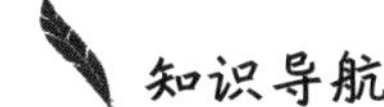

现代社会中，人类参与身体活动的机会越来越少，营养摄取却越来越高，工作与生活压力和休闲时间相对增加，许多从业人员在长期紧张的工作状态下出现了不同程度的亚健康状态和工作倦怠、体质健康状况下降等情况，每个人更加感受到良好体能的重要性。从事各种职业的人群就需要拥有胜任工作、满足提高工作效率要求的职业体能。职业体能锻炼项目是根据不同职业特点进行不同身体训练的体能行为和本领。在高职高专院校中开设专业体能锻炼课程，对学生职业体能的提高有促进价值，对高职高专大学生将来从事相关的职业有帮助。

第一节　职业体能概述

职业体能训练是当前高职体育课教学改革的核心内容，了解体能、职业体能、职业体能的目的与任务，全面认识职业体能融入高职体育课的相关内容，有利于真正提高高职体育课的教学质量。

一、体能与职业体能

体能（Physical Fitness），又称为体适能，是指人体适应外界环境的能力。体能由身体形态、身体机能和运动素质组成，包括与健康有关的健康体能和与运动有关的运动体能。发展体能，对于在校大学生而言，重要的是身体准备，这种准备是未来社会生活的基础，是未来职业工作的需要，是从事运动休闲健身的前提。良好的体能，不仅是自身健康水平的标志，也是改善生活方式、提高生活质量、胜任职业工作的保障。

职业体能是在“体能”的发展基础上衍生出来的专业术语，是指与职业（劳动）有关的身体素质和心理素质，以及在不良劳动环境条件下的耐受力和适应能力，是经过特定的工作能力分析后所需具备的身体活动能力。包括重复性操作能力、背肌承载静态力的能力、其他肌肉群能达到维持工作姿势要求的能力，以及人体对湿热工作环境的忍受程度等能力，我们将这种不同职业对人的身体素质和心理素质的不同要求，称之为职业体能。高职院校职业体能是指高职院校的学生在体育教学中形成的、适应职业劳动所必需的技能和运动的能力。高职院校的职业体能教学则是一种专门的教育过程，是与高职教育专业培养相结合的，通过体育课程培养学生达到职业（劳动）所需的身体素质和心理素质的过程，其可以使学生获得在不良劳动环境条件下的耐受力和适应力，保证学生获得从事未来职业（劳动）所应具备的职业素养。

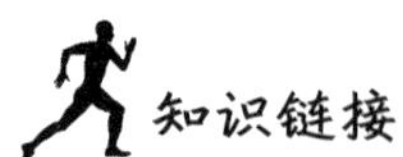

“体能”的由来

体能一词最早源于美国。从广义上讲，它是指人体适应外界环境的能力。在英文文献中，常被用于表达身体对某种事物的适应能力。例如，Fitness for competition and win; Fitness for life activity。德国人称之为工作能力，法国人称之为身体适性，日本人称之为体力，中国香港地区、台湾地区的学者将之翻译为“体适能”，并得到华语流行国家和地区体育学术界的认可。

二、职业体能的目的与任务

高职院校教育的目的是以培养学生岗位胜任能力为核心，以传授岗位相关的学科知识为支撑，以增强学生社会发展、科技进步的适应能力为基础，在提高学生身体健康素质的同时，更加注重为社会和企业培养生产、管理、服务、技术支持等一线的高端技能型人才。然而，体育锻炼对人的机体有着良好的影响。系统从事身体锻炼的人很少生病，对职业活动的适应比一般人快并能够态度明确、意志坚定地达到预期的目标，对职业工作的劳动强度频度和抗疲劳能力具有较强的适应性和持续性。

（一）提高学生身体素质，降低发生健康问题的危险性

健康是人类生存发展的基本条件，是事业的资本。近年来，我国学生体质健康水平持续下降，直接影响到青少年一代的健康成长，影响到我国人才培养的质量，这已经引起社会各界的强烈关注。以培养社会人才为己任的高职院校要以强化学生职业体能为突破口，优化教学与训练环节，在发展学生职业体能的同时全面提高学生的体质健康水平。

（二）掌握和利用职业技能

现代社会，工作节奏越来越快，职业能力的发展已从单一的专业能力发展转向全面综合素质的发展，职业体能是职业能力的重要内容之一，作为培养生产建设管理服务第一线高素质人才的高职院校，学生许多专业技能的掌握和利用都必须以相应的职业体能作为保障。譬如：电工专业人员要有一定的攀高平衡能力，否则就不能胜任电工的高空操作，所以在学校期间加强学生职业体能的培养，有利于学生毕业后更好、更快地适应本职工作。

（三）增强学生就业竞争力，善于接受压力和挑战，具有创新精神

随着企业对从业人员职业体能的日益重视，很多企业单位在招聘人才时，除了对专业知

识掌握的要求外,更多的是考虑企业单位招聘的人才发展的可持续性,对所招聘人员的职业体能素质提出了具体要求。在具备良好的专业技术能力的同时,学生若具备良好的职业体能,无疑可增加其就业竞争力,因此,提高学生的职业体能就是增强学生的就业竞争力。职业体能较好的人一般拥有匀称的身材,良好的体姿,健美的体态,拥有比实际年龄小的生理年龄,使得更有自信,更勇于接受挑战和压力。

(四) 缓解职业怠倦,提升工作质量

据调查,世界范围内普遍存在的工作倦怠现象正袭扰我国,职业人员出现工作倦怠现象与职位、性别、学历、工作年限有很大关系,销售、办公室人员出现职业倦怠现象的比例较高。苏联专家马特维也夫在《体育理论与方法》一书中曾明确提出:“职业实用性身体训练水平是缩短掌握期限的因素之一,同时也是对掌握职业工作质量的一种保证。”现代社会工作节奏越来越快,强化职业体能水平有助于提高职业工作的效果,可在独立生产活动中保持良好的工作能力,提升工作效率、工作质量和工作寿命。

高职院校是以培养国家建设所需要的高端实用型技能人才为主要目标,学生毕业后所从事的岗位客观地对其体能提出了更多的要求,要适应紧张而单调的流水作业,要在各种困难的环境中持续工作等,这就需要在校学生不仅具有较高的职业技术操作能力,而且还应当具有较高的职业技术所需的体能,表现出与职业技术密切相关的力量、耐力、速度、灵敏等身体素质。只有职业技术与职业体能相适应才能发挥更大的作用,提高走向职业岗位后的工作和生活的质量。

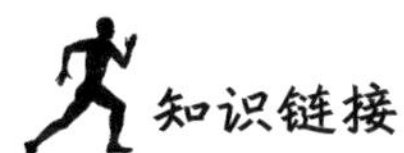

美国前总统布什:坚持跑步身体好

对美国人来说,前总统布什堪称他们国人运动及锻炼身体的楷模。布什的习惯是在健身房利用健身器材及跑步机强身,他的重量训练还包括坐姿推举、扩胸与扩背运动。因工作繁忙,布什经常利用一切可以利用的空隙跑步。曾经在访问墨西哥途中,他就在空军 1 号会议室里的 1 台跑步机上跑了起来。可以说,布什是走到那里就跑到那里,他跑步的身影在美国许多地方出现过。在总统套房里,在戴维营的林间小道上,当然,还有位于白宫顶楼的健身房内。迄今为止,他个人跑步的最好成绩是 6 min 45 s 跑完 1 英里(约 1.6 km)。布什每周跑步 4~5 次,举重至少 2 次。其中周四进行长跑,周日一般进行快跑训练,其他时间进行慢跑和器械练习。

第二节　职业体能课程实践

体育运动中许多运动素质可以迁移到职业体能上,如运动中的快速反应能力、耐力、动作协调配合程度、注意力和观察视野等,正是许多职业,如操作工、调度员等必不可少的条件。俄罗斯学者认为,为适应现代社会对人体的要求,学校的劳动教育应当使年轻人在参加生产活动时,能够迅速地了解工具,掌握工艺,适应条件。但是,这一切只有在他们具有对职业十分重要的身体训练水平,具有控制自己身体的能力,能够灵活、节省地完成必需的动作的情况下才能实现。因此,应根据高职院校各专业的工作特点,相应安排不同的有针对性的体能课程。

知识链接

职业的分类

《中华人民共和国职业分类大典》把我国职业划分为由大到小、由粗到细的四个层次:大类(8 个)、中类(66 个)、小类(413 个)、细类(1 838 个)。细类为最小类别,即职业。8 个大类分别是:第一大类:国家机关、党群组织、企业、事业单位负责人;第二大类:专业技术人员类;第三大类:办事人员和有关人员类;第四大类:商业、服务业人员类;第五大类:农、林、牧、渔、水利业生产人员类;第六大类:生产、运输设备操作人员及有关人员类;第七大类:军人类;第八大类:不便分类的其他从业人员。

一、农业技术类、林业技术类、畜牧兽医类、农林管理类

(一) 工作特点

此类职业的工作环境在农村、森林、牧场、茶园、田间地头,工作内容以技术性工作为主,工作经常需要长途出差。该类工作手脑并用,体力消耗较大,但是工作时间较为固定,能够按时完成,休息时间有规律。工作负荷为中等强度,工作时间长,体力消耗较大,负荷量大。

(二) 课程安排

有氧耐力练习:长距离耐力跑、越野跑、登山、足球、网球等。

二、水产养殖类、水上运输类、水文与水资源类、水利工程与管理类、水利水电设备类、水土保持与水环境类

(一) 工作特点

此类工种工作环境一般在海洋、湖泊、船舶、水上、水边,工作环境潮湿,属于重体力劳动,工作时间不固定,无规律劳作,无规律休息,且工作强度大、负荷大。

(二) 课程安排

绝对力量练习:游泳、健身、足球、篮球、羽毛球、乒乓球等。

三、公共运输类、铁道运输类、城市轨道运输类、港口运输类、管道运输类

(一) 工作特点

此类职业的工作环境一般在汽车、道路、火车、地铁、港口,环境多扬尘、多尾气、噪声大,属于重体力劳动,工作时间不固定,无规律劳作,无规律休息,工作强度大、负荷大。

(二) 课程安排

无氧耐力、反应速度、灵敏性、自我保护能力:固定转换体位的练习、穿梭跑、八字跑和折返跑等;在跑跳中做迅速改变方向的各种跑、躲闪、突然起动以及各种快速急停和迅速转身等练习;专门练习,如立卧撑、跳转、上步纵跳、左右弧线助跑、单腿起跳、旋转 360° 连续进行等;变速和变向练习;在跑、跳过程中快速、协调、准确地完成各种动作,如变向、变速、急停、

急起、转体等;球类课程:乒乓球、羽毛球等。

四、民航运输类

(一) 工作特点

此类工作常常处于机舱、空中等噪声大、气压高的工作环境中,属于中等体力劳动,工作时间不固定,无规律劳作,工作强度为中等强度、中等负荷。

(二) 课程安排

平衡能力、协调性练习:体操项目、健美操等。

五、生物技术类、化工技术类、制药技术类、食品药品管理类、临床医学类、护理类、药学类、医学技术类、卫生管理类、部队基础工作类、法律实务类、法律执行类、司法技术类

(一) 工作特点

工作环境一般在药厂、实验室。该环境特点是无菌、高度保洁,有一定的消毒气味,偏重于脑力劳动,结合体力劳动,工作时间固定,有规律劳作,有规律休息,劳动强度低、中等负荷。

(二) 课程安排

手眼结合能力、上肢力量练习:引体向上、双臂屈伸、俯卧撑等单双杠器械力量练习;艺术体操、健美操、舞蹈类课程;瑜伽课程;篮球、排球、乒乓球、羽毛球、太极拳等课程。

六、资源勘察类、地质工程与技术类、矿业工程类、石油与天然气类、矿物加工类、测绘类

(一) 工作特点

常年在野外、矿山、扬尘环境中工作,属于重体力劳动,长期外出,无固定工作时间,休息无规律,大强度、大负荷。

(二) 课程安排

最大力量、绝对力量练习:全身力量素质、有氧耐力、登山等。

七、材料类、能源类、电力技术类、机械设计制造类、自动化类、机电设备类、汽车类

(一) 工作特点

常年在机械厂房、电气、油气等环境工作,属于技术类结合体力劳动,工作时间固定,有规律休息,中等强度、中等负荷。

(二) 课程安排

力量训练、协调性训练。

八、建筑设计类、城镇规划与管理类、土建施工类、建筑设备类、工程管理类、市政工程类、房地产类

(一) 工作特点

常年处于建筑工地、扬尘、城市、城镇的工作环境,属于技术管理类工作,中等体力劳动,

工作时间固定,有规律休息,中等强度、中等负荷。

(二) 课程安排

动作速度、快速力量、灵敏性、有氧耐力。

九、计算机类、电子信息类、通信类、环保类、气象类、安全类、轻化工类、纺织服装类、食品类、包装印刷类、财政金融类、财务会计类、经济贸易类、市场营销类、工商管理类、艺术设计类、广播影视类

(一) 工作特点

工作环境在办公室、写字楼、工作室、轻工业厂房等,属于技术类、轻体力劳动,同一身体姿势持续时间较长,工作时间固定,有规律休息,低强度、中等负荷。

(二) 课程安排

手眼结合能力、上肢力量练习:引体向上、双臂屈伸、俯卧撑等单双杠器械力量练习;艺术体操、健美操、舞蹈类课程;瑜伽课程;篮球、排球、乒乓球、羽毛球、太极拳等课程。

十、旅游管理类、餐饮管理与服务类、公共事业类、公共管理类、公共服务类、语言文化类、教育类

(一) 工作特点

工作环境在宾馆、景区、学校、服务窗口、公共场所,常年身体保持同一姿势标准高,礼仪要求高,结合脑力劳动,工作时间固定,有规律休息,强度低、持续时间长、负荷量大。

(二) 课程安排

有氧耐力练习:形体训练、健身操、瑜伽、武术等。

十一、体育类、表演艺术类

(一) 工作特点

工作环境在体育场、演艺场所和课堂,各种体力劳动结合脑力劳动,工作时间固定,有规律休息,工作强度大、负荷大。

(二) 课程安排

全面身体素质:所有运动项目涵盖的课程。

十二、公安管理类、公安指挥类、公安技术类

(一) 工作特点

此类职业常年处在各种复杂的社会环境中,场所不定,抓捕、侦查、押解等各种体力劳动结合繁重脑力劳动,工作时间不固定,无规律休息,工作强度大、负荷大。

(二) 课程安排

所有警察体育项目包括警务搏击能力、攀登、泅渡、索降、越障、最大力量、快速力量、有氧耐力等全面身体素质练习以及枪械使用等。

根据不同的分类,对职业体能及对应课程的内容进行分析、归纳,在体能塑造方面,各自有所侧重,但并不完全独立于大部分体育运动项目所对应的课程,都具备全面提高身体体能的功能,只是各自有所偏重。在参考时不可偏废,不可割裂,应根据实际情况有所侧重,即可

在授课内容上体现差异性和多元化。在职业体能课程设计时，要充分分析不同职业特性所对应体能的内容及其实现方式。如：警察体育所对应的警务技能的特殊性，警察体能训练的主要内容是在达到健康体能要求的基础上，发展与职业要求相关的体能能力。警察职业的特征是运动强度中等，但持续时间长，工作环境复杂，有时短期内运动强度大，能量主要来源于有氧供能系统。因此，警察职业体能内容中必须涉及所有警察体育项目，包括警务搏击能力、攀登、泅渡、索降、越障、最大力量、快速力量、有氧耐力等全面身体素质以及枪械使用等，这正是由警察体能的特点所决定的。

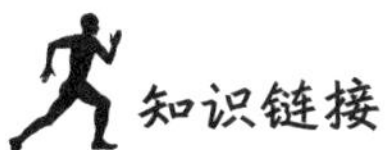

每项运动参与过后都要做拉伸动作

不论是偏爱跑步、喜爱游泳、热爱自行车还是酷爱球类运动的你，或许都曾遇到过以下这些问题：跑步时，想加快速度却无法迈开步伐；自由式划手进入水中后，想将肩膀进行更多延伸，怎么感觉施展不开？骑乘自行车的途中，髋骨启动、下踩踏板、推动膝盖过程中各种伸展不开。这类紧绷、绑手绑脚的感觉，有时会影响我们的运动表现。如果这种情况未获得改善，长时间累积下来，则可能产生运动的挫败感，连带地降低参与运动的意愿。事实上，动作不顺的问题或许并不只是热身不足，因为美国骨科运动医学学会（AOSSM）医学博士 Stephen J. Nicholas 的研究指出：导致动作无法顺利延展的原因，也许是身体关节的活动范围受到限制。换句话说，就是柔软度不佳。柔软度的好坏和关节的灵活程度成正比。而影响关节活动的因素有很多，包括关节形状、韧带与肌腱的弹性、肌肉长度等等。以先天条件来看，每个人几乎都差不多，但若想再加强柔软度，增进关节的活动范围，拉伸会是最好的办法。通常我们对拉伸的印象大概停留在拉筋、暖身等，不过根据使用时机及动作幅度的不同，拉伸其实又可分为两种：一种是常被用作运动前暖身的动态拉伸；另一种则是适合在运动完后进行的静态拉伸。

动态拉伸，是透过动态的动作，改善关节活动的幅度。一般来说，动态拉伸的动作都较大且速度偏快。实施后，除了能减少运动时肌肉拉伤的机会，对提升运动表现也有很大的帮助。

静态拉伸是将肌肉及关节延展开，并维持一段时间，然后再慢慢复原，动作较为缓和、缓慢。静态拉伸利于改善身体的灵活度，舒缓神经肌紧张与下背疼痛，而且不管是运动后收操，还是平常闲来无事，都可以进行静态拉伸。

第三节　不同岗位群的体能训练

高等职业教育作为高等教育发展中的一个类型，肩负着培养面向生产、建设、服务和管理第一线需要的高技能人才的使命，在我国加快推进社会主义现代化建设进程中具有不可替代的作用。高职院校的学生进校后，专业就已经基本定向，其未来职业的劳动特点对人体的需求也不一样。因此，大学生在参与体育锻炼的时候要考虑自己将来职业的劳动特点，为未来职业人所需要具备的实用体育知识、一般身体素质、职业特殊素质和终身锻炼能力而做好准备。从事不同的职业需要不同的体能，具体职业的身体活动部位是局部的、重复的、固定持续的，因此，完成各种动作时人体对应人体机能表现形式不同，其体能要求也不同。根据不同职业群体的体能的需求特征，提供了相应的发展途径（表 14-3-1）。希望通过本课程的学习，为不同专业从业人员的职业储备必备体能，能够满足职业需要。

表 14-3-1 不同职业岗位群的体适能发展途径

职业岗位群	体适能需求特征	发展途径
农、林、牧、渔、水利业职业类	经常要到野外跋山涉水，进行实地考察，需要较强的耐久力和对自然环境的适应能力	1. 发展上下肢和腰腹肌力量练习：卧推、挺举杠铃、坐姿颈后屈伸、抛投实心球、俯卧撑、静蹲、负重深蹲、负重提踵、蛙跳、仰卧举腿、“V”字挺身、负重转体、静力支撑等；2. 发展耐力素质练习：变速跑、匀速跑、越野跑、跳绳等；3. 发展平衡能力练习；4. 发展攀爬能力练习
航海类	要获得适应海上工作与生活环境的健壮体魄，熟练掌握海上专业所必需的实用知识和技能，要求学生方位判断能力好，反应能力强，前庭分析器发育良好，双手活动灵活性和准确性好，耐力素质好，游泳技能高等	1. 发展力量素质练习：引体向上、俯卧撑、上斜转体仰卧起、负重弓步练习；2. 发展耐力素质练习：定时跑、变速跑、越野跑；3. 发展速度素质练习：跑的专门性练习、快速跨步跑、快速跑台阶、加速跑；4. 发展跳跃素质练习：单足跳、多级跳、连续蛙跳；5. 发展柔韧性素质练习；6. 发展游泳技术练习：熟悉水性、蛙泳技术；7. 发展平衡能力练习；8. 发展协调能力练习
机电职业类	全身参与运动，体力劳动强度大，固定重复用力，蹲、弓、立姿势都有，要求从业者有很好的上下肢的力量和耐疲劳的能力，反应快，双手运动灵活性好，一般耐力好	1. 发展上下肢和腰腹力量素质练习：卧推、提铃耸肩、哑铃侧平举、腕弯举、肱二头肌弯举、俯卧撑、负重极限深蹲、蛙跳、负重弓箭步交叉跳、跳绳蹲跳、负重仰卧起、蝶泳、负重转体、负重体侧屈、“V”字挺身等；2. 发展耐力素质的练习；3. 发展手腕部灵巧性练习：乒乓球与羽毛球练习可以锻炼手腕肌肉群，从而提高反应速度和灵敏性；4. 抗热、抗寒、抗湿、抗辐射能力
交通运输职业类	要求有良好的视力和目测判断力，注意力的转换能力，运动知觉好，反应灵敏，双手动作灵活性好，身体耐力素质好	1. 发展颈肩部、肘部、腕部、腰背部力量练习：抗阻头部前侧屈和后伸、杠铃 / 哑铃耸肩、站立耸肩、含胸、展胸、仰卧双手抱拳上举、坐姿颈后推、肘部支持内外旋腕、站立持铃屈臂、单臂屈肘上抬伸臂上拉、加大伸屈腕、攥握橡皮泥、五指伸展撑胶带、仰卧团身、腿臂跪撑反握拉铃；2. 发展耐力素质练习：定距跑、反复跑、越野跑、“法特莱克”跑；3. 发展眼部肌肉练习
商业、公共饮食业、物资供应和仓储业职业类	劳动特点是全身运动性体力运动，劳动强度大、运动器官和心肺系统负担重，大关节肌肉易损伤，要求耐力素质较高。	1. 发展腰腹、上下肢力量素质练习：空中登车、举腿卷腹、反向卷腹、跳楼梯、蹲功、折返跑、双脚跳高台、哑铃前平举、哑铃侧平举、仰立飞鸟；2. 发展耐力素质练习；3. 发展其他素质练习：野外拓展训练、滑旱冰等

续表

职业岗位群	体适能需求特征	发展途径
建筑职业类	要求具有反应速度、抗挫能力、灵活性、上肢动力性和静力性耐力、上肢肩带和躯干的力量与耐力、平衡能力、高空抗晕眩能力等	1. 发展上下肢、腰背力量耐力练习：引体向上、快速挺举、后提杠铃、俯卧撑、负重弓箭步跳、负重提踵、负重纵跳、负重深蹲、各种形式的跑台阶、负重挺身、负重仰卧起坐、两头起、空中蹬车；2. 发展耐力素质练习：各种形式的长时间跑、长时间的其他周期性运动、各种循环练习等；3. 其他素质练习：过独木桥、攀沟、翻越墙、过索道、各种听声音跑、乒乓球练习等
服务职业类	服务类职业容易造成人的精神过度紧张，生活不规律，交际多，易患胃病、心血管病，对上、下肢的力量要求较高	1. 发展腰腹、下肢力量练习：空中蹬车、举腿卷腹、抱膝卷腹、坐式屈团身、健身球仰卧、蹲功、战士第二式、踮脚跳跃、提踵练习、单脚十字跳；2. 发展耐力素质练习：各种形式的长时间跑、长时间的其他周期性运动、各种循环练习等；3. 发展颈肩、腰背部柔韧性练习：扭转望月、前伸探海、“米”字形弯曲、双肩环绕、拉伸肩膀、体前拉伸、提臀塌腰、弓背收腹、腰转动式
长期伏案职业类	劳动特点是以脑力劳动为主，身体活动范围小，常处于静止状态，容易造成大脑疲劳、屈颈含胸、驼背、眼肌疲劳、弱视、坐骨神经受压、下肢易麻木等情况	1. 发展腕、颈肩、腰背部力量耐力练习：体后拉伸、仰卧两头起、摸耳屈伸、耸肩、肩绕环、动态屈伸腕、静态屈伸腕、“8”字绕环；2. 发展臂腕部、颈肩部、腰背部柔韧性练习：提臀塌腰、弓背收腹、手触脚背、体转运动、“米”字形弯曲、跪坐压肩、转肩运动、背后拉手、握手转腕、向内悬腕、办公室瑜伽
公安类	需要具备良好的战术素养和打击犯罪所必须掌握的约束、制伏犯罪嫌疑人和罪犯的强制性警察实战技能和战术。包括射击技能、抓捕技术、查缉战术、驾驶技能等	1. 发展力量素质练习：负重抗阻力练习、对抗性练习、专门器械练习、克服自身体重、弹性物体和外部阻力的练习等；2. 发展速度素质练习：听哨声起动、看手势急停、反向跑、反向转身、快速出拳、快击手脚靶、步伐的快速移动、快速出枪、快速举重物、击打沙球、冲刺跑、下坡跑等练习；3. 发展灵敏素质练习：躲闪、突然起动、急停、迅速转体、快速改变方向的各种跑、球类活动、器械体操、游戏、翻腾、跳跃、利用信号进行的快速反应练习等；4. 发展柔韧素质练习：压腿、下叉、踢腿、体前屈、弯腰探物、下腰等练习

不同岗位群的职业体适能是人体适应职业工作、生活与工作环境的综合能力，是机体有效执行职业工作所具备的职业体能、职业特殊身体素质、适应工作环境以及防治职业病发生等的能力，是健康体适能的具体体现。现代社会中，人类参身体活动的机会越来越少，营养摄取越来越高，工作与生活压力增加，更加感受到良好体适能的重要性。通过科学合理负荷的动作练习，改善人的身体形态，提高有机体各器官系统机能的活动能力，发展运动素质，促进工作能力和健康水平的提高。针对不同岗位群的体适能训练，不管是从事体力性、脑力性活动或运动皆有较佳的活力及适应能力，而不会轻易产生疲劳或力不从心的感觉。

知识链接

跑者，最好的肌肉训练动作

针对跑者的肌力训练，美国 Competitor 网站挑选了四个最好的动作：徒手双脚深蹲、单脚硬举、核心训练及单脚深蹲，将这四个动作加到原有的训练中，有助于你成为一个跑起来更有效率的跑者。这些徒手的动作，可以完成 8~12 下，而且能够轻易地完成时，可以开始逐渐增加负重。

1. 徒手双脚深蹲

若只有一个肌力训练可以选，非徒手深蹲莫属。深蹲训练可以练到许多跑步专项涉及的肌肉，不需要任何器材，随时随地都可以进行，跑完步之后，就可以接着进行。此外，也可以搭配一些跨步的动作来进行。

2. 单脚硬举

许多跑者都是以大腿后侧为主导来进行跑步，而没有使用他们的臀肌(臀大肌)。而单脚硬举是一个针对臀部的训练动作。此外，后踢腿也是训练臀肌相当好的动作。

3. 核心训练

卷腹、棒式、空中踩脚踏车等动作都是十分有效的，但重点是你要经常做，将它们视为与长跑、速度训练同等重要。而背部的肌肉相当重要，但却经常被忽略。

4. 单脚深蹲

跑步基本上是由连续单脚步伐所形成，重要的是要建构起骨盆稳固的平衡，这样的话，当你在进行每一个步伐时，你就不用时时注意及维持自己的平衡。当你的骨盆是稳定的时，你的身体、步态及步伐也会更加稳定。在确保你可以在维持良好的姿势下完成双脚深蹲之后，可以进到单脚深蹲的动作，这动作更要求你稳定骨盆的能力。

复习与思考

1. 何为职业体能？根据你的专业，描述职业体能的目的与任务。
2. 根据你的专业，设计一份适合自己的健身计划。
3. 职业对健康的影响有哪些？请结合职业特点分别介绍。

第十五章　职业拓展训练

知识导航

拓展训练是指利用自然地域和相应设施，让参与者通过体验，从中感悟出活动所蕴含的理念，通过反思获得知识，改变行为来培养良好的心理品质，提高其综合素质的一种动态教育模式。拓展训练课并非体育加娱乐，而是对传统教育的一次全面提炼和综合补充。

拓展训练英文为 Outward Development，中文译为“拓展”或“外展”，原意为一艘小船驶离平静的港湾，义无反顾地投向未知的旅程，去迎接一次次挑战，去战胜一个个困难！这种训练起源于“二战”期间的英国。当时大西洋商务船队屡遭德国人袭击，许多年轻海员葬身海底。人们从生还者身上发现，他们并不一定都是体能最好的人，但却都是求生意志最顽强的人。于是，汉思等人创办了“阿伯德威海上学校”，训练年轻海员在海上的生存能力和船触礁后的生存技巧。战争结束后，拓展训练的独特创意和训练方式逐渐被推广开来，训练对象由海员扩大到军人、队员、工商业人员等群体。训练目标也由单纯体能、生存训练扩展到心理训练、人格训练、管理训练等。现在的“拓展训练”侧重于后者。

第一节　职业拓展训练的目标与任务

职业拓展训练因训练的科目不同，内容设置有所不同，职业拓展训练的目标因此也有不同分类。职业拓展训练分为个人训练项目和团队训练项目，从而有两个不同的训练目标。在制定职业拓展训练的训练计划时要将训练的中心思想充分融入训练任务当中。职业拓展训练主要任务有六项。

一、职业拓展训练的目标

个人项目拓展课程目标：通过个人项目使队员充分认识到自身的潜能，培养良好的心理素质和勇敢、顽强的意志品质；通过团队项目培养队员对集体的参与意识和责任心。

团队项目拓展课程目标：增进队员对团队力量的认识，培养队员的归属感，感受沟通、合作、激励、融洽的人际关系以及遵从团体规范的重要性。领导力拓展课程目标：旨在提高领导者的能力。选择特殊的拓展内容，让队员锻炼和体验领导团队协同作战，提高队员领导和协调事务的能力。新员工拓展课程目标：旨在培养新员工团队精神，加强队员之间的沟通和了解。职业拓展课程目标：培养集体观念，创新意识和环境保护意识。让队员通过短暂的集体生活，感受集体的温暖，培养正确的集体观念，增进人与人之间的协作能力。增强环保意识。提高开拓创新的意识。

二、职业拓展训练的任务

1. 提高自身的综合性

拓展训练以体能活动为引导，通过认知活动、情感活动、意志活动和交往活动等调动队员全身心投入其中。

2. 挑战自身极限

拓展训练中的有些项目具有一定的难度，主要表现在心理承受能力方面，需要队员挑战自我，跨越“极限”。

3. 集体与个体的融合

拓展训练多是分组进行，强调合作，每一名参与的队员都要竭尽全力为集体争取荣誉，与此同时会在集体中吸取巨大的力量和信心，显示个性。

4. 高峰体验

在克服困难、按要求顺利完成课程以后，能够体会到发自内心的胜利感和自豪感，获得人生难得的高峰体验——了解自己拥有比自己想象得多得多的力量、勇气、智慧和协作能力。

5. 自我的教育

培训师(教练)在课前把课程的内容、目的、要求以及必要的安全注意事项向队员讲清楚，活动中不再进行讲述，也不参与讨论。在培训中培训师(教练)起的是“抛砖引玉”的作用，要充分尊重队员的主体地位和主观能动性。

6. 参与者感受到明显的收获

认识自身的潜能，增强自信心，改善自身形象；克服心理惰性，磨炼战胜困难的毅力；启发想象力和创造力，提高解决问题的能力；认识群体的作用，增进对集体的参与意识与责任心；改善人际关系，学会关心他人，更为融洽地与群体合作。

第二节 职业拓展训练课程实践

职业拓展训练的课程实践不仅要了解教学的内容，还要了解实践的内容，并且将其很好地融入教学实施过程当中。

一、职业拓展训练的教学内容

拓展训练是队员通过参与各种拓展项目产生相应的行为体验，从面临挑战时的本能和最现实的思维方式与行为方式的表现入手，经过教练针对性的培训指导，促使队员在观念上完成转变，从而形成更好的行动方案和心理品质。

拓展训练课程的教学内容要充分体现拓展训练“主体体验式”的教学特色，以体能活动为引导，引发认知活动、情感活动、意志活动和交往活动，同时扩展管理知识与技能。培养队员的实践能力和创新精神，促进能力全面提高(图 15-2-1)。

二、职业拓展训练的教学实践

拓展训练是在亲身体验的前提下，以生动的活动为基本手段，使队员在体验中达到“磨炼意志、陶冶情操、完善人格、熔炼团队”和身体活动的目的，并在教练的引导下，通过分享、

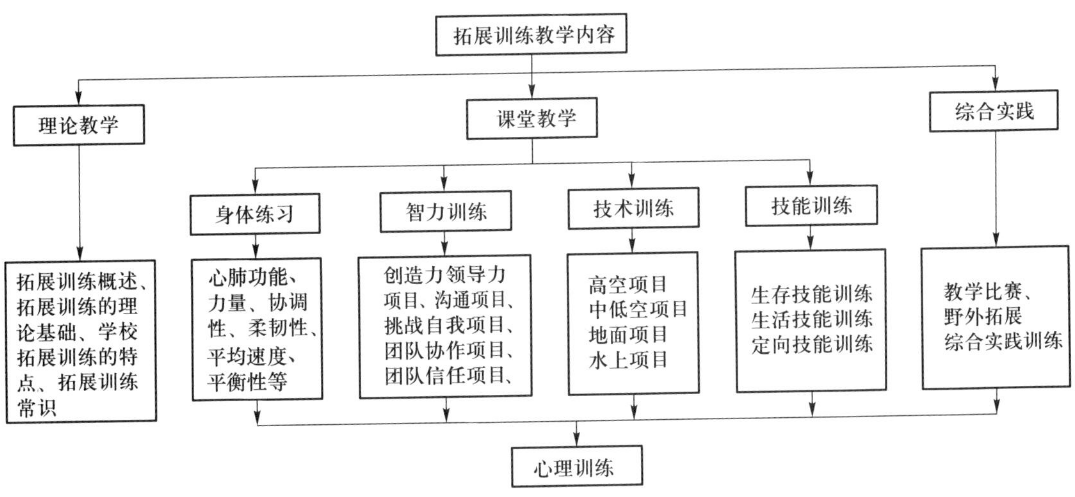

图 15-2-1 拓展训练课程教学内容示意

回顾、总结等手段，实现一种“先行而后知”的体验式教学方法。

(一) 课堂教学实践流程(图 15-2-2)

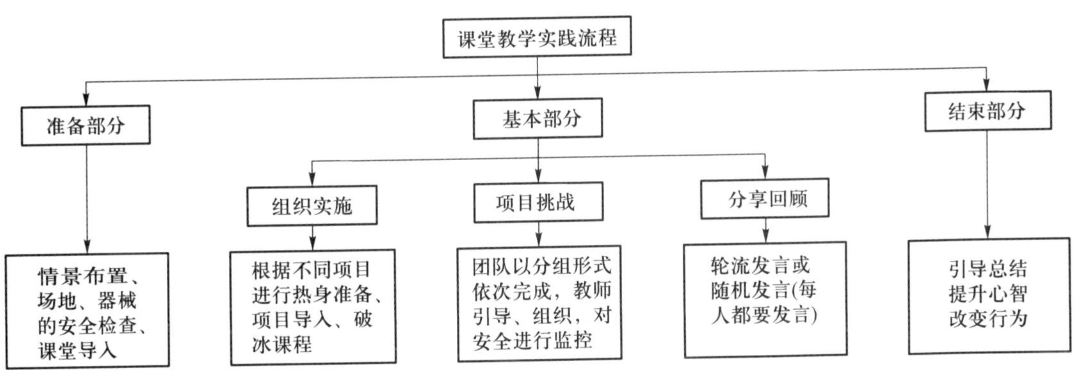

图 15-2-2 拓展训练课堂教学实践流程

(二) 综合教学实践流程(图 15-2-3)

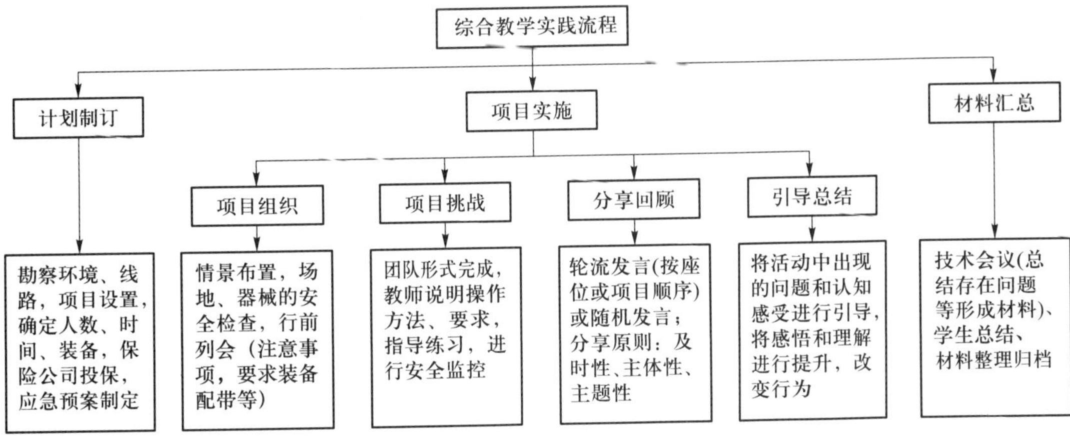

图 15-2-3 拓展训练综合教学实践流程

三、职业拓展训练的教学实践内容

拓展训练与以往的训练方式不一样,它以自然环境为依托,采取专门设计的、具有挑战性的课程,让队员通过训练项目,经历心理挑战的锻炼,自己教育自己。目前,社会上的生存训练和极限运动都属于拓展训练的范畴。

拓展训练的基本原则是以户外自然环境为主,体能活动为导引,心理挑战为重点,极限要求为条件,完善人格为目标。

拓展训练包括室内情景训练、户外场地、野外和水上等项目。水上项目包括游泳、潜水、跳水、扎筏、划艇、龙舟等;野外项目包括远足露营、登山攀岩、长途跋涉、野外定向、伞翼滑翔、野外生存等;场地项目包括信任背摔、高空单杠、高空漫步、高空速降、天梯、断桥、沼泽、绳网以及各种个人和团体组合项目等;室内情景训练包括组织能力、人际处理能力、协调能力、判断能力、领导能力等管理素质培养的专题训练项目。

四、职业拓展训练的教学实施过程

(一)课程内容设置

课程内容包括:信任背摔——彼此的信任是基础;高空单杠——认识自我、超越自我、潜能发掘;电网——有效资源的合理利用,鳄鱼湖——突发事件的处理能力;空中断桥——体会自我超越的感觉;相依为命——角色转换,冲霄云梯——学会与人合作,盲人方阵——合理有效地组织,荆棘取水——将每一个个体的力量凝聚成集团能力;数码雷阵——合理、有效地利用信息资源并果敢决策;有轨电车——团结协作能力;海难逃生——团结、协作、奉献,孤岛求生(盲人岛、哑人岛、珍珠岛)——信息沟通的重要性。

(二)不同类型的破冰热身活动

破冰热身活动主要有生理、心理、人际关系,如侧重于人际关系方面和增进相互认识与了解的有串名字游戏、外号乐哈哈、进化论、大风吹等。环境适应能力能使人正确认识环境以及处理个人和环境的关系。心理健康的队员在环境改变时能面对现实,对环境做出客观的认识和评价,使个人行为符合新环境的要求;能和社会保持良好的接触,对社会现状有清晰的认识,能及时修正自己的需要和愿望,使自己的思想、行为与社会协调一致。队员们来自五湖四海,相互之间比较生疏,有必要采用这类游戏的方法让队员进行认识、沟通和了解。通过游戏,彼此认识了,开心融洽的气氛也有了,也领悟到很多为人处世的哲理。

(三)教练应正确地应用热身技巧

教练应掌握以下六大技巧:

(1)全面性。在计划热身活动时,要牢记热身活动只是手段,而不是最终目的。

(2)参与性。让队员有更多的机会参与活动很重要,这既可以让他们感受到被尊重,又能提高参加者的学习动力,但这并不是要强迫队员参与所有活动。

(3)先后性。在热身阶段开展的各项活动要按照循序渐进的原则,一定要把握好其先后顺序:如生理次序,从静态形式到动态形式,从简单动作到复杂动作;心理次序,从开心的康乐游戏到富于挑战的拓展活动;从人际关系次序、人际间少互动到多互动,从个人投入到小组投入,再从小组到个人。

(4)适宜性。热身活动必须根据组员的需要做出调整,目的在于提升参加者的兴趣及参

与动机,从而导入主题。

(5) 可变性。拓展活动吸引人的关键之处就是其活动的可变性。教练在热身活动中巧妙地变化可以提高组员的参与动机及兴趣,避免造成沉闷的场面。

(6) 连贯性。当一项活动转移到另一项活动时,教练必须让整套计划及个别活动前后呼应、相互紧扣,这样才能显出热身活动的意义,也直接影响整套计划能否顺畅进行。

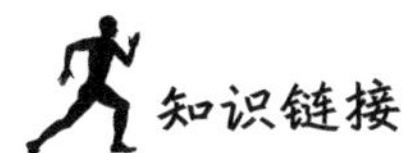

知识链接

拓展训练的课程类型

拓展训练的课程主要由陆、海、空三类课程组成。水上课程包括游泳、跳水、扎筏、划艇等;野外课程包括远足露营、登山攀岩、野外定向、伞翼滑翔、野外生存技能等;场地课程是在专门的训练场地上,利用各种训练设施,如高架绳网等,开展各种团队组合课程及攀岩、跳跃等心理训练活动。

第三节　不同岗位群的拓展训练

岗位是指企业根据生产的实际需要而设置的工作位置。企业根据劳动岗位的特点对上岗人员提出的综合要求形成岗位规范,它构成企业劳动管理的基础。而岗位群是指相关岗位形成的或一些相同或性质相类似的岗位集合。由此而知不同岗位群就是指不同岗位形成的或一些不同或性质不相类似的岗位集合。不同岗位群拓展训练具有一定的特殊性,由于岗位性质不同,因此,在拓展训练中,队员间的配合将出现问题,通过教练员的正确引导,队员间的相互沟通,在队员间了解不断加深过程中,彼此将产生良好的信任,从而消除隔阂,以完成预定训练目标。

不同岗位群拓展训练应从三个分类来循序渐进地进行。先将个人的训练情绪和激情激发出来,再以适当的低要素训练将个人融入团体的拓展训练,待形成默契以后以高要素的拓展训练将个人和团体紧密地联系在一起,以达到不同岗位群拓展训练的要求。具体分类如下。

(一) 室内外的破冰热身项目

1. 作用

使个人的能量得到迅速提升,情绪高涨,心理势能增强,从而能不断投入到学习活动当中。它可以在很短的时间内帮助不曾谋面的队员驱除彼此间的习惯性冷漠,使他们快速融合到一起,增加活动的投入气氛,提升学习的效果。

2. 项目特点

破冰是一种隐喻,在教学活动中主要用来应付参与者彼此间开始时的冷漠和紧张,同时也希望带来温暖的、融洽的学习气氛。参加破冰活动,使队员们的心理势能增加,身体温度提升,从而能够更加舒服、安全地参加相对困难的项目。心理学将此称为“沟通”,即:人与人在共同活动中彼此交流思想、感情和知识等信息,因此,破冰活动也称热身运动。

3. 活动内容

串名字游戏、外号乐哈哈、进化论、大风吹等。

（二）低要素、低风险的户外项目

1. 作用

通过个人和团队的努力来完成一些特定情景下或环境下的任务，从而培养和发展队员的身体灵活性、团队协作能力、沟通力和解决问题的技巧等活动。这些活动通常在 2 m 以下的高度进行，因此不需要绳索和安全带等较多专业保护技术，风险比破冰热身项目大些，但是仍处于风险较好控制的阶段。

2. 项目特点

活动涉及的要素、条件不高，一些活动需要用简单的、轻便易携带的道具，一些活动需要用一些建造好、固定的道具与设施，还有些项目不用任何道具即可。当然也有些活动会超出这个高度，甚至靠一个人伸出手臂是接触不到的，因此操作时要特别注意安全保护。

3. 活动内容

翻天覆地、盲人绳房、荆棘取水、盲人方阵、孤岛求生、沟通造桥、偷天陷阱、穿越电网、雷阵、背摔、低空的携手共进、勇渡硫酸河、穿越沼泽、事业千秋、罗马炮架、七手八脚、疾风劲草、交通堵塞、众志成城、全体离地、翻越障碍、搬运轮船等。

（三）高要素、高风险的户外项目

1. 作用

要求较高的身体灵敏性、心理承受力、团队协作力，倾向于直面困难、情绪管理、自信心、危机管理等方面的培养。此类活动不仅要求个人、双人或多人的攀爬，还要求团队其他的参与者负责保护挑战者的安全，对挑战者给予沟通和支持。因此，这类课程也可以发展队员们的同情心、同理心、沟通能力和与团队其他成员的协调配合能力。

2. 项目特点

此类活动一般要求有专门的保护器械和设施，运用特定的高于 2 m 以上的人工设施或自然环境进行教学训练，因此有较大的风险和挑战。当然有些高要素的项目形式与低要素相似，只是完成项目的高度被升高到 10 m 左右，这样对于队员心理的压力和挑战增强很多。

3. 活动内容

高空单杠、断桥、攀岩、海难逃生、相依为命、空中走钢丝、高台跳水、绕绳速降、空中夺标、蹦极等。随着活动要素的不断增多，如：距离、山野、黑夜、恶劣天气、水域、时间因素等，高风险也就相应而来。与此对应的项目如定向越野、丛林徒步、Solo 露营、独木舟、帆船、黑夜信任之旅、溯溪等。

复习与思考

1. 如果你决定把职业拓展训练的某个项目作为可以尝试的运动项目，如何将职业规划和现实生活结合，制订有效的训练计划？

2. 了解自己目前的兴趣和身体状况，如：尝试选择一项职业拓展训练运动，在运动前如何进行前期必要的器材准备与素质训练？

3. 了解一下自己所在城市开展职业拓展训练的状况，做一个职业拓展训练的小调查。

第十六章 休闲体育

知识导航

体育是人类文明的一种形式，从诞生之日起，它就以特有的品格吸引着人们参与其中。随着社会的发展和时代的进步，"休闲时代"悄然而至，休闲成为体育发展的一个必然趋势，这种趋势将大众体育推向休闲化，也使竞技体育走向休闲化，休闲终将成为人类生存的一种最佳状态。休闲体育作为一种休闲、健康、科学、文明的生活方式，正日渐融入人们的生活中，人们可以在参与休闲体育活动过程中愉悦身心，提高生活质量。

第一节 认识休闲体育

一、休闲体育的起源与发展

"休闲体育"一词来源于西方，中国古代没有"休闲"这个词，而且休闲所代表的意思与当前休闲所指含义相差较远。休闲体育在英语中是"Leisure sport"，我国学者把它翻译成余暇体育，有些学者则认为应该是休闲体育，还有些学者认为应译为娱乐体育或休闲运动。

从体育产生的性质来说，娱乐化、休闲化的特征似乎更为明显，特别是以"舞"为主的体育活动更是充分说明了这一点。1965 年，在云南发现的描写佤族原始生活的"沧源岩画"和各地陆续发现的一些原始岩画中，除球类活动和军事操练内容外，还有不少模仿狩猎的舞蹈画面。澳大利亚有"鸵鸟舞""袋鼠舞"，这些舞蹈，有娱乐和训练双重意义。在中国古籍中，有了大量关于"武舞"的记载。这些都说明原始人的休闲娱乐活动中有不少体育的萌芽，推动了体育运动的进一步发展。

21 世纪，随着经济、科技的不断发展，一个以休闲娱乐为特征的时代迎面而来。我国在北京奥运会后休闲体育运动的发展更加受到重视，同时运动休闲成为时尚。北京奥运会后我国休闲体育运动的特点表现在供需不足矛盾突出和社区体育场地设施经费不足两个方面。北京奥运会后我国休闲体育运动的发展趋势表现在以下方面。

(1) "三位一体"的学区体育。

(2) 体育俱乐部建设。

(3) 体育市场的发展逐步转向大众体育。

(4) 开发体育自然资源。

(5) 学校体育建设。

二、休闲体育的概念

休闲体育是社会体育的组成部分,指人们在闲暇时间以增进身心健康,丰富和创造生活情趣,完善自我为目的的身体锻炼活动。其实,休闲体育的概念可以从狭义和广义两个方面理解。

(一) 狭义概念

休闲体育是社会体育的组成部分,指人们在闲暇时间以增进身心健康,丰富和创造生活情趣,完善自我为目的的身体锻炼活动。特点是具有自由性、文化性、非功利性和主动性等。对增进健康、强健体魄、预防疾病与康复、提高文化素养与精神文明建设、丰富生活内容与加强人际关系,以及促进人的社会化与个性形成等都有重要意义和作用。

(二) 广义概念

对休闲体育广义的理解是用于娱乐、休闲的各种体育活动。它与体育运动的其他领域有着对立统一的关系。竞技体育的目标是,最大限度地发展人的运动能力,不断向人类的运动极限挑战。然而,竞技体育的某些项目,如果能够用于休闲,也可以称之为休闲体育。体育教育是对受教育者施以运动技能和知识的教育,使其掌握一些体育锻炼的方法,学会一些体育项目的技术。这些技术与方法在学生将来的生活中,会成为休闲活动的习惯方式,使学生终身受益。大众体育是以健身、娱乐和社会交往为特征的群众性体育活动,与广义的休闲体育有相似之处,可以把休闲体育看成是其中的一部分。

综上所述,休闲体育与体育运动的其他领域有着外延的联系,当某种体育活动用于竞技时,可看做竞技体育;当用于娱乐休闲时,则可看做休闲体育。各种体育活动的类别属性,视其目标和作用而定。

三、休闲体育的意义

休闲体育强调的是回归自然、身心放松,强调活动的乐趣。休闲体育的形式不拘一格,内容丰富多彩,从传统体育项目,如球类、田径,到新兴体育项目,如攀岩、蹦极、滑翔,再到人们日常生活的远足、骑车、慢跑等都是休闲体育的内容。休闲体育的特点是简便易行,对技术、场地设施的要求不高;老少皆宜,适宜活动的人群范围广;自由自在,强调活动的自由性和乐趣。基于此,休闲体育正逐步得到了人们的喜爱。有人曾对上海市职工体育活动现状进行了调查,发现职工喜欢足球,但最喜爱的运动是羽毛球。原因是羽毛球场地限制小,在空地、公园和广场等公共设施处就可以进行,活动对象又以家庭成员、同事为多,并且随时随地进行。这是一种典型的、喜闻乐见的休闲体育活动。而在德国,徒步旅行是人们最喜欢的休闲体育活动,与亲朋、好友、家人、同事一起徒步去郊游、登山、远足成为人们节假日必需的生活内容。

第二节 现代时尚休闲体育

新颖、独特的休闲体育项目正是吸引更多的人去参与,才更容易流行,更容易形成规模和潮流。正是有了这种意识的觉醒,越来越多的人参与到当前时尚的休闲体育中来,从而使休闲体育作为一种生活方式,向着一种时尚的方向前进。人们在休闲中追求时尚,而时尚使休闲变得更加精彩。时尚休闲和传统体育并不是固定不变的，而都是发展的，如滑雪、轮滑、保龄球、广场舞等，都属于时尚体育项目，而象棋、太极拳、划龙舟则属于传统体育项目。

一、滑雪

滑雪是指利用滑雪板在雪地滑行的一种体育运动。滑雪和滑冰、滑水有相似之处，但是是滑的表面所接触的介质不同。

滑雪运动（特别是现代竞技滑雪）发展到今天，项目在不断增多，领域在不断扩展，目前世界比赛正规的大项目分为：高山滑雪、北欧滑雪（越野滑雪、跳台滑雪）、自由式滑雪、冬季两项滑雪、雪上滑板滑雪等。每大项又分众多小项，全国比赛、冬奥会中几十枚耀眼的金牌激励人们去拼搏、去分享。纯竞技滑雪具有鲜明的竞争性、专项性，相关条件要求严格，非一般人所能具备和适应。旅游滑雪是出于娱乐、健身的目的，受人为因素制约程度很低，男女老幼均可在雪场上轻松、愉快地滑行，饱享滑雪运动的无穷乐趣。由于高山滑雪具有惊险、优美、自如、动感强、魅力大、可参与面广等特点，故高山滑雪被人们视为滑雪运动的精华和象征，更是旅游滑雪的首选和主体项目。通常情况下，评估人们滑雪技术水平的高低，多以高山滑雪为尺度。

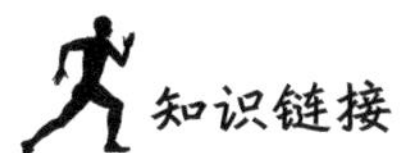

滑雪比赛

第一次大型跳台滑雪比赛于1879年在挪威奥斯陆举行，国王和一万名观众观看了比赛。20世纪，滑雪运动在欧美日益普及。30年代在澳大利亚和新西兰，40年代在智利和阿根廷，50年代在日本开展得更为迅速。第二次世界大战后，发展到南斯拉夫、希腊、西班牙、葡萄牙、摩洛哥、阿尔及利亚、苏联、黎巴嫩、土耳其、伊朗、印度等国家。第一次高山滑雪锦标赛于1966年在阿根廷举行。目前，在世界滑雪运动中居领先地位的国家有斯堪的纳维亚各国，如挪威、瑞典、芬兰，还有西欧阿尔卑斯山脉周围的国家，如法国、意大利、奥地利、德国和瑞士，以及美国、俄罗斯等国。一般说来，斯堪的纳维亚国家在北欧滑雪项目上占优势，阿尔卑斯山脉国家在高山滑雪项目上占优势。

二、轮滑

轮滑（Roller skating），又称滚轴溜冰、滑旱冰，是穿着带滚轮的特制鞋在坚硬的场地上滑行的运动。现在，多数滚轴溜冰者主要使用直排轮。因此，直排轮也几乎成了轮滑运动的代名词。现代轮滑运动分为极限轮滑、速度轮滑、花样轮滑、自由式轮滑和轮滑球五大项。

轮滑是一项极易掌握的体育运动，任何人都能很快地学会。轮滑的基本技巧有以下几种。

（一）站姿

一种是普通的平行站立，即将两只脚平行稍窄于肩，双膝微弯以保持重心，以脚踝的力量控制好，不要让脚左右摆动，要保证轮子垂直地面。穿专业平滑鞋平行站立时因为鞋的结构设计影响，两脚会自然地向外压外刃。第二种是应用于非平整地面的丁字形站立（也叫T

字形站立),即一只鞋的最后一个轮子抵在另一只鞋的第二和第三只轮子之间,双膝微弯,双腿之间稍有间隙,以保持重心,仍然是以脚踝控制鞋子。

(二)起步

从T字形站姿起步,让一只脚保持前进姿势,脚尖向前,另一只脚向身体侧后方蹬地推出,就会有向前前进的力量。此时身体的重心应完全放在前脚上,身体稍向前倾(不是驼背),这样,后脚的发力收回过程才能顺畅。后脚收回后,换另一只脚向身体侧后方蹬出,重心位置依然放在前脚上。以此类推。

(三)滑行

滑行时为保持较好的平衡,要尽量屈膝弯腰。目的是稳定重心和便于发力。

(四)身体的重心

滑行时身体的重心要始终稍向前倾,随着两脚的不断交替,重心要不断地转移。当一只脚向侧后方蹬出时,身体重心必须完全放在另一条腿上,这样才能保证蹬出的腿很顺畅地收回来。当这条腿收回落地时,重心马上转移到这条腿上,再把另一条腿蹬出。切记每次蹬腿时身体重心都要完全放在另一条腿上。如此循环。

(五)滑行姿势

双膝微弯,身体稍向前倾,以保持重心。滑行速度越快,屈膝弯腰的幅度越大。标准的速滑姿势为双手自然背后(无摆臂的情况下),背部与地面平行,大腿与小腿弯曲角度不大于120°。

(六)停止

以上述姿势滑行,双脚靠近保持平行,有刹车块的脚稍稍向前,使两脚距离相差约有半个脚,提起脚尖直到刹车块碰触到地面,然后慢慢将重心移到有刹车块的脚,增加压力,直到停下来。

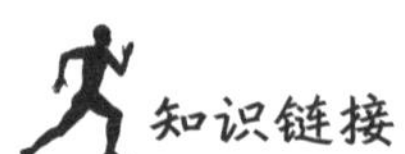

轮滑的安全措施

1. 练习轮滑前,应先做好准备活动,尤其是手腕和下肢各关节及韧带等部位,要充分活动开。

2. 如有可能,应戴一些防护用具,如:轮滑专用的护腕、护肘、护膝及头盔等。现在很多体育商店都有这种轮滑的专用护具出售。

3. 练习前要检查轮滑鞋的螺丝等紧固部件,以免滑行中因轮滑鞋出问题而受伤。

4. 初学者应在初学场内或规定范围内练习,或尽可能在人少的地方练习,不要任意滑行。初次学习轮滑时,最好有滑行熟练的同伴或辅导员进行辅导。

5. 禁止做危险或妨碍他人的动作,特别是在人多的公共轮滑场内,如:几人拉手滑行、在速滑跑道上逆行或与大家滑行方向逆行、乱蹦乱跳、在场内横插乱窜、追逐打闹、突然停止等,这都是既妨碍他人,又容易发生危险的事情。如果在公路上滑行,更要注意交通安全,最好要在人少、车少的地方练习。

6. 学习轮滑时,摔跤是不可避免的,但要学会在摔跤时做自我保护。方法是:当要向前或向侧摔倒时,要主动屈膝下蹲,用双手撑地缓冲,减小摔倒的力量;当要向后摔倒时,也要主动屈膝下蹲，降低重心，尽量让臀部先坐下，并注意保护尾骨处，同时低头团身，避免头部向后仰磕地；摔倒时应尽量避免直臂单手撑地，这样很容易损伤手腕。

7. 患有严重疾病的人(如心脏病、高血压等)不宜参加激烈的轮滑活动，最多可以慢速滑锻炼一下。此外，饮酒后和过度疲劳的人也不宜参加轮滑活动。

三、保龄球

保龄球又叫“地滚球”，最初叫“九柱戏”，起源于德国。它是一种持球者把球朝着球道上排成正三角形的十个球瓶用滚动的方式击倒的运动。现在的保龄球无论在球道、球瓶及计分方式都有国际标准和规格作为规定和规范。

(一) 保龄球的基本姿势(以右手出手者为例)

1. 持球

持球时姿势要对，手臂要夹紧，确定身体、肩膀摆正，原本半蹲的姿势也要改过来变成直立，因为腿如果半蹲，也会消耗掉能量。注意，懂物理知识的人都应知道任何弯曲的动作都会消耗能量。持球最好不要将球摆于胸前，因为很多人会惯性地将球摆往后右方，球应该持在与右肩平行的位置，再用左手托住。如果球摆在胸前，摆球时也应该先将球往右肩平行的位置移动，然后再做摆球的动作。

2. 摆球

摆球时将原本弯曲的手臂放下伸直，并往正后方摆动。持球的位置越高、向后摆的幅度越高，球速就会越快。但是，很多人向后摆的姿势会偏掉，要特别注意腋下仍要夹紧，手仍然要伸直。

3. 出手

出手时，手还是一样伸直，不可弯曲。不可用力，因为姿势对的话，球速会自然增加。

4. 走步

可将走步速度变快，因为助走也可以加快球速，只是变快不要变乱。

5. 左手

很多人会忽略左手，所以球速都没完全发挥。左手的作用是平衡右手的重量，唯有在平衡时速度才能发挥。走步时左手应像老鹰展翅一样，左手抬得越高，能量就聚集越多。注意，出手时不仅右手出力，连左手都应出相等的力气，不然你的姿势会因不平衡而垮掉，出手时左手应向后方撞。

6. 落点

放球时尽量不要将球腾空，不然很多能量会因和球道碰撞而抵消。放球时没有声音是最能打出速球的。以上所谈只适用右手出手者，如果你是左手请将方向自己修正过来。

7. 打法

初学者想要打好保龄球，最重要的就是要学好如何助走以及正确的出球方式，助走实际上就是由站在球道上，到出球的时候所需要走的路线。通常分为三步助走、四步助走及五步助走。步伐较大的可采用比较少的步数，但是也要配合自己身体的协调性以及灵活性。右手出球的人，最后把球送出时，应该是右脚在左脚的后面，左手反之。

助跑道上通常都会有标示前、中、后三个点，这三个点各离球道犯规线的远近不同，站在后点(靠近座位),用四步助走,这样能够有足够的时间调整球的角度以及调整出手。另外需要注意,不要超过球道上的犯规线。在正式比赛中,犯规线是有用处的,球员如果踩到犯规线,那一格就算 0 分了。

(二) 保龄球的运动规则

1. 全中

当每一个格的第一次投球击倒全部竖立的 10 个瓶子时,称为全中。用(X)符号记录在记分表上该格上方右边的小方格中。全中的记分是 10 分加该运动员下两次投球击倒的瓶数。一局的最高分 300 分,运动员必须投出 12 个全中。

2. 补中

当第二次投球击倒该格第一个球余下的全部瓶子,称为补中,用(/)表示,记录在该格右上角的小方格内。补中的记分是 10 分加运动员下一个球击倒的瓶数。

3. 失误

除第一次投球后形成分瓶外,当运动员在某格两次投球后,未能将 10 个瓶子全部击倒,即为失误。

4. 分瓶

分瓶是指在第一球投出后,把 1 号瓶及其他几个瓶子击倒,剩下的瓶子呈下列状态:

(1) 2 个或 2 个以上的瓶子,它们之间至少有 1 个瓶子被击倒时,如 7 号瓶和 9 号瓶、3 号瓶和 10 号瓶。

(2) 2 个或 2 个以上的瓶子,紧挨在它们前面的瓶子至少有 1 个被击倒时,如 5 号瓶和 6 号瓶。

注:分瓶在记分表上用(O)表示。

5. 犯规

在投球时或投球后,运动员的部分身体触及或超越了犯规线,以及接触了球道的任何部分和其设备建筑时,即为犯规。该次犯规的时效直到该名运动员或下一名运动员投球为止。犯规在记分表上用(F)表示。

6. 合法击倒球瓶

运动员合法投球后球瓶的下列情况,将被认为是合法击倒球瓶。

(1) 被球和其他瓶直接击倒或击出放瓶台之瓶。

(2) 被从两侧边墙隔板或球道后部缓冲板反弹回来的瓶所击倒或击出放瓶台之瓶,均作为击倒之瓶计算。

(3) 在清扫球瓶之前被扫瓶器横杆反弹回来的瓶所击倒或击出放瓶台之瓶。

(4) 斜靠在边墙隔板上之瓶。

在下一次投球前,这些瓶都应清除掉。

7. 不合法击倒球瓶

凡属下列情况者,投球的球有效,但被击倒之瓶不予记分:

(1) 当球在到达球瓶前先脱离球道,然后才击倒的球瓶。

(2) 投出之球从后部缓冲板反弹回来击倒球瓶。

(3) 当瓶接触摆瓶员身体的任何部位反弹回来击倒的球瓶。

(4) 被自动摆瓶器碰倒的瓶。

(5) 在清除倒瓶时被碰倒的瓶。

(6) 被摆瓶员碰倒的瓶。

(7) 运动员犯规后击倒的瓶。

(8) 投球后在球道和边沟里出现倒瓶,球在离开球道表面前碰倒这些倒瓶。

不合法击倒球瓶一经出现,应恢复原位。运动员有权在该格投另一个球。

保龄球的注意事项

1. 打保龄球时,务必换上保龄球专用的鞋。

2. 记住自己选的球,切勿和别人的球混在一起,也不要拿别人的球来投球。

3. 尽量礼让相邻球道的球友,等对方完成投球动作,再开始动作。另外,通常先让右边的球道投球,不要同时到两旁的球道投球。

4. 无论是准备、投球还是完成动作的时候,都不要在球道上逗留太久,否则会造成旁边球友等待过久。

5. 尽量不要用丢的方式投球使球从空中掉落在球道造成球道损坏。

6. 尽量不要大声喧哗影响到隔壁球道的球友投球。

四、时尚广场舞

广场舞是融自娱性与表演性为一体,以特殊的表演形式、热情欢演内容、集体舞为主体、在公共场所多人参与的活动。据艺术史学家考证,人类最早出现的艺术形式是舞蹈,广场舞蹈源于社会生活,它是人民群众创造的舞蹈,是专属于人民群众的舞蹈。广场舞有形式和结构特征。如今的广场舞中运用了各个舞种中形式多样的技巧。广场舞的参与者多为中老年人,其中又以女性居多。广场舞有以下几种练习方法。

1. 分节练习法

即每节动作分别练习,常在新学一套动作、成套动作不熟练及动作变化较复杂的情况下采用该方法。

2. 分段练习法

将全套动作分成几段,每次专门练习一段的各节动作,最后将各段连接起来练习为成套动作。常为分段熟记和提高动作质量时采用。每段练习又可采用分节和连续练习方法。

3. 累积练习法

即从第一节开始,先本节单独练习一次,接着与前面的节数连起来练一次,依次练完全套动作。常为提高全套动作连接和熟记动作时采用。在返练前面节数时,又可采用分节和连续练习方法。

4. 连续练习法

即全套动作从开始至最后一节不停地连续完成。常在动作较熟练和加大身体负荷时采用。

5. 断连练习法

即在全套动作连续完成过程中，其中某一、两节动作暂停采用分节练习。常在全套动作基本熟悉、个别节的动作掌握不好时采用，以强化某节动作的练习。

6. 重复练习法

即每节动作先练二八拍后进行纠正，接着再重复练习二八拍。常在学习新动作或较复杂动作时采用。

7. 对称练习法

即一节动作中，按左右路或前后排，在动作方向、部位、方法等方面相对称地练习。常在动作熟练时，为提高练习难度、兴趣及配合能力而采用。对称方法可采用面对、侧对、背对、起伏、转动、移动等来做。

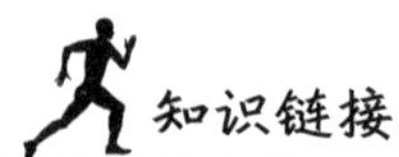

神曲配乐

近些年来，广场舞成了全国各地民众最喜爱的运动休闲方式，能够被民众选为广场舞的歌曲也必定是当下最火的歌曲。从《姑娘我爱你》到《最炫民族风》，到《爱情买卖》，再到《小苹果》，一首首耳熟能详的歌曲也因为广场舞的影响力，而被网友封为神曲。

第三节 中国传统休闲体育

一、抖空竹

空竹古称“胡敲”，也叫“地铃”“空钟”“风葫芦”，济南俗称“老牛”。抖空竹亦称“抖嗡”“抖地铃”“扯铃”。它是一种汉族民间游艺活动。流行于全国各地，天津、北京及辽宁、吉林、黑龙江等地尤为盛行。空竹原是庭院游戏，后经加工提高，有了竞技性质，并成为传统的杂技项目。

（一）种类划分

1. 按空竹的结构分类

(1) 单头空竹——一个轴连接一个发声轮。

(2) 双头空竹——在一个轴的两端各连接一个发声轮。

(3) 双轴空竹——在发声轮的中心两侧各连接一个轴。

(4) 楼子空竹——无论是单头空竹、双头空竹或是双轴空竹，凡是连接多个发声轮(2个以上)，均为楼子空竹，如：单头楼子(目前最多加到九层)、双头楼子(目前最多加到12层)、双轴楼子(目前最多3层)。

(5) 地轴空竹——一个发声轮中心贯穿一根棍，另配有一根线绳及一个打孔的竹板。

2. 按规格分类

大小尺寸有几百种规格，其最小的直径才2 cm，最大的可达40 cm以上，但经常用的空竹(练习或表演)一般为10 cm至13 cm。较小的空竹可练技巧；较大的空竹可练臂力、腰背部和腿部力量。

3. 按制作的原材料分类

(1) 竹木结构空竹。该类空竹是用粗竹竿裁割与木材相组合成的,这是最传统的做法。优点:发出来的声音悦耳好听。缺点:强度差、易损坏。

(2) 塑钢、塑木结构空竹。现代科学技术的发展,利用新材料,如用 ABS 工程塑料注塑而成,然后再与金属轴或木轴连接,优点:质量基本一致:使用寿命是竹木结构空竹寿命的 3 倍左右。

(3) 玻璃钢(环氧树脂+玻璃丝布)与木材结构空竹。优点:声音洪亮、强度高、韧性好,使用寿命长,一般是竹木结构空竹寿命的 3~5 倍。

(4) 塑胶+金属结构空竹。是利用橡胶或是改性塑料制成与金属轴连接,优点:不易损坏,使用寿命更长;缺点:国外生产的无声,国内生产的虽然有声但很小。

4. 按功能分类

(1) 练习表演空竹。即是一般规格的空竹。

(2) 工艺品空竹。具有两种功能,既可以抖着玩,又可以观赏、收藏。

(3) 电子空竹。抖起来既有彩色灯光,又有音乐。

(二) 动作详解

抖空竹动作常见的有如下几种:

1. "鸡上架"

即待空竹急转之后,将绳扣解开并把空竹抛起,用棍接住,使之在棍上跳滚或转到另一棍上。

2. "仙人跳"

用脚踏在绳的中段,使在脚一侧转动的空竹由脚背上跃过至另一侧。

3. "满天飞"

将空竹抛起,然后用绳接住,再抖或再抛掷。

4. "放捻转"

仅单轴适合此玩法,即把轴端(尖头)放落到平滑的地面,轮面朝上,使之旋转,待转速减慢时救起再抖。

(三) 学习方法

抖空竹深受广大中老年运动爱好者喜爱。空竹价格低廉,易于学练,也不受场地限制。空竹抖起来嗡嗡作响,十分悦耳,同时还能做出很多花样招式,具有很强的技巧性和观赏性,故而使不少人乐此不疲。

学习抖空竹,须先从抖双头空竹学起,然后再学抖单头空竹。掌握基本功之后,再增加难度,做花样招式。只要肯于钻研,勤练不辍,必有收益。不仅可以做到抖、捞自如,而且还可以达到手、眼、身、法、步中规中矩,挑、扔、背、跨、盘身手不凡,成为抖空竹的高手。

抖空竹集健身、娱乐、表演于一体,四季都可练习,男女老少皆适宜,深受广大群众欢迎。近些年来,抖空竹在全国各地有很大发展,特别是北京、天津等华北地方练习者众多,且互有交流。

非物质文化遗产之路

空竹,是中国民族文化苑中一株灿烂的花朵。国家非常重视非物质文化遗产的保护,2006年5月20日,抖空竹经国务院批准列入第一批国家级非物质文化遗产名录。2007年6月5日,经国家文化部确定,北京市宣武区(现并入西城区)的张国良和李连元为该文化遗产项目代表性传承人,并被列入第一批国家级非物质文化遗产项目226名代表性传承人名单。

二、舞龙、舞狮

中国是舞龙、舞狮运动的发源地。舞龙、舞狮自问世以来,一直深受各族人民的喜爱,历代相传,长盛不衰,并由此形成了灿烂的龙狮文化。长期以来,很多青年朋友都以为舞龙、舞狮就是春节、庙会、庆典时的喜庆表演,殊不知它历经了几千年的传承流变,积淀了深厚的历史文化,是祖先留给我们的极其宝贵的文化遗产。

舞龙又称耍龙灯、龙灯舞。龙是汉民族古老的图腾,传说龙能行云布雨、消灾降福,象征祥瑞,所以以舞龙的方式来祈求平安和丰收就成为全国各地汉民族的一种习俗。从春节到元宵节,许多地方都有舞龙的习俗。龙在中华民族代表了吉祥、尊贵、勇猛,更是权力的象征。

人们在喜庆日子里用舞龙来祈祷龙的保佑,以求得风调雨顺,五谷丰登。舞龙的主要道具是“龙”。龙用草、竹、布等扎制而成。龙的节数以单数为吉利,多见九节龙、十一节龙、十三节龙,多者可达二十九节。十五节以上的龙就比较笨重,不宜舞动,主要是用来观赏,这种龙特别讲究装潢,具有很高的工艺价值。还有一种“火龙”,用竹篾编成圆筒,形成笼子,糊上透明、漂亮的龙衣,内燃蜡烛或油灯,夜间表演十分壮观。时至今日,舞龙经过不断发展和改进,经常成为一种具有观赏性的竞赛运动。舞龙的动作千变万化,九节以内的侧重于花样技巧,较常见的动作有:蛟龙漫游、龙头钻档子、头尾齐钻、龙摆尾和蛇蜕皮等;十一节、十三节的龙,侧重于动作表演,金龙追逐宝珠,飞腾跳跃,时而飞;入云端,时而入海破浪。再配合龙珠及鼓乐,成为一种集武术、鼓乐、戏曲与龙艺于一身的艺术样式。

舞狮有南北两种表演风格。北派狮舞以表演“武狮”为主,即魏武帝钦定的北魏“瑞狮”。小狮一人舞,大狮由双人舞,一人站立舞狮头,一人弯腰舞狮身和狮尾。舞狮人全身披包狮被,下穿和狮身相同毛色的绿狮裤和金爪蹄靴,人们无法辨认舞狮人的形体,它的外形和真狮极为相似。引狮人以古代武士装扮,手握旋转绣球,配以京锣、鼓钹,逗引瑞狮。狮子在“狮子郎”的引导下,表演腾翻、扑跌、跳跃、登高、朝拜等技巧,并有走梅花桩、窜桌子、踩滚球等高难度动作。南派舞狮以表演“文狮”为主,表演时讲究表情,有搔痒、抖毛、舔毛等动作,惟妙惟肖,逗人喜爱,也有难度较大的吐球等技巧。南狮以广东为中心,并风行于港澳、东南亚侨乡。南狮虽也是双人舞,但舞狮人下穿灯笼裤,上面仅仅披着一块彩色的狮被而舞。和北狮不同的是,“狮子郎”头戴大头佛面具,身穿长袍,腰束彩带,手握葵扇而逗引狮子,以此舞出各种优美的招式,动作滑稽风趣。南狮流派众多,有清远、英德的“鸡公狮”;广州、佛山的“大头狮”;高鹤、中山的“鸭嘴狮”;东莞的“麒麟狮”等。

南狮除外形不同外，尚有性格不同。白须狮舞法幅度不宽，花色品种不多，但沉着刚健，威严有力，民间称为“刘备狮”；黑须红面狮，人称“关公狮”，舞姿勇猛而雄伟，气概非凡；灰白胡须狮，动作粗犷好战，俗称“张飞狮”。狮子为百兽之尊，形象雄伟俊武，给人以威严、勇猛之感。古人将它当作勇敢和力量的象征，认为它能驱邪镇妖、保佑人畜平安。所以人们逐渐形成了在元宵时节及其他重大活动里舞狮子的习俗，以祈望生活吉祥如意，事事平安。

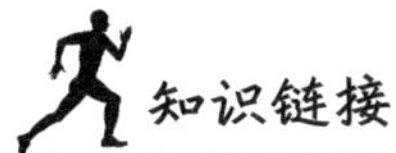
知识链接

舞狮传承

如今，在中华大地，只要是过年或庆典，都免不了要请舞狮队来热闹一番。表演开始时，舞狮队会沿着街道摆开阵式，一路铜锣皮鼓响着舞过去，狮舞到那里，人群就围到那里，大人小孩喜笑颜开。舞狮已由一般的表演活动，发展成为一项集娱乐、喜庆、竞技和健身多种功能于一体的文化体育活动，它象征的是中华民族“昂扬斗志”的姿态，是我们中国人的骄傲。随着华人的脚步逐渐遍布世界各地，舞狮这项传统民俗运动也成为中国传统文化在海外的“代言符”。可以这样说，有华人的地方，一定能见到舞动的狮子。舞狮是中国的非物质文化遗产，不能断送在我们这一代的手中，我们应该弘扬民族文化，把我们传统舞狮艺术传承下去，并且让它走遍全中国，走向世界。

三、划龙舟

划龙舟是屈原故里最大的群众性集会，锣声一响，《招魂曲》一唱，随着“我哥回”的声声呼唤，四乡八里的人们便聚集到了西陵峡两岸，用划龙舟这种最古老最隆重的方式纪念屈原。“竞渡”又从何而来呢？南朝·梁宗懔《荆楚岁时》记载：“五月五日竞渡，俗为屈原投汨罗日，伤其死，故命舟楫以拯之。”《隋书·地理志》记载得更为详尽：“屈原以五月望日赴汨罗，士人追至洞庭不见，湖大船小，莫得济者，乃歌曰：‘何由得渡湖’因尔鼓棹争归，竞会亭上，习以相传，为竞渡之戏，其迅楫齐驰，棹歌乱响，喧振水陆。诸郡皆然，而南郡尤甚。”可见隋朝的龙舟竞渡已演变为“竞渡之戏”，而且“观者如云”。

端午节这天，屈原故里人们主要的活动就是看龙舟，吃完早饭，便身着节日盛装，扶老携幼从四面八方往西陵峡“屈原沱”汇集，倾城出动，争看竞渡。端午节的屈原沱两岸，人山人海，锣鼓喧天，鞭炮齐鸣，热闹非凡，江上七条龙舟飞渡，岸边数万名群众观战。场面之壮观，气氛之热烈，令人惊叹。

划龙舟分游江、招魂、竞渡、回舟四个程序，有一整套锣鼓和唱腔，其中竞渡虽然热烈，但招魂最为感人。在屈原故里，乡亲们非常看重龙舟竞渡，而且对夺标尤为重视，素有“宁愿荒废一年田，不愿输掉一年船”之说，夺标归来，不仅能使村名大振，而且还会带来一年的丰收和幸福。

赛龙舟是为了纪念爱国诗人屈原而兴起的。由此可见，赛龙舟不仅是一种体育娱乐活动，更体现出人们心中的爱国主义和集体主义精神。在中国，龙舟竞渡已经由群众性的纪念活动发展成为群众体育。作为最有代表性的一项全民游乐活动，龙舟竞渡几乎遍及大江南北、黄河上下。近年来，又发展成竞技体育，定期举行全国性龙舟大赛，并逐步向世界范围推广。2001 年,第二届中国长江三峡国际龙舟拉力赛把起点定在秭归县归州屈原沱,18 只龙舟随一声发令枪响,你追我赶,奋勇争先,过香溪镇,穿崆岭峡,抵中堡岛,从导流明渠穿越世界最宏伟的水利枢纽三峡工程,到达宜昌葛洲坝船闸黄柏河港,全长 76 km,创世界最长距离龙舟赛吉尼斯纪录。近几年,龙舟竞渡活动更是方兴未艾,一浪高过一浪,充分体现了人们对这种活动的热情。

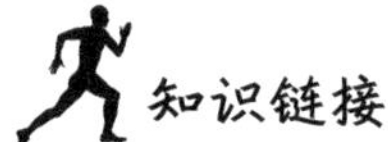

屈 原

屈原(前 340—前 278),战国时期楚国人。屈原姓屈氏,名平,字原,以字行;又在《离骚》中自云:“名余曰正则兮,字余曰灵均”。出生于楚国丹阳(今河南西峡或湖北秭归),是中国最早的浪漫主义诗人,是楚武王熊通之子屈瑕的后代,中国文学史上第一位留下姓名的伟大的爱国诗人。他的出现,标志着中国诗歌进入了一个由集体歌唱到个人独唱的新时代。

屈原自幼勤奋好学,胸怀大志。早年受楚怀王信任,任左徒、三闾大夫,常与怀王商议国事,参与法律的制定,主张章明法度,举贤任能,改革政治,联齐抗秦,提倡“美政”。对外力主联齐抗秦,后因遭贵族排挤,被流放沅湘流域。1953 年是屈原逝世 2230 周年,世界和平理事会通过决议确定屈原为当年纪念的世界四大文化名人之一。

复习与思考

1. 简述休闲体育的起源。
2. 简述你身边的休闲体育项目与你喜欢的时尚体育项目。
3. 简述舞龙、舞狮运动的起源和发展。

第十七章　安 全 教 育

知识导航

体育是学校教育的重要组成部分，是国民教育的重要构成要素，是整个民族旺盛生命力的重要体现，是社会文明进步的重要标志，是体现国家综合实力的重要方面。对于大学生而言，参加体育运动是他们日常生活中不可缺少的一部分，积极参加体育运动，不仅能锻炼身体、增强体质，而且能开拓思维，培养坚强的意志，更能陶冶高尚的情操。但是，体育运动一般具有动作快、跨度大且对抗激烈等特点，稍有不慎，极易引起运动损伤。由于对安全教育的意义缺乏足够的认识，同时又对如何防止损伤的措施不了解，缺乏自我保护意识，对于运动损伤及现场施救的知识比较贫乏，造成运动损伤后往往没有及时进行处理或现场施救处理不当，延长了运动损伤的治疗、康复时间。因此，加强体育安全教育是非常必要的，有着重大意义。

第一节　安全教育的目标与任务

一、安全教育的定义

安全教育是高等学校为保护大学生的人身财产安全和身心健康，提高大学生的安全防范意识与自我保护意识而展开的一种教育活动。通常把高校体育安全教育定义为：高等学校体育教学中，大学生日常体育锻炼和体育比赛中，为维护大学生的人身安全和身心健康，提高大学生的安全防范意识与自我保护技能而展开的一种教育活动。

二、安全教育的目标

(1) 使学生明确素质与技能在遭遇突发事件时对生命的重要意义，了解险情自救与竞技体育之间的关系，端正体育学习态度，养成体育锻炼的习惯。

(2) 结合"健康第一、以人为本"的体育教学理念，根据不同教学内容采用不同的教学方法，减少由于先天条件差异给学生带来的消极影响，使学生体会到参与体育运动的乐趣，掌握一定的健身运动技能与方法，学会合理选择适合自己的运动项目与方法。

(3) 通过将各种主题融入体育教学，让学生分享、感悟，教师引导，培养学生的责任意识、团队意识、沟通技巧、人际交往能力和健全的心理。

三、安全教育的任务

(一) 加强思想教育，提高对安全教育的认识

认真贯彻"预防为主，安全第一"的方针，提高体育教师或社会体育指导员对安全教育的认识,杜绝一切不安全因素,把安全隐患消灭在事故发生之前。

(二) 传授高校体育安全教育理论知识

高校因地制宜,根据本校的体育课程内容、传统体育项目、学生喜爱的新兴项目及学生的特点,编写符合本校实际情况的体育安全教程。

教师在每节体育课前十分钟向大学生传授安全教育教程的知识,将容易引发安全事故的体育学习内容及预防措施告知他们,特别是在进行风险性较大的体操项目练习之前,应向学生传授保护与帮助知识,提高他们对体育安全的预测和自我保护能力。并用已发生的体育安全事故教育学生,引起他们的高度重视。

(三) 实施高校体育安全教育技能培训

很多高校重视对大学生体育安全教育理论知识的传授,而对他们体育安全技能的培训还处于初级阶段。在体育安全教育及改革中,一是注重个人逃生自救的运动能力和快速反应能力的培训。如跑、跳、攀、爬,滚等能力的培养;二是注重将安全理论用于实践,在安排体育安全教育模拟实践内容时,让学生分成几个小组,运用已有安全知识,商讨解决问题的对策,并进行演练比赛,体育教师对安全方案演练过程进行评价,最后进行文字总结,形成音像资料,供大学生学习交流。

(四) 帮助大学生克服心理障碍

大学生参加某一项运动,由于遭遇过安全事故,容易产生心理障碍,体育教师或指导员要根据当时具体情况,分析原因,加以疏导,帮助他们克服心理障碍。在辅导过程中,运用内省法,让有心理障碍的大学生通过自我检查、自我分析、自我调控、自我监督的系列步骤,来改正心理缺陷,优化心理素质。练习时,应降低难度要求,克服大学生因体质差异而引发的心理障碍和畏惧心理。

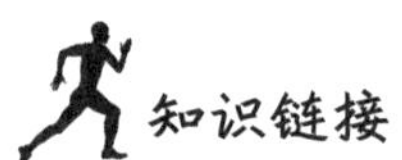

体育锻炼的安全指导

1. 合适的锻炼时机:利用早晨空气清新的时间,进行适量的体育锻炼以舒展筋骨,将有利于上午的学习;利用下午3:00—5:00时,进行负荷较大的体育锻炼,可帮助消除疲劳,提高体力储备;利用晚上9:00—10:00时体温尚未下降,空气污染程度又低,进行轻微的健身锻炼,可提高睡眠效果。

2. 优良的锻炼环境:空气新鲜;避免噪声干扰;根据季节变化或个人其他方面的原因灵活选择。

3. 喜欢的锻炼内容:应着重选择能够增强心肺功能的锻炼内容;处于青春后期的青年学生,还需要选择能够增强肌肉力量的锻炼内容;在长时间脑力劳动之余,选择缓慢放松的锻炼内容。

4. 中等的运动负荷:平均心率在120~150次/min之间波动,锻炼时间达到20~60 min,每周运动3~5次。

第二节　安全教育课程实践

一、高校体育常见的安全事故

由于对体育设施、场地、器材安全意识的重视程度不够,在运动时会造成安全事故。常见的安全事故包括:

(1) 打羽毛球时,球拍不慎脱手刺伤眼睛。

(2) 学生在酷暑中昏厥。

(3) 足球门、篮球架倒下砸伤了学生。

(4) 学生在湿滑的地上摔伤。

(5) 学生从单、双杠上掉下摔伤。

(6) 学生在参加中长跑时猝死。

(7) 球类运动中突然扭伤脚踝、膝关节或韧带撕裂。

(8) 被铅球、铁饼、标枪砸到或碰到。

(9) 运动时学生身上佩戴物刮伤自身或其他同学。

二、高校体育事故引发的原因

高校体育安全事故引发因素是复杂的、多变的。我们将它分为两大类:一类是人为因素;一类是环境因素。

(一) 人为因素

人为因素是指体育活动中,由于体育教师、指导员或大学生行为方式不当、大学生身体状况不佳、技术动作错误及心理障碍而引发的安全事故。

1. 体育教师或者指导员缺乏责任心

由于少数体育老师或指导员安全教育意识淡薄,缺乏责任心,导致体育安全事故发生情况有四种。

(1) 体育课或学生体育锻炼时,不在现场指导。

(2) 未向学生讲述有关安全知识。

(3) 未做准备活动就安排学生进行大运动量的练习或直接安排考试;体育运动后未做放松活动或放松活动未能针对正确的内容,从而造成学生身体损伤。

(4) 体育教师或指导员在安全教育管理中存在疏漏,导致了体育安全事故的发生。

2. 违反规则

由于违反规定导致体育安全事故发生有三种。

(1) 违反场地使用规则。由于高校扩招,大学生数量剧增,体育场地紧缺,因此进行锻炼时见缝插针,许多不同的体育项目锻炼在同一个场地进行,导致体育安全事故发生。

(2) 违反器材使用规则。每种器材都有使用方法和注意事项,如果违反使用规则会导致体育事故发生。

(3) 学生违反比赛规则。每项体育运动都有其相应的规则要求,特别是在对抗性强的比赛中,不遵守规则的粗鲁行为,容易造成对自身和他人的伤害。

3. 大学生身体状况欠佳或技术动作错误

由于大学生身体欠佳而导致伤害情况有五种。

(1) 由于少部分有身体或生理疾病的大学生未向教师说出实情，在体育学习过程中，体育教师用身体健康安全特征来衡量他们，导致安全事故的发生。

(2) 部分大学生由于疾病造成体能下降，肌力下降，因此动作不协调，导致安全事故发生。

(3) 部分大学生体质较弱，特别是肌肉力量差造成关节稳定性差，容易扭伤拉伤，导致安全事故发生。

(4) 部分学生运动时由于技术动作错误，违反了人体结构的特点和运动生物力学原理，导致安全事故的发生。

(5) 大学生心理障碍，大学生参加体育运动时，由于胆小害怕，犹豫不决，情绪低落，急躁，引发安全事故。

(二) 环境因素

环境因素是指高校体育活动中由于体育场地的设施，天气条件等情况引发的安全事故。

1. 场地器材因素

体育场馆、设施、器材设计不科学，场地湿滑容易引发安全事故。

2. 天气因素

气温过高或过低，风、雨、冰、雪等自然环境中，大学生如果没有采取相应的预防措施，按照平时的标准去进行体育活动，易造成体育安全事故。

三、高校体育安全事故的防范措施

高校体育安全教育要树立以预防为主的思想，防患于未然，最大限度地保障学生人身安全。

(一) 加强高校体育教育的宣传力度

高校体育本着“安全第一”的理念，将安全教育纳入体育教育改革之中，为适应大学生健康成长的要求，打造平安校园，加大宣传力度，定期开展体育安全知识讲堂，定期出版健康知识板报，引起学生高度重视，提高大学生自我防范意识。

(二) 加强高校体育安全管理工作

高校应根据大学生的情况建立健全的体育安全管理规章制度，使之经常化、制度化。体育安全管理，首先，是将体育运动安全落实到体育主管领导、体育教师、社会指导员身上，其次是加强大学生体育活动中心的组织管理，使他们树立听从指导，服从管理的安全意识；再次，加强大学生特殊群体的组织管理，如新生入校后，班主任将有身体疾病的学生登记入册，交由体育老师或体育指导员根据性别的具体情况，开出运动处方，让他们依照处方进行锻炼，选择项目有效地进行康复训练，又能达到预防运动安全事故；最后要建立高校体育设施的保养与维修制度，定期检查。

四、如何保证体育教学中的安全

(一) 安全来自于教师的爱心和责任心

教师对学生安全的无微不至的关怀和周密细致的工作，是来自于他们对学生的热爱，只有热爱学生才有真正的责任心,只有教师有了责任心,才会有周密的安全对策,学生安全才有最基本的保证。

(二) 安全来自于教师高超的保护技能

要保证学生的安全,只有爱心和责任心是不够的,教师还要有丰富的专业知识和高超的安全保护技能,这种技能包括。

(1) 对场地器材进行安全布置的技能。

(2) 对运动器材进行检查和保养的技能。

(3) 对学生的身体和技能状况进行准确判断的技能。

(4) 把握教材的难易度与进行教材安全化处理的技能。

(5) 对各种危险进行准确预测的技能。

(6) 对各种动作练习进行安全保护的技能。

(7) 利用学生群体进行相互安全保护的技能。

(8) 对紧急伤害事故进行正确的初步处置的技能。

(三) 安全来自于教师规范的工作程序

学校和教师要保证学生的安全,还要制定各种规章制度,如《体育课堂教学常规》《体育场地器材安全制度》《体育场馆使用制度》《游泳池使用制度》《学生体检制度》《紧急情况处理制度》等,要用制度和严谨的工作程序来确保学生的安全。

(四) 安全来自于培养学生的安全意识和掌握安全要领

体育教学中的安全,要靠师生共同来维护。因此,除教师外,学生也必须具有强烈的安全意识和掌握一些基本的安全要领与技能,使保护安全成为每一个学生的自觉行动,要让学生在遇到危险时,能够运用所学的安全要领来规避危险。如:学生在双杠上一旦发生什么意外,只要教师事先告诉学生“在器械上运动时如果出现意外,绝不能撒手”的安全要领,而学生也能做到这一点,就不会发生特别严重的伤害事故。

如何正确使用体育器械:

(1) 在进行单、双杠活动时,先要检查一下器械是否完好,是否会晃动,器械下面必须备好符合要求的体操垫。

(2) 在做跳箱山羊等跳跃活动时,器械前要放起跳板,器械后要铺海绵垫,同时,老师要在器械旁站立保护。动作未掌握时、缺乏帮助时不要跳跃。

(3) 在进行投掷时,如铅球、实心球、标枪、铁饼,一定要按口令行动,令行禁止,不能随意马虎。

(4) 跳高、跳远时,必须严格按照老师的技术指导,跳跃前必须掘沙坑,防止落地蹬伤或扭脚。背跃式跳高要备好厚度、宽度、长度符合要求的海绵包,防止落地时受伤。

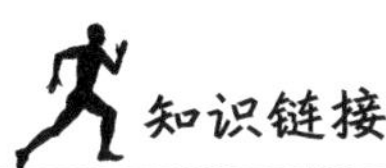

亚健康的原因及临床表现

1. 过度疲劳造成体力透支。主要表现疲劳,精力不足,注意力不集中,记忆力衰退,睡眠质量差,颈背腰膝酸痛,性机能减退等。

2. 人体的自然衰老。比如,女子出现更年期综合征时,生理系统机能紊乱,精神和情绪烦躁;男子虽然更年期综合征不明显,但也会产生性机能减退、情绪烦躁、精力下降等综合征。

3. 人体生物周期中的低潮期。也就是说,即使一个健康的人,在某一特定的时期也可能处于亚健康状态。人的体力、精力、情绪都有一定的生物律,有高潮也有低潮。在低潮时就会出现亚健康状态。

第三节 日常生活中安全防范常见案例

在日常生活中由于安全教育不当引发的运动损伤事例很多,一般分为以下六种。

一、开放性软组织擦伤

(1) 产生原因:皮肤被粗糙物摩擦引起表面损伤。如运动中摔倒所引起的皮肤擦伤。

(2) 症状:毛细血管出血,血液从伤口慢慢渗出,常常自行凝固止血,危险性不大。

(3) 处置:小面积擦伤,可用生理盐水(条件不足时也可用自来水)冲洗伤口后涂 20%。红药水或 1% 的紫药水或 2% 的碘酊消毒处理。如果面积大或者嵌入较多的泥沙等异物,要到医院进行彻底的清洗、消毒和包扎。

二、闭合性软组织损伤

(1) 产生原因:肌肉、韧带、关节囊等受外力作用,过分拉长或挤压受损,如挫伤,扭伤,拉伤等。

(2) 症状:局部疼痛、肿胀,皮下瘀血,肌肉痉挛,活动困难。

(3) 处置:减少或停止局部活动,以免伤情加重。采用冷敷、加压包扎、抬高伤肢等手段以止痛止血,减轻肿胀。伤后 20~48 h 的处置原则是活血祛瘀、消肿止痛。可进行热敷按摩,以促进局部血液循环,解除肌肉痉挛,加速血肿和渗出液的吸收,并减轻疼痛。

三、关节脱位

(1) 产生原因:关节脱位大多是外力作用所致,使关节的完全连接受到破坏。关节脱位常常伴随韧带及关节囊的撕裂,甚至损伤神经。

(2) 症状:关节脱位后常出现关节畸形,局部疼痛肿胀,失去正常活动功能,可能发生局部肌肉痉挛。

(3) 处置:用夹板固定伤肢。如果没有夹板可将伤肢固定在躯干或对侧健康的肢体上,及时到医院治疗,不要让非专业人士对脱位部位进行复位。

四、骨折

(1) 产生原因:运动中身体受到暴力撞击,使骨的完整性遭到破坏,造成骨折。常见骨折分为两种:一种是皮肤不破,没有伤口,断骨不与外界相通,称为闭合性骨折;另一种是骨头的尖端穿过皮肤,有伤口与外界相通,称为开放性骨折。

(2) 症状:骨折发生后,患处会出现肿胀,伴有剧烈疼痛,活动时加重,常伴有肌肉痉挛,

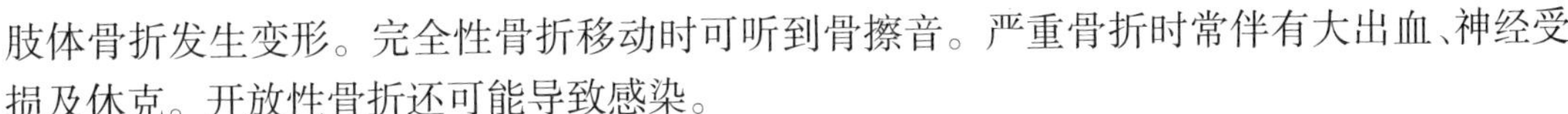

肢体骨折发生变形。完全性骨折移动时可听到骨擦音。严重骨折时常伴有大出血、神经受损及休克。开放性骨折还可能导致感染。

(3) 处置：① 预防休克，点按人中穴，并实施人工呼吸或心脏胸外按摩；② 就地固定，避免断端移动，防止加重损伤，减轻疼痛，便于矫正；③ 先止血再包扎伤口，伤员有伤口出血时，应先止血、清洗，再包扎伤口固定。固定用的夹板长短宽窄要适宜，便于骨折处上下两个关节都能固定。若无夹板可用树枝竹片等代用品。夹板要用绷带或软布包垫，夹板两端骨突部和空隙处要用软物填妥，防止压迫性损伤，并及时送医就诊。

五、脑震荡

(1) 产生原因：头部受到外力打击后，使脑器官机能失调，引起意识和机能的暂时性障碍。

(2) 症状：受伤后，患者可能神志昏迷，脉搏徐缓，肌肉松弛，瞳孔稍大尚对称，清醒后常有头痛、头晕、恶心、记忆力减退或逆行遗忘等症状。

(3) 处置：立即让患者平卧，头部冷敷，如昏迷则指压人中、合谷穴催醒。如呼吸障碍则实施人工呼吸。如出现反复昏迷，或耳、口、鼻出血，瞳孔不对称，有可能颅内出血，必须立即送医院。轻度脑震荡可自愈，要注意休息。

六、中暑

(1) 产生原因：湿度高、通风不良、头部缺乏保护被烈日直接照射等情况下，引起体温调节功能发生障碍而导致中暑。

(2) 症状：体温开始稍有升高，头昏、头痛、烦躁心慌、全身无力、口渴舌干、恶心、大量出汗。若未及时处理，则体温继续升高，皮肤灼热无汗、面色潮红、抽搐、瞳孔缩小、昏迷等体征。

(3) 处置：对有中暑前兆者，应迅速带到阴温处休息，饮低盐的清凉饮料，且服用十滴水、人丹或者涂抹清凉油，一般很快会恢复。对情况严重者除采用上述方法外，还可采用物理降温法迅速降温，如扇扇子，头部冷敷，用冷水、冰水或酒精擦拭身体等，如有条件及时送医院处理。

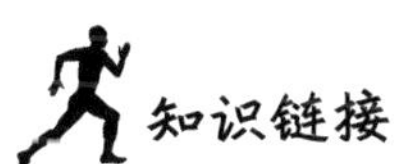

跆拳道运动常见的伤病及预防

跆拳道是一种既防身又强身的竞技项目，虽然有各种防护器材的保护，但强有力的攻击仍有可能造成部分选手遭受运动伤害。医生认为，练习跆拳道运动最容易受伤的部位是踝部、足部、膝前部、股后部、腰椎等部位。此外，还有其他部位也容易经常受伤，必须多加注意。最常见的症状包括挫伤、肌肉拉伤、韧带扭伤、骨膜炎等。

为了预防伤害，建议运动员要在训练前及训练后进行适度的热身，训练前热身 30 min 左右，训练后热身 20 min 左右。训练强度及训练量必须适当，依年龄、体格、技术熟练程度、训练级别、疲劳恢复情况等实施训练。训练前必须保持比赛量级的体重，避免青少年及瘦型身材体重减轻。

复习与思考

1. 运动损伤发生的原因?
2. 如何做好运动损伤的预防和处理?
3. 常见运动损伤有哪几个方面?

参考文献

[1] 卢元镇,体育社会学 .3 版[M]. 北京:高等教育出版社,2010.

[2] 孙麒麟,毛振明,大学生体育文化与实技教程[M]. 沈阳:东北大学出版社,2013.

[3] 张暐,试述体育与社会发展的互动力量[J]. 安徽体育科技,2013(1),

[4] 安徽省高等学校体育教材编写组,大学体育[M]. 合肥:安徽教育出版社,2003.

[5] 肖祥,江立勇,大学生体育与健康[M]. 上海:上海交通大学出版社,2012.

[6] 束路西,体育与健康教程[M]. 合肥:安徽大学出版社,2006.

[7] 熊晓正,陈剑,奥林匹克大全[M]. 北京:中国文史出版社,2008.

[8] 徐飚,奥林匹克精神与文化[M]. 北京:电子工业出版社,2008.

[9] 高建玲,林志毅,中国与奥林匹克运动[J]. 北京林业大学学报,1992(增刊),

[10] 王小伟,大学体育[M]. 上海:上海交通大学出版社,2014.

[11] 尹大川,体育健身[M]. 北京:高等教育出版社,2014.

[12] 王德森,高职体育[M]. 合肥:合肥工业大学出版社,2008.

[13] 周志俊,大学体育[M]. 合肥:安徽教育出版社,2003.

[14] 季汝元,体育理论与实践[M]. 合肥:合肥工业大学出版社,2004.

[15] 关文全,魏建和,体育与健康教程[M]. 合肥:合肥工业大学出版社,2009.

[16] 张兆才,张向阳,大学体育教程[M]. 长春:吉林大学出版社,2011.

[17] 中国排球协会,排球竞赛规则 2009-2012 [M]. 北京:人民体育出版社,2009.

[18] 甘正永,杨孝永,体育与健康教材[M]. 合肥:合肥工业大学出版社,2008.

[19] 甘正永,张小田,高等职业学校体育与健康教程[M]. 成都:西南交通大学出版社,2012.

[20] 李涛,李昌军,等,新编大学体育教程[M]. 成都:西南交通大学出版社,2012.

[21] 赵闯,甘正永,高职体育与健康[M]. 北京:高等教育出版社,2013.

[22] 孙麒麟,顾圣益,体育与健康教程 .5 版[M]. 北京:高等教育出版社,2013.

[23] 陶志翔,网球运动教程[M]. 北京:北京体育大学出版社,2007.

[24] 金其荣,体育与健康实践教程[M]. 北京:北京大学出版社,2006.

[25] 张瑞林,网球运动 .2 版[M]. 北京:高等教育出版社 .2010.

[26] 郑厚成,刘景刚,体育与健康[M]. 北京:高等教育出版社,2014.

[27] 傅兰英,大学体育与健康教程[M]. 北京:高等教育出版社,2009.

[28] 王德森,职业院校体育教程[M]. 北京:中国书籍出版社,2007.

[29] 刘振武,体育与健康课程[M]. 北京:高等教育出版社,2014.

[30] 朱晓龙,李立群,健美操[M]. 杭州:浙江大学出版社,2014.

[31] 汪爱平,体育与健康课程[M]. 北京:北京师范大学出版社,2010.
[32] 杨国斯,张永军,象棋入门[M]. 上海:上海科学技术文献出版社,2010.
[33] 刘月辉,围棋入门与提高[M]. 天津:天津科学技术出版社,2009.
[34] 孙尔康 . 象棋实战残局:车兵竞势[M]. 北京:北京体育大学出版社,2011.
[35] 王国栋,象棋入门[M]. 北京:金盾出版社,2006.
[36] 濑越宪作,围棋死活辞典[M]. 合肥:安徽科技出版社,1988.
[37] 梁培根,由形式规范到内涵创新:江苏省高职院校优秀体育课程方案[M]. 南京:河海大学出版社,2011.
[38] 赵岳峰,吴红胤,姜兰琼,高职体育[M]. 北京:北京体育大学出版社,2013.
[39] 翁惠根,黄喆,高职体育课程教学强化职业体能的对策分析[J]. 职业时空,2008(4),
[40] 曹锦飞,我国高职院校 78 类专业职业体能课程设计研究[J]. 黑龙江高教研究,2012(10),
[41] 李金芬,高校拓展训练课程教学体系的构建[J]. 上海体育学院学报,2010(1),
[42] 于振峰,关于将拓展训练融入体育教学的理论研究[J]. 首都体育学院学报,2004(9),
[43] 孙克成,拓展训练对大学生心理健康良性影响的价值探析[J]. 北京体育大学学院学报,2008(9),
[44] 王捷二,拓展训练在高校学生素质培养中的应用[J]. 教育理论与实践,2004(1),
[45] 张金国,在高校体育教学中开设拓展训练课程的研究[J]. 武汉体育学院学报,2006(10),
[46] 杨乃彤,新编体育与健康[M]. 北京:人民体育出版社,2007.
[47] 袁建国,大学体育与健康教育教程[M]. 西安:西安交通大学出版社,2014.
[48] 侯德红,大学体育与健康[M]. 北京:高等教育出版社,2014.
[49] 徐世政,张学生,大学生体育与健康[M]. 北京:教育科学出版社,2010.
[50] 蒋宁,关正春,等,大学体育与健康教程[M]. 天津:南开大学出版社,2012.

郑重声明

读者意见反馈

为收集对教材的意见建议，进一步完善教材编写并做好服务工作，读者可将对本教材的意见建议通过如下渠道反馈至我社。

咨询电话　400-810-0598

反馈邮箱　gjdzfwb@pub.hep.cn

通信地址　北京市朝阳区惠新东街4号富盛大厦1座

高等教育出版社总编辑办公室

邮政编码　100029